Ⅰ 論文要旨編	A	日本（Aa 古代, Ab 中世, Ac 近世, Ad 近現代, Ae 通史・その他）
	B	欧米（Ba 古代, Bb 中世, Bc 近世, Bd 近現代, Be 通史・その他）
	C	東洋
	D	民族（俗）服飾・比較服飾文化
	E	服飾美学
	F	宗教・芸能衣裳
	G	その他
Ⅱ 文献リスト編	H	日本
	I	欧米
	J	東洋
	K	民族（俗）服飾・比較服飾文化
	L	服飾美学
	M	宗教・芸能衣裳
	N	その他
Ⅲ ミュージアムリスト編	O	日本
	P	欧米, Q 東洋
	R	民族（俗）服飾・比較服飾文化
	S	服飾美学
	T	宗教・芸能衣裳, U その他
Ⅳ キーワード索引		
Ⅴ 著者名索引		

服飾史・服飾美学関連論文要旨集 1998～2008

編／(社)日本家政学会　服飾史・服飾美学部会

建帛社
KENPAKUSHA

General Bibliography of Clothing Culture
—History and Aesthetics of Costume—
1998〜2008

Edited by
The Japan Society of Home Economics
Division of History and Aesthetics of Costume

©The Japan Society of Home Economics
Division of History and Aesthetics of Costume

Published by
KENPAKUSHA Co,. Ltd.
2-15, Sengoku 4-chome, Bunkyo-ku Tokyo, Japan 112-0011

まえがき

　本書は，1998年4月～2008年3月の10年間に刊行された服飾史・服飾美学関連分野の論文要旨編733件，文献リスト編1,124件，ミュージアムリスト編166件から構成されている。情報の集約に関しては，日本家政学会データベースの累積データ(1998～2007)を同データベース委員会のご協力を得て活用させていただき，さらに学術情報データベースの検索エンジンを利用して全国の大学・短期大学諸研究機関・博物館などの紀要等刊行物から関連論文等を抽出したものである。

　関連論文を要約するために，各論文等に実際に当たる必要があり，原則として各論文の著者に執筆を依頼した。ただし依頼できない場合や物故者執筆のものは，各分野責任者や刊行委員会で適宜，対応し執筆した。

　記事の採録対象領域は，前著『服飾史・服飾美学関連論文要旨集1950-1998』(日本家政学会服飾史・服飾美学部会編，建帛社，2001)と原則的に同じであり，服飾史・服飾美学に関連する人文社会科学にかかる分野である。編集を担当した同部会刊行委員会の母体は，(社)日本家政学会 服飾史・服飾美学部会である。当部会は，この10年間，当該分野の研究者約100名を継続的に擁しており，当該分野の研究・調査報告の主たる発信者でもある。

　収録された論文および学術的刊行物の内容を概観すると，その広がりが日本および欧米の服飾史，アジアとその他の地域の服飾文化，民族・民俗服飾，宗教・芸能衣裳，服飾美学および比較服飾文化論等，多岐にわたることは勿論である。またこの10年間の調査研究の動向に，新しい傾向があることに気づかされる。前著『服飾史・服飾美学関連論文要旨集1950-1998』の場合と単純に量的な比較をするだけでも，大きく2点の特徴が指摘できる。

　第一の特徴は，民族(俗)服飾および比較服飾文化の調査研究が顕著に増加している。報文合計733件のうち，最も多い日本服飾史の278件に次いで，当該分野が166件，つぎに欧米服飾史が160件と続く。民族(俗)服飾および比較服飾文化の領域の報告が服飾史の計473件に対して35パーセントに迫っている。第二の特徴は，近現代がもっとも多く取り上げられている。日本近現代が115件，欧米近現代が84件，計199件となり，これは服飾史473件中，42パーセントを占める。

　以上のような傾向は，当部会の会員の欧米に向けられていた視野や関心に変化が生じていることを示し，民族(俗)服飾・比較服飾文化，とくにアジア地域への注目が拡大していることが示唆された。グローバル化とともに最近の日本における国外への関心が，欧米からアジアに変化拡大していることを如実に物語るものであろう。また服飾を入り口とする文化研究が「家政」という枠にとらわれないこと，言い換えれば家政学を根としながら，視野が拡大しているという意味で「家政学」の変革にも呼応しているといえよう。

　IT時代に対応した利用に応じるために，前著と異なり，本書はCD-ROMを付録として添付した。ここには，本書収録の論文要旨に前著(建帛社，2001)掲載の論文要旨を一括して搭載し，データベースとしての充実を図った。

　末筆ながら，本書の刊行のためにご協力いただいた多くの機関，分野責任者の方々，武庫川女子大学附属図書館および同館司書の川崎安子さん，編集実務を精力的に担当してくださった武庫川女子大学生活環境学部生活環境学科助手の岡田春香さんと東真美さんに心よりお礼申し上げます。

2010年1月吉日

服飾史・服飾美学関連論文要旨集刊行委員会
代表　横川 公子

出版編集委員

委員長	横川　公子	（武庫川女子大学生活環境学部）
委　員	相川　佳予子	（元奈良女子大学生活環境学部）
	岩崎　雅美	（奈良女子大学生活環境学部）
	奥村　萬亀子	（京都府立大学名誉教授）
	清水　久美子	（同志社女子大学生活科学部）
	森田　雅子	（武庫川女子大学生活環境学部）

各分野責任者

Aa	日本古代	田辺　真弓		Bd	欧米近現代	山村　明子
Ab	日本中世	柴田　美恵		Be	欧米通史	徳井　淑子
Ac	日本近世	片岸　博子, 森　理恵		C	東洋	相川　佳予子
Ad	日本近現代	馬場　まみ		D	民族（俗）服飾・比較服飾文化	松本　由香
Ae	日本通史	先川　直子		E	服飾美学	佐々井　啓
Ba	欧米古代	森田　雅子		F	宗教・芸能衣裳	水谷　由美子, 森田雅子
Bb	欧米中世	黒川　祐子		G	その他	清水　久美子
Bc	欧米近世	内村　理奈				

自著論文以外の論文要旨執筆者

相川　佳予子	大枝　近子	好田　由佳	諏訪原　貴子	新實　五穂	水野　夏子
東　真美	太田　茜	小町谷　寿子	田中　俊子	西浦　麻美子	森　理恵
飯塚　弘子	岡田　春香	米今　由希子	田中　淑江	馬場　まみ	森田　雅子
伊豆原　月絵	岡松　恵	齊藤　昌子	谷　紀子	藤本　純子	山岸　裕美子
伊藤　亜紀	奥村　萬亀子	先川　直子	田辺　真弓	夫馬　佳代子	山村　明子
岩崎　雅美	小嶋　理沙	佐々井　啓	徳井　淑子	増田　美子	
内村　理奈	鍛島　康子	佐藤　泰子	戸田　賀志子	松尾　量子	
宇野　保子	片岸　博子	柴田　美恵	鄭　銀志	松本　由香	
大網　美代子	黒川　祐子	清水　久美子	難波　めぐみ	丸山　理恵	

編集協力者

東　真美	岡田　春香	川崎　安子

凡　例

(1) 収録文献は，原則として1998年から2008年までの期間に学術雑誌等に掲載されたものとする。これを論文要旨編と文献リスト編，ミュージアムリスト編に分類し，最後にキーワード索引および著者名索引をつける。

○論文要旨編

　学術雑誌(日本家政学会誌・服飾美学・国際服飾学会誌・日本服飾学会誌・服飾文化学会誌・風俗・美術史・美学・日本歴史等)および大学・短期大学紀要に掲載された論文733報の，論文名・著者名・掲載雑誌名・掲載ページ・刊行年とその論文の要旨を記載した。各分野ごとに刊行年順に掲載し，同一刊行年のものは著者名(五十音)順に配列した。

○文献リスト編

　学術雑誌および大学・短期大学紀要以外の啓蒙雑誌(衣生活・衣生活研究・家庭科教育・服飾文化等)に収録された文献と，大学・短期大学紀要等掲載の民族(俗)服飾関係論文で内容が調査報告的なものに関しては，論文名・著者名・掲載雑誌名・掲載ページ・掲載年のみを記載した。各分野ごとに刊行年順に掲載し，同一刊行年のものは掲載雑誌名(五十音)順に配列した。

○ミュージアムリスト編

　国立民族学博物館身装文化(コスチューム)データベース(MCD)のうち，「身装文献データベース」の，1)服装関連日本語雑誌記事(カレント)から，関連情報を検索して作成した。1967年〜2007年までの博物館・美術館発行情報誌から，フリーキーワードの身装概念(着衣・着装・風俗・化粧・布・紡織・被り物・染め等)で検索した身装関連情報を含む。

　なお服装関連日本語雑誌記事(カレント)は，1967(昭和42)年以降に発行された日本語雑誌記事を網羅的に，それ以前については選択的に採録した索引情報(国立民族学博物館ホームページより)であり，Webcat Plus(国立情報学研究所)からも調査が可能である。

○キーワード索引

　「論文要旨編」に掲載した論文内容のキーワードを索引として記載した。

○著者名索引

　「論文要旨編」の論文著者名を索引として記載した。

(2) 掲載の論文要旨は，論文の著者自身の執筆を原則としたが，諸般の事情により著者執筆が不可能なものについては各分野責任者や刊行委員会で適宜，執筆者を決定し執筆した。したがって，すべての論文要旨について，その執筆者名を記した。

(3) 「論文要旨編」「文献リスト編」とも，雑誌掲載等の名称はすべて略すことなく正式名で記載した。掲載雑誌により巻・号等の表記が異なるため，「Vol.」は「巻」へ，「No., 集, 輯, 冊」は「号」へ統一して表記した。

目 次

まえがき i
関係者一覧 iii
凡例 iv

I 論文要旨編

A 日本
Aa 古代(縄文～平安時代) 3
Ab 中世(鎌倉～安土・桃山時代) 11
Ac 近世(江戸時代) 15
Ad 近現代(明治時代以降) 30
Ae 通史・その他 50

B 欧米
Ba 古代 51
Bb 中世 52
Bc 近世 56
Bd 近現代 64
Be 通史・その他 78

C 東洋 80
D 民族(俗)服飾・比較服飾文化 86
E 服飾美学 114
F 宗教・芸能衣裳 117
G その他 122

II 文献リスト編

H 日本 133
I 欧米 139
J 東洋 140
K 民族(俗)服飾・比較服飾文化 141
L 服飾美学 154
M 宗教・芸能衣裳 164
N その他 164

III ミュージアムリスト編

O 日本 173
P 欧米 174
Q 東洋 174
R 民族(俗)服飾・比較服飾文化 175
S 服飾美学 176
T 宗教・芸能衣裳 177
U その他 177

IV キーワード索引 179
V 著者名索引 197
収録雑誌一覧 203
あとがき 207

I 論文要旨編

- A 日本（Aa 古代，Ab 中世，Ac 近世，Ad 近現代，Ae 通史・その他）
- B 欧米（Ba 古代，Bb 中世，Bc 近世，Bd 近現代，Be 通史・その他）
- C 東洋
- D 民族（俗）服飾・比較服飾文化
- E 服飾美学
- F 宗教・芸能衣裳
- G その他

II 文献リスト編

III ミュージアムリスト編

IV キーワード索引

V 著者名索引

Aa001　高松塚壁画に見る古代服飾
小澤和子著, 生活文化史 27 号, 31-39 頁, 1995 年

　天平時代の衣裳は，正倉院の御物等から知り得ることが出来たがそれ以前の物はわかっておらず，高句麗系・中国系と意見が二分されている。しかし，北魏の如来小像の台座に描かれた供養人の線刻画，左右に男女 3 人ずつの姿が，高松塚の人物像の服装と酷似していた。
　高松塚古墳に描かれた壁画の人物像の衣服は，中国，それも後漢から北魏に至るまで続いていた衣服の直輸入であった。そして，飛鳥・白鳳の衣裳から，奈良・天平の衣裳への急変は，第六回遣唐使から第七回に再開された 33 年間の空白がもたらしたものである。
(難波めぐみ)

Aa002　古代の織物技術
高野昌司著, 繊維機械学会誌 51 巻 2 号, 133-136 頁, 1998 年

　鹿児島・フミカミ遺跡から縄文時代晩期の土器圧痕が出土し，それが最古と考えられていたが，青森・三内丸山遺跡の発掘により，一気に 2700 年古い縄文時代前期の平織と綾織りの布が出土して，常識を覆すものとなった。
　現在「絁」・「経錦」・「羅」等が商品として製織され市場で販売されているが，これらは今日現在の糸・撚・染・製織の技法で製作されたものであろう。古代の技法による古代織物の復元は非常に難しく，いろいろな問題を解決してもなお完全とはいえず，当時の技術をどこまで追求できるかが課題である。
(難波めぐみ)

Aa003　正倉院文様とその宝物について
田中早苗著, 京都文教短期大学研究紀要 37 号, 172-181 頁, 1998 年

　正倉院の宝物の文様を分類すると西方系・中国系・日本系に，文様の種類で分類すると幾何学文，動物文，植物文，人物文，自然現象文，その他に分けられる。これらが組み合わされて複雑な文様となり，意味も重ね合わされた。新しい技術や感覚を受入れ，日本独自の文化に育てたことは当時の人々の進歩的行動と柔軟な思考によるものである。正倉院文様は有職文様や能装束，工芸品等にも影響を与え，現代の日本文様の原点となった。正倉院文様を現代に甦らせた文様は，宝物の文様自体は変容させず，他の文様との組合せや配置・配色により，現代の美的感覚で伝統美を表している。
(田辺真弓)

Aa004　法隆寺献納宝物幡と幡足，平絹・錦残欠 ―平成九年度の修理を終えて―
沢田むつ代著, MUSEUM 558 号, 21-54 頁, 1999 年

　法隆寺献納宝物の染織品修理は，昭和 56 年度より毎年継続して行なわれている。今回の修理は幡と幡足，そして唐花文錦残欠を行なった。これらの裂は，汚れや染みのある粗悪な鳥の子紙に，数点まとめて濃い糊で貼られ，なかには裂の一部が台紙から剥がれているものもあった。修理では，台紙から剥がし，裂の糸目を揃え，ごく淡い淡茶色に染めた薄和紙で裏打ちした。一枚の裂の場合は，このような仕様で修理をしている。唐花文錦残欠は，文様がずれて台紙へ貼られていたが，糸目を揃えた結果，文様が以前より鮮明にみえるようになり，奈良時代中頃の錦であることがわかった。
(沢田むつ代)

Aa005　薬師寺吉祥天女像の服飾に関する一考察 ―中国歴代女子服との比較から―
田中陽子著, 国際服飾学会誌 16 号, 55-67 (欧文 68-74) 頁, 1999 年

　薬師寺吉祥天女像の服飾については，奈良時代女子の礼服，ひいては当時影響を受けたと思われる中国唐代の礼服であると言われてきた。本論では，日本および中国の服制や画像資料などから比較し，これを明らかにすることを試みた。その結果，次の点が明らかとなる。薬師寺吉祥天女像の服飾は，奈良時代や唐代の女子礼服とは一致しなかった。近似する服飾として，中国唐代の舞女像や天女像が多く確認された。そして，蔽膝のまわりにみられる三角状装飾は，従来架空の装飾と考えられてきたが，実は中国漢代の女性の上着「桂衣」とその装飾が踏襲されたものであることが判明した。
(田中陽子)

Aa006　古代・中世の横櫛 ―形態の変遷と普及の画期を中心に―
仲田佐和子著, 郡山女子大学紀要 35 号, 189-201 頁, 1999 年

　4 世紀から 16 世紀の日本の横櫛について分析し，形態的変遷と普及の歴史的背景について考察した。横櫛の形態は，広型(幅1:長さ2未満)，中広型(幅1:長さ2以上3未満)，細型(幅1:長さ3以上)に分類される。古墳時代から飛鳥時代は広型，奈良から平安前期は中広型と細型，平安後期から鎌倉は中広型，室町は広型と変遷することが明らかになり，形態によって時代を判別する見通しがついた。また，奈良時代以降に明らかな解櫛と梳櫛の分化は，女性の髪形が島田髷から垂髪への変化に対応したためと考察した。
(仲田佐和子)

Aa007　万葉集にみる袖

中田尚子著，生活文化史35号，17-28頁，1999年

　日本の万葉時代には，漢の時代に愛好された大袖と北方で北魏時代に出現した筒袖の二つの袖の形の流れがあった。708年に，ゆったりしたものを着るよう奨励されているが，万葉の歌にも「袖吹き返る，袖漬く，袖に受けて，袖を笠に，袖に吸い入れ」と長さ，広さを想像させる歌が多い。袖付け衣は，その原形を漢の舞袖にたどることができ，日本では晴着，労働着の袖としても愛用された。筒袖の衣に領巾の着装は，隋代にその姿を現わし，唐代において流行したが，法隆寺五重塔の塑像群像（771）に見ることができる。「袖振る」という行為は「領巾振り」よりも，ずっと前に存在した。

（中田尚子）

Aa008　王朝和歌における服飾表現
　　　　　―「からころも」をめぐって―

和田早苗著，服飾美学29号，1-16頁，1999年

　「からころも」は歌の中にのみ用いられその実態は不明であるため，平安時代の用例は一般に衣の歌語あるいは枕詞と捉えられている。本稿では，「からころも」を歌の技巧的な面からではなく，人々がその衣に込めた心情から考察した。「からころも」は『万葉集』以降，いとしい人に「逢えない」気持ちを効果的にあらわし，その意味は10世紀初頭までは踏襲されていたが，恋の歌では次第に薄れていく。一方，紀貫之によって擣衣の詩情と結びつく。「からころも」は征旅の夫を待つ妻の胸中を象徴するにふさわしく，擣衣を詠む歌の中で「逢えない」心情が残されていったと考えられる。

（和田早苗）

Aa009　薬師寺吉祥天像の服飾について
　　　　　―仏画と実相の視点から―

岩崎雅美・岡松恵・片岸博子・原田純子・馬場まみ著，日本服飾学会誌19号，1-9頁，2000年

　奈良・薬師寺蔵の国宝「吉祥天像」の服飾の各部位についてみると，天部の仏像として基本となる大袖衣，肘部分で襞になる半臂，盤領の襦，天衣，前当（蔽膝），裳（裙）等の服飾がみられる。本論では特に裳について裾に襞を付けた一領の裳という従来の説から離れ，襞と継分（寄裂）で構成された二領の裳の重ね着であり，下の襞裳が少し長いために裾から出た着装であることを提案した。その根拠として，最古の東大寺法華堂の吉祥天像は長い襞裳の着装であり，正倉院には襞裳と継分の両方の裳が存在していること等をあげた。

（岩崎雅美）

Aa010　法隆寺献納宝物平絹幡残欠と綾幡足残欠　―平成十年度の修理をを終えて―

沢田むつ代著，MUSEUM 564号，37-48頁，2000年

　昭和56年度より毎年継続して行なわれている法隆寺献納宝物の染織品修理の方法と，修理の際に得られた新知見の報告。今回の修理は，平絹幡残欠と綾幡足残欠である。幡残欠は特に幡足部の損傷が著しく，一部では小片が遊離し，裂の劣化で粉状になるところもあった。このため，幡を解体し，各裂ごとにごく淡い淡茶色に染めた薄和紙で裏打ちしたのち，もとの形状に復した。なお幡足は，現状では五条を確認できたが，解体した結果と各条の重なり状況から，当初は七条であったことがわかった。葡萄唐草等の綾幡足は，糸目と文様をあわせて薄和紙で裏打ちを行なった。

（沢田むつ代）

Aa011　『宇津保物語』における装束の色彩表現について

清水久美子著，同志社女子大学総合文化研究所紀要17巻，49-63頁，2000年

　10世紀後半の成立とみられる『宇津保物語』には，儀式や行事などに着用した装束の色目に関する詳細な記述が多い。文中の襲色目の用例から，色彩配色と装束，着用者，着用時期，目的との関係を明らかにし，色彩表現のあり方とその意味について考察した。使用傾向は赤系統色が最も多く，次いで紫系統色，緑系統色が多用された。本物語の色彩表現には，尊卑の感情など色の象徴性，身分・年令，ハレとケ，慶弔といった社会的風習による色彩認識，行事の演出意図が重要な要素となった。社会的・心理的色彩感と日本独自の自然観のもとに，装束の配色美が創生されたといえる。

（清水久美子）

Aa012　白妙能衣乾有天之香来山

杉野正著，服飾美学31号，49-60頁，2000年

　着る物の総称としては『万葉集』ではきぬよりもころもの使用が数的にやや優勢をしめている。またころもで（衣手，衣袖），からころも（韓衣，辛衣）などの複合語の形成も多い。この数的な優劣関係は中古以降では逆転し，ころもは歌語としては伝承されつづけるものの，一般の用法としては僧衣に限定されるようになる。

　『万葉集』を中心に考察してみると，衣（ころも）は必ずしも衣服（着る物）に限る物ではなく，広くは衣服に仕立てる前の布をも含み，これに対し衣（きぬ）はあくまでも衣服に関してのみ用いられている。中古以降，きぬが衣服を総称する言葉として優勢になる理由の一端もここにあるのではないか。

（難波めぐみ）

Aa013　唐招提寺所蔵 国宝「方円彩糸花網」の実態解明 ―編組織と技法的特質―

谷井淑子・安蔵裕子著，国際服飾学会誌 17 号，25-38 頁（英文 39-52 頁），2000 年

　レース様の「方円彩糸花網」は，鑑真和上によって「白瑠璃舎利瓶」を包む袋として将来されたという。その造形の性格を明らかにするため，復元的製作により編み組織を解明，技巧的特質を考察。唐招提寺末寺の伝香寺に伝わる地蔵菩薩立像胎内納入の編み袋と比較検討し，両者が目指した形状は異なるが，全く同種の基本編み組織で編成されていることが明らかとなった。それは原初的なニードル・ルーピングに属し，技法的に同系譜の造形といえる。仏舎利礼拝など宗教に奉仕する造形としての伝来に関しては検討課題である。

（安蔵裕子）

Aa014　平安時代の葬送装束 ―素服を中心に―

増田美子著，日本家政学会誌 51 巻 4 号，31-38 頁，2000 年

　平安時代を前期（794～969），中期（970～1086），後期（1087～1191）に分けて考察し，平安朝における素服の変遷過程を明らかにした論文。天皇が二親等以上の喪に服す時の素服である錫紵は，中期には鈍色の麻布製直衣形衣であったが，後期になると色と形は変化し，黒色の闕腋袍形となる。中期までの葬送装束は，日常衣である直衣の色と素材を変えただけであったものが，後期になると非日常の形態へと変化する。その他の皇族や上臣の素服も，錫紵と同様の変化をたどっており，この平安後期に成立した葬送装束は，以降宮中では江戸時代まで継承されてゆく。

（増田美子）

Aa015　薬師寺吉祥天像の服飾における中国西域の要素について ―髪型や上衣を中心に―

岩崎雅美・岡松恵・片岸博子・原田純子・馬場まみ著，日本服飾学会誌 20 号，1-8 頁，2001 年

　薬師寺蔵の「吉祥天像」の最上衣はこれまで背子と考えられてきた。しかし中国・唐代の壁画や俑の資料では西域の領巾（ショール）の流行が明らかである。吉祥天像は，薄い羅のような素材に団花文を染めた領巾の上端を少し手前に折り返し，天部の仏像に共通する半臂の上で右前に緩やかに巻き，その端は脇で腕によって隠れている着装であることを提案した。この種の染織品が中国・新疆ウイグル自治区博物館に蔵されていることや，トルファン出土の仕女図に同種のショールが描かれていること等が考察の根拠になっている。

（岩崎雅美）

Aa016　法隆寺献納宝物刺繍・錦・綴織などの残欠 ―平成十一年度の修理を終えて―

沢田むつ代著，MUSEUM 574 号，カラー図版 5-6, 37-70 頁，2001 年

　法隆寺献納宝物の今年度の修理は，献納宝物を代表する刺繍の「繍仏」をはじめ，さまざまな文様の錦や綴織など，優品が揃っている。これらは現状では，ガラスやアクリル挟みにされていた。こうした仕様はガラス等の重量で裂が押しつぶされてしまうため，再修理では，各裂をごく淡い淡茶色に染めた薄和紙で裏打ちしたのち，窓枠付きの中性紙製マットに挟んだ。錦のうち獅噛文と鳳凰文は，正倉院のそれらの文様と比べ古様をとどめており，織りの技法も経錦が多くみられ，当然のことながら正倉院より年代が上がることがわかる。また，錦や綴織は，ばらばらの裂の文様を並べあわせた結果，当初の文様配置を復元することができた。

（沢田むつ代）

Aa017　平安女流文学に現れる色表現（1） ―『蜻蛉日記』藤原道綱母の生活空間における色彩感を通して―

難波めぐみ著，郡山女子大学紀要 37 号，206-194 頁，2001 年

　『蜻蛉日記』では，兼家の権力が移行して来た様子を，身近に身を置く道綱母の記載により明確に表現されている。それらは，宮廷に仕えた女房達と，兼家から求婚という華々しい世界へと足を踏み入れた生活に始まり愛の衰えに至る生活の中で違いが見られるのは言うまでもない。

　道綱母の色に対する心情は当時の生活空間から生まれた形であり，継承されてきた歌の形にとらわれない独自の歌表現の中で，それが道綱母の色に対する感情表現の一つであったことを明らかにした。

（難波めぐみ）

Aa018　平安時代の喪服 ―諒闇装束を中心に―

増田美子著，日本家政学会誌 52 巻 10 号，51-60 頁，2001 年

　平安時代を前期（794～969），中期（970～1086），後期（1087～1191）に分けて考察し，平安朝における諒闇の際の装束の変遷過程を明らかにした論文。基本的には，平安時代を通じて前期に成立した服喪服の制度が継承され続けた。天皇以下諸臣の諒闇装束は黒橡袍であることには変化ない。ただ，後期になるとその色が濃くなってゆき，下に重ねる衣の色も中期の白から鈍色へと変化するが，素服ほどの大きな変化は見られない。本官の役に就くときは位袍を着用する。諒闇以外の服喪服は基本的に鈍色であり，重い喪ほどその色を濃くした。

（増田美子）

Aa019　日本古代における祥瑞の色とその意義
―色と権力表象―

本田明日香著，日本歴史 649 号，18-35 頁，2002 年

　延喜治部省式祥瑞条と唐礼部式，『宋書』，『芸文類従』の祥瑞の色彩を比較すると，いずれも陰陽五行思想の正色を中心とし，白系統，赤系統の祥瑞が多く，それ以下は日本は黒系統，中国は黄系統である。日本の祥瑞思想は中国のそれをほぼ継承したが，祥瑞の色彩に関しては日本固有の色彩感覚が反映されたといえる。日本の 7 世紀から 10 世紀に改元理由とされた祥瑞には白系統のものが圧倒的に多く，王権・権力と白色は深い関連性があったと指摘できる。天皇の正装は白色の帛衣であり，白色は権力を象徴する色彩であった。
(田辺真弓)

Aa020　「ちはやぶる」から「ちはやふる」へ
―服飾の視点から―

和田早苗著，服飾美学 34 号，1-16 頁，2002 年

　「ちはやぶる」から「ちはやふる」という清音化の背景に，神事に用いられる服飾「ちはや」を「ふる」という動作が考えられないか検討した。
　「ちはやぶる」は「いちはやぶ」を基とする本義の荒々しい，勢いの激しいという意味が次第に薄れ，広く神に掛かるようになり，表す意味が多様化していった。そして本来は服飾には関係のない言葉であったが「ちはや」を意識して用いられるものも現れた。これは「ちはや」が神儀の場にふさわしい呪術性を持つ服飾であり，「ふる」行為がなされていたためであり，そのために清音化も起こったと考えられる。
(米今由希子)

Aa021　文様から見た正倉院の刺繡

河上繁樹著，正倉院紀要 25 号，57-66 頁，2003 年

　正倉院の刺繡の特色について，文様とくに暈繝の特色とそれを表現する刺繡技法について述べ，奈良時代の刺繡の特色として平糸の挿し繡による暈繝表現が多用されるようになったことを指摘した。
(河上繁樹)

Aa022　飛鳥，奈良時代における茜染，紫染の色相と染色法 について
―序論I，史料に基づく考察―

小見山二郎・末松麻里央著，実践女子大学生活科学部紀要 40 号，23-30 頁，2003 年

　"延喜式"記載の背景にある染色技術を具体的に推察すると，「雑染用度」に記載されている材料は，当時においてある程度に流布した染色技術によるものであり，「中宮御服」に用いられた技術は，当時一般には秘された技術であった。臣下のための緋色，紫色と皇室の緋色，紫色は同じ色相を呈するものではなかったのである。
　正倉院に伝存された品々には天皇と皇后の物品が含まれるので，そのうちの堅牢度の高い茜染，紫染の品は秘匿された染色技術で染められていた可能性が高い。
(難波めぐみ)

Aa023　「朝服」と「束帯」
―用例からみた平安初期公家服制―

佐多芳彦著，風俗史学 24 号，2-21 頁，2003 年

　有職故実学では当たり前のように使われている用語「束帯」だが，実は 10 世紀の文献史料に忽然と出現することはあまり知られていない。平安期に基礎が成立した貴族社会の服装は，その名称において，仕様や目的が直截に反映されている点に注目しつつ，束帯の語源，呼称としての出現の背景を考察した。文献類の渉猟の結果，「束帯」の語は官選の文献類には見られないものであることから，公用語ではなく，通称のような使われ方であったと推測した。律令継受以後，漸次，唐から日本に流入した漢籍類や，これらをもたらした遣唐使らの見聞がその濫觴であると推定した。後『服制と儀式の有職故実』(2008)に補説とともに再録。
(佐多芳彦)

Aa024　正倉院と法隆寺の刺繡の比較

沢田むつ代著，正倉院紀要 25 号，45-56 頁，2003 年

　正倉院で刺繡の特別調査が行なわれた。その調査の結果，奈良時代の正倉院の刺繡糸は，大部分が撚りのない引き揃えの平糸で，刺し繡や平繡等を用い，暈繝配色も多用し，立体的にあらわされている。また，複数の技法を効果的に活用している。それに対して時代の遡る飛鳥時代の天寿国繡帳や法隆寺献納宝物の刺繡糸は，強い撚りをかけた糸を用いて，輪郭線で文様を縁取り，内部を緻密に埋める手法をとり，刺繡の技法は一種類のものが大部分であることから，両者の刺繡の違いを明確にするとともに，年代の相異を明らかにした。
(沢田むつ代)

Aa025　法隆寺献納宝物葡萄唐草文錦褥
　　　　　―平成十二年度の修理を終えて―
沢田むつ代著，MUSEUM 582号，49-57頁，2003年

　昭和56年度より毎年継続して行なわれている法隆寺献納宝物の染織品修理の方法と，修理の際に得られた新知見の報告。今回の修理は，葡萄唐草文錦褥で，現状は表裂と裏裂が分離し，表裂は台裂へ綴じ付けられており，裏裂は縹絁平絹で，和紙で裏打ちされていた。しかし，表裂・裏裂とも破損・欠損が多く，表裂は文様が連続していなかったので，糸目を揃えて修正したうえで，ごく淡い淡茶色に染めた薄和紙で裏打ちし，裏裂も文様を揃えて同じ薄和紙で裏打ちした。さらに，台紙へのせた本体を，展示と保管を兼ねた桐製のパネルを製作して置いた。これで安全性が確保された。
　　　　　　　　　　　　　　　　　　　　　（沢田むつ代）

Aa026　法隆寺の染織品
沢田むつ代著，繊維学会誌59巻11号，389-393頁，2003年

　法隆寺裂は寺に遺されているものと，法隆寺献納宝物として東京国立博物館に所蔵されているものがある。法隆寺献納宝物は，明治のはじめ法隆寺が所蔵していた三百余件の宝物を帝室へ献納したもので，戦後国有財産になった。これらは法隆寺が江戸時代の元禄と天保の出開帳に出陳したものが大部分である。法隆寺裂は伝世品としては世界最古の部類に含まれ，内容的には仏事の荘厳具に使われた幡が多く，僧衣の袈裟のもとともいわれる糞掃衣，儀式に使われた敷物の褥などがある。しかし最も多いものが残欠で，織物の錦をはじめ，綾，平絹，染物では縹絁等，また刺繍，組紐がある。
　　　　　　　　　　　　　　　　　　　　　（沢田むつ代）

Aa027　平安女流文学に現れる服飾表現について　―『枕草子』諸伝本に見る服装―
難波めぐみ著，郡山女子大学紀要39号，146-160頁，2003年

　『枕草子』には三巻本系統，能因本系統，前田家本系統，堺本系統の四系統があり，現在それらは広く流布している。その四系統の異同を調査した所，服飾表現，或いは，着用者の身分上下の差が現れるなどが見られた。更には，梅の直衣，桜の直衣着用といった同じ場面において季節感，色彩感に違いが見られた。
　このように，服装史を研究する上で文学が非常に重要な位置を占めていることは周知のとおりであるが，諸伝本により服装記載に変化が見られる場合，非常に注意が必要となることを明らかにした。
　　　　　　　　　　　　　　　　　　　　　（難波めぐみ）

Aa028　二藍に関する一考察
　　　　　―成立と色相を中心に―
和田早苗著，服飾美学36号，1-14頁，2003年

　平安時代に新しく作り出された色名の一つ二藍について重ね色目の視点から考察を試みた。二藍はその名称から一般には藍と紅（呉の藍）との二つの藍によって染められた紫系統の色であると考えられているが，歌合の記述より，初期のものは赤色と藍との重ねを示していると推測される。また，平安時代末以降の装束書の記述より，二藍には紅と青色，赤色と青色の組み合わせの染色や織色の可能性も考えられる。二藍は赤色系にも青色系にも調和し，二種の色の融合をあらわしていたと思われる。
　　　　　　　　　　　　　　　　　　　　　（和田早苗）

Aa029　上代の幡の編年
沢田むつ代著，繊維学会誌60巻4号，76-81頁，2004年

　法隆寺幡は近年の調査・研究で，墨書銘のある幡を基準に制作年代が推定できるようになった。これをもとに法隆寺幡の形式や使用されている染織品等を明らかにし，奈良時代の正倉院幡（大仏開眼会用と聖武天皇一周忌斎会用）との比較を行ない，幡の形式変遷を試みた。幡は幡頭・幡身・幡足からなる旗。法隆寺幡は，幡頭を帯紐で三角状に作り，幡身内部の坪と呼ばれる部分は縦長の長方形とし，幡足は帯状の両側を単に縫うだけである。それに対して，正倉院幡の幡頭は，三角形の裂をあて，幡身各坪はほぼ正方形に変化し，幡足は縁を付けるなど装飾豊かになってくることがわかった。
　　　　　　　　　　　　　　　　　　　　　（沢田むつ代）

Aa030　上代裂の技法と文様の変遷
沢田むつ代著，繊維学会誌60巻10号，492-497頁，2004年

　法隆寺幡から正倉院幡へ移行する過渡期の幡の存在を明らかにしたことによって，それらの幡に使われている染織品を詳細にしらべることにより，上代裂の技法や文様の違いや変化を知ることができる。法隆寺幡に用いられている綾と錦は，山形や菱，亀甲といった幾何学文様等，初期的文様が多い。それに対して正倉院幡は唐花文や唐草文，これらに鳥獣などを組み合わせた文様等で占められている。技法も法隆寺幡は，綾では初歩的な技法の平地綾，錦では古い技法の経錦が中心で，正倉院幡の綾は，より進んだ技法の綾地綾，錦では新出技法の緯錦が圧倒的に多い。
　　　　　　　　　　　　　　　　　　　　　（沢田むつ代）

Aa031　法隆寺献納宝物蜀江錦褥残欠と褥裏裂
　―平成十三・十四年度の修理を終えて―
沢田むつ代著，MUSEUM 588号，17-26頁，2004年

　昭和56年度より毎年継続して行なわれている法隆寺献納宝物の染織品修理の方法と，修理の際に得られた新知見の報告。今回の修理は，蜀江錦褥で，現状は羽二重の台裂へ細かく綴じつけられていた。修理では台裂から外し，文様をあわせて形を整えたのち，ごく淡い淡茶色に染めた薄和紙で裏打ちし，台紙へ置き，展示と運搬を兼ねた桐製台へのせた。これにより安全な保管と展示が可能になった。また，この褥の裏裂である縹縜平絹は，過去の修理で台裂などが入ったまま和紙で裏打ちされていたので，和紙を剥がして亀裂を修正したのち，褥と同じ薄和紙で裏打ちした。
（沢田むつ代）

Aa032　いにしえの日本の色
　―特に日本の仏教の色と陰陽道の色について―
須田勝仁著，大谷女子短期大学紀要48号，15-30頁，2004年

　古代仏教経典に出てくる浄土の色として語られる七宝の色には，イメージとして豪華絢爛たる世界を示すことに目的があり，日本人の色彩感覚や価値観を見る上で必要な指針であると考えられる。
　日本人にとっての古代の色は，位階という政治的なものに影響されたため，実生活では縁遠い存在となり，庶民が色を楽しめるようになるには，宗教的な影響が少なくなってくる室町時代も後半以降，江戸時代までの時間の経過が必要であった。宗教的・政治的な影響の大きさが改めて認識されることになる。
（難波めぐみ）

Aa033　采女の装束
鳥居本幸代著，京都ノートルダム女子大学研究紀要34号，25-33頁，2004年

　平安時代の女官の一つである采女は古来より美貌を就職条件とされていた。その主たる職掌は配膳・陪膳であったが，神事等にも大きな役割をはたしていたため，装束も他の女官と趣を異にしていた。
　現在の采女装束の源流を平安朝に探り，考察した。
（鳥居本幸代）

Aa034　『万葉集』から『古今和歌集』に見る色表現
難波めぐみ著，郡山女子大学紀要40号，189-204頁，2004年

　『古今和歌集』になって新しく登場した色の表現は，「風の色」，「春の色」，「水の色」などがあげられる。目で見たものを感じよんでいた『万葉集』時代から『古今和歌集』時代は心で感じたものを詠うようになった。また，「白」，「赤」といった原色中心であったものが，次第に中間色としての色の受け止めが行われるようになり，色彩表現が豊かになったことが窺える。このことは，身分における色彩表現に通じるものでもあるし，服装における重ね色目などにも顕著に表れることとなる。
（難波めぐみ）

Aa035　服飾からみる平安時代のわらはの姿
　―童女の汗衫とその表現を中心に―
伊永陽子著，服飾美学41号，19-36頁，2005年

　平安時代の成人儀礼では，童の髪形と衣服から大人のそれへと改めるため，服飾は象徴的意味を担うといえる。童女の汗衫は10世紀前半から確認され，表袴など男性の衣服を含んだ構成がなされる。特徴的な長い裾には，五節童女などの記述から装飾性が認められるが，一方で裾短の汗衫も指摘され，両者には弓射に関係すると思われる形状「ゆだち」が共通する。文学中の汗衫姿の童女に伴う「ほころび」「乱れ着る」という語は，衣服の緩みや乱れに美的価値を見出すと考えられる。この表現は，子どもらしい動作や心情から発生し，汗衫の形状的特性に通じる美感をもつと思われる。
（伊永陽子）

Aa036　法隆寺献納宝物広東綾幡　―平成十五・十六年度の修理で判明した新知見―
沢田むつ代著，MUSEUM 597号，55-68頁，2005年

　昭和56年度より毎年継続して行なわれている法隆寺献納宝物の染織品修理の方法と，修理で判明した新知見の報告。今回はほぼ完品の広東綾幡。現状は台裂へ細かく綴じつけられていたが，裂の劣化が進んだため，幡を解体して仕立て前の状態に戻し，各裂ごと裏打ちしてもとの状態に復元した。幡の解体中に幡身の縁のなかに幡の形状を保つため，芯裂を入れていたことが確認された。広東綾幡は，献納宝物中最大長の灌頂幡である広東綾大幡と使用裂や仕立てが共通することから，広東綾大幡の天蓋四隅を飾った幡のうちの一旒であることがわかった。
（沢田むつ代）

Aa037 和様の成立過程 ―唐衣裳装束を中心に―
増田美子著, 国際服飾学会誌 28 号, 4-12（欧文 13-20）頁, 2005 年

　唐衣裳装束は，通説のように奈良朝の朝服等の変化によるものではなく，9世紀半から新たに家居の服飾として着られ始めた袿が発達し，袿中心の衣生活が確立したことにより生まれた装束であることを論じたもの。初期の家居の装いは，袴・単袿の上に綿の入った袿を装うといった簡略なものであったが，次第に配色美が重視される中で，単袿の上に袿を幾枚か重ねるようになり，袿中心の衣生活が確立した。10世紀半頃には，唐衣・裳と領巾が出仕服の必需品であったため，女房は袿姿に唐衣・裳・領巾を装って出仕したが，領巾はその後儀礼時のみの着用へと変化した。
　　　　　　　　　　　　　　　　　　　　（増田美子）

Aa038 平安時代における尼の服飾について
村松さやか著, 服飾美学 41 号, 1-18 頁, 2005 年

　平安時代の尼の外見の問題は髪型のみでなく服飾，特に色あいも重要な役割を担うと考えられる。『僧尼令』には木蘭，青碧，皂，黄等の色名が見えるが，木蘭は仏教団の戒律における三種の壊色との関連でとらえると，色相は黄赤系といえ，色名は香との関わりをもつと考えられ，10世紀以降多様化して梔子，黄がちなる今様色，萱草，香染，丁子染等として尼の服飾にあらわれたのではないか。尼の服飾の組み合わせは，単衣や袿には鈍色または黄赤系を，表着や衣・裳には黒・鈍色・青鈍を着るというもので，俗人女性とは区別されるものであったと考えられる。
　　　　　　　　　　　　　　　　　　　　（村松さやか）

Aa039 『万葉集』に詠まれた7・8世紀の服飾 ―服飾が暗示する意味と役割―
菅野絢子著, 文化女子大学紀要（服装学・造形学研究）37 号, 67-76 頁, 2006 年

　『万葉集』には多種多様の服飾に関する語が歌われ，当時の服飾の有り様を現在に伝えている。また，日常生活や庶民に関する内容を補うことが出来る。こういった中で服飾には，身につけたり贈り交わすことで表現されていた精神面での役割や隠された意味があったと考え，7，8世紀の人々の精神文化に注目し，歌種や詠まれた時代による傾向等を読み取った。
　その結果，服飾が表現していた役割や隠された意味について，男女間に関する事柄と神事・信仰に関する事柄の2つの事例を見出した。
　　　　　　　　　　　　　　　　　　　　（難波めぐみ）

Aa040 法隆寺宝物館の染織品と修理について
沢田むつ代著, 韓国服飾 24 号, 7-37 頁, 2006 年

　法隆寺献納宝物のこれまで行なってきた染織品修理の仕様と効果等の説明。当初の修理は，幡や褥のように，形をとどめている作品については，形のまま台裂へ細かく綴じつける方法を採用した。しかし，繊維の経年の劣化で針孔周辺や損傷部の小片等が遊離して危険な状況になってきた。そこで，台裂より外して作品を解体して仕立て前の状態に戻し，裂ごと和紙で裏打ちしたのち，再度もとの状態へ復元して専用台へ置いた。これにより安全な保管と展示が可能になった。ガラス挟みの裂はガラスを外し，窓枠つきの中性紙製のマットを作製し，損傷の多い裂は薄和紙で裏打ちして挟んだ。
　　　　　　　　　　　　　　　　　　　　（沢田むつ代）

Aa041 『万葉集』にみる玉
中田尚子著, 生活文化史 49 号, 1-14 頁, 2006 年

　『万葉集』の歌では，玉を霊力あるものとして尊び，玉を大切な人，愛する人のかわりとして，身につけている。「竹珠を繁々に貫きたれ」と祈るときには，管玉を多数連ねて祭壇に垂らした。玉は祭祀や信仰に基づく信仰財であった。「まつりごと」を大切にしていた時代，応神天皇より前の王朝の象徴でもあった。祭政二重主権がこわれたときから，旧秩序のシンボルであった呪術としての玉は排除され，玉はただの飾りとなり下がっていった。玉は庶民に解放され，滑石などの素材で自由に身につけるようになったが，やがて庶民にも魅力のないものとなった。
　　　　　　　　　　　　　　　　　　　　（中田尚子）

Aa042 平安朝服飾における柳色下襲の成立 ―藤柳下襲の重ね色目を中心に―
成田汀著, 服飾美学 42 号, 1-18 頁, 2006 年

　『西宮記』に「藤柳（打或張）」「白柳」とある柳色下襲から藤柳下襲を取り上げ，その形が襲子重の下襲としてどのような配色をなしているかに注目する。『源氏物語』の末摘花の服飾描写を通して女の「柳重ね」の袿の表衣とその中に重ねる下衣との襲子重の配色について検討し，表が葡萄染の薄紫，裏が萌葱の青という「藤柳」の配色が「柳」の重ね色目であることを確認する。『亭子院歌合』や『宇津保物語』などから検討して男も同様の重ね色目であると考える。この藤柳（打）下襲は10世紀初め頃から青色の束帯袍や直衣布袴など王卿貴族の私的な美服に着用されていると解される。
　　　　　　　　　　　　　　　　　　　　（成田汀）

Aa043　平安時代の童の束帯
　　　　　―元服・読書始・童殿上を中心に―
伊永陽子著，服飾美学 45 号，19-36 頁，2007 年

　『西宮記』に記される童の衣服のうち，赤色・青色を 10 世紀から 12 世紀における童の儀式に追うと，従来の説とは異なる童の服飾の実態が見出される。元服では，皇太子は黄丹袍を，親王は赤色袍と青色袍を，殿上童は 11 世紀までは青色袍を用いたと考えられる。12 世紀には摂関家の童の赤色袍着用を契機に，殿上童の装いは『雅亮装束抄』にあるように赤色袍と認識されると思われる。一方，皇太子の読書始で 10 世紀に服色が変容する経緯には，赤色や青色が天皇の美装として限定される動きが指摘できる。このような色彩と闕腋，裾長の形状という特徴をもつ童の装いは特有といえる。
(伊永陽子)

Aa044　正倉院の弾弓に描かれた散楽の服飾
　　　　　―服種と着装の視点から―
岩崎雅美著，家政学研究 53 巻 2 号，71-80 頁，2007 年

　正倉院中倉の「墨絵弾弓」(遊戯具の一)には，散楽を表す 96 人の人物が描かれている。散楽は中国大陸では百戯(種々の軽業や曲芸)の内の幾つかを示す漠然とした言葉である。弾弓図をみると楽器の演奏，竿立ての曲芸，組立て，踊りなどの芸能がうまく配置されている。服装では襟の形，袖丈，身丈などが描き分けられ，また衽線や縁取りの文様，長靴と長靴下，被り物などが詳細に描かれている。中国の西域風の服飾とその着方について，中国の文献や正倉院の散楽資料と照合しながら弾弓図の資料的価値を考察した。
(岩崎雅美)

Aa045　キトラ古墳出土の太刀飾り2S文様試論
上條耿之介著，民俗と風俗 17 号，19-36 頁，2007 年

　キトラ古墳は，7 世紀後半〜 8 世紀初「聖なるライン」上に造営とされる屋根型古墳である。天井には中国古代の星座図，四囲の壁は四神図。星座を取り囲む十二支図が見られる。
　キトラ古墳出土の 92 〜 93％の金象眼太刀飾りは，7 世紀中葉〜 8 世紀初期の武将の佩刀と考えられ，さらに古墳の構造・星座・四神十二支図から皇子クラスのものと考えられる。また，天武第一皇子。長屋王の父とされる高市皇子が埋葬者で，2S文様太刀飾りの佩刀者と思われる。
　2S文様は，日本古代史を象徴する貴重な「沈黙の詞章」であり，高市皇子の高貴な政治姿勢を記念する文様と考えられ，日本文様史上貴重な存在である。
(難波めぐみ)

Aa046　法隆寺献納宝物綾幡残欠 ―平成十七・十八年度の修理で判明した新知見―
沢田むつ代著，MUSEUM 610 号，17-29 頁，2007 年

　昭和 56 年度より毎年継続して行なわれている法隆寺献納宝物の染織品修理の方法と，修理で判明した新知見の報告。今回修理を行なった綾幡残欠は，これまで同様，絹の台裂に細かく縫いつけられていたが，繊維の劣化が進んだため，幡を解体して各裂ごと裏打ちしてもとの状態へ戻し，展示と保管を兼ねた桐製台へのせた。解体に際して，この幡の幡足は六条で，これまでの法隆寺幡にはみられない条数であったことがわかった。また，同種の幡が奈良・法隆寺にもあり，都合一対つくられていたことになり，使用裂や仕立ての共通等から，もとは長大な灌頂幡であることがわかった。
(沢田むつ代)

Aa047　上代色彩考
　　　　　―古典文学に見る隠された色について―
難波めぐみ著，郡山女子大学紀要 43 号，328-338 頁，2007 年

　先行研究において色は，自然の景物を通して「見立て」の技法や直接的に現れる色についての言及がなされてきたように思われる。しかし，古典文学とりわけ表現する文学数の数少ない韻文学(和歌表現)の中ではその性質上，表面的な露出だけで色表現をしていたとは考え辛い。
　従来植物と色が色表現として同一(同色)に捉えられてきたが，植物そのものからではなく植物を通し，見えてくる色が存在していた。また，韻文学の中には表出するものではないものを捉え，その表現に効果をもたらし心に響かせる生活が送られており，その中に色が存在していた事を明らかにした。
(難波めぐみ)

Aa048　平安朝服飾における柳色下襲の成立
　　　　　―藤柳(張)下襲に至るまで―
成田汀著，服飾美学 44 号，1-18 頁，2007 年

　『西宮記』に「藤柳(打或張)」「白柳」とある柳色下襲から先稿につづき藤柳(張)下襲を取り上げる。9 世紀末頃から 10 世紀後半にかけて宮廷服飾における重ねの形や色などが着る人の身分や行事その他の場においてどのように伝統的なものを継承し新しいものを見出していったかについてみていく。白柳下襲は白襲と同様に天皇を中心とした宮廷貴族の吉服である。藤柳(張)下襲は改まった形で臣下が束帯や布袴などに着用する公的な冬の下襲で藤柳(打)の染下襲とは重ねの形や色なども異なる新しい形の綾下襲である。『侍中群要』にその心喪装束として成立してくる過程をみていく。
(成田汀)

Ab001 『明徳二年室町殿春日詣記』にみる公家出遊時の服飾表現 ―模様を中心に―

河原由紀子著，服飾美学 29 号，33-48 頁，1999 年

1391 年 9 月 15 日，足利義満は昵懇の公家十数名を従えて大和に赴き，6 日後に帰京した。『明徳二年 室町殿春日詣記』は，公家や従者たちがこの 6 日間に着用した衣服の種類地質模様に関する克明な記録である。この記録からは，模様は新奇なモチーフは見いだせないが，模様の提示の仕方には，主従協業し，往路復路の宇治や大和の名所旧跡を踏まえた風流の趣向と，紅葉，菊，蔦などの秋季の植物が主体となっていること。また，6 日の行程を通して，初秋から晩秋に推移して行くように模様が時系列で配列されている様子が伺えた。

(河原由紀子)

Ab002 箙の成立 ―中世武士論・戦闘論に向けて―

近藤好和著，歴史学研究 730 号，45-57 頁，1999 年

中世武士の矢の容器の代表である箙について解明し，そこから中世武士論・戦闘論について言及した。まず，矢の容器を意味する「箙」の初見を確認し，和訓からも成立について辿ったところ，養蚕の道具と関わりがあることがわかった。さらに公家の箙についても検討し，随身の箙に対する意識を明らかにした。また，構造面から探った結果，中世の矢の容器では特に，古代のそれには無い筬の存在がカギとなっており，筬が導入されている竹籠の影響が大きいことが判明した。そして実戦においては，「矢継ぎ早」の所作をするためにも筬が導入されたと思われ，このことは歩射よりも騎射を目的として箙が成立したと考えられる所以である。

(山岸裕美子)

Ab003 日本刀と大鎧の成立過程 ―金属考古学の立場からの考察―

佐々木稔著，歴史学研究 730 号，35-44 頁，1999 年

わが国で発生し，華麗なことで世界的にも有名な大鎧は，従来は平安時代後期に製作が始まったと考えられていた。が，最近の考古学的発掘調査の結果によれば日本刀と大鎧は中世初期に成立したのである。鎧の防御性を高めるために組紐や革紐で縦横につなぐ短冊状の鉄板である鉄札については，青森県南津軽郡碇ヶ関村古舘遺跡出土の 11 世紀前半の鉄札が大鎧の鉄札の最も古い形式とみられ，この時期に軍事的緊張の激しかった東北北部を中心に東日本で大鎧が発生し進歩を遂げていったのである。

(先川直子)

Ab004 待賢門院璋子をめぐる人々とその衣裳

田島トヨ子著，神戸文化短期大学研究紀要 23 号，153-166 頁，1999 年

待賢門院璋子は幼くして白河法皇の猶子となり，その愛を一身に集め成長した。その後法皇のはからいにより彼の孫に当たる鳥羽天皇への入内を果たすが，既に養父の白河法皇とは道ならぬ関係となっていた。鳥羽天皇と璋子との間に誕生した皇子で，「保元の乱」では渦中の人となる後の崇徳天皇は，実は法皇の胤子であると考えられている。本稿は，このようにして人生を歩んでいった璋子の一生を概説しながら，婚儀，即位式等の儀における女房装束等の服飾に触れている。さらに観桜，雪見の御幸の時の衣裳や，璋子を夢中にさせた熊野詣の際の装束にも言及し，喪服の装束や晩年の落飾後の姿を描いた画像についても解説している。

(山岸裕美子)

Ab005 「直垂」にみる鎌倉武家の文化 ―供奉装束としての役割とその意識―

山岸裕美子著，群馬社会福祉短期大学研究紀要 3 号，57-77 頁，1999 年

直垂はもともと庶民の料であり，出自を低い身分に持つ武士にとっては衣生活の中心をなすものであったが，鎌倉時代になると武家により独自の意識をもって着用されるようになる。将軍出行の際には，その車や輿を直接警護する「直垂帯剣」姿の者が必ず供奉することになっていたが，彼らは武技に長けているだけではなく官位も有する者であり，さらには文化面での「一芸の輩」でなければならなかった。このことより「直垂帯剣」姿とは鎌倉武家社会における象徴的存在であり，侍としての誇りをあらわしたものであったといえる。

(山岸裕美子)

Ab006 「直垂」にみる鎌倉武家の文化 二 ―立烏帽子と折烏帽子の着用とその心意―

山岸裕美子著，群馬社会福祉短期大学研究紀要 4 号，47-61 頁，2000 年

鎌倉武家の「直垂」着用時の被り物には立烏帽子と折烏帽子とがあったが，両者がどのような意味をもって用いられていたのか，その心意を探った。立烏帽子は神仏・主君などに対し，畏まり威儀を正す際に着用されるほか，相手や周囲に対し自分の威勢を示し威圧感を与える意図でも用いられた。また折烏帽子は，武家の象徴ともいえる被り物となっており，行列において「直垂帯剣」姿で将軍を警護する武士がこれを被っていた。このことは，行列そのものを武張らせ，武士の存在をことさら示す効果があったと考えることができる。

(山岸裕美子)

Ab007　山梨県一宮町民俗資料館所蔵のスゲ製ミノについて

石山正泰・斎藤秀子著，服飾文化学会誌1巻1号，57-65頁，2001年

　このスゲ製ミノ（以下スゲミノと呼ぶ）は，雨具および防寒具として使用されるマルミノと思われる。細かい「スゲ」縄で編まれているが，この縄は3-4mm幅に裂いた40-50cmのスゲの葉を2枚重ね，撚りあわせたものである。襟首部には縁取りの暑い綿布が内面と表面に施されている。表面の上半分には緑色の麻糸で編んだ網が掛けられている。上端の太いスゲ縄には170本のスゲ縄が連結され，それぞれを互いに絡ませて交錯させたり，結びながら，結節点をつくり，合計50段ほどの網目をつくる。首周りが約70cm，自然に広げたときの裾周りは約270cm，重さ600gである。この精巧さに比較できるのは武家用に作られた加賀ミノで，丸ミノの生産地である五箇山地方の行事用（婚礼用）スゲミノと推測する。
（森田雅子）

Ab008　「唐織物」の受容と変様

河上繁樹著，人文論究52巻3号，1-14頁，2002年

　日本における「唐織物」について，平安時代の公家に受容され，鎌倉時代にはすでに和製の唐織物が製作され，室町時代には武家が小袖に用い，同時代から桃山時代にかけて能装束へ定着する変遷について論じた。
（河上繁樹）

Ab009　平安女流文学に現れる色表現について（2）―『枕草子』清少納言の生活空間における色彩感，その奥にある物を中心として―

難波めぐみ著，郡山女子大学紀要38号，187-198頁，2002年

　上代では，日本の気候風土の中で人々の生活は四季折々の自然と融和するといった習慣のもと，季節の色との密接な関係を示す衣服文化が誕生する。しかし，『万葉集』の時には紅，紫を染めるといった単純な表現のものが多かった。一方『枕草子』には当時としては人も羨むような教養と知性溢れる美しいコントラストによる衣裳を着用するといった華やかな生活が繰り広げられていた。そこには上代からの色に対する人々の感情が大きく変化をし存在していた。
（難波めぐみ）

Ab010　『雅亮装束抄』の周辺―かさね・打出―

笹岡洋一著，風俗史学25号，51-72頁，2003年

　風俗史学会関東支部服飾史分科会における『雅亮装束抄』読書研究からの，「かさね」と「うちで」に関する報告。「かさね」や「うちで」を表現した絵画遺品は多いが，文学作品と比較すると年代差を知ることができる。また，匂ひや薄様のかさねは，藤原道長の娘たちが各自の美意識を創造し育むなかで，美を一つの型にまで創りあげたのではないかと想像される。さらに，「うちで」については，貴族の女性が，腰かける中国風な生活から坐る風俗に変化し「はいつくばふ」作法が浮上するなかで，日常の袖口がやがて美として形を調え，きまり，形式も整え晴れへの装飾となったと考えられる。
（森理恵）

Ab011　11世紀より13世紀にみる婚礼と衣裳―民俗資料の傍証として―

鷹司綸子著，服飾文化学会誌3巻1号，1-16頁，2003年

　婚礼の儀式は，地域・階層・家のしきたりに拠るので民族服飾の分布要素を検討する好材料と考える。民俗での婚礼衣裳は，1. 平常着形式と2. 白無垢色直し形式の二型が見られるが，歴史資料からその意味を知ることが出来ないかと考えた。当期，公家生活は中国文化を消化，武家との交流も強まり日本古来の文化様式が表面化した時代で，公家の婚礼にも火合せ三日夜の餅など民間習俗と通じる風があるので，その日記を資料とした。招婿婚で婿は家人として婚家から平常着を贈られる。一方女性の服装は入内など特別な例しか記されないが，11～12世紀前期嫁は侍女共に様々な色を着用，次第に色を揃え，13世紀前期以降白揃え改め着（色直し）をすると，1から2へ推移が見られた。なお，民間でも白無垢を葬儀にも用いるが，後の記録に神仏詣の同装がある。喪の"倚廬服"直しが色直しの語源だろうか。
（鷹司綸子）

Ab012　鎌倉武家服飾にみる権威と権力―狩衣と布衣の着用をとおして―

山岸裕美子著，学校法人昌賢学園論集2号，41-58頁，2003年

　承久の乱後，実質上武家が政務の実権を握ったのは北条氏執権時代である。本論においては，鎌倉武家が狩衣と布衣の着用を通してあらわそうとした権威と権力について考えることを目的としている。本稿においてはまず，鎌倉武家社会における狩衣と布衣の用いられ方および，両者の正確な区別について調べた。布衣は儀礼服・社交服となっており，有力御家人の供奉束装であったことがわかった。また，狩衣とは有文で諸大夫以上の料であり，布衣は無文で五位・六位の上級武士の儀礼服であったことが明らかになった。
（山岸裕美子）

Ab013 薔薇の需要変化
―平安から鎌倉初期の「薔薇」―

吉田加奈子著，服飾美学 37 号，33-48 頁，2003 年

　本論文は，西洋文化の流入に惹起された，明治期の日本における価値転換やその内容を，「薔薇」という実体へ注がれる日本人の視線の変化を追うことで捉える試みの端緒として，日本の文献に「薔薇」の表記が現れる平安から鎌倉初期までの様相をまとめたものである。

　平安期における「薔薇」は『古今和歌集』を始め『枕草子』『源氏物語』『栄花物語』などにもその名がみえるが，その受容態度は当時もてはやされた漢詩世界の強い影響下にあった。それらはいずれも中国渡来の観賞植物であって，鮮烈な赤色が印象的な初夏の花で，棘の属性から疎まれる要素もあったことが知られる。特に白楽天の詩『階底薔薇』の影響は色濃く，『明月記』等に記載された鎌倉期の行装における服飾の風流には，萌木色の衣に赤い薔薇という，同詩の"甕頭竹葉經春熱"の一節を受けたと思われる装飾が随所に見られる。　（柴田美恵）

Ab014 古代比丘像の着衣と名称
―僧祇支・汗衫・偏衫・直裰について―

吉村怜著，MUSEUM 587 号，5-24 頁，2003 年

　奈良から鎌倉期に至るわが国の比丘像に表された衣服の個々の形状や組み合わせ，着装法について，『法隆寺伽藍縁起并流記資材帳』や『延喜式』，『太政官符』などの古文献の記載内容および現存する遺品類と照合しつつ検討している。主に採り上げられているのは僧祇支，汗衫，偏衫，直裰などで，それぞれの用語法の変遷や，伝播の系統などについても，ガンダーラや北魏，新羅などの仏像群との比較を踏まえて触れている。その結果，裙と袈裟を基本とし，それに僧祇支と右袒衫の両方，もしくはどちらか一方という四通りの組み合わせに分類できると結論付けている。検討の対象としたのは主に仏像だが，古代の僧侶の服装を理解する上で，貴重な示唆が得られると思われる。　（柴田美恵）

Ab015 武家服飾の着装規範
―小袖の着付けを中心に―

河原由紀子著，服飾美学 38 号，1-18 頁，2004 年

　武家故実書から，内着の着方に関する記述を抽出整理し，そこに共通する着付けの作法を探ってみた。その結果，武士の内着の数は 2 枚を正式とし，3 枚以上は過差として退けられていること。この慣行は，武士が公家の若党として仕えた平安時代の律令制に依っていることをみた。ただし，襟の配色美を見せる女性と少年と，寒さに弱い老人は，その限りではないことを指摘した。この考察結果を，武士の肖像画に描かれた内着の襟数と突合せたところ，直垂の内着は 2 枚，肩衣袴の場合は，2 ～ 3 枚に分かれ，3 枚の内着は若年者や老人が多いことをみることができた。なお地質は，織・刺繍・染めの順で格付けされ，格上のものを表層に着る定めを明らかにできた。　（河原由紀子）

Ab016 中世後期の比丘尼御所
―大慈院の生活と経営―

菅原正子著，学習院女子大学紀要第 6 号，37-54 頁，2004 年

　天皇・将軍家などの女性が住持を務めた比丘尼御所の生活・運営について，従来詳細に解明されておらず，また比丘尼御所大慈院は室町幕府が運営していたとする見解が存在した。『宝鏡寺文書』等によれば，大慈院は将軍足利氏の女子が歴代住持で，後土御門天皇皇女渓山は足利義政室日野富子の養女として住持となり，宮中への里帰りや公家を従えての遊興・酒宴など俗人に近い生活をしていた。比丘尼御所は上層階級の女子の養育・教育機関でもあり，また，専属の俗人男性の雑掌が重要財源である荘園の経営に携わり，番衆の侍によって警護された，独立の経営体であった。

（菅原正子）

Ab017 能装束の形式成立に関する一考察
―能楽古文献における名称表記の変遷を手掛りとして―

菊池（小高）理予著，国際服飾学会誌 31 号，43-57 頁，2007 年

　本論文は，従来漠然と「江戸中期」とされていた現在の能装束の形式成立の時期について，室町時代から江戸中期にかけての能の伝書，版本における装束に関する記述の整理を通して，装束の種別名称の発生，変遷の経緯を把握する試みである。ここでは特に現在唐織，厚板，縫箔など個別の名称をもつ小袖の形状をした「小袖もの」の装束について検討した結果，江戸初期 (17 世紀初頭) までは，「小袖もの」の装束は単に「小袖」と表記されるものが多く，装束の種別名称や用途が現在の形に整備されるのは，貞享期 (17 世紀末) であることが明らかとなった。その背景として，一般に常用される衣服の「小袖」と能装束の「小袖」とが，地質，加飾技法，意匠などにおいて遊離したことを指摘している。　（柴田美恵）

Ab018 京都五山禅宗高僧の袈裟

沢田むつ代著，「京都五山禅の文化」展，43-53 頁，2007 年

　禅宗では弟子が師僧から印可（師の法を正しく受け嗣いだ証）を受けるとき，師の袈裟や肖像画である頂相等を付与された。京都五山の禅宗各寺院に相伝した袈裟を明らかにし，これらが南宋から元，明時代にかけて製作されたもので，なかには明の宮廷工房で製作された金襴と緞子で仕立てられた華麗な袈裟もあった。こうしたさまざまな袈裟に用いられた裂の種類や文様をもとに，禅僧の頂相に描かれた袈裟の文様から，天龍寺二世で，慈済院住持を務めた無極志玄から空谷明応へ授けられた伝法衣を明らかにするとともに，その袈裟が現在も遺されていたことを発見した。また，天龍寺開山の夢窓疎石からその法嗣である春屋妙葩へ伝法衣が付与されたことが確認された。　（沢田むつ代）

Ab019 『鎌倉年中行事』にみる鎌倉府の着装規範―鎌倉公方の服飾を中心として―

杉山一弥著,日本家政学会誌 58 巻 5 号,53-62 頁,2007 年

　本研究は,関東公方足利持氏,成氏父子に仕えた海老名氏による『鎌倉年中行事』に記載の服飾関連記述の整理,要約を通して,武装を含めた東国武家階層の服飾を考察し,鎌倉府の着装規範という視点から,身分格式の表象としての服飾の機能や役割を明確化する試みである。

　具体的には,正月行事,寺社参詣,節日,通過儀礼,出陣行列などの場における,鎌倉公方とそれに従属した武家階層の服飾を検討し,その着装規範を把握した上で,公方の式正装束は衣服の色,文様や服装の構成が,儀礼の内容により類型化できること,一般武家の直垂着用や乗り物使用の可否を通して,身分格式の差別化,視覚化がなされたことを明らかにした。　　　　　　　　　　（柴田美惠）

Ac001　光琳・そして「光琳の水」
北村富巳子著，生活文化史 28 号，23-31 頁，1995 年

　光琳（1658-1716 年）は，呉服商雁金屋であった緒方宗謙の次男として京都で生まれた。宗謙が確立した水文様について記された資料は，「女院御所様御めし」と呼ばれる注文書があり，書上帳 201 点の中の 96 点（43%）に水の文様が描かれていた。水文様には，波嶋どり，かのこ波滝ながし，水筋，立波，巻水，青海水など 7 種類のほか，波がらし，小波，ながれ水，白波，白小波，白滝，入江水，鹿子滝などの名称が記載されている。また，「光琳円形図案集」や「光琳百図」にも水が独自の画風で意匠化されている。「紅白梅図屏図」や「燕子花図屏風」には，水の流れが美しく表現されている。このように"光琳の水"として後世まで陶器や漆器，着物や帯に飾られることとなった。「着物にみる水の文様」は，小袖見本の 30 ～ 40% に認められた。　　（小嶋理沙）

Ac002　『新撰織物集宝』の風通絣織
石山正泰著，日本服飾学会誌 16 号，1-10 頁，1997 年

　自給的織物は明治後半期に衰退を始め大正中期以降急速に消滅へと向かうが，なお農山村の衣生活に重要な位置を占めていた。これら自家用織物を知る手がかりとして『新撰織物集宝』を取り上げる。副題『一名風通絣組織法独案内』で 100 種類の風通絣組織を紹介，解説したもの。明治 37 年発行で著者は高知染織補習学校長鈴木雅雄。この書にそって風通絣についておよび絣柄の表現についての解説内容を詳しくみ，それが自家用織物に果たした指導的役割について考える。　　（奥村萬亀子）

Ac003　元秀筆織田信長像の着衣の解釈
河原由紀子著，美術史 142 号，174-186 頁，1997 年

　元秀筆織田信長像と，同時代の武家故実書に記述された服飾記事とを比較対照し，着衣の図像解釈を試みた。その結果，肩衣袴の着付けには，衣紋の取り方，家紋の数と位置，2 枚にとどめた内着の枚数，そして赤―白―緑という内着と表着との対照的な色使いに，古式通りの着方がなされていることを確認した。また，白小袖と肩衣袴に付された桐の模様は，当時の最高のステータスシンボルであり，右近衛大将信長にふさわしい模様といえること。また，赤い内着は年少者の色であり，信長はこの内着を若々しく着込んでいると解釈した。　　（河原由紀子）

Ac004　豊臣秀吉の日本国王冊封に関する冠服について
河上繁樹著，学叢 20 号，75-96 頁，1998 年

　京都妙法院に伝来する中国明代の官服を紹介し，それらがいずれも『大明会典』など明代の文献に記された官服と一致するものであり，かつ文禄 5 年（1596）9 月の豊臣秀吉の日本国王冊封にあたり，明皇帝から頒賜された衣服であることを指摘した。　　（河上繁樹）

Ac005　「誰ヶ袖図」の成立過程に関する考察
佐藤美貴著，美学 49 巻 2 号，24-34 頁，1998 年

　和歌との関わりが強いと考えられる貝合わせの貝や扇面に「誰ヶ袖図」的な情景が描かれていたことから，「誰ヶ袖図」が和歌主題である可能性を示した。梅に衣をかけるという和歌世界の造形化から，次第に衣桁に衣をかけるという現実的な情景の造形化に変更した可能性がある。「誰ヶ袖図」は，複合的な要素が絡み合って成立したと思われ，従来指摘されている風俗的側面や，衣裳への興味の増加という時代背景が画題の成立要因である可能性は否定できないが，室町時代後期以降の和歌の造形化という流れが，「誰ヶ袖図」成立のひとつの要因になったという側面も考慮にいれるべきである。　　（道田美貴）

Ac006　近世大名の「装束」について
―徳川美術館の収蔵品を中心に―
並木昌史著，金鯱叢書 25 号，175-255 頁，1998 年

　尾張徳川家の当主は御三家筆頭という格式を有し，従二位権大納言という官位にあったため，行事ではその身分にふさわしい装束を着けた。現在徳川美術館では，十四代慶勝と十六代義宜が用いた束帯や直垂などの装束を服具と共に収蔵しており，江戸時代の武家儀礼の様子を伝える資料として貴重である。本稿では幕府や尾張徳川家で行われた儀礼や装束の種類を紹介し，遺品がいずれも尾張徳川家の格式や官位に対応する装束であること，畳紙や箱の墨書から製作年や用いられた儀礼の年次が判明すること，天皇や将軍家からの拝領品といった家の歴史に関わる品であることを明らかにした。　　（並木昌史）

Ac007　紋付拝領小袖に関する一考察
　　　　　—川島織物文化館所蔵「団扇形花鳥模様小袖」を中心に—
馬場まみ著，日本服飾学会誌17号，20-24頁，1998年

　織物地に葵紋を織りだしているが，現状では紋を覆い隠すように刺繍等が施され，表から紋の存在はわからない。江戸時代には多くの織物が徳川家から下賜され，この織物もその一例と考えられる。葵紋使用に関しては，享保年間には禁令がだされ，寛政年間には紋付拝領小袖着用の規定が明確にできあがっている。本織物は，その形状から製作は延享2年以後と推測できる。綾織物に葵紋を織り込んでいる例はあまりなく，当時の拝領織物の実態を知るうえで貴重な資料と考えられる。
　　　　　　　　　　　　　　　　　　　（馬場まみ）

Ac008　禁令に見る江戸時代前期の庶民服飾
廣瀬尚美著，東京都立短期大学研究紀要2巻，5-12頁，1998年

　法制史学会編纂『徳川禁令考』所収の寛永，正保，慶安，明暦，寛文年間の各身分に下達された生活全般にわたる禁令を紹介し歴史的背景を考察する。慶長8年（1603）幕府を開き，旗本，御家人はもとより，全国の大名家来を江戸表に住まわせ，インフラを支える商人・職人も急増していた。その中で，将軍を中心とした武家階級の威容を保つために，江戸幕府は生活全般の表象を統制した。百姓，町人の衣服，節句の飾り物，家作は「結構」であってはならず，分限に応じて「麁相」（ソソウ）であるべきで，違反すれば五人組などにも罪が及んだ。異装（「かぶきたる躰」），町中の踊りは度々禁止された。また厳密には禁令ではないが，和装の美意識を形成する上で意味深いのは寛永年間「織物寸尺之定」に始まる反物の寸尺に関する一連の規定である。（森田雅子）

Ac009　江戸時代の頭巾に関する一考察
　　　　　—覆面頭巾について—
青木もゆる著，服飾美学28号，1-14頁，1999年

　江戸中後期の洒落本や黄表紙からは，顔を覆い隠す形の覆面頭巾が遊客に流行したことが知られる。彼らの言動には，人目を忍びながらも，自らの通人ぶりを誇示したいという気持ちがしばしば見え隠れする。
　顔を隠す覆面頭巾の装いは，一方で美的表現でもあった。そこには遊客たちの，「かくす」ことと「あらわす」ことをめぐる微妙な心情が反映されている。このような美感は，顔を隠すことに対する当時の見方や生活習慣をふまえ，見るものと見られるもの，双方の意識の関わり合いの上に成り立つものであったと考えられる。
　　　　　　　　　　　　　　　　　　　（青木もゆる）

Ac010　『女教訓ともかか見』改題・翻刻
石井雅美・大森利香・平井昌子・別府正子著，ノートルダム清心女子大学生活文化研究所年報12号，119-147頁，1999年

　『女教訓ともかか見』は，文化4年（1767）に，江戸で出版された女子用の教訓書である。著者は「朽木氏女」と記されている。教訓以外に，冒頭には江戸の八箇所の名所絵とその解説，末尾には女性の名前と女子用書物の目録がある。服飾に関する記述としては，「はて模様は男の心をくるハせ身の禍をまねく」として衣服のぜいたくをいましめ，「およそ女子は貴きも賤も（略）女工とて機織糸をとり縫針たち物など日用の業をこそ専にならふべき事に候」として糸機裁縫を習うようすすめる。また，夫が法に背き悪事を行なったら，心を静めて意見することが妻の道であると説く。
　　　　　　　　　　　　　　　　　　　　（森理恵）

Ac011　人情本にみる近世後期の服飾文化
　　　　　—芝居，書画にかかわる趣向—
大久保尚子著，お茶の水女子大学大学院国際日本学シンポジウム報告書，107-117頁，1999年

　近世後期の服飾と他の芸術文化，特に芝居，書画との関係を人情本を手掛かりに考察した。芝居や書画に因む意匠には遺品例があるが，人情本中の描写は特定の役者や絵師，愛好家集団と意匠の関係を伝えている。『春告鳥』他には四世三津五郎の贔屓連中「東連」と三津五郎に因む意匠が頻出する。版元が東連幹部でもあり，贔屓連中の意匠への関与の様がわかる。書画愛好者が好んだ絵師や書家の「印尽くし」「寄合書き」や絵画を写した「写真」の意匠には，書画の世界を服飾に持ち込む意識が窺われる。これらの服飾の趣向は，演劇あるいは美術享受の一変化形でもあったと考える。
　　　　　　　　　　　　　　　　　　　（大久保尚子）

Ac012　近世後期の服飾と絵画とのかかわりに関する一考察　—人情本，浮世絵，絵手本にみる絵画的意匠の展開—
大久保尚子著，服飾美学29号，49-64頁，1999年

　近世後期服飾にみえる染繍による絵画的意匠の成立背景と絵師の関与につき考察した。洒落本中の描絵の趣向が通人達の狂歌摺物への親しみと共にあったのと同様，人情本中の絵画的意匠の背景にも絵画と文芸の愛好がある。著名絵師による絵画を染繍に写す試みは，直筆下絵による他，文晁画の俳諧摺物を写真にした帯等，絵画作品の転用にもよった。一方，北斎，英泉らの絵手本にも絵画的意匠の浸透が窺われる。多様な絵師の直接間接の関与が窺われる中，浮世絵師の画業は，趣味人たちの摺物から職人向けの絵手本まで多様な出版物を通し絵画的意匠の幅広い展開に関与したと考えられる。
　　　　　　　　　　　　　　　　　　　（大久保尚子）

Ac013　近世初期風俗画に顕われたインド更紗
―東洋館開館三十周年記念特集陳列から―

小笠原小枝著，MUSEUM 563号，59-73頁，1999年

　近世初期の風俗画にインド更紗が描かれていることは既に知られていたことであるが，実際にどのような更紗が当時の小袖に仕立てられていたかを，近年インドネシアから発見された完全な形をしたインド更紗から推論する。大きな特徴として小袖の裾に赤で描かれた鋸歯状の模様と地模様が，伝来する完形のインド更紗と一致することに注目。あわせて，江戸時代を通じてオランダ船によって舶載された「更紗一反」の長さが，日本の着尺一反の長さとは全く異なるものであったことに言及する。　　　　　　　　　　　　　　（小笠原小枝）

Ac014　菱川師宣絵本と雛形本の関連性についての一考察

小沢直子・河村まち子・伊藤紀之著，共立女子大学家政学部紀要45号，71-81頁，1999年

　菱川師宣絵本は画主文従の形式をとる版本である。師宣絵本にみられる衣裳文様を同時期に出版された雛形本と比較し，その衣裳文様の傾向を考察し，ファッション的要素を検証した。師宣絵本の挿絵に描かれた登場人物の全衣裳の50％以上に雛形本との共通点を見出すことができた。女性や若衆の衣裳には，まったく同じ文様も確認できた。菱川師宣は絵本の登場人物に当時流行していた最新衣裳文様を描き，単なる挿絵の枠を超えたファッション性の高い版本に仕上げていたと思われる。　　　　　　　　　　　（小沢直子）

Ac015　菱川師宣絵本にみられる衣裳文様の諸類型

小沢直子・伊藤紀之・河村まち子著，共立女子大学家政学部紀要46号，103-112頁，1999年

　『浮世続』等5点の菱川師宣絵本を選定し，挿絵に描かれた人物の衣裳文様を抽出・分類した。文様分類項目は①草花文様　②幾何学文様　③器物文様　④雲・霞文様　⑤囲み充填文様　⑥雪輪文様　⑦動物文様　⑧文字文様　⑨その他とした。衣裳文様は173種が確認できた。絵本の登場人物は遊女・娘・町方若衆・武家若衆といった人物でそのポーズは様々であり，衣裳文様が描きやすいと限らない。しかし実際には，多種多様な文様が繊細に描かれた。衣裳文様を細かく描きこむことに相当な労力とコストをかけたことが伺われる。　　　　　　　　　　　　　（小沢直子）

Ac016　黒羅紗地裾緋羅紗山形文様陣羽織の復元

河村まち子・今井温子著，共立女子大学家政学部紀要46号，61-66頁，1999年

　仙台市博物館所蔵「黒羅紗地裾緋羅紗山形文様陣羽織」を修理記録を元に復元した。その結果この陣羽織に使用されている黒羅紗地は当時輸入されていた黒羅紗地の裂幅（125～131cm……万金産業袋より）一ぱいに使用していることが明らかになった。更に無駄が出ないように裂を平面に裁断しているが，肩の縫い合わせ位置を変化させることにより，前下がりが表れ，南蛮人が着用している立体的なマントに近づくような形にしている等，新しい被服材料，被服形態に対して様々な工夫をしていることがわかった。　　（田中淑江）

Ac017　黒羅紗地裾緋羅紗山形文様陣羽織について

河村まち子・吉中淑江・今井温子著，共立女子大学家政学部紀要45号，43-59頁，1999年

　仙台市博物館所蔵，伊達政宗（1567-1636）所用といわれている「黒羅紗地裾緋羅紗山形文様陣羽織」は陣羽織の中でも特に南蛮色豊かである。この陣羽織は衿ぐりに見られるラフ（襞衿）や，金モールを縁飾りとしデザインの一部として使用されている。仕立て方についての考察では，陣羽織はそのほとんどが袷仕立てであるのに，単衣仕立てでその縫製技法に独特の工夫がされている。舶来の上質な素材，斬新な意匠，緻密な縫製技法等，その当時の最高水準のものと考えられ，仙台藩の基礎を築いた政宗の権力を象徴するのにふさわしい陣羽織であると言うことが出来る。　　（田中淑江）

Ac018　小袖文様考 ―邸内遊楽図（サントリー美術館蔵）を中心に―

中野絵・小笠原小枝著，日本女子大学家政学部紀要47号，95-105頁，1999年

　江戸時代初期，特に寛永期（1624～1644）頃の小袖文様の表現方法について，サントリー美術館所蔵の『邸内遊楽図』を中心に，初期風俗画及び小袖雛形本『御ひいなかた』，現存する小袖などから比較考察した。その結果，寛永期小袖における文様表現は，一定の大きさの主題を小袖全体に均等に配置していることが特徴的であり，その一方で，主題となる文様に動的な変化も表れ始めていることから，次の時代への過渡的役割を担った意匠があることも確認できた。　　　　　　　　　　　　　　　　（沢尾絵）

Ac019 雁金屋『慶長七年御染地之帳』にみる衣服の性別
森理恵著，風俗史学9号，19-35頁，1999年

　文化庁所蔵の『小西家旧蔵光琳関係資料』に含まれる『慶長七年御染地之帳』のなかの小袖注文記録のうち，着用者が推定できるものについて分析し，江戸時代初期の上流武家社会における小袖模様の性による区別を明らかにした。まず，これまで京極高次とされてきた「わかさ様」という記述が京極高次正室に当たることを明らかにした。次に色や模様配置について，男性と，後家の女性とそのほかの女性の3グループに分けられることを明らかにした。以上のことを前代の文献や肖像画と比較すると，この時期に小袖模様の性別による制約が始まったことが明らかになった。
(森理恵)

Ac020 近世初期における裂の活用
　　　　　—小袖の布との関連から—
岡松恵著，日本服飾学会誌19号，28-35頁，2000年

　近世初期の遊楽図などには，覆面や桂巻，たすきなど，小裂を使った服飾品が数多く見られる。これらの中には，美しい文様入りに描かれ，小袖の布を彷彿とさせるものもみられる。一方，小袖の遺品の先行研究や裁本から，当時の小袖の裁ち方では，衽の形や袖幅の関係で，残り布が必ず出，これが服飾品に利用された可能性があると考えられる。その例として「花見鷹狩図屏風（雲谷等顔筆MOA美術館）」には積極的に小裂が使われた服飾が描かれている。当時における裂の利用は，古布や残り布の再利用というよりも，むしろ人々の色彩感覚やハレの気持ちを表現するものであったと考える。
(岡松恵)

Ac021 西川祐信絵本にみられる衣裳文様
　　　　　—祐信作『正徳ひな形』とその絵本との対応について—
小沢直子・伊藤紀之・河村まち子著，共立女子大学家政学部紀要47号，81-91頁，2000年

　西川祐信の雛形本『正徳ひな形』と女性風俗を描いた祐信絵本を比較検討した。絵本にみられる着物の衣裳文様には花弁や鹿の子といった華やかな文様が描かれ，祐信雛形本の文様と技法に85%以上の共通点が確認できた。絵本にも雛形本と同様の最新ファッション情報がふんだんに盛り込まれていることがわかった。絵本にファッション性を盛り込んだのは，版本読者の衣裳への興味を反映したものと思われる。これらの絵本を通じて，最新衣裳デザインが広く伝播したのではないかと考える。
(小沢直子)

Ac022 『童子諸禮躾方往来』改題・翻刻
小野雅美著，ノートルダム清心女子大学生活文化研究所年報13号，173-196頁，2000年

　『童子諸禮躾方往来』は，文化12年（1815）に，江戸で出版された児童の躾指導書である。著者は十返舎一九であり，児童が成長して辱めを受けないための糸口を解き示した，と著者の意図が述べられている。本文の内容は，食事の作法，給仕の作法，「客人手水に立給う時」の案内法，扇子・小刀の渡し方，書状披露の事，上下（裃）の召させ方である。服飾に関する記述としては，上記の貴人に裃を着装させる方法の他に，頭書に，祝い事における「小袖衣類積様」，すなわち贈答品の衣類の積み上げ方が記載されている。
(森理恵)

Ac023 『染物重宝記』について
片岸博子著，甲南家政35号，41-47頁，2000年

　江戸時代後期の茶染屋武藤による『染物重宝記』に記載された内容を詳細に検討することにより，同書の位置づけを試みた。同書は，江戸時代の他の染色技法書にはみられない特徴をもつ。第一に，茶色を濃茶・薄茶・灰汁茶・下染茶の4つに分類していること，第二に色上げ染直しの適否について詳述していること。この二点において非常に価値の高い書であることを指摘した。簡単な家庭染色の法や洗濯の心得，その他染物の管理に関する記述などから，主婦必携の家政書とも呼ぶべき種類の書と考えられ，当時，本格的な染色は，紺屋や茶染屋に委ねるものであったことがわかる。
(片岸博子)

Ac024 『染物重宝記』にみる茶色の分類と色上げ染直し
片岸博子著，日本服飾学会誌19号，99-105頁，2000年

　『染物重宝記』に記された色上げ染直しの各項目を検討した。染め直されるもとの色は，藍・黄・赤・紫藤色・茶鳶色・白・黒で，それらを黒・紺・茶色類・鳶色に染め直すことの適否を述べている。判断の基準は，もとの色が抜けるか否か，色抜きせずに染められるかどうか，生地を傷めないかなどであり，その際，灰汁の使用の有無，下染めの有無が関係する。同書が茶色を濃茶・薄茶・灰汁茶・下染茶の4つと鳶色の5つのグループに分類しているのもそのためであるが，技法の違いは呈色の違いにつながり，茶色の分類という，江戸時代において他に例のない色彩学的成果を生んでいる。
(片岸博子)

Ac025　江戸時代の髪「元結」―

河野徳吉著，東横学園女子短期大学女性文化研究所紀要 9 号，1-43 頁，2000 年

　江戸中期以降明治初期の断髪令に至るまで，髪型を造形する上で重要なものであった元結について，前半ではその歴史を概観し，後半では元結を作って大都市に供給していた飯田藩の状況を詳述する。元結のはじめは，髪を紐で結ぶ習慣であったが，寛文年代以降，紙の装飾的意味を強め，階層によって性格のことなった元結が次々と考案された。紙の産地であった飯田藩では，江戸・名古屋・大坂の人々が大量消費する元結に目を付け，紙問屋が尾張藩領から元結職人を呼び寄せ，元結を作り始めた。江戸後期には全国一の元結生産地となり，元結問屋が軒を並べ，商人や仲買人で活気があふれた。
　　　　　　　　　　　　　　　　　（森理恵）

Ac026　江戸時代中期の武家女性服飾
　　　　―女訓書『唐錦』を中心に―

馬場まみ著，風俗史学 11 号，52-66 頁，2000 年

　女訓書『唐錦』（元禄 7 年）を主な資料として用い，江戸時代中期の武家女性の服飾がどのようなものであったのかについて考察した。『唐錦』には，中世以来の武家故実の規定に準じる記述も見られる一方，故実が崩れて贅沢な装いがなされるようになったことが書かれている。また，中世とは異なる更衣のしきたりの記述も見られる。その内容は，江戸時代後期よりは緩やかであるものの後期と共通する内容を有している。このことから，武家女性の服制の基本的方向性は，この時期に既に示されており，後期にいたる服制の基礎が確立しつつあることがわかった。
　　　　　　　　　　　　　　　　　（馬場まみ）

Ac027　今治藩における衣生活について
　　　　―被服，繊維，織物，装身具に関する諸相―

鮒田崎子著，愛媛大学教育学部紀要 47 巻 1 号，185-210 頁，2000 年

　江戸時代の今治藩において出された諸法令や記録文書の分析を通して，今治藩の衣生活の一端を明らかにした。今治藩では被服から装身具に至るまで規制があった。武士に対する規制は前期に多く，奢侈を戒め倹約することから被服の簡略化が進んでいた面もある。町人，農民に対する法令は中期以降に多くなり，それぞれが経済力を持ち始めた時期であることがわかる。特に，町人は木綿売買に携わり，今治藩の木綿産業の発展に貢献し，農民は田畑を耕作して藩財政の根幹を支えるほか，農家の婦人は木綿の織り手になって木綿産業を発展させている。今治藩には多様な服飾用品が流通していた。
　　　　　　　　　　　　　　　　　（森理恵）

Ac028　室町時代末期から桃山時代における武家少年の衣服　―十二ヶ月風俗画帖に描かれた外衣を中心に―

森理恵著，服飾美学 30 号，17-32 頁，2000 年

　山口蓬春記念館所蔵の『十二ヶ月風俗画帖』に描かれた男性の外衣を子細に観察することにより，武家少年の衣服の特質を明らかにした。『十二ヶ月風俗画帖』の製作時期は室町時代末期から桃山時代と考えられるが，この時期，武家少年の服飾は，成人とはことなり，大きな模様や紅色，金色，萌黄色を対比的に取り合わせた，「目立つ」ことをめざした意匠であった。このような意匠は，目立たない意匠の衣服を着用した成人男性の供奉をする際に，主人を引き立たせるために必要とされたのであった。以上のことは，同時期の他の風俗画にも確認することができた。
　　　　　　　　　　　　　　　　　（森理恵）

Ac029　上杉神社所蔵「雪持柳模様胴服」の制作時期と着用者をめぐる一考察

森理恵著，美術史 148 号，183-198 頁，2000 年

　上杉神社所蔵の「雪持柳模様胴服」について，制作時期を明らかにし，所用者を推定した。まず制作時期については，模様と形態両面での様式の検討から，享禄，天文，永禄の銘を有する作品と近い性格を示し，天正後半期から慶長期と考えられる作品とはかなり隔たっていることから，室町時代末期，16 世紀なかばとした。上杉家にもたらされた経緯については，京都の将軍家か朝廷の関係者から上杉謙信に贈られたものであると推定した。ただし着用者については，大きさが非常に小さいことと，色・模様が当時，年少者用とされたものであることから，謙信の近親の少年であるとした。
　　　　　　　　　　　　　　　　　（森理恵）

Ac030　山東京伝作『小紋裁』『小紋雅話』『小紋新法』の検討　―染織意匠としての特質―

大久保尚子著，服飾美学 33 号，1-16 頁，2001 年

　染織意匠集の体裁を持つ見立絵本，山東京伝作『小紋裁』以下の三部作が，読物であると同時に現実の意匠に影響を与えたことを予想し，作中見立小紋の意匠としての特質を分析した。題材には狂歌絵本等に通ずる江戸で評判の事物風俗が専ら選ばれ，構成には，古典意匠または当世風の縞や絞りの構図に題材を当て嵌めた見立の構成，逆に既存意匠によらず大胆に題材を切り取った構成が特徴的である。卑近な題材と古典意匠の落差が生むおかしみ，見馴れた構図に意外な意味を読み解く面白さ，省略が生む題材への豊かな連想などは戯作や狂歌の手法と通ずるが，やがて現実にも類例が現れる。
　　　　　　　　　　　　　　　　　（大久保尚子）

Ac031　佐賀市唐人町四百年祭の衣裳の製作
―南蛮屏風絵より立体裁断法を用いて―

大島澄江・永淵美津子・久我絵利子・岡崎繁代・小松美和子・甲斐今日子著，佐賀女子短期大学研究紀要 35 号，33-43 頁，2001 年

　佐賀市唐人町四百年祭の衣裳製作に当たり，立体裁断法を用いて南蛮屏風絵に描かれた服飾の具体化を試みる。絵画中のラフや下衣の独特のシルエットは，布地の特徴を生かしながら衣服を製作することによって表現できる。視覚的にモデルを理解する立体裁断テクニックは，イメージ通りの表現ができる。また，南蛮人衣裳の特徴である膨らませた下衣について，中世ヨーロッパで着用された型紙を用いてオー・ド・ショースを製作し，立体裁断で製作した下衣と比較したところ，シルエットに大きな差異があり，当時の日本人が認識した南蛮屏風絵の服飾を表現するには立体裁断法が有効である。
(岡松恵)

Ac032　浴衣の歴史とデザイン
―寛文から元禄期の雛形本を中心に―

岡松恵・清水久美子著，日本服飾学会誌 20 号，18-26 頁，2001 年

　寛文から元禄期における浴衣のデザインは，『御ひいなかた』や『諸国御ひいなかた』では小袖と殆ど同じような意匠が浴衣にもみられたが，『友禅ひいながた』では小袖にはない簡略化された文様描写が表れる。また『当流七宝常盤ひいなかた』では浴衣にのみ大きな文様が表れる一方，鹿子絞，小色染，友禅染，小紋といった小袖に施されている染色技法が，同本中の浴衣図にもみられる。これらから当初は小袖の模様が浴衣にも影響していたが，やがて小袖の技法を取り入れながらも，模様配置や文様描写に浴衣の独自性が表れてくると考えられる。
(岡松恵)

Ac033　浴衣の歴史とデザイン
―江戸時代前期を中心に―

清水久美子・岡松恵著，日本服飾学会誌 20 号，9-17 頁，2001 年

　もとは入浴時の藻浴具のひとつであった浴衣は，町風呂，湯女風呂の発展に伴い，江戸時代初期から身拭い浴衣として一般庶民にも定着した。元禄期には祭礼，年中行事や夕涼みに，また仕事着，雨合羽としても用いられ，その用途を拡大していった。浴衣の発展に伴い，寛永頃には白無地の庶民の浴衣に意匠化がみられるようになった。江戸時代前期の浴衣の諸相からその共通項を抽出，分析すると，「夏季」，「水」，「広袖」，「伊達」のキーワードに集約される。ここに当時の人々が浴衣に求めた機能性と美意識が象徴されており，浴衣の本質が端的にあらわれている。
(清水久美子)

Ac034　文様と造園との接点
―松皮菱文様の場合―

丹沢巧著，風俗史学 14 号，2-18 頁，2001 年

　平安後期の『作庭記』に池と島の形を示した「松皮」「松皮様」が見られ，島の配置は「とかくちがひたるやう」「たぎれぬべきやう」を特徴とするとある。欅文の線をずらすと松皮菱が現れるが，ずらした形の妙味は作庭の基本なのであろう。連続する松皮菱文様の輪郭線は染分け小袖の区画取りに用いられ，数ある『小袖模様雛形本』では「きしとり」「きしのもやう」「湊取」など水辺の景色の呼称と「松皮」「松皮菱文様」の呼称とが混在していて一体化が窺われる。松皮菱文様の実態例からは水辺の景色が見えてくるが，造園における島のずれの美を踏まえて展開してきたように思われる。
(丹沢巧)

Ac035　『光琳雛形若みとり』にみる光琳模様について

鳥居本幸代著，日本服飾学会誌 20 号，93-102 頁，2001 年

　江戸時代中期に流行を見た小袖模様のひとつに光琳模様があるが，その名の由来は当時，大活躍した絵師尾形光琳に由来している。光琳模様には菊，梅，桐，水，桔梗，楓などのモチーフの細部を簡略化した抽象的なデザインである。本論文では，雛形本『光琳雛形若みとり』に所収された 110 種の小袖模様からその特色を探る。
(鳥居本幸代)

Ac036　再考 茶屋染

長崎巖著，MUSEUM 571 号，9-43 頁，2001 年

　江戸時代前期の小袖雛形本に見られる「茶屋染」と現在認識されている「茶屋染」の繋がりについてはほぼ考察がなく，両者の関連はないとする傾向にあったが，文献上の「茶屋染」に関する記述を再検討し特徴を抽出した結果，現在の認識との間に大きな相違点とともに共通性が判明し，両者の歴史的繋がりを想定できた。さらに，現存遺品の中に「本茶屋染」「茶屋辻」と墨書された作品があることからこの仮説が裏付けられた。また，生地の両面から糊置きして藍に漬け染したとされていたが，「茶屋染」復元事業や現存遺品の観察から 17 世紀後半には藍の引き染は出現するとの見解もあり，「茶屋染」による藍の引き染の普及を基盤として引き染技術は多様化し，その過程で友禅染が生まれたとも考えられる。
(岡田春香)

Ac037　東福門院御用雁金屋注文帳にみる小袖に関する一考察　―地色黒紅を中心に―

馬場まみ著,風俗史学 17 号, 25-38 頁, 2001 年

　雁金屋に残された記録によると,東福門院が注文した小袖には地色が黒紅のものが多い。これは,同時代の小袖模様雛形本に見られる地色とは異なる特色である。黒紅とは黒紅梅のことで,紅梅色を濃く染めた色,すなわち黒味を帯びた紅色を意味している。また,黒紅梅は濃二藍をも意味し,黒味を帯びた赤紫で表現された。黒紅は,江戸時代には吉祥の意味や儀礼性を有する色であると認識されていた。東福門院の小袖にみられる黒紅の小袖は,吉祥の意味や儀礼性を有した小袖とみることができる。このように染小袖は,地色による意味づけが行なわれるようになった。

（馬場まみ）

Ac038　初代歌川豊国の美人画に見る服飾描写

福田博美著,文化女子大学紀要（服装学・造形学研究）32 号,49-57 頁, 2001 年

　歌川豊国（1769-1825）の美人画の服飾描写の特徴は①写実性　②独創性　③流行の先導性にある。①に関して黒・紫・鼠の小袖の地色は,当時の渋みや地味を求めた表現であり,特に紫は江戸紫と京紫を意識的に取り入れたものである。模様は,江戸褄・島原褄を描き,互いの風を好んだ江戸と京坂の女性を表したのである。②は題材や背景の描写に顕著であり,傾城を表す猫を多く登場させた効果は興味深い。③については一貫して黄表紙の挿絵に従事して世相を捉え,式亭三馬や山東京伝との親交から流行を察知し,それを先駆けて描写し,情報媒体としての浮世絵を先導した。

（岡松恵）

Ac039　大洲藩・新谷藩における衣生活について　―被服,繊維,織物,装身具に関する諸相―

鮒田崎子著,愛媛大学教育学部紀要 47 巻 2 号, 211-228 頁,2001 年

　江戸時代の大洲藩・新谷藩において出された諸法令や記録文書から,衣に関する記述を取り出し,解読,分析,整理して,考察した。両藩における被服に関する諸法令の多くは,その身分を問わず質素倹約を旨とするものであり,藩財政安泰のためである。農民に対する法令が多く,町人に対する法令は少ない。江戸時代には,木綿の栽培が普及し,衣服に用いられるようになり,木綿の使用は奨励された。絹については一般的にきびしく制限されていたが,大洲地方では,絹の制限は比較的ゆるやかである。藩の養蚕普及活動が,明治期の本格的な養蚕,製糸業発展の基盤を作っていくことになる。

（森理恵）

Ac040　近世における服飾と文学に関する一考察　―『色紙御雛形』を中心に―

許恩珠著,服飾美学 32 号, 17-32 頁, 2001 年

　元禄 2（1689）年刊行の小袖雛形本『色紙御雛形』は,藤原定家の「百人一首」から取材しており,一連の雛形本の中でとりわけ個性的であり,読み物としての趣がもっとも色濃く示されている。この中からいくつかの模様を取り上げて個別的に吟味することにより,模様の考案において,歌の作者,本歌や類歌による歌語など相当な文学的知識を踏まえていることを明らかにした。さらに,序文を書いた俳諧師,松月堂が模様の考案にも参加した可能性を推測し,小袖雛形本の読み物としての趣向を,日本の服飾文化を貫く服飾と文学の係わり合いという流れから理解すべきことを指摘した。

（森理恵）

Ac041　近世における服飾と文学に関する一考察（二）―小袖雛形本の読み物的趣向を中心に―

許恩珠著,服飾美学 33 号, 17-32 頁, 2001 年

　元禄期を中心として刊行された,文学的主題を持つ模様だけで構成された一連の小袖雛形本『源氏ひなかた』,『小倉山百首雛形』,『色紙御雛形』,『新編百人一首抄雛形』,『高砂雛形』,『百首歌入名所ひいなかた』,『千載ひなかた』を検討し,それぞれが異なった仕方で独自の展開を見せながら,いずれも一貫して読み物としての趣向が明確に見て取れること,ただ模様集にとどまらず,ひとつの書物であるという意識を持っていることを明らかにした。さらに,こうした趣向を,視覚的に文学を享受するという,日本の文学享受史のなかの根強い伝統の文脈の中で捉えるべきことを指摘した。

（森理恵）

Ac042　光琳模様の成立と展開　―小袖雛形本を中心に―

古家愛子著,服飾美学 33 号, 33-47 頁, 2001 年

　小袖模様における光琳模様の流行は主に江戸時代中期に出版された小袖雛形本において顕著に確認される。本論文では小袖模様における光琳模様の成立と,その表現の変化を時代を追って考察した。光琳模様が世にでるきっかけに墨絵模様の流行があった。これに尾形光琳の画風を直接的に活かした模様を光琳模様と呼ぶようになった。その後,光琳模様の特徴である「軽筆」の表現が注目され,こざっぱりとした瀟洒な好みにも応用されるようになった。それゆえに光琳模様は時代を通じて人々に愛好される模様となり得た。

（古家愛子）

Ac043 西鶴町人者の挿絵における服飾
—男装と女装の枠組み—
横川公子著, 風俗史学 17 号, 39-67 頁, 2001 年

　井原西鶴による「町人物三部作」の挿絵に表現された服飾についての視覚情報を, 文章と関連させながら読み取ることができる。即ち着る姿の表現から着衣の組み合わせや着付け方, 着用者のしぐさや場面での位置関係, 衣服の文様や大きさ・形態などの類型的な特徴が読み取れる。この類型的な特徴は, 着衣や着装の独自の機能や意味を形成しているため, 着用者と服飾との多様な関係を示唆する。男装と女装という枠組みで服飾表現を整理することによって, 西鶴の町人者に登場する人物たちの着衣・着装の全体的構想を提示する。
（横川公子）

Ac044 徳川美術館の通辞羽織に関して
吉田雅子著, MUSEUM 570 号, 41-63 頁, 2001 年

　徳川美術館所蔵の狂言装束の中の「唐人相撲装束」に含まれる「通辞羽織」に使用されている天鵞絨地刺繍布の製作地, 元の用途, 製作年代を明らかにした研究。この天鵞絨地刺繍布は, 表現様式から, 鑁阿寺幔幕や知恩寺打敷の刺繍と, 同種の下絵をもとに同じ産地で製作されたものと思われる。この3点を材質的・技術的特徴に留意してヨーロッパに残る事例と比較すると, これらの刺繍布はヨーロッパに輸出するベッドカバーとして中国で製作されたものであることが明らかになった。製作年代は, 鑁阿寺幔幕や知恩寺打敷の刺繍の製作年の下限より 16 世紀後半〜17 世紀前半と推定される。
（森理恵）

Ac045 京伝作小紋図案と江戸の意匠
—戯作, 浮世絵の世界からの広がり—
大久保尚子著, 服飾美学 34 号, 33-48 頁, 2002 年

　京伝作見立小紋を染織意匠史上に位置づけ, 現実への波及を捉えた。成立当時には古典意匠の見立や当世風の題材は例があるが, 縞や小紋の見立, 小紋形式の読み解く趣向, 江戸風俗への取材は類を見ず戯作者, 浮世絵師ならではの先駆的表現であった。当初は虚実の境に止まったが, 文化後期以降の江戸の意匠には類似の趣向が充実する。役者文様や趣味的な謎模様は京伝作品と同じ見立と読み解きの趣向による。江戸名物風俗に因む意匠は京伝作品同様に題材の持つ気分を喚起する。戯作や浮世絵に通底した京伝風意匠は, より広く共感されるに至り, 江戸好みの意匠の成立を導いたと考える。
（大久保尚子）

Ac046 「ふしみ殿」銘辻が花裂をめぐって
河上繁樹著, 関西学院大学美学論究 17 号, 1-20 頁, 2002 年

　丸紅株式会社が所蔵する「ふしみ殿」銘辻が花裂について, 復元的にもとの小袖の文様構成を検討し, もとの小袖が女性用であったことを論証して, 「ふしみ殿」が豊臣秀吉側室の淀殿である可能性を論じた。
（河上繁樹）

Ac047 江戸時代の髪「元結」三
河野徳吉著, 東横学園女子短期大学女性文化研究所紀要 11 号, 19-54 頁, 2002 年

　全国各地の元結の集散地, 生産地について詳述する。江戸中期の尾張名古屋には, 元結の加工と流通販売に重点を置いた髪飾商品の拠点があった。名古屋の元結は, 都会的で品質に優れ, 品数も多く, 流行の先端を走り, 需要競争に耐え, 全国に販路を拡大した。美濃の元結紙生産は, 天和年間ごろから明治までほとんど変化せず, 特定の公家と上級武家が使用する元結に重点が置かれていた。飛騨山中地域では古くから平元結がつくられており, 上質であったため, 京都の公家に珍重されていた。そのほか, 伊達藩では江戸後期に技術導入をおこなったことなどを明らかにしている。
（森理恵）

Ac048 近世中期宮廷奥向き服装考
—後桃園天皇皇女欣子内親王を中心として—
宍戸忠男著, 風俗史学 21 号, 68-82 頁, 2002 年

　安永 8（1779）〜弘化 3（1846）年における欣子内親王に関する近侍女官たちの記録は膨大である。その中から(1)欣子内親王 4 才から 14 才までの記録『女一宮欣子内親王女房日記』(天明 2（1782）年 5 月〜寛政 5（1793）年末まで)から衣服関係記事を抄出し, 衣更えや使用素材の実態をみる。(2)『欽子内親王女房鋪子日記』(天明 9（1789）年四季)と『女一宮御内御祝雑記』(寛政元（1789）年中)を並列し, 衣服の名称と実様を記す。
（奥村萬亀子）

Ac049 江戸時代前期の小袖意匠における「嶋」文様の変遷
　　　　―雁金屋関連資料を中心に―

花房美紀著, 服飾美学 34 号, 17-32 頁, 2002 年

　小袖意匠の「嶋」文様名は，桃山時代の辻が花裂にみる，いわゆる神聖なる洲浜の形に区切られた文様に用いられてきたが，延宝 6 (1678) 年の呉服屋・雁金屋『東福門院御用呉服書上帳』の分析から寛文小袖の意匠構成との関連が指摘されている。本稿は雁金屋の慶長 7 (1602) 年の『染物台帳』と寛文期 (1661 年頃) の『衣裳図案帳』を用い，嶋文様の形状・配置・構成の特徴を比較しあい，桃山時代から江戸時代前期までの変化を明らかにした。洲浜形の文様から，肩から裾まで様々な文様で区切られた曖昧な部分へ展開しており，洲浜の意味の遊離を指摘した。 (花房美紀)

Ac050 雁金屋関連資料『衣裳図案帳』にみられる二条姫君の小袖意匠について

花房美紀著, 服飾美学 35 号, 17-32 頁, 2002 年

　寛文期 (1661 年頃) の『衣裳図案帳』(全 3 冊約 500 図) の約 80 図には，東福門院 (1607〜78) とその縁ある注文主たちの名前が記されているが，これまで注文主と意匠の関連について考察はすすめられていない。本稿は東福門院の孫娘・二条姫君の注文の中に，徳川綱重との結婚により両家の家紋の藤・葵文様をアレンジしたデザインを指摘している。さらに菊文様については，縁談の成立や婚礼道具の準備をした祖母の東福門院との縁の文様と考えられ，姫君のこれらの注文自体が東福門院の誂えだと指摘している。 (花房美紀)

Ac051 雁金屋関連資料『衣裳図案帳』における人名の特定について
　　　　―小袖意匠との関係から―

花房美紀著, 奈良女子大学大学院人間文化研究科年報 17 号, 55-65 頁, 2002 年

　呉服屋・雁金屋の『衣裳図案帳』(1661 年頃。重要文化財『小西家旧蔵光琳関係資料』の内) は全 3 冊約 500 図中約 80 図に約 10 人の注文主が書込まれ，東福門院 (1607〜78) とその娘・孫娘の名前が散見されることが知られているが，栗原佳子氏 (1959 年) 以来，人名の特定はすすめられていなかった。本稿は，日記等記録類により特定を試み，人名の中に，徳川将軍夫人や女官が含まれることから東福門院を中心とする関係を明確にする。また一部の注文に刺繍や鹿の子の加飾に個人的な違いが認められることを指摘し，着用者と意匠の関連の重要性についてもふれている。 (花房美紀)

Ac052 「菊に蜘蛛の巣」文様とその周辺
　　　　―近世前期小袖文様の主題をめぐる一考察―

藤井享子著, 服飾美学 35 号, 1-16 頁, 2002 年

　近世の蜘蛛の巣文様には主に二つの流れがある。一つは土蜘蛛に連なるおどろおどろしい蜘蛛，怪異や力強さを示す文様，もう一つは優美で繊細な蜘蛛の巣文様である。近世前期にみられる優美な蜘蛛の巣文様には，菊や桜や朝顔，或いは波や車が加えられている。この文様には，伊勢物語を当世風に舞台にのせて一世を風靡した玉川千之丞の河内通いの世界が映し出されている。 (馬場まみ)

Ac053 宣教師が見た日本における南蛮服飾の受容について
　　　　―16 世紀後半から 17 世紀初頭を中心に―

水谷由美子著, 国際服飾学会誌 21 号, 25-43 頁, 2002 年

　南蛮服飾の受容の実態を，「宣教師からの贈り物」の視点からとらえ，また「キリスト教伝道と伝播の過程」の中で，宗教との関係ばかりでなく風俗として南蛮服飾が流行していった事情を，特にヴァリニャーノの布教活動強化策つまり天正遣欧使節と帰国後の行列を中心に検討した。なお，アガタの礼から宗教的な服飾観がキリシタンの装いにおける美意識へ影響していることを示し，聖と俗の精神文化の両面から南蛮服飾をとらえた。また，長崎を中心に洋風服飾が製作されていること，南蛮服飾の畿内を中心とする流行は，1591 年の天正遣欧使節の行列が契機となったことを指摘した。 (森理恵)

Ac054 歌舞伎衣裳「馬簾つき四天」「小忌衣」の誕生

森田登代子著, 風俗史学 21 号, 39-67 頁, 2002 年

　馬簾つき四天と小忌衣は，既成衣服に別の意匠や工夫を加えた衣裳であるが，この特異な衣裳の誕生と社会状況との関連性を考察した。四天は黄檗宗の袈裟の一名称に由来し，江戸市中に徘徊した黄檗宗僧侶の僧服が関心を引き，異国趣味を受容したものであった。四天の馬簾や伊達下りは，町火消の纏を取り入れ，荒事をさらに助長した。小忌衣は大嘗祭や新嘗祭など神事に用いられた斎服からきたもので，孤高の貴人や謀反人のイメージに重ねられた。馬簾つき四天は黄檗宗の存在や町火消の制度，小忌衣は朝儀の再興といった時事的話題に喚起されて考案された衣裳といえる。 (清水久美子)

Ac055 「小姓」の服飾
―延宝期より正徳はじめまで―

森理恵著, 服飾美学 35 号, 33-48 頁, 2002 年

　近世の武家社会において,「小姓」として出仕する男子たちの服飾が, 洗練された装いとして人々の憧れの的となり, 流行の服飾に取り入れられて一般にひろまっていったことを明らかにした。寛文期から元禄期までの絵本・雛形本の何点かについて, 慶長小袖風, 寛文風, 元禄風, 腰模様, 紋付腰模様がどのような人物の着衣として描かれているかを分析した結果, 延宝～貞享期にあっては元禄模様, 元禄前後の時期にあっては腰模様, というように, 常に流行を先駆けるような構図が多く見られるのは小姓の振袖であることが明らかになった。

（森理恵）

Ac056 小袖に見る松文様の展開
―小袖雛形本を中心として―

岡林裕子・横川公子著, 衣の民俗館・日本風俗史学会中部支部研究紀要 13 号, 1-18 頁, 2003 年

　江戸時代の小袖に多く見られる松文様について,『小袖雛形本集成　第壱巻～第四巻』所収の 31 種の小袖雛形本に載せられた小袖形の衣服の松文様のすべてをとりあげ, 寛文年間（17 世紀なかば）から寛政年間までの様式的な展開を整理した。松文様はすべての雛形本に載せられ, 576 点の小袖を数える。その描き方は, 図に付記された名称と図像的な特徴によって分類すると, 風景の松・松葉・文字文様・松毬・松喰い鶴等々, ほぼ 20 種に分けられ, あらゆる視座からモチーフに取り上げられ, 小袖文様の形式変化とも連動する。

（横川公子）

Ac057 加賀の御国染について

片岸博子著, 鹿児島県立短期大学地域研究所研究年報 34 号, 1-7 頁, 2003 年

　各種の史料に記された呼称を整理する中で, 加賀の御国染の実体を明らかにすることを試みた。中世以来, 梅染・黒梅染は広く行われていたが, 加賀で染められた梅染が優れたものとして好まれ有名であった。江戸時代初め, 加賀では黒梅染が主流となり御国黒染とも御国染とも呼ばれた。一方, 小袖雛形本では大柄な文様染めを加賀染と称しており, 友禅染技法で多彩に染めた紋を加賀紋とも御国紋とも呼び, この五所紋をもつ黒染めの加賀絹をも加賀染と称した。御国染の呼称は当初加賀国内で用いられたが, 加賀染の盛行とともに, 加賀の御国染という呼称が全国に広まったと考えられる。

（片岸博子）

Ac058 初期唐織の編年に関する考察
―金春座伝来能装束を中心に―

小山弓弦葉著, MUSEUM 585 号, 37-77 頁, 2003 年

　東京国立博物館に保管される金春座伝来能装束に含まれる, 桃山時代から江戸時代初期の唐織 10 領について考察し, 初期唐織の歴史を明らかにした研究。唐織は前代の二倍織物（唐織物）とは一線を画し, 室町時代末期の西陣での「人代」の開発により新しく生み出され, 桃山時代に急速に発達した新興の織物と考えられる。地色や模様の入れ方などの技術上裂面に表われる特徴に即して初期唐織の編年を行なうことにより, 紋足を入れる技術や消し筬の技法といった技術開発の時期を推定し, 慶長年間の初めに画期があることを明らかにした。また金春座への豊臣秀吉の愛顧を文献から立証した。

（森理恵）

Ac059 東京国立博物館蔵・水浅葱練緯地蔦模様三葉葵紋付辻が花染胴服について

長崎巌著, MUSEUM 585 号, 7-36 頁, 2003 年

　水浅葱練緯地蔦模様三葉葵紋付辻が花染胴服に関し, 作品調査と修理過程及び文献から得られた情報と知見を踏まえ考察を行った結果, この胴服は家康の着用を想定して制作されたものであり, 特別な配慮を持って下賜されたものである可能性が強く, 葵紋付の胴服としては拝領の経緯が判明する唯一の作例であり貴重であることが分かった。拝領の時期が明確な家康所用の他の辻が花染作品と技法的・意匠的特徴が類似しており, 16 世紀末から 17 世紀初頭, 慶長期前半の作と考えられるが, 拝領者が天正 18 年から家康に仕えていること, 及び『新編武蔵風土記稿』における記述の順序からすれば, 関ヶ原以前の文禄・慶長初期の制作になる可能性もある。

（岡田春香）

Ac060 西鶴町人物における挿絵の服飾（二）尻からげ

横川公子著, 風俗史学 22 号, 20-51 頁, 2003 年

　井原西鶴による「町人物三部作」の挿絵には類型的に描かれた「尻からげ」という着装があり, 登場する場面と登場人物の属性によって,「尻からげ」の機能や着装者の社会的地位などが示唆される。この「尻からげ」は, 元和期と推定される洛中洛外図に描かれるのが初出であり, 元禄期には諸本に登場し, 町人物三部作に頻出する 141 例の「尻からげ」は, 当時の実際の服装に近いものと思われる。「尻からげ」図には, 背中心できものの裾を内側から帯に挟み込んだ類型的なもののみならず, 他の着衣との組み合わせによる多様な変異形が見られ, その変化に対応して六尺・下人及び町人の旅装や行粧・馬方・舟方・物売りなどの着用者が特定できる。

（横川公子）

Ac061　椀久の焙烙頭巾
青木もゆる著，服飾美学 38 号，53-65 頁，2004 年

　延宝期に実在した椀屋久右衛門（久兵衛）の逸話をもとにした椀久狂言では，焙烙頭巾が定型となっている。しかし，椀久存命時に近い時期の作品には，全く見られず，この頭巾は実説に基づいたものではないようである。
　初期の作品で，物狂いの椀久は，僧形の物乞いの姿として描かれている。ここに大尽客が用いた全く対比的な印象の焙烙頭巾が組み合わせられることにより，零落してもなおかつての品位と気概を失わない椀久の人物像が視覚的に表現され，狂乱前後の明暗が浮き彫りになった。実説にない焙烙頭巾が加えられたことにより，椀久の印象はより強められたのではないか。
（青木もゆる）

Ac062　「川路聖謨文書」から見る幕末の服飾
伊藤瑞香著，服飾文化学会誌 4 巻 1 号，83-89 頁，2004 年

　1838（天保 9）年から 1868（慶應 4）年に綴られた『川路聖謨文書』を資料として，幕末の服飾の諸相を検討した。綿入は，いわゆる衣更えに沿って着装するのではなく，寒暖により着脱していた。また，綿入は，年齢，性別，階層によって着用様態もかわり，流動性があることがわかった。織物の製品は江戸のほうが優れているが，素材としての綿や麻，色の流行は奈良のほうが進んでいる。贈答品の記録からは，織物を貴重品とする考え方が衰退し，織物に贈り物としての価値がなくなってきていることが読み取れる。
（馬場まみ）

Ac063　江戸小袖の裾についての一考察
倉盛三知代・山野貴子著，和歌山大学教育学部紀要（人文科学）54 巻，181-190 頁，2004 年

　江戸時代後期の小袖の特徴である裾文様の表現性と衣服の着こなしに焦点を当てて考察した。資料は 3 点の雛形から 78 図，写真図版集から同時代の小袖 30 点を選んだ。小袖の裾文様を雛形から分類すると，「江戸褄」「惣江戸褄」「下褄」「嶋原褄」「嶋原風」「表無地袙裏」「表文様付袙裏」になり，現存遺品についてもこの分類から整理した。文様の方向性では裾と平行になったものが最も多く安定感があり，斜めの文様には流動感がある。裏文様には人間の動態や着こなしによる美が演出されている。
（岩崎雅美）

Ac064　雁金屋関連資料における小袖の「筋」文様について
花房美紀著，美術史 156 号，315-332 頁，2004 年

　小袖意匠における「筋」文様は，今日「縞」と呼ばれる文様のことで，江戸時代初期から後期までの間に横向きから縦向きの線として一般化したことが既に知られるが，その過程で斜め向きが存在したこと指摘されている。本稿は呉服屋雁金屋の『染物台帳』（1602 年），『衣裳図案帳』（1661 年頃）を中心資料とし，『わたくし御あつらへ物』（1646 年）を参考にして「筋」文様の変遷に着目し，意匠についての記述や図を検討した結果，斜めの筋が登場する過程で，幾何学的な連続文様を充填する「織文」，具象的な文様をデフォルメして線状にした表現が存在する事が明らかになった。
（花房美紀）

Ac065　近世衣桁餝りに関する一考察
馬場まみ著，風俗史学 26 号，71-86 頁，2004 年

　近世において，婚礼時などに衣桁に小袖を懸けて餝ることが行なわれるようになった。この衣桁餝りは，室内装飾的な意味から行なわれるようになったが，小袖が儀礼服としても発達すると，衣桁餝りも形式化するようになる。古代から公家が装束を一定の方式に則って餝ったのと同様，小袖の餝り方に決まりごとが生じた。餝るにあたっては，儀礼的性格をもたせるために五行の色を用いることが考えだされた。町人層は経済的な豊かさを得て，豊かさと儀礼性を重視する婚礼儀式の一環として衣桁餝りを行なったのである。
（馬場まみ）

Ac066　蝶に薄文様とその周辺
　　　　　―近世前期小袖文様を中心に―
藤井享子著，服飾美学 38 号，19-36 頁，2004 年

　蝶に関わる近世的文様について典拠や主題を当時流行の俳諧や演劇を中心に探り，近世前期の今日の意味を考察した。蝶に薄文様は，蝶を通して壮士の百年の夢から百年の姥即ち小町が連想され，薄からは恋や老い，あなめの薄伝説など小町の末路が連想され，小町物の世界を表す文様であることが分かった。小町同様，楊貴妃は玄宗帝との宮廷生活で蝶と深い関わりがあり，蝶文様はこれら和漢の二大美女の伝説の生涯が投影されていることが分かった。また，胡蝶の百年の夢には能の「邯鄲」も関連深く，蝶の夢から枕を連想し，邯鄲の枕に菊慈童，菊水へと続く，蝶から菊へのイメージの連鎖があったことを明らかにした。
（米今由希子）

Ac067　薔薇の受容変化（二）近世における視線
吉田加奈子著，服飾美学38号，37-51頁，2004年

　江戸時代における薔薇の普及と受容について，園芸本，本草学書，花伝書を手掛かりにし解明した。また絵画，工芸品についても考察し，さらに牡丹と誤解された小袖もとりあげた。
　日本における薔薇の価値判断としては，棘を嫌い忌まわしく思う気持ちが最も素朴で原初的な価値判断であると考えられる。近世江戸時代中期，薔薇によせられた負の要素は徐々に薄らいでくる傾向にあるとはいえ，人々の薔薇に向ける視線に著しい好転がみられることはなく，それは明治の幕開けまで待たなければならないのである。
　　　　　　　　　　　　　　　　　　　　（米今由希子）

Ac068　江戸時代の染織文化財における金銀刺繍糸の構造に関する研究
吉田規代・木村光雄著，神戸女子大学家政学部紀要37巻，49-53頁，2004年

　金銀糸を用いた刺繍がほどこされた江戸時代の裂6点に関する保存科学的研究，すなわち，金銀糸の材質および構造，製作技法を明らかにした。金銀糸は，和紙に金箔または銀箔を貼りつけた「平箔」を細く裁断し，それを芯になる糸に巻きつけるという方法で作られている。和紙の上に金銀箔を貼る際に，漆が接着剤として使われており，芯糸として木綿糸が用いられていることが判明した。これらの知見は，染織文化財を保存，修復，再現するうえで極めて有用であると思われる。
　　　　　　　　　　　　　　　　　　　　（片岸博子）

Ac069　日本の伝統色とその再現の試み
和田淑子著，服飾文化学会誌4巻1号，115-122頁，2004年

　上代には『播磨国風土記』などに身体の塗彩の記述が見られ，また『日本書紀』には白，赤，青，黒の色彩表現がある。し『万葉集』は花摺だけでなく，茜染，藍染，紅花染が行なわれていたことを示唆する。一方奈良時代は唐の影響で色は純色が中心で，平安時代になり初めて中間色が増え自然物に因む色彩命名法も使用された。以降，室町時代の「寂」，桃山時代の「絢」，江戸時代の「粋」（茶色，鼠色）の流行へと嗜好も移ろい，多彩な色使いも貴族の占有物ではなくなる。また，近世の奢侈禁令は地質，染料の制限により「粋」の美意識の形成に寄与した。長崎盛輝著『譜説　日本伝統色彩考』添付試料を参考に紅花染（桜色，一斤染，韓紅花，赤紅），藍染（瓶覗，花浅葱，紺，縹），「当世染物鏡」，「諸式手染草」などを参照して茶色（唐茶，当世茶，焦げ茶，昔唐茶）の染色再現と測色などを行なった。
　　　　　　　　　　　　　　　　　　　　（森田雅子）

Ac070　雁金屋資料にみる江戸時代前期の小袖
河上繁樹著，人文論究55巻1号，1-16頁，2005年

　桃山時代から江戸時代前期にかけて京都で営業した呉服商雁金屋の注文台帳などの文書を分析し，同時期における染織技法の変化を明らかにし，東福門院が雁金屋に注文した小袖の特色を考察した。
　　　　　　　　　　　　　　　　　　　　（河上繁樹）

Ac071　刺繍
―小袖雛形本に見る「すぬい」について―
沢尾絵著，日本女子大学大学院紀要（家政学研究科・人間生活学研究科）12号，69-80頁，2005年

　江戸時代の小袖における，重要な加飾技法の一つ，刺繍についての一考察である。染織の分野では昨今，「すぬい」という言葉が「総刺繍」と説明されることが一般的となっているが，「素縫い」という漢字の本来持つ意味と，総刺繍という解釈には隔たりがある。本研究ではこの点に着目し，江戸時代の小袖雛形本や当時の文献資料から，小袖における「すぬい」の意味を解き明かすことを試みた。その結果，「すぬい」の解釈には経年的な変化が認められ，最終的には，「すぬい」が現代解釈されるような「総刺繍」ではなく，素描のような簡素な単色の刺繍を示すという見解に至った。
　　　　　　　　　　　　　　　　　　　　（沢尾絵）

Ac072　江戸時代における浴衣の用途の広がり
清水久美子著，服飾文化学会誌5巻1号，61-75頁，2005年

　平安時代に入浴時に着用した浴衣は，室町時代末期に湯上りの身拭い浴衣となり，江戸時代前期には風呂や温泉の湯上り，合羽がわり（雨天・旅装），仕事着，女形の被り物，年中行事（盆踊り・水祝い・祭礼）の晴着装として用いられた。中期から後期には歌舞伎の楽屋浴衣，日常着・家庭着，外出着，下着としても幅広く着用された。浴衣の用途が広がったのは，「見せる浴衣」として，美的デザイン性を追求しつつ，水や汗に関わるという浴衣本来の目的と機能性を一貫して保持し続けてきたからである。そこに麻や木綿を使用する浴衣の特質があり，絹小袖との大きな相違がある。
　　　　　　　　　　　　　　　　　　　　（清水久美子）

Ac073　西川祐信の服飾表現について
　　　　　―小袖雛形本を中心に―
古家愛子著，服飾美学 40 号，1-18 頁，2005 年

　西川祐信は半世紀に及ぶ画業の中で大量の絵本類を手掛け，世の風俗を細やかな筆遣いで描写している。なかでも小袖雛形本『正徳雛形』『西川ひな形』においては当時流行していた墨絵模様や光琳模様に注目し，自らの作品の中でも積極的に展開している。祐信の描いた女性の服飾表現を具体的に追うことにより，彼がいかにその時代を写実的に描写しようとしていたのかを考えた。また祐信が手掛けた小袖模様は，江戸で活躍した奥村政信や鈴木春信にも影響を与えた。祐信の画風はその後の浮世絵の新しい表現を生み出すきっかけとなっていた。
　　　　　　　　　　　　　　　　　　　（古家愛子）

Ac074　徳川美術館蔵「歌舞伎図巻」にみる流行のさきがけ
　　　　　―男性の髪型と服装の関連に着目して―
森理恵著，金鯱叢書 32 号，249-262 頁，2005 年

　徳川美術館所蔵，慶長年間（1596～1615）後半製作の「歌舞伎図巻」に描かれた服飾を詳しく観察，主に男性の髪型と服装の関連に着目することにより，「かぶき者」の服飾の特徴を明らかにした。第一に，若衆や高位の「かぶき者」の服装は女性の服装との共通点を持つとともに，派手でありながら同時に非常に凝った装いであることを確認した。第二に，低位の「かぶき者」や従者の服装が，本図巻に描き出された服装のなかでも最も流行の先端を行く服装であり，それは，後の寛文小袖のさきがけともいえるものであることを明らかにした。
　　　　　　　　　　　　　　　　　　　（森理恵）

Ac075　幕末期における公武の女性の服制について　―新出の染織資料を中心に―
吉川美穂著，金鯱叢書 32 号，285-320 頁，2005 年

　大宮御所の遺品類から発見された新出資料をもとに，幕末期における公武の女性の服制を考察。武家女性では，将軍家・紀伊徳川家・肥後細川家の正室について形態・種類，生地，意匠形式を比較検討した。武家女性の服制は大礼日・式日・平日に加え，冬期・夏期，午前・午後など着用日時によって形態・種類，生地，意匠形式が厳密に規定されている。正式な装いは，各家とも着用日時が限定されるが，略式になるにつれ自由になる傾向が見られる。一方，公家女性の服制については天皇家を中心に紹介。武家ほど日時による規定が厳密でなく，織・繍・染の有無により身分差を生じることを指摘した。
　　　　　　　　　　　　　　　　　　　（吉川美穂）

Ac076　掛袱紗の装飾化と日本の贈答文化
倉盛三知代・中嶋祐子著，和歌山大学教育学部紀要（人文科学）56 巻，57-66 頁，2006 年

　江戸中・後期に多用された掛袱紗は，大きさがほぼ 50cm 平方の布に刺繍や友禅で文様が施されている。起源は中国・唐代の賀車の軾（車の前の横木）の上の覆いにあり，装飾品でもあったものが平安時代に伝来して贈答品の塵よけとして掛けられた。掛袱紗は贈答行為との関わりで製作され，文様は一年の行事や通過儀礼と結びついている。すなわち正月，節句，八朔，出産，結婚長寿などである。その他，文学，舞楽・能楽などに関連した文様もみられる。興福院の掛袱紗は武家の好尚を示している。雛形本にも袱紗図がみられる。
　　　　　　　　　　　　　　　　　　　（岩崎雅美）

Ac077　江戸における花車の流行とその起源
口井知子著，民族藝術 22 巻，65-71 頁，2006 年

　牛車の上に様々な草花を載せた花車は，現代では一般的に王朝風の雅なイメージか，あるいは吉祥的な意味を持つ意匠として理解されている。華麗な花車は江戸時代を通して絵画や染織の文様などに多用され，さらに江戸文化を代表する浮世絵や歌舞伎の世界にも登場してくる。花車の起源について考察を試みた結果，その名称と外観から，いかにも平安時代の貴族が好んだような花車は，実際は室町時代に発展した祭礼や芸能の曳物を主な典拠とし，17 世紀初頭頃になってからいけばなや美術の世界にも取り入れられるようになったと考えられる。花車のイメージを一般に根付かせたのは浮世絵や歌舞伎であり，その多くは京都や古典を題材にしたものであった。つまり，雅な花車のイメージは，江戸の文化と人々の王朝文化への憧憬によって作り上げられ，広められたものだったのである。
　　　　　　　　　　　　　　　　　　　（東真美）

Ac078　帷子の基礎的研究　―室町時代から江戸時代初期に於ける材質の変遷について―
澤田和人著，国立歴史民俗博物館研究報告 125 号，69-98 頁，2006 年

　室町時代から江戸時代初期に於ける帷子の材質の変遷について，文献を中心に解明した。15 世紀には布類（麻・越後布・細美），木綿，絹があり，麻布が中心であった。16 世紀には布類（麻・高宮・細布・葛など）の種類が増え，末期に絹物（生絹）が広く普及した。17 世紀には布類（小倉晒・縮），絹物（綾・唐嶋・かめや・織筋・北絹）があり，初期には絹物が単物としてみられた。単物は 16 世紀後期に確立し，慶長中頃に帷子の内に組み入れられた。布製の帷子が絹物でも仕立てられるようになると，小袖と材質上の相違がなくなり，帷子と小袖は一元化された。特に生絹は両者の同化を導き，練絹や羽二重はそれを媒介・促進した。
　　　　　　　　　　　　　　　　　　　（清水久美子）

Ac079 波兎文様についての一考察
黄韻如著，服飾美学43号，17-34頁，2006年

桃山末期から江戸前期の染織品や工芸品に見られる波兎文様は，謡曲『竹生島』から図案化された日本独自の文様とされる。しかし中国からの舶載とされる「万暦緞子」や「戸隠裂」にも波兎文様があり，唐代の詩に「月兎」の表現が散見する。中国の「月兎」は月を意味する詩語であるが，日本では月に譬える兎が具象化された。中国における月と兎の結びつきは古いが，兎と波の組み合わせは吉祥文様の一部であり，波の上を走る兎は日本の意匠である。中国の染織品とされる「万暦緞子」と「戸隠裂」を舶載品と断定するにはなお検討の余地があり，日本からの依頼品とみる説もある。

（相川佳子子）

Ac080 江戸時代後期の陣羽織に関して
福岡裕子著，民族藝術22巻，80-87頁，2006年

先行研究を精査し，服飾形態（構成），材質，加飾技法の観点から紫羅紗地三葉葵紋陣羽織（紀州徳川家伝来），白呉呂地梅鉢紋陣羽織（前田家拝領品），紫呉呂地桔梗紋陣羽織（太田資治所用），猩々緋ヘルヘトワン地丸に蔦紋陣羽織（所用不明），紺呉呂地三鱗紋陣羽織（平野長裕所用），橙呉呂地木瓜紋陣羽織（所用不明），黒羅紗地松皮菱模様内田木瓜紋陣羽織（内田正徳所用）など江戸時代後期の陣羽織8領を考察した。陣羽織は，戦国時代から武将が具足の上に着用した外衣である。鉄砲伝来と幕末の洋式武装という戦術変化や貿易事情を反映し，南蛮服飾，舶載織物も施された。戦国期の異形に比して，江戸時代後期陣羽織はシンプルな袖なし形状に太刀受け，衿留め，背割などが様式化され，礼装としての制服的，儀式的性格が定着した。

（森田雅子）

Ac081 共立女子学園所蔵「猩々緋羅紗地蛇の目紋陣羽織」の科学的分析と歴史上の位置付け
福岡裕子・齊藤昌子著，服飾文化学会誌6巻1号，21-29頁，2006年

共立女子学園所蔵「猩々緋羅紗地蛇の目紋陣羽織」の形態的特徴と加飾技法を調査し，この陣羽織に用いられている染織裂の種類，文様，技法，織物構造，材質，糸の特徴について調べ，表生地である猩々緋羅紗地の色を測定し，用いられた染料と媒染剤を化学的に分析した。本陣羽織は太刀受を伴わず，脇を縫わない仕立ての形態的特徴をもつ。化学分析から赤色染料はコチニールの錫媒染であることが判明し，本陣羽織は錫媒染のコチニール染めが旺盛になった18世紀後半から19世紀初頭にヨーロッパで染織された織物が日蘭貿易によって舶載され，陣羽織に製作されたものと推察した。

（齊藤昌子）

Ac082 『男色大鑑』にみる男性服飾の表現 ―若衆の振袖を中心に―
森理恵著，美学56巻4号，41-54頁，2006年

西鶴の浮世草子『男色大鑑』における男性服飾の記述と挿絵を分析することにより，『男色大鑑』の服飾世界が，女／男の二分法ではなく，身分・年令・性別のからまりあった多様な規範から成り立っていること，にもかかわらず，そのような規範をのりこえつくりかえる行動の見られる世界であることを明らかにした。元服前の若衆たちは，みずからを美しく飾り立てることが義務であり，その工夫を凝らした最先端の装いは，町人の人々からも賞賛された。一方，若衆のものまねから出発した役者たちは，若衆歌舞伎の禁止以降しだいに独自の服装世界を作りあげていった。

（森理恵）

Ac083 江戸時代の染色技法書にみられる黄色系天然染料
石井美恵著，服飾文化学会誌7巻1号，1-10頁，2007年

黄色系天然染料について江戸時代の文献24点と中国明代の文献2点を調査し，江戸時代における黄色系染料の原料および染色法に関する記述を整理・考察し，以下の知見を得た。1）黄を染める染料として汎用されたものはキハダ，クチナシ，ウコンである。2）黄褐系にはカリヤス，ヤマモモが媒染剤により発色染色された。3）キハダ，カリヤス，ヤマモモは藍との重ね染めで緑系を染めた。4）ザクロは黒染めにのみ用いた。5）ハゼの用途は貴人に限定される。6）オウレンは和漢薬としてのみ記述がある。7）エンジュは日本では汎用染料ではなかった。8）コブナグサは使用地域が限定されていた。

（相川佳子子）

Ac084 夜着における獏文様 ―万治から元禄期の小袖模様雛形本を資料にして―
岡松恵著，服飾美学45号，37-54頁，2007年

江戸前期，獏が悪夢を食うという俗信は，悪夢や穢れを祓う「獏の札」によって定着しているが，中国の古典にはこの俗信はなく，獏は霊獣のようにも，実在する珍獣のようにも描かれる。一方この時期の雛形本にみると，獏は，着物の文様としては紋を除くと夜着だけにみられ，威風堂々とした霊獣像として夜着の背に大きく描かれている。獏は白居易が詠んだ霊獣であり，夜着に獏を描く行為は白居易にちなんだ行為ともいえる。またそのなかには中国を連想させる「唐松」の文様を背景に用いた例もある。夜着の獏は霊獣文様であるが，同時に文学文様の側面も併せ持つと考える。

（岡松恵）

Ac085　女院御所と島原
　　　　　江戸時代前期における小袖をめぐって
河上繁樹著，美術フォーラム21 15号，116-119頁，2007年

　江戸時代前期の京都における小袖の流行に関して，東福門院が京都の高級呉服商雁金屋に注文した小袖と島原の遊女が好んだ小袖を取り上げて共通する技法や模様を指摘するとともに，寛文6，7年に刊行された『御ひいなかた』の中に東福門院の小袖の影響があることを指摘した。
　　　　　　　　　　　　　　　　　　（河上繁樹）

Ac086　江戸時代前期における小袖の模様染について
河上繁樹著，人文論究56巻4号，20-37頁，2007年

　関西学院大学アート・インスティチュートの「江戸時代の小袖に関する復元的研究」に関して，正平染を復元するにあたり，江戸時代前期における小袖の模様染の動向を探り，正平染や同時期におこなわれた唐染の技法の特色を明らかにし，小袖の模様染としての位置づけをおこなった。
　　　　　　　　　　　　　　　　　　（河上繁樹）

Ac087　雁金屋『衣裳図案帳』における舞・躍りの衣裳について
花房美紀著，服飾文化学会誌7巻1号，21-33頁，2007年

　『衣裳図案帳』（寛文期）の注文主は主に東福門院と身近な人々とされ加飾方法など詳しく記されるが，具体的な用途は明らかにされていなかった。本稿では，2人ずつの注文の中に金糸や摺箔を効果的に扱った意匠が認められることから，東福門院や娘の明正天皇が愛好して宮中で盛んに催したという舞・躍りの衣裳の存在を明らかにしている。更に2人組の意匠には，大文字での対の言葉，楷書体・略字体の書換え，言葉遊びなどが見出される。記録によれば東福門院たちの催した舞・躍りは趣向性があったとされ，これらの意匠はその一端として位置付けられよう。　（花房美紀）

Ac088　近世の武家の婚礼衣装について
　　　　　―三井文庫所蔵史料を中心に―
林智子著，共立女子大学家政学部紀要53号，99-105頁，2007年

　三井文庫所蔵の三井越後屋の呉服注文に関する史料には，1708年（宝永5）に越前松平家と日野西家の間で行われた婚礼に関する6つの帳簿類がある。本研究では，それらの帳簿に現れる婚礼衣装の形式の，服飾上の位置づけを考察した。婿の衣装は，子持筋熨斗目・裃を中心としたもので，伊勢流故実の立場からは，規範とする室町時代の武家故実の成立よりも，後に現れた習慣であると位置づけられる。嫁の衣装は白地の幸菱の織物を用いた小袖・帯・被衣が中心で，婿方で用意されたことがわかった。　（林智子）

Ac089　墨資料館所蔵陣羽織の形態，材質，加飾技法の特徴と歴史的位置づけ
福岡裕子・河島一恵・長崎巌・齋藤昌子著，服飾文化学会誌7巻1号，71-90頁，2007年

　陣羽織とは，16世紀から19世紀の中頃まで，武家が具足の上に着用していた外被を指し，「具足羽織」「押羽織」とも呼ばれる。本研究では墨資料館が所蔵する陣羽織104領に関して，科学的分析調査を行い，その制作年代を，江戸時代初期陣羽織1領，江戸時代中期陣羽織9領，江戸時代後期陣羽織94領と推定することができた。これらの陣羽織の形態・材質・加飾技法には，日本の服飾技術のみならず，ヨーロッパの服飾文化と舶載染織品の影響が強く反映されていることから，外来文化を武装に積極的に導入した武家の審美眼が伺える。　（東真美）

Ac090　襦袢にみる江戸の美意識
丸山理恵著，同志社女子大学生活科学41号，1-10頁，2008年

　襦袢の発展とそこにみられる江戸の美意識について考察した。南蛮貿易により日本へもたらされた襦袢は，江戸時代前半に肌着として広まった。その後，半襦袢として装飾化が進み，装束襦袢や額仕立てなどがうまれた。化政期には，半襦袢と腰巻がひとつになった長襦袢が遊女の間で流行し，緋色など派手な色や縮緬などの高価な生地，切り付などの細工を施したものが一般女性にも広まった。襦袢の装飾化には，外部からは見えない所に趣向を凝らす「底至り」の美意識が反映されており，これには幕府による奢侈禁制への反動や，「粋」や「通」といった当時の気風が表れているといえる。
　　　　　　　　　　　　　　　　　　（丸山理恵）

Ad001　女子大礼服の着用について
植木淑子著，日本服飾学会誌16号，62-69頁，1997年

　女子大礼服（マントー・ド・クール）は，明治時代から昭和戦前期にかけての天皇制のもとで着用された宮廷服の一種である。明治20年に採用され，当初は新年拝賀にのみ着用されていたが，明治30年代から40年代にかけて，皇室制度の確立とともに着用の範囲が広げられた。皇位継承に関る即位式と立太子式，通過儀礼としての成年式と婚儀であり，法令に詳細に規定された。これら皇室の重要な儀式において大礼服を着用することは，当初のねらいどおり，洋装を通じて日本の近代化を内外に示すために有効であり，また皇室の威厳を示すものであったと推察される。
　　　　　　　　　　　　　　　　　　（植木淑子）

Ad002　ある徽章のものがたり
―近代女性服飾史からの一考察―
小池三枝著，服飾美学26号，61-78頁，1997年

　お茶の水女子大学付属中学校で着用している徽章の制定時から現在までの形式と着用意識の変遷を跡付け，徽章の形成に関わった服飾史上の要因について考察する。徽章は明治39年に制定された。徽章制定は時代の産物であり，若い女学生の装いとして新しいモードの先端をいくものであったと推察されるが，時代とともにつけ方も形も変化していった。衣生活や服装観，社会状況や学校のあり方などが大きく変わった現在，徽章制定時の意味も形も遠いものになっている。
　　　　　　　　　　　　　　　　　　（馬場まみ）

Ad003　紳士服の形態研究
―明治初期の洋服仕立てに関する一考察―
篠崎文子著，日本服飾学会誌16号，139-148頁，1997年

　明治初期に製作された致道博物館所蔵の洋服3点を『改服裁縫初心傳』の記載事項と比較，検討し西洋服受容期の縫製技術の変遷について考察した。各標本から型紙製作後，厚手シーチングで組み立て実物の服の形態と比較，確認した。縫製順序と縫製技術の調査から『改服裁縫初心傳』に記載のないダーツや切り替え線は標本にもなく，その意味や立体構成の考え方が伝えられていないこと，三点とも手縫い片返しで縫製され表と裏の縫合に和裁の毛抜き合わせや，裏を控えてきせをかける和洋折衷の技法が混在することがわかった。
　　　　　　　　　　　　　　　　　　（戸田賀志子）

Ad004　簡単服の系譜
中込省三著，風俗36巻2号，2-19頁，1997年

　関東大震災前後から子供服や婦人服に見られるようになった簡単服の語源は「簡単なる洋服」であり製図を用いない，布の中央に穴を開ける貫頭衣に似たものだった。その後，婦人の夏の簡単服としてアッパッパが普及した。続いて1923年にワシントン大学で婦人服を学んで帰国した高橋美代子が『主婦の友』に「ハウス・ドレス」を寄稿したがその後ブームをよび専門家によって，正式の婦人服が作られるようになった。このようなふだん着が普及する事によって，日本の婦人服もしだいに洗練され現在のような婦人服となった。
　　　　　　　　　　　　　　　　　　（宇野保子）

Ad005　明治天皇の皇后の洋装について
―文献資料による―
植木淑子著，日本服飾学会誌17号，117-126頁，1998年

　明治天皇の皇后が洋服を着用するようになったのは，欧化主義政策にもとづき，宮廷服として洋服の採用が決定されたことによる。明治19年7月，皇后が初めて洋服を着用すると，政府高官や華族の夫人たちがすぐに追随した。翌20年，皇后は思召書を下して洋装を奨励し，上流階級においては広く洋服が着用されるようになった。21年以降，欧化主義の衰退にともなって洋装は激減したが，皇后は一貫して洋装を続けた。
　皇后の洋装は一個人のものではなく，日本の欧化を内外に示すための手段とされ，日本の近代化の象徴としてとらえることができる。
　　　　　　　　　　　　　　　　　　（植木淑子）

Ad006　紳士服の形態研究
―幕末期の洋服に関する一考察―
篠崎文子著，日本服飾学会誌17号，168-175頁，1998年

　致道博物館所蔵の筒袖羽織と陣股引を対象に，形態と裁断縫製技術の視点から幕末期の初期洋服の仕立てについて考察を試みた。実物資料からトレースした型紙を厚手シーチングで組み立て形態の特徴を確認し，各縫い目と縫い代始末の方法から縫製技術を調査した結果，2点とも総手縫い仕立ての毛織物製で，筒袖の袖下から脇線への形状，見返し始末，ボタンあきと幕末期の洋服受容期の状況について知見を得た。肩線，袖付け線に立体的な仕立てについての考え方はみられず，毛織物の縫製上の特徴も理解されていないことがわかった。
　　　　　　　　　　　　　　　　　　（戸田賀志子）

Ad007 アメリカと日本におけるアパレル市場の比較 ―ブルージーンズ市場をとおして―
田川由美子著,日本服飾学会誌17号,127-133頁,1998年

　日本人のライフスタイルや嗜好,また商品に対する価値観,社会性等を反映させた日本型の新しいアパレルビジネスが現在求められている。そこで,ブルージーンズ市場についてのアンケートを日米で行い,集計結果から新しいリテール形態,アパレルブランドの在り方などを模索し,新たな方向性について考察している。
（田川由美子）

Ad008 近代日本の和服模様にみる西洋趣味
原田純子著,神戸文化短期大学研究紀要22号,101-115頁,1998年

　近代の日本社会では西洋風なものへの愛好がみられるが,それは西洋でのシノワズリーやジャポニズムといった異国趣味における異文化の受けとめ方と同じような一面を持っている。そのような西洋趣味的な和服模様を1910～1930年の三越,白木屋の宣伝雑誌の中から収集し,具体像を明らかにした。模様を整理・分類した結果,アイディアソースを表現対象に求めたもの,表現方法に求めたもの,西洋の更紗を利用したものという3つの傾向が見い出された。そこには国粋と洋化の歩み寄り,またその混合によって進められた日本の近代化の様相があらわれている。
（藤本純子）

Ad009 モダンガールのファッション ―大正末から昭和初期の洋装化の過程にみる―
青木淳子著,国際服飾学会誌16号,75-90頁,1999年

　大正末から昭和初期にかけて洋装・洋風化粧に代表されるモダンガールという女性像が現れた。自立する近代的精神を持つ女性像として提唱されたが,一方で軽佻浮薄,享楽的な若い女性に対する軽蔑的な言葉としても用いられた。寛衣形式の和服から,窄衣形式の洋服への移行は機能性だけでは受入れられにくく,移行の転機が必須だった。そんな意味で洋装のモダンガールは,都市生活に象徴されるモダニティーという精神を,ファッションで表現した新しい時代の女性像であったといえるだろう。
（青木淳子）

Ad010 戦後の婚礼における「新・お色直し」の誕生と変遷
荒井三津子著,生活文化史36号,85-95頁,1999年

　昭和30年以降,お色直しは和装と洋装を取り混ぜた多様な衣装替えになった。色直しの回数が増加した要因として結婚式場の演出上の理由,貸衣裳業者による衣装の格安のパック商品の提案,芸能人の結婚式へのあこがれ,花嫁の「自己展覧欲」「変身願望」などが考えられる。昭和63年ごろからお色直しの回数は減少し始めるが,その背景には,洋装によるキリスト教挙式やオリジナルウエディングの人気が高くなったこと,女性の結婚観の変化,婚礼以外に着飾る機会がふえたことなどがあげられ,「新・お色直し」は,新しいファッション現象となった。
（宇野保子）

Ad011 明治天皇の皇后の洋服について ―ピンク地羽根文様御中礼服―
植木淑子著,日本服飾学会誌18号,47-54頁,1999年

　文化学園服飾博物館所蔵の御中礼服は,朝香宮家に旧蔵され,明治天皇の内親王である朝香宮允子妃が拝領したと考えられる。フランスのリヨンで製織されたであろう生地を用い,ボディスとスカートから構成されている。着用年代は,デザインやシルエットによって,バッスル・スタイルの末期からアウアー・グラス・スタイルに移行する時期,すなわち1880年代末から1890年代初めと推定できる。御中礼服は,文献資料と明治神宮聖徳記念絵画館「憲法発布式」制作の経緯によれば,明治22（1889）年に行われた憲法発布式に着用された可能性がきわめて大きい。
（植木淑子）

Ad012 与謝野晶子の服飾観
大久保春乃著,日本家政学会誌50巻1号,79-86頁,1999年

　明治34（1901）年から約40年間に渡って,歌人や評論家として,また11人の子供の母親として活躍した与謝野晶子を,時代を代表する先進的な女性としてとらえ,その服飾観を明らかにした。晶子にとって服飾は,恋愛感情・若さ・母性を表現する格好の媒体であった。さらに晶子は,肉体賛美の思想と渡欧体験から,日本女性の洋装化を推奨するに至る。それは材料・意匠ともに日本独自の,経済的かつ簡便な,家庭洋裁によるものであった。晶子の主張は,自らの体験と毎日の生活に裏打ちされた現実性の高い内容であり,来るべき時代の方向をも見通していたのである。
（大久保春乃）

Ad013　伝統的デザインの表現形式におけるmovement について

岡本文子著，筑紫女学園短期大学紀要34号，77-92頁，1999年

　デザイン分野において認知される美的形式原理は明治時代以降西洋から移入された概念であるが，それ以前の伝統的染織デザインにも包括的には現代の美的形式原理に対応する表現形式が認められる。小袖のデザインについて動的要素を有する80点を抽出し，モチーフを12種類に分類し，そこに表出された民族的ビジュアルセンスの特質がどのような表現形式上の手法を介して具現化され，どのように現代の美的形式原理と対応し，独自の美的形式原理の構築がなされたかを検証する。日本の伝統的染織デザインの表現形式におけるムーブメントの特質的な美的効果には，抒情性の具現化と大胆な発想を容認するエキセントリックな印象性がみられた。これら並列でも対立でもなく密接に連係しながら独自の美意識を構築している。
（太田茜）

Ad014　昭和初期のドレスデザイナー
　　　　　大橋エレナのデザインとその役割

熊崎奈代著，国際服飾学会誌16号，91-105頁，1999年

　昭和10年頃から戦前にかけて，大阪・松坂屋で婦人洋服のデザイナーとして活躍していた大橋エレナに焦点を当て，その役割を検討したもの。百貨店専属デザイナーは，「日本婦人洋装の普及」の役割を果たしたが，とくに大橋エレナは，ファッションと芸術を直結させたこと，特価品の婦人服も担当し一般の婦人により身近なものとしたこと，洋裁指導を行い洋装婦人を育成したことなどの点において，当時の百貨店デザイナーの中でも特筆すべき存在であった。
（宇野保子）

Ad015　紳士服の形態研究
　　　　　―文官大礼服の仕立てに関する一考察―

篠崎文子著，日本服飾学会誌18号，144-150頁，1999年

　昭和3年（1928）に行われた昭和天皇の御大典参賀のために誂えられた勅任官の大礼服一式を対象に紳士服の変遷を型紙と仕立て技術から考察をすすめた。また，昭和初めの仕立て技術と明治中期出版の裁縫書記載の型紙を読み解く資料として検討した。服から作成した型紙を厚手シーチングで組み立て形態の特徴を確認し縫製順序を調べた結果，本資料は明治19年（1886）改定時の文官大礼服と同形態と考えられる。製作時の指示書や仕様書等の参考資料の有無は不明だが，明治中期の裁縫書の型紙を読み解く目安を得た。
（戸田賀志子）

Ad016　明治期同志社における外国婦人宣教師の服装

清水久美子著，同志社談叢19号，1-5頁，37-47頁，1999年

　1875年の同志社設立以来1900年初頭まで，アメリカン・ボードから派遣された外国婦人宣教師は，同志社女学校や看護学校で直接女子教育に携わった。撮影年の明確な写真資料や『宣教師文書』をもとに，宣教師の服装の実態を検証した。服装は，アメリカの一般女性と変わりがなかったが，欧米の流行期より多少遅れて，しかも長く，ファッションや装飾技法，デザインをとり入れて着用する傾向にあった。そこには限られた被服費の中でやり繰りしたり，日本におけるドレスメーカーの不足，洋服仕立ての技術的問題など，衣服調達の不自由さが影響していた。
（清水久美子）

Ad017　バッスル・ドレス復元

杉本淳子・中山和子著，日本服飾学会誌18号，79-86頁，1999年

　本論文は著者らが江戸東京博物館より依頼されて明治時代に作られたバッスル・ドレスの復元について詳細に報告したものである。このバッスル・ドレスは明治20年前後のもので上着とスカートとに分かれた二部式である。上着はスタンドカラーと二枚袖がつき，スカートはオーバースカート・表布のスカート・裏布で構成されていた。またヒップパッドは裏布でたち，綿を入れて膨らませて1cm巾のベルトで処理し，そのベルトをスカートのベルトの裏側にまつりつけている。ドレスには細部まで丁寧かつ合理的な組み立てがなされており，このドレスの再現は大きな喜びであった。
（太田茜）

Ad018　『土井子供くらし館』所蔵の西洋前掛について

鳥居本幸代著，日本服飾学会誌18号，19-27頁，1999年

　明治中期から大正期にかけて和服にも洋服にも装われたエプロンを西洋前掛と称している。白地にふんだんにフリルやレースをあしらった西洋前掛は当時の子供服には欠くことのできないものであった。絵画や写真などの資料には見られるものの，『土井子供くらし館』での実物資料の発見は極めて貴重なものであったといえる。本論文ではその形態を実物資料によって解明するものである。
（鳥居本幸代）

Ad019　近代日本の和服模様
　　　　　―西洋のオリエンタルブームの一端―

原田純子著，神戸文化短期大学研究紀要 23 号，73-86 頁，1999 年

　1910 年代のエジプト・トルコ・ペルシア・インドなどを意識した異国趣味の和服模様を具体的に把握し，その流行の経緯と様相を明らかにしようと試みた。当時の呉服店の宣伝雑誌等より得たオリエント風な模様の図版資料 48 点を検討した結果，西洋のオリエンタルブームの影響がうかがわれた。そこには，異国への関心の高まりや国際化の動き等の時代性，デザインそのものの発達の様相があらわれていた。しかし日本でのオリエント風な模様展開によって表現しようとされたのは，先進国西洋を連想させる新しさであったといえる。

（藤本純子）

Ad020　学帽への思い
　　　　　―帝大角帽と旧制高校白線帽を中心に―

平田玲子著，服飾美学 29 号，65-82 頁，1999 年

　帝国大学の角帽と旧制高等学校の制帽は，それぞれ角帽，白線帽とよばれ，着用者を学生生徒と示す社会的記号としてはたらいていた。そこで，文学作品をてがかりとし歴史的資料にも照らし合わせながら，学帽をめぐる思いについて考察する。近代教育制度下では，大学で学ぶ者は将来の学士として強い自負を抱き，角帽にその心を体現した。旧制高等学校に学ぶ者は，ほぼ卒業後に大学生としての進路を約束され，モラトリアムを堪能していた。彼らは，自治の精神や書生としての自由を楽しんだ。

（馬場まみ）

Ad021　1990 年代の流行動態　―ストリート・
　　　　　ファッションの特徴とその本質―

村田仁代著，大分大学教育福祉科学部研究紀要 21 号，11-18 頁，1999 年

　1990 年代の流行動向を特徴づけるものの一つであるストリート・ファッションの着装形態についてファッション雑誌に限定せず，広く不特定層を対象とし社会の状況を速報する新聞記事をも渉猟して考察し，社会との関連を通じて論及する。ストリート・ファッションは若者から壮年までに大流行となったミニスカートに端を発するが，現在のストリート・ファッションは広い流行を見ることなく，若者層を中心とした個性化を標榜する現在の多様な着装傾向を満足させる各種のファッションイメージの一つとして存在すると言える。

（藤本純子）

Ad022　江戸・明治期の縞帳の比較研究（第 1
　　　　　報）―羽島市歴史民俗資料館所蔵の縞帳について―

山本麻美・河村瑞江著，名古屋女子大学紀要（家政・自然編）45 号，41-53 頁，1999 年

　江戸から明治にかけての手織木綿縞の密度やデザインなどの特徴についての比較研究の一端として，羽島市歴史民俗資料館所蔵の 10 冊の縞帳についての調査とその中の収蔵番号 7058 の縞帳についての分析結果について報告したもの。江戸後期の自家用木綿縞には密度が低い，木綿のみの裂が多い，縞の構成が対称のものが多い，配色数が少なく素朴な裂が多いなどの特徴がみられた。また，縞帳調査から得たデータの積み重ねにより，書付けがなくとも密度などの比較からおおよその制作年代を推測できるようになることがわかってきた。

（藤本純子）

Ad023　戦後の婚礼衣装の変遷と背景
　　　　　衣装の西洋化と女性の意識を中心に

荒井三津子著，生活文化史 38 号，75-87 頁，2000 年

　戦後の新郎新婦の挙式時の衣裳において，新婦は「自己展覧」の手段として婚礼衣装を用い，新郎の衣装も自らの衣装の延長線上のものと捉えるようになった。婚礼衣装の選択は，女性主導で行われる。このことは，着飾った女性が男性の「装飾装置」として機能するためだと考えられる。社会進出が進む中で女性たちは自らの女性性を強調する婚礼衣装を選択しているのであり，婚礼衣装は女性の結婚や家庭に対する「本音」を表現する装置としても機能している。

（宇野保子）

Ad024　明治後期割烹着風前掛の表現

岩崎雅美著，家政学研究 46 巻 2 号，60-69 頁，2000 年

　白地キャラコ製で袖付きの前掛けは最初，医学・薬学の学生が汚れ防止として着用したもので，「手術衣」と呼ばれた。鶯山（吉岡）弥生ら女医や女医を目指す女子学生も着用し，その服装は憧れ的存在であった。手術衣は簡単な縫製でできるので，袖を太くして着物の袖を入れ易くする者もあった。美顔術師や女髪結いの清潔な仕事着として普及する。女子高等師範学校の理科の授業では「実験着」になった。明治 35 年，赤堀料理教場で用いられた「割烹前掛」が教育の場を通して普及し，その名称が定着する。

（岩崎雅美）

Ad025　貞明皇后の洋服について
　　　　　―紅葉文様通常礼服―
植木淑子著，日本服飾学会誌19号，20-27頁，2000年

　岐阜県揖斐郡の瑞巌寺に所蔵されている貞明皇后の洋服は，S字形シルエットを示していることから，明治30年代半ばから後半にかけて着用されたと推定される。また使用されている生地は，京都織物会社で製織された国産の生地であると考えられる。明治30年代は欧化主義が衰退し，一時は流行した洋服も着用者が激減し，一般には洋服を着用する女性はきわめて少なかった。しかしながら，皇后をはじめ女子の皇族には近代化の象徴として洋装が求められ，貞明皇后の洋服は，このような状況のもとで調製され，着用されたものと位置づけられる。
　　　　　　　　　　　　　　　　　　（植木淑子）

Ad026　江戸・明治期の縞帳の比較研究（第2報）―羽島市歴史民俗資料館所蔵の縞帳について―
河村瑞江・山本麻美著，名古屋女子大学紀要（家政・自然編）46号，29-38頁，2000年

　羽島市歴史民俗資料館所蔵の収蔵番号7057の縞帳の調査結果をまとめたもの。縞帳に貼付してある小裂について密度，縞割，組織，糸の素材・撚り，縞のデザイン構成，配色数などについて分析した。さらに愛知県三河，知多，三重県松阪，岐阜県羽島，越原に残されていた縞帳の調査結果と比較した。このような調査の数をこなすことで木綿縞の文化，歴史が見えてくる。縞帳データの積み重ねにより，経糸20本/cmを基準に，書付けがなくとも密度などの比較からおおよその制作年代を推測できるようになることがわかってきた。
　　　　　　　　　　　　　　　　　　（藤本純子）

Ad027　指輪の流行 ―明治大正期を中心に―
草野千秋著，国際服飾学会誌18号，9-28頁，2000年

　明治から大正の東京で指輪は西洋文化のひとつとして着用者層を広げ，完全な市民権を得るようになった。この過程で人々の指輪に対する関心は，まず広く多くの人々に認知される事により「素材の価値」への興味が生じた。次に，古典的な技術と伝統的な価値観を導入した彫刻入り指輪が登場して，素材を生かす「細工の価値」へ発展し，最後の段階でこれらが統合され「デザインの価値」が重視されるようになった。このように指輪のデザインは，時代に即した美意識の表現として成立した。
　　　　　　　　　　　　　　　　　　（宇野保子）

Ad028　和装用インバネスの普及をめぐって
先川直子著，国際服飾学会誌18号，70-79頁，2000年

　インバネスは，本来は洋装用の防寒コートとして文明開化期の日本に導入され，和装用にも用いられた。明治20年代後半には新聞広告にもよく登場するようになるが，羅紗の流通量が少なかったこの時期のインバネス姿は，経済的に比較的裕福であることを物語るものであった。明治40年代には，羅紗等の流通量が著しく増大し，インバネスは大衆化する。インバネスは，わが国においては和装用外套として普及・定着し，第二次世界大戦後に和装が廃れるとともに姿を消す。
　　　　　　　　　　　　　　　　　　（馬場まみ）

Ad029　明治期における外国婦人宣教師とその服装 ―アメリカン・ボードの婦人宣教師を中心に―
清水久美子著，日本服飾学会誌19号，10-19頁，2000年

　明治期，アメリカン・ボードから派遣され，関西の女学校で活躍した婦人宣教師の実像と服装状況ついて，撮影年記載写真や『宣教師文書』などの資料をもとに考察した。服装の大半は正装で，クリノリン，バッスル，キモノ風スタイル，ジゴ袖ツーピース，ブラウスにベル型スカート，アンサンブル，ランジェリードレス，ティラードスーツへと変遷した。いずれも宣教師としての特別服や衣服規制は見られず，当時流行の欧米ファッションを積極的に着用する傾向が認められた。婦人宣教師たちは，キリスト教の伝道者・教育者であると同時に，洋装文化の伝達者でもあった。
　　　　　　　　　　　　　　　　　　（清水久美子）

Ad030　最近の40年間におけるスカート丈，ジャケット丈の時系列変化について
富山貴子・桂木奈巳・酒井哲也著，共立女子大学家政学部紀要46号，113-124頁，2000年

　1960年から1988年までの『装苑』掲載のスカートとジャケットのある年度の代表例の丈を求めそれらの時系列的変動を解析した。結果，スカートとジャケット丈の時系列的変動は10年，20年，40年の周期変動からなることが分かった。周期強度は10年が最強で，消費行動統計から見積もられる5年程度の衣服の使用または耐用年限と密接に関係すると推論でき，20年周期は一世代で生じる既成概念への挑戦と受容に基づく。40年周期は過去二世代にわたる変化後の回帰と二世代の断絶による新規性に関係すると解釈している。
　　　　　　　　　　　　　　　　　　（戸田賀志子）

Ad031　『土井子供くらし館』所蔵の前掛シミューズについて
鳥居本幸代著, 日本服飾学会誌19号, 54-59頁, 2000年

　明治・大正時代に流行した西洋前掛とよばれるエプロンと類似したものに，前掛シミューズがある。従来の研究では，実物資料が豊富でなかったため西洋前掛の一つとして分類されていた。本論文では，『土井子供くらし館』所蔵品によって当時，女児に着用されたワンピースの一つであることが明らかになった。
（鳥居本幸代）

Ad032　明治中期の生活文化と名人たち
― 鏑木清方『明治風俗十二ヶ月』の「盆燈籠」をよむ―
根本由香著, 服飾美学31号, 33-48頁, 2000年

　鏑木清方の『明治風俗十二ヶ月』(昭和10年)の「盆燈籠」(7月)を中心に，作品に込められた主題とその周辺を読み解き，江戸中期の生活文化の一端をさぐる。盆燈籠は死者の供養のために掲げられるもので，明治中期に世を去った名人への清方の追悼の意が込められているようである。清方の絵は細部まで神経が行届いており，明治風俗を描きつつ，そこには清方と同じ思いの人にしか感じ取ることができない記憶や思いが重ねられている。
（馬場まみ）

Ad033　大正期の和服におけるセセッション式模様について
原田純子著, 日本服飾学会誌19号, 47-53頁, 2000年

　セセッション様式のデザイン的な特徴を4つの要素としてとらえた上で，当時の呉服店の宣伝雑誌『みつこしタイムス』『三越』『流行』を資料として大正期の和服におけるセセッション式模様を具体的に把握し，考察した。セセッション式模様は，多様な用途の和服に展開されており，目先の変わった西洋風な流行の模様として受け入れられていた。それらの中には西洋のセセッション様式をそのまま真似たようなものもあったが，伝統的な日本の模様をセセッション風にアレンジしたものも多くみられた。そこには自国の文化に対する関心を見せた大正という時代性と新しい自由な発想を試みる近代デザインの概念の定着の一面があらわれていた。
（藤本純子）

Ad034　科学と感性　―モガの断髪など―
横川公子著, 武庫川女子大学生活美学研究所紀要(感性研究)1号, 41-48頁, 2000年

　モガ(モダンガール)は，肯定と拒否の境界で論じられ，科学主義と物質主義を肯定する新しい生活世界では明るさと合理性，健全性の面で肯定されるが，根強い日常的な拒否感情との葛藤の中に位置づけられる。髪は従来，「女の命」であり貞操と誓いの徴であり，それを断つことは死を意味した。そのため「断髪」は，髪にまつわる神話を革新的に変える仕掛けになり，普選運動や女性の解放，女権の拡張の表象となる。モガに見る科学的・合理的感性は，断髪のみならず，化粧や着衣，住生活や食生活の近代化を推進するが，一方で，現代生活における「和物」に与するこだわりをも吹っ切れない位置にある。
（横川公子）

Ad035　『束髪案内』再考
― 「婦人束髪会を起すの主旨」と渡邊鼎―
渡邊友希絵著, 日本歴史629号, 52-68頁, 2000年

　「束髪」提唱者の一人である医師渡邊鼎は，「婦人束髪会」幹事としての務めをはたしていた。渡邊は，結髪の「窮屈不便」「不潔不便」「不経済」を解消するためにのみ束髪を提唱したのではなく，「束髪」を「文明」と見なし，啓蒙思想にのっとって「改良」をはかろうとしたのである。渡邊は，欧米諸国に通用する日本国家を成立させることを望んでおり，そのために女性の外観を改良させることが必要であると考えていた。その第一段階として「束髪」を取り上げたのであり，束髪の推進は，渡邊の明確な思想に基づいて行なわれたと解釈すべきである。
（馬場まみ）

Ad036　婦人運動家の装い・奥むめおと市川房枝 ―婦人服洋装化の過程において―
青木淳子著, 東横学園女子短期大学女性文化研究所紀要10号, 73-103頁, 2001年

　大正9年発足の新婦人協会に所属していた市川房枝と奥むめおは，御互いに戦後も政治活動をおこなった。その活動において，自分への機能性という面からそれぞれ洋装，和装を選択した。戦前の市川の洋装は，婦人運動家の革新性を，また戦後の奥の和装は「主婦・母」としてのイメージを象徴的に人々に印象づけた。洋装と和装は表面的な現象として見れば相違点であるが，意義としてみれば共通点とも解釈できる。服飾観も根本的には共通しており，華美とは反対の価値を認識し，個性に合った装いをした。
（青木淳子）

Ad037　大礼服用トレーンの修復
―元閑院宮春仁王妃直子妃殿下のトレーン―

石井とめ子・萩野奈都子著, 服飾文化学会誌 1 巻 1 号, 49-56 頁, 2001 年

　大礼服用トレーンは大正末から昭和初期にかけて着用されたもので大妻学院創始者大妻コタカが元閑院宮春仁王妃直子妃殿下より下賜されたものである。トレーンは劣化が著しく保存維持のため修復を行った。
　濃蘇芳色天鵞絨地菊花紋様のトレーンは 3 枚接ぎである。表地はパイル糸が絹・地組織が綿で, 地組織の緯糸が脆化して縦に亀裂が生じていた。また, 鉄媒染による染色が損傷の一因と考えられる。内部の構成は表地の裏面に芯地を据え, 中綿・木綿の裏打ちをして仕立てている。洋装導入以来の高い技術が見られた。修復は絹・和紙と糊を使用して裏打ちを行った。
　　　　　　　　　　　　　　　　　　　　（大網美代子）

Ad038　幕末における洋行者の服飾
梅谷知世著, 服飾美学 32 号, 1-16 頁, 2001 年

　近代日本における洋行者の先駆けとなった幕末洋行者の服装は, 万延元年から慶応元年までの幕府使節団では国家の威厳を保つために洋服着用が禁止され, 欧米滞在中も和装であった。ただし西洋文明の吸収に積極的な者の中には帽子や手袋等の洋装品や和洋折衷の衣服を身につける者もいた。一方慶応 2 年, 同 3 年の使節団及び文久 2 年オランダ留学生を嚆矢とする幕府や薩長派遣の留学生は, 欧米滞在中は洋装に改め断髪となったが, 外交にかかわる公の場では和服を着用した。このように幕末洋行者には和装か洋装かの選択においてさまざまな葛藤があったことが窺われる。
　　　　　　　　　　　　　　　　　　　　（梅谷知世）

Ad039　日本における婚礼衣装
江戸・明治・大正時代

大江迪子著, 大谷女子短期大学紀要 45 号, 184-198 頁, 2001 年

　江戸・明治・大正時代は服飾が大きな変化を遂げる時代である。婚礼が人生最大の祝典である中で, 江戸時代後期は女子は白無垢, 男子は上下の婚礼衣裳であった。しかし, 「禁裏向御方式」また, 「町中之者共衣服之儀御触書」等奢侈を戒めた。明治時代には「礼服制定」で洋服着用を義務付けされた。男子は洋装が着用されたが女子の洋装はほとんどなかった。しかし, 明治の末にはウエディング風ドレスの婚礼衣装が初めて着用された。大正時代になると「生活改善同盟」「消費節約運動」等が起こり女子の服装も洋服姿が町に現れた。そこで, 婚礼衣装も和洋折衷となる。
　　　　　　　　　　　　　　　　　　　　（大江迪子）

Ad040　女子大生の和服に対する認識について
河村まち子・今井温子・大野慈枝著, 共立女子大学家政学部紀要 47 号, 39-49 頁, 2001 年

　被服学科の女子大生の和服に対する認識について昭和 56 年度から平成 11 年度までの 19 年間（調査は平成 5 年度を除く毎年）アンケート調査を行った。その結果, 和服は全くの非日常服として認識され, 長着がその中心であること, 学生達の認識はテレビ, ダイレクトメールなどの広告の影響を大きく受け, 授業での和服制作も感心や認識を深める要因となっていることが判明した。
　　　　　　　　　　　　　　　　　　　　（齊藤昌子）

Ad041　明治に残る江戸風意匠　―柴田是真の「富士と筑波」と「五十の浪」を中心に―
根本由香著, 服飾美学 33 号, 65-80 頁, 2001 年

　江戸から明治にかけて漆芸家及び画家として活躍した柴田是真（文化 4 年〜明治 24 年）の手がけた服飾意匠に注目し, 明治文化に息づく江戸風意匠について考察する。「富士と筑波」と「五十の浪」の意匠は, 隅田川を背景とする風物への強い思慕や歌舞伎の白波物など, 江戸の人々の好尚に適ったものであり, それを見事に意匠化しているのが是真である。明治の東京の人々は, 意味を込めた軽妙洒脱な江戸風意匠や, 高価とはえない服飾の凝った意匠を喜んだ。そこには, 自由に江戸的な好みの意匠が展開されていた。　（馬場まみ）

Ad042　和服模様にみるデザインの近代化について
原田純子著, 日本服飾学会誌 20 号, 103-110 頁, 2001 年

　日本の近代デザイン運動の推移をふまえた上で, その実際的な動向を和服模様において観察・把握し, その特徴をまとめた。1910 〜 1930 年の和服模様には近代デザイン運動の一面が映し出され, 図案としてデザイン概念が定着していた様子がみられた。そこには図案教育の場で説かれた方法論の実際的な応用, 産業と結びついた近代デザインの特徴があらわれていた。また, 西洋デザインの導入や懸賞図案の募集, 専門の図案家の登場による模様創作への取り組みはデザインに対する一般の人々の意識を高め, 現代へと続くデザインの流れに役立つものであった。
　　　　　　　　　　　　　　　　　　　　（藤本純子）

Ad043　明治末～大正期の「官展」日本画における服装表現

廣田孝著，京都女子大学生活造形学科紀要（生活造形）46号，29-36頁，2001年

　明治大正期の「官展」（文展，帝展）の日本画における服装表現を検討した。西欧では人物を扱った絵画，彫刻の殆どは裸体であったが，黒田清輝の「朝妝」以来，裸体作品が社会問題化した。文展当初の人物表現の特徴は有職故実の衣裳と当時の流行和装は見られるが，洋装はない。大正の人物表現にも裸体，洋装人物は皆無で，和装人物が主であった。日本画で裸体表現を追求した竹内栖鳳，土田麦僊は外遊体験を通して西洋の様子を知悉していたが和装に執着したのは，和装に日本美を認める美意識であった。

（廣田孝）

Ad044　女子和装における洋風趣味
　　　　　―モダニズムを背景に―

青木淳子著，国際服飾学会誌22号，65-82頁，2002年

　大正末期から昭和初期にかけての女性の和装に関する洋風趣味を，モダンをキーワードに探っていき，女性の和装にみられた洋風趣味の具体例を検証した。モダニズムに牽引された形で，一般市民の生活文化が発達していったこの時期，生活形態が衣生活にも影響した。モダンライフの実践により，着付け等も変化した。また和装における洋風趣味を，顕著に採りいれた例として，和装のモダンガールの存在もあった。

（青木淳子）

Ad045　明治前期における洋行者の服飾

梅谷知世著，服飾美学34号，49-64頁，2002年

　明治維新以後，洋行者はほぼ一様に洋装で日本を出発するようになる。明治4年頃までは，洋服や帽子・靴の調達が容易ではなく多くの者は洋服着用の経験もなかったことから，その姿は極めて滑稽でちぐはぐであり『安愚楽鍋』等に描かれる維新期の洋風摂取の混乱ぶりを裏づけている。5，6年頃から洋服に対する違和感やとまどいは減少し洋行経験者の助言に従って洋装を整えた。10年代には欧米での気候や着用場面まで考慮し，各自の好みを反映させつつ各種の洋服や附属品を準備する者も現れた。明治初年と10年代以降とでは洋行者の洋装に対する意識に大きな変化を読取ることができる。

（梅谷知世）

Ad046　明治・大正時代の日本の洋装

大江迪子著，大谷女子短期大学紀要46号，28-40頁，2002年

　現代は男女とも服装の主流を占めるのは洋服であり，きものは民族衣装として祭り，社交儀礼時および趣味に着用されている。日本の洋装は，明治時代には文明開化と称し洋服を輸入してまで，上流階級は鹿鳴館の社交場で，男女とも洋服着用が義務付けられた。そして，女子職業である看護婦，女学生へと洋服が広がっていった。「改良」の言葉とともに『和服の不便』等の書物が出版され，大正時代には『生活改善研究』が発行され，洋服は上流階級から市民階級へと普及していった。そして，一般市民は「アッパッパ」と名づけた安価で涼しい簡易な夏服を大いに着用するようになった。

（大江迪子）

Ad047　三世代にわたる生活文化の伝承と将来への展望（Ⅳ）―食生活と衣生活における祖父母との同居・非同居の関連性―

小菅充子・布施谷節子著，和洋女子大学紀要（家政系編）42号，81-89頁，2002年

　食生活，衣生活分野ともに，母親世代より学生世代の方が，祖母との同居・非同居の影響を強く受けていた。食生活分野では，生活文化の伝承の一部が，祖母との同居によって担われていると推測され，特に行事食においてそれを確認できた。衣生活分野では，食生活分野と比較すると，祖母と同居・非同居の差が少なく，衣生活分野は個人の責任に負うところが多いことが明らかになった。核家族化が進む中で，家族内では生活文化が伝承されにくいことから，学校や生涯教育の中で生活文化を学ぶ必要性を強く示唆するものである。

（布施谷節子）

Ad048　岡本かの子の衣作り
　　　　　―一平，太郎を巡って―

鈴木すゞ江著，青山学院女子短期大学総合文化研究所年報10号，31-47頁，2002年

　青山北町の貧窮時代に，かの子は自分の着物を仕立て直して幼い太郎に着せた。かの子は一平の丹前さえも縫う。不器用なかの子が縫う丹前の見栄えは極端に悪かったが，一平は平気で着用した。家族のための衣作りは，かの子の心を癒す効果があった。一家総出のヨーロッパ滞在からの帰国後，パリに残った太郎に送金するために皆で倹約に励む。岡本家の男達は太郎が青山に置いていった着物を仕立て直して着た。男達とは一平，恒松，新田である。かの子，一平，恒松，新田と，遠いパリの太郎をつなぐ輪がかの子の家族であり，一平の言う「愛の講中」であった。

（鈴木すゞ江）

Ad049　近代日本における外套
―二重廻しと吾妻コートについて―

田辺真弓著, 郡山女子大学紀要38号, 200-216頁, 2002年

　和服には防寒用の外套といえるものはなかったが, 近代になって男子のトンビ, 二重廻し, インバネス, 女子の吾妻コート等の, 洋服店で誂える洋風の外套が考案され, 流行した。これらは羅紗等の毛織物で作られ, 上質なものは高価であった。また, 吾妻コートは毛織物の他, お召し地等の絹織物でも作られ, 贅沢な衣服であった。

　舶来の高価な毛織物を用い, 洋服の外套を日本人の感覚にあわせた意匠に作り替えて考案されたこれらの外套は, 洋服の感覚を味わえる優れた防寒衣として, 人々に受け入れられ, 長い期間に亘り流行した。
　　　　　　　　　　　　　　　　　　　（田辺真弓）

Ad050　『婦人世界』に見る化粧に関する記事の変遷

玉置育子・横川公子著, 日本顔学会誌2巻1号, 111-123頁, 2002年

　『婦人世界』は, 明治39年1月1日から昭和8年5月1日の間に全354冊が発刊され, 従来の少女向きの女性雑誌とは一線を画し, 男性雑誌に伍したものとされる。発行部数も多く, 最盛期の昭和2年には60万部を増刷した。化粧に関する記事は, 約150件あり, 見出しの分類によればほぼ50項目に分類できた。発行当初の明治末期には舶来品の理想化と健康が化粧に先立つとする論調があり, 大正期には肌の手入れと外出先に合わせた化粧について, さらに昭和初期には「モダン化粧」が唱えられた。記事の変化は, 化粧法の変化にとどまらず, 女性への視線や生活環境の変化に対応した。
　　　　　　　　　　　　　　　　　　　（横川公子）

Ad051　帯に関する研究（第6報）―越原家における名古屋帯の綴繝織について―

豊田幸子著, 名古屋女子大学紀要（家政・自然編）48号, 9-16頁, 2002年

　越原家所蔵の綴繝織名古屋帯は構成寸法等につき調査の結果, 片側帯（腹合せ帯）用の綴繝織生地に格調ある蜀江文風の格子の中に菱文と鹿の子が施され, さらに花や青海波それに衣桁にかけた反物の柄を丸紋に入れた華やかな図案であった。綴繝織は大正2年頃龍村平蔵氏が考案し, 庶民にも親しむ事ができた絞りを格調高く織物に表現したもので, 龍村氏による丸帯地用の金銀糸入りの豪華なものから他社の生産も始まって普及し, 当時の婦人雑誌にも大正末から昭和9年頃まで, 丸帯や片側帯用としての綴繝織の記載がみられた。
　　　　　　　　　　　　　　　　　　　（豊田幸子）

Ad052　明治期京都の染織と日本画
―髙島屋資料を中心にして―

廣田孝著, デザイン理論41号, 47-60頁, 2002年

　明治大正期の京都画壇の中心画家竹内栖鳳が京都の染織業界に与えた影響を考察する。栖鳳は明治22（1889）年2月から1年間髙島屋意匠部に勤務し, その後も髙島屋の嘱託として友禅下絵を制作した。栖鳳も友禅下絵を描いたが, 栖鳳が京都市立美術工芸学校で指導した次世代の画家たちも髙島屋で下絵を描き, 栖鳳同様の写生要素の強い作品を多数残している。一方, 装飾性を追及した神坂雪佳の下絵も多数ある。竹内栖鳳と神坂雪佳に代表される二つの流れは同校の絵画科, 工芸図案科という二つの分野と対応しており, 髙島屋の友禅下絵においても認められる。
　　　　　　　　　　　　　　　　　　　（廣田孝）

Ad053　文化化 vs 反文化化：身体に象徴を刻印する自傷行為

森田雅子著, ファッション環境12巻2号, 52-60頁, 2002年

　本研究は阪神大震災以降の日本人のボディー・イメージ変容についての一考察である。ベルリン, ソウル, 大阪アメ村でのフィールド, 女子大生へのインタビューに加え, 日本の漫画に表われる身体表象を照合した。1970年代後半のロンドンのパンク・サブカルチャーの既成価値観に対抗する反文化化運動が, 1990年代後半パリコレを経て日本で受容されたものとみる。日本では茶髪はいまや定着したが, 欧米と違い, 耳以外の表皮構造を変えるピアスは定着できなかった。つまり, 身体変工は, 欧米ではIT化で曖昧になった間身体的境界を皮膚上に刻印して平衡を保とうとする感覚消費の極限の一端を表わす。しかし日本ではダイエットや化粧という通過儀礼を経てコーカソイドを擬態し, マスコミに調教された正しい身体を持つための, 自傷行為の含む文化化の儀式である。
　　　　　　　　　　　　　　　　　　　（森田雅子）

Ad054　儀礼の装い ―婚儀―

横川公子著, 武庫川女子大学生活美学研究所紀要（感性研究）2号, 30-51頁, 2002年

　婚儀における服飾は, 儀礼を構成する重要な要素であり, まず近世以来の小笠原流の礼法書を参考にした様式が注目できる。明治期の近世様式の参照は, それらがなお実用に耐えるものとして提供される。また上・中・下や正式と略式などの装いの体系は, 正式が上位者に, 略式が一般の人に対応し, 公式的な化粧や礼装が宮中や貴族風の方式によっており, さらに礼法書の刊行によって, 類型化した「上位」風が増殖されていくことになる。一方, 明治期の『和洋礼式』における洋風の導入は, 実行を念頭に置かれたものではない。西洋風導入とともに太平洋戦争後に普及した総合結婚式場によって, 婚礼服飾の平準化が定着した。
　　　　　　　　　　　　　　　　　　　（横川公子）

Ad055 肖像写真における皇族妃の装い
―梨本宮伊都子妃と朝香宮允子妃―

青木淳子著,東横学園女子短期大学女性文化研究所紀要 12 号,53-71 頁,2003 年

　皇族は明治時代から洋装を礼装として着用した。その写真は雑誌を媒体として多くの人々の目に触れる事となった。皇族の「洋装」は一種のステイタスの象徴として,当時の人々に印象づけられた。明治から大正時代にかけてアール・ヌーヴォー調のファッションに身を包んだ梨本宮伊都子妃殿下,大正末期から昭和初期にかけてアール・デコ調の衣服を着用した朝香宮允子妃殿下,それぞれが当時莫大な富と,貴婦人としての自負に支えられた優美な姿が雑誌に掲載され,それは西欧の流行の情報を伝えるものでもあった。

(青木淳子)

Ad056 大谷籌子夫人着用ローブ・デコルテのレプリカ製作
―明治時代における女子宮廷服の研究―

小野崎真実子・常見美紀子著,京都女子大学生活造形学科紀要(生活造形)48 号,63-70 頁,2003 年

　大谷籌子夫人は大谷光瑞西本願寺門主裏方である。論文で扱った夫人着用の衣装は明治 43 年英国滞在中に調整したもので,明治期の女子宮廷服として代表的なものであった。今回は先行研究を基に,実物の検証によってレプリカ製作を行った。この衣装はコルセットが追放された後のもので,衣装のウエスト部分にはコルセットに代わる衣装を固定する器具が取り付けられていた。ストレートなシルエットではあるが,前と袖には豪華なビーズ刺繍が施されており,当時の装飾技術がたいへん高度であったことが明らかになった。

(常見美紀子)

Ad057 江戸・明治期の縞帳の比較研究(第 3 報)

河村瑞江・桝屋亜由美著,名古屋女子大学紀要(家政・自然編)49 号,31-39 頁,2003 年

　名古屋女子大学所蔵の木綿縞帳の分析調査をおこない著者らのこれまでの縞帳の分析結果と併せて木綿文化の時代関係を検討した結果を報告したものである。縞帳に見られる裂は,江戸末期の手紡ぎ時代のものから機械紡績の糸が一般に普及する明治後期に至るまでのものが貼付されていると推測することができ,縞帳から自家用縞木綿の発達過程と縞木綿文化の一端が明らかになった。自家用手織が産業発展の大切な役割を果たしたこと,また一方で産業化によって失われた素材感などのデザイン上の問題も読み取ることができた。

(藤本純子)

Ad058 ブルーノ・タウトと斎藤佳三の服装観

後藤洋子著,服飾美学 36 号,15-30 頁,2003 年

　ブルーノ・タウトは着物の素晴らしさを称えつつ,法被や農村婦人の服装など民衆的な服装にも美をみていた。そして,西洋の技術や高い質を取り入れた日本が創造的に改容しうることをあるべき日本の姿と考え,衣服においても新たな形を模索していた。斎藤佳三は,日本的な洋装はあり得ないとし,タウトの「日本的なるもの」は斎藤においては洋装より優れた「日本精神」を表した衣服として,服飾における表現主義を試みたと考えられる。斎藤は,タウトの「キモノに就いて」における「日本がその特別の条件に立脚してその固有の服装を創作すること」をタウトとは異なる解釈をもって『国民服の考案』を書いた。

(馬場まみ)

Ad059 長野県内における子供服の洋装への移行

佐藤雅子・中山竹美・林千穂著,長野県短期大学紀要 58 号,97-102 頁,2003 年

　長野県における子供の洋装化について調査した。文献より明治 11(1878)年の明治天皇御巡幸を小学生が洋服着用で出迎えたのが最初で,日清戦争時には少年音楽隊が,セーラー服着用で兵士を送迎したことがわかった。大正時代の卒園写真には,洋服着用者は存在したものの一部富裕層の子女に限られていた。昭和元(1926)年以降の県内三地域における小学校卒業写真調査では洋服着用時期は男子が女子より,都市部は郊外より早く,昭和 23(1948)年に全地域の男女全員の洋服着用が明らかになったが,日常的に着用されるようになるのはさらに後だと考えられる。

(戸田賀志子)

Ad060 服制と礼節変化に見る幕末維新期の朝廷

宍戸忠男著,風俗史学 25 号,2-28 頁,2003 年

　天皇の御服調進と衣文奉仕を職掌とする公家の当主,山科言成の日記『雅俗日簿』を基本史料として幕末維新期の服制と礼節の変化を追った。記録から,最期まで束装にこだわり,衣服本来の意味,身位,用途,年齢,季節などを総合的に規定しつつ非常時でも出来る限り厳守しようとした公家の姿がみてとれる。衣服の本質は自らの立場や思想・精神までをも明瞭に示し,人間が人間として生きてゆく上での基本的矜持を込めるものであるため,公家のみならず武士や維新期に上昇してきた諸人も装いにこだわったものと考えられる。

(戸田賀志子)

Ad061　幕末・明治前期の流行織物と意匠デザイン ―蕨市指定文化財・高橋家縞帳の分析―

田村均著，埼玉大学紀要教育学部（人文・社会科学）52巻1号，43-62頁，2003年

　幕末から明治前期にかけ縦縞柄や小紋の新製品を開発した織物業は，国産品の技術的課題を刷新することで織物を発展させた。縞木綿での実証を武州の『高橋家双子織縞帳』の織物見本の分析により試みた。見本は6種に分類でき，なかでもニタ子縞は国産既存品にない緻密な縞模様が鮮明な色彩で表現されている。北足立などの綿織物生産地は，横浜開港に伴う輸入織物の市場流入に際して西欧の新技術から製品革新の指向と合致した機械製綿糸と化学染料を導入し，課題の刷新を実現させ製品の差別化と市場の活力を引き出した。
（戸田賀志子）

Ad062　近代京都における染織産業と髙島屋百選会

馬場まみ著，生活文化史43号，71-81頁，2003年

　明治中期以降，百貨店が和服模様の流行の一端を担っており，髙島屋もそうした活動を行なっていた。髙島屋は，模様の懸賞募集等の企画を経て，大正2年に百選会を発足させた。百選会では，標準図案作成に力をいれ，産地としての生産能力の向上を目指した。髙島屋は，染織業者の意匠力が向上し優れた作品が生み出されることによって流行を作り出そうとした。これは，三越が消費者に強くはたらきかけることによって消費を演出したのとは異なる方針であり，そこには京都と東京という地域の違いが関係していると考えられる。
（馬場まみ）

Ad063　大正〜昭和初期における下穿の需要について

宮井知美・横川公子著，ファッション環境12巻3号，28-36頁，2003年

　洋装下着の下穿は，近代になって受容された下半身衣である。大正期から昭和にかけて出版された婦人雑誌『婦人世界』『主婦の友』に，下穿は，生活改善を推進する着衣として啓蒙的に掲載された。下穿の形状には「開放式」と「半開放式」，「閉鎖式」があり，「閉鎖式」は洋装下着の典型的なものであった。「開放式」と「半開放式」は，和洋装に兼用することができ，和洋折衷的な下穿の特徴とされた。下穿の着用は，どの形態の場合でも衛生的・社会的機能の両側面から勧奨され，欧米的なマナー感覚や文明化の意識を向上させる上で肝心なこととされた。
（横川公子）

Ad064　大正・昭和初期の服飾における流行の創出 ―髙島屋百選会を中心に―

青木美保子著，デザイン理論44号，1-17頁，2004年

　大正・昭和初期の百貨店は着物の消費を促すためにシーズンごとに新しい図案を発表し展示会を開催していた。その一つ髙島屋百選会は，流行を創り出すことを目的に時代の嗜好する図案傾向を案出し，それを趣意書として文書化し，加えてそれを視覚的に表現した標準図案を制作し，染織業者に伝達した。百選会の標準図案は，異文化や過去の意匠から導かれ，そこに新規性を意識したアレンジが加えられていた。そしてその標準図案と趣意書の解釈を基に，多くの染織業者が多種多様な作品を製作した。こうして百選会が提示した図案傾向の反物や帯が，大量に生み出されたのであった。
（青木美保子）

Ad065　戦争絵の着物

乾淑子著，民族藝術20巻，160-170頁，2004年

　明治以降の着物に描かれた戦争絵は，鎧，兜，軍艦，飛行機，戦争，大砲，兵士など，現実的で多様な戦争モチーフが使われていた。大正以降子供向けに玩具や乗り物などを配した戦文様のポンチ絵がみられるようになったが，これは，男児の幸福を願う一般的な文様であった。明治の戦文様は，富国強兵や近代化への憧れが戦争を是認し，戦争協力を好ましく取上げる文様を生んだ。日中戦争，第二次世界大戦時は，プロパガンダとしての戦争絵が検討された時期であったが，自由な経済原理に基づき生産されたものと推論する。
（宇野保子）

Ad066　近代化と民族化　明治時代における和服の近代化をめぐるファッション論

井上雅人著，民族藝術20巻，41-46頁，2004年

　日本の近代化の中で，和服は，商品としての魅力を持つようにデザインされ，消費生活の中で長い時期流行品として機能してきた。その傾向は近年強まっているようにも見受けられるが，その要素はすでに明治時代からあった。そのため，和服は「ファッション」と考えられるべきであり，日本におけるファッション論は，和服と洋服を包括した「衣服」による，身体の変容と表現やコミュニケーション・アイデンティティ・メディアの理論としてもう一度再編すべきである。
（宇野保子）

Ad067　『東京自慢名物会』「見立模様」の性格 ―明治期劇界周辺にみる見立趣向の継承と新風―

大久保尚子著，服飾美学 39 号，1-18 頁，2004 年

　江戸東京の名所名物に因む「見立模様」を含む揃物絵『東京自慢名物会』（明治 29 ～ 30 年）に注目し近世的な見立表現の明治中期における継承を捉えた。「見立模様」の作者梅素薫は幕末来の芝居見物連中，六二連に属していた。六二連はじめ劇界周辺では手拭合など見立意匠遊びが明治期に継承されており「見立模様」もその延長上に発想されたと考えられる。しかし意匠表現自体は狭い江戸趣味に止まらず，新旧の題材が重層的に併存し，構図や配色には近代的感覚が認められる。江戸東京を繋ぐ世代が継承した見立の着想は明治期に新たな意匠感覚を生む契機となりえたと考える。

（大久保尚子）

Ad068　明治初期におけるクリストファー・ドレッサー来日の意義

小林彩子著，服飾文化学会誌 4 巻 1 号，31-40 頁，2004 年

　1876（明治 9）年，英国でインダストリアルデザイナーとして活躍していたクリストファー・ドレッサーが来日した。来日の目的は，(1) 日本の美術工芸品や製造場の視察，(2) 日本の美術工芸品の収集，(3) サウス・ケンジントン博物館からの寄贈品を日本へ届ける，であった。ドレッサーは日本国内の視察を行い，日本側に産業，貿易を発展させる上での的確なアドバイスを行なった。ドレッサーの国内産業，輸出貿易上の見解は，殖産興業の初期における問題点を明らかにし，その後の発展に示唆を与えたと考えられる。

（馬場まみ）

Ad069　型友禅着尺の誕生

澤田恵理子著，服飾文化学会誌 4 巻 1 号，1-13 頁，2004 年

　明治初期，合成染料を加えた糊と紙型を使用して製作する型友禅が発明され，友禅染の普及の一端を担った。この同じ型を連続して置いて製作する型友禅の表着を本稿では型友禅着尺と呼ぶ。
　型友禅着尺は具体的な着尺図案の提案が始まる大正 10 年頃誕生し，17 歳から 20 歳前後の中流上層階級以上の女性に着用された。誕生の背景には百貨店の流行戦略により，地味だった表着が変化し，模様の占める割合が増え，着用されるようになったこと，着尺図案の開発が熱心に行われたこと，略装化が進み型友禅着尺の需要が増したことがあった。

（澤田恵理子）

Ad070　北海道衣生活文化の研究 ―札幌市白石地区の開拓を一例として―

諏訪原貴子著，服飾文化学会誌 4 巻 1 号，41-54 頁，2004 年

　北海道地方の開拓は明治維新による北海道開拓によって大きく変化した。その実態を「白石藩移住関係資料目録」の中の「武田家開拓関係寄贈資料」の会計帳を用いて分析を試みた。その他開拓時の法令集等より明治，大正期の衣生活文化の現実を探求した。会計帳からは，当時の衣生活の詳細をあげている。北海道の移住者は入植の際持ち込んだ出身地の生活文化を受け継ぎ，それを変容させていった。これが北海道の衣生活を確立させ，更に大正後期に入って道内でも生活スタイルが全般に様式化してくることを明らかにした。

（諏訪原貴子）

Ad071　幕末庶民のよそおいと流行ファッション ―在地農民層を中心に―

田村均著，埼玉大学紀要教育学部（人文・社会科学）53 巻 1 号，13-31 頁，2004 年

　横浜開港後，幕末庶民の衣服素材に西欧製舶来織物が浸透し新感覚の装いが成立した。地方農民層を中心とした庶民の衣生活の変遷と流行服飾の概要を明らかにするため，文化年間から明治 10 年代までの婚礼関係の衣料リストより衣料データの抽出と衣類選好を確定し，その装いや衣料消費実態の一端を実証した。幕末庶民は舶来織物を受容する一方で国産新製品にも関心を示し，旺盛な消費意欲のもと江戸の流行服飾や美意識を追求した。その動態的な衣類選好が，国内外の流行品と新製品が対抗する市場ダイナミズムを惹起させた。

（戸田賀志子）

Ad072　現代日本における少女文化の創造 コギャルというモード

成実弘至著，民族藝術 20 巻，47-54 頁，2004 年

　1999 年ごろから 2001 年にいたる約 2 年間に，渋谷や，池袋などの都心で見られた「ガングロ・ギャル」「ヤマンバ・ギャル」の誕生の背景には，ストリート・ファッション雑誌，これを提供するファッション産業の影響，渋谷や，池袋などの盛り場が果たした役割などが考えられる。「ガングロ」とは，これらが重層的に織りなす空間の中で，相互にコミュニケーションが行われることで成立したスタイルであり，それは少女たちにとって新しい身体美学の構築であり，自己と社会についての解釈行為であった。

（宇野保子）

Ad073　竹内栖鳳の絵画作品と刺繍作品

廣田孝著，京都女子大学生活造形学科紀要（生活造形）49号，39-43頁，2004年

　竹内栖鳳は明治33（1900）年，長良川鵜飼のスケッチを行った。このスケッチを元にした日本画（屏風一双）が海の見える杜美術館に所蔵されている。さらに表現内容の酷似した刺繍作品『鵜飼図衝立』が英国オックスフォード大学アッシュモレアン博物館に近年所蔵された。この衝立には髙島屋のネームプレートがあり，髙島屋が制作・輸出したことがわかる。
　これらのスケッチ，日本画屏風，染織刺繍作品の三者の関係を考察すると，当時の日本画と染織刺繍には上下関係がない。西洋的な応用美術としての工芸という見方は適用しにくい。

（廣田孝）

Ad074　大正期における洋装子供服について
　　　　　―雑誌「主婦之友」より―

村田裕子著，大谷女子短期大学紀要48号，31-42頁，2004年

　大正期には「生活改善運動」として家庭生活の合理化，欧米化が唱えられ，衣服の洋装化が勧められた。一般家庭への衣服の洋装化の普及には，婦人雑誌が果たした役割が大きいと考えられる。そこで，実用的な家庭生活情報を中心に編集された『主婦之友』（大正6年発刊）より，子供服について製作面を中心に検討した。型紙には，前後身頃，袖が繋がっている和服の要素を残した場合とそれぞれが独立している洋服の技術が導入された場合とで大きな特徴がみられた。またホックやボタンを使用しているなど，洋装化が窺えた。

（村田裕子）

Ad075　近代京都における絵画と織物工芸との関係　―二代川島甚兵衛の企画力をめぐって―

山田由希代著，美学55巻3号，28-41頁，2004年

　近代の川島織物の綴織製作では，主題の選択，モティーフの表し方，発表の場について，二代川島甚兵衛による企画力の枠組みが見られる。また，原画作成の段階では，画家をコントロールするなど明確な方針がみられる。これは，髙島屋などの画家の作風に重点を置いた方法とは異なっている。このような二代甚兵衛の綴織製作での企画力は，川島織物が地場産業を存続させる基盤に役立ったといえる。また，織物すなわち呉服という従来の固定した意識を変え，新しい物に展開させていくという意義もふくめて，二代甚兵衛の綴織製作は染織工芸において無視できないものである。

（馬場まみ）

Ad076　東急線沿線の街のモード調査分析
　　　　　―『モード生態学』の手法による―

有馬澄子・南林さえ子著，東横学園女子短期大学紀要39号，1-12頁，2005年

　モード生態学の特徴はモードという不可視のものを可視化して表現することにある。東急線沿線の15のエリアを調査した。計画された調査法に基づき五感を駆使して観察評価したデータの相互関係を双対尺度法，クラスター分析，フェース分析を用いて多変量解析した結果，生態学的相互作用（人と人，人と環境）から醸しだされる街のモードの独自性を捉えることができた。漠然と感じていたエリアイメージや都市計画で意図されたイメージを現実のものとして立証し，多変量解析は統計的に有効な手段であることも実証できた。

（戸田賀志子）

Ad077　川久保玲・初期コレクションの「衝撃」に関する検証　―フランス・ジャーナリズムにおける評価を中心に―

安城寿子著，服飾文化学会誌5巻1号，51-60頁，2005年

　1980年代初頭，コムデギャルソンのデザイナー川久保玲はその前代未聞のコレクションによって西欧モード界に衝撃をもたらした，とする言説があるが，これまで曖昧な形でしか示されてこなかった初期コレクションの変遷とそれに対するフランス・ジャーナリズムの反応の具体的状況に関して同時代の新聞・雑誌資料を中心に検証した。川久保玲の創作に関する記事が多く登場するのは裂け目のような意匠や火傷の痕のようなメイクが特徴的なパリ進出後4回目となる83年春夏コレクション終了後の82年10月以降であるといえる。

（藤本純子）

Ad078　コムデギャルソン，初期のコレクションをめぐる言説の周辺　―同時代言説に見るその位置付け・イメージと昨今の言説との距離―

安城寿子著，デザイン理論47号，3-17頁，2005年

　モードの「アバンギャルド」として高い評価を得ている川久保玲の歩みは80年代初期のコムデギャルソンのコレクションに遡って語られてきた。しかし同時代のフランスの新聞・雑誌資料を検証すると当時はしばしば「日本勢」の一勢力として注目され，非西欧の「異郷」固有のものとしての位置付けを与えられている。それは川久保玲あるいはコムデギャルソンが露骨な形で現れる出自ゆえの制約から未だ自由な存在ではなかったということ，既成概念を打ち破るものという現在のイメージが未だ立ち現れていなかったことを示している。

（藤本純子）

Ad079　和装関連図書に見る和装品メンテナンスの知識の継承とその問題点
―最近（1954年～2005年）の雑誌関連記事の記述量と内容から―

磯映美・横川公子・上田一恵著，武庫川女子大学紀要（人文・社会科学）53号，91-98頁，2005年

　和装品のメンテナンスに関する知識の伝授は，和装の減少とともに世代間で断絶している。近現代に発刊された婦人雑誌は，生活関連知識の普及・啓蒙の役割を果たすが，最近の雑誌関連記事量から関連知識の伝授の動向を探る。一般消費者の知識の普及にかかわる，いわゆるハウツーものや教養書では，手入れ記事は書籍全体の43％を占め，古い着物への色掛けや柄足しによる更正やクリーニングによる変質クレームの実例記事である。手入れに関する呉服業界の対応はほとんどない。
（横川公子）

Ad080　明治期図案界にみる見立表現の系譜
―近世的着想と西洋近代図案との出会い―

大久保尚子著，服飾美学 41号，55-72頁，2005年

　近世的着想と西洋近代図案の出会いが形作った近代日本の意匠表現を捉える一助として，明治期図案にみる見立表現の系譜を検討した。本来戯作である京伝作見立小紋は明治中期には図案として再評価された。形態への着目，単位模様の自在な配置などの特質に近代図案技法との共通性が見出されたためと考えられる。見立は図案創作に生かされた。西洋近代図案を研究した神坂雪佳や浅井忠は見立の着想により外国の装飾様式を身近に引き寄せた図案を生んだ。また取材と着眼の自在さは多彩なモチーフと斬新な構成を実現し，和装におけるモダニズム意匠導入の土台となったと考える。
（大久保尚子）

Ad081　大塚保治と正岡子規にみられる服装観
後藤洋子著，服飾美学 41号，73-88頁，2005年

　両者は美術的視点から和装美と洋装美を考察している。大塚は形態上の区切り方と注目点から着衣の美について述べた。彼は着衣の美がいかなるところにあるかを「運動」，「線」，「配合」等の言葉で表している。そして和服は着た人の心持ちを表すことができるとしている。子規は着衣の美には感動を伴うものがあり，それらは装飾を通して美術的にすること，即ち「配合と調和」によるとした。子規は衣服の実用性と装飾の関係や虚飾性，品位との関わりについても言及している。「線」や「配合」という言葉は，美を表現する時の両者に共通している。
（後藤洋子）

Ad082　明治期における女子教育と洋装化
―『女学雑誌』（明治18～20年）の服飾関連記事を中心に―

清水久美子著，同志社女子大学総合文化研究所紀要 22巻，109-124頁，2005年

　明治10年代後半，社会改良運動が盛んになり，女風改良が論じられるようになった頃，『女学雑誌』が創刊された。本誌（明治18～20年）の服飾関連記事を基に，女風改良と女子教育思想との関係を明らかにし，洋装化の実態とその意味について考察した。洋装は剃眉・涅歯の廃止，束髪の流行，「皇后思召書」の発布を契機に普及し，洋裁教育も進展した。特に誌上では束髪のためのキャンペーンも行ない，啓蒙に努めた。洋装化は当時の国際状況と男女異質同等論に基づく良妻賢母型職分論が深く関わり，裁縫教育による女徳の涵養が，国家の安定・発展に貢献すると考えられた。
（清水久美子）

Ad083　雑誌『少女の友』表紙絵に見るしぐさについて
永田麻里子著，服飾文化学会誌 5巻1号，77-87頁，2005年

　明治41(1908)年実業之日本社から創刊された月刊誌『少女の友』は，洗練された抒情画や少女小説を掲載し新しい少女文化の担い手として重要な役割を果たしたと言える。殊に，誌面を象徴する表紙絵に描かれた"少女"の顔の表情や姿勢，身振りといったしぐさは，"少女"という存在の根源を表している。例えば，同誌の特徴である"小指を立てる"しぐさは，自身を飾る目的で描かれており，背景には美への欲望があると言える。一方で，世相を反映したしぐさも見られ，"少女"は限られた時空に置かれながらも独自の美意識を持ち，それを表現する力を持ち得ていたことがわかる。
（永田麻里子）

Ad084　雑誌『被服』と『戦時の本染』
―十五年戦争下の染色事情―

西谷美乃理・森理恵著，京都府立大学学術報告人間環境学・農学 57号，33-41頁，2005年

　陸軍被服本廠内の被服協会の機関誌『被服』と，上村六郎『戦時の本染』により，十五年戦争下における染色をめぐる状況を見た。植物染料による「本染」（草木染）の復興は，化学染料の輸入の途絶と国内染料工場の化学兵器工場への転用とによる染料不足，本土空襲による迷彩色を身につける必要性の高まり，というふたつの要因から企図された。ところがその普及に当たっては，本染の色や方法が日本古来の美であるとして，美的精神的側面が強調される。本染は戦時下の国粋意識と結びついてひろめられ，戦後もその意識が継承されていくこととなる。
（森理恵）

Ad085　明治期服飾文様についての一考察
―新しい好みとしての「うづら小紋」の展開―

根本由香著，服飾美学 40 号，19-36 頁，2005 年

　「うづら小紋」は，鶉革に似た立涌の中に種のある柄で，明治 30 年代を中心に女性に好まれていた。明治のうづら小紋は，人間の内面にも関わる「高尚」「上品」と呼ばれるような趣味と結びつき，明治 30 年代に人気を博した家庭小説に登場する理想の女性像としての主人公と重ねられた。すなわち，女学校出で教養があり，美しく献身的な愛情とゆるぎない信念をもつような女性像である。新しい好みとしてのうづら小紋は，服飾と周辺文化との結びつきという面でも新たな様相を呈している。
（馬場まみ）

Ad086　近代における風俗史研究

馬場まみ著，風俗史学 31 号，33-49 頁，2005 年

　明治初期，西欧の歴史学に倣った史学研究を日本にも導入する必要性が認識された。日本は，歴史研究の目的を天皇中心の国家観の根拠を作り出し，それを国民に浸透させることに見出していく。そのなかで風俗史研究も，歴史教育の目的を達成するにふさわしい方向に研究内容が偏っていった。その結果，ひろく社会全般を対象としていた風俗の研究は，古代の支配階級の風俗を重視する研究となった。そのため，有職故実研究が重視され，庶民の生活に関する研究や女性風俗に関する研究は遅れて発達した。風俗史研究も国家観形成と大きく関わり，近代化の中で形成されたのである。
（馬場まみ）

Ad087　企業制服としての「かりゆしウェア」の活用に関する研究

藤原綾子・佐藤百合子・川畑裕美著，琉球大学教育学部紀要 67 号，93-104 頁，2005 年

　「かりゆしウェア」は沖縄の気候や産業等，地域特性に合わせて案出されたシャツで近年普及が拡大している。企業制服としての活用実態と課題を明らかにするため県内の 61 企業を対象に調査した結果，沖縄の観光産業進展を目的に 8 割以上の企業が制服として活用していることがわかった。採用時期は九州・沖縄サミット以降が約 7 割を占め，夏季着用率 96％を反映して南国沖縄を想起させる柄を配した綿または綿・化繊混紡素材の開襟半袖型である。取扱いの簡便化，低価格化，サイズの多様化が今後の課題である。
（戸田賀志子）

Ad088　衣服とそのプレゼンテーション
―三宅一生の A-POC の意義―

前田彩子著，デザイン理論 46 号，115-129 頁，2005 年

　A-POC の特性と意義をプレゼンテーションという視点から考察した。A-POC はコンピューター・テクノロジーを駆使した工程で展開され，衣服縫製を必要とせず，カットすることで衣服の最終デザインを決定するという衣服生産のプロセスを変容させる革新的なものである。ショー，展覧会，店舗でのそのプレゼンテーションは従来の手法と異なり，未完成の状態から完成に至る過程を提示し，実際の衣服がその工程やコンセプトなど全てが含まれてはじめて生成するものであることを示すことが不可欠であった。衣服の「不可視のデザイン」を可視化し，認識させた功績は大きい。
（藤本純子）

Ad089　愛媛県における高等女学校の洋装制服について

松井寿著，愛媛県歴史文化博物館紀要 10 号，47-78 頁，2005 年

　日本において，女性の洋装化推進の要因として「女学生の洋装の定着」が上げられる。女学校卒業後の衣生活において，和洋装を選択する要因として，洋装制服や洋裁はどれほどの影響力を有していたのかを探る為に，愛媛県内の高等女学校の卒業生へアンケートを行った。高女入学・学校生活・制服・洋服・卒業後の生活の 5 項目から成るアンケートからは，高女生活や服装の実態を垣間見ることができた。洋装化の推進に関しては，洋装制服が新鮮な驚きを持って受け止められた様子が自由記述から明らかになり，精神的な部分で推進化の要因となっていたことが明らかになった。
（松井寿）

Ad090　雑誌『染織時報』にみる流行色
―大正 2 年～昭和 8 年―

森理恵著，風俗史学 30 号，46-54 頁，2005 年

　業界誌『染織時報』の大正 2 年～昭和 8 年の刊行分より流行色に関する記載を抜き出すと同時に，染色標本の，内容についても分析した。その結果，大正 12 年の関東大震災の頃を画期として大きく傾向が変わることがわかった。関東大震災前は紫から緑までの青系統を中心とする流行色である。これに対して関東大震災後は，一挙に色の種類が増え，青系だけでなく，赤系や黄系の暖色系の色が多く見られ，流行色がいちじるしく多様化した。同時に，色の命名のしかたも凝ったものが増え，呉服製造の技術的な進歩と，流通業の競争の激化をうかがわせる。
（森理恵）

Ad091　雑誌記事にみる職業婦人の装い
　　　　　─洋装化を視点として─
青木淳子著，東横学園女子短期大学紀要40号，53-67頁，2006年

　大正末から昭和初期にかけての雑誌記事を主な資料として，雑誌というメディアに掲載された「職業婦人」をピックアップし，それがどのような「装い」であったのかを検証する。そして女性達の衣服が和装から洋装へ移行していくこの時期に，どのような意味を持っていたのかを，「洋装化」を視点としてモダンガールとの関連にも注目しながら考察した。「洋装の職業婦人」の姿は，モダニズムや近代化といった生活の多様化につれて広まった。それは時代を積極的に生きていく女性の姿の代表であり，時代を映す鏡でもあった。（青木淳子）

Ad092　戊辰戦争期における熊毛の冠物について
淺川道夫著，風俗史学33号，25-44頁，2006年

　戊辰戦争期の軍装装束を代表する熊毛の冠物について，文献史料・図画史料・現物史料から考察した。その結果，熊毛の冠物は薩長土三藩以外の藩や諸隊でも用いられ，それらの間に画然とした色分けがおこなわれていた事実は確認できない，指図役・銃士・郷兵などの何れにも使用例がある，との結論がえられた。
　　　　　　　　　　　　　　　　　　　（馬場まみ）

Ad093　戦争柄としての旗文様　明治期を中心に
乾淑子著，民族藝術22巻，85-95頁，2006年

　明治期の旗文様は，日の丸に比べて旭日旗が多いがこれはこの時期日の丸が，明確に日本の国旗として，認識されていなかったことによる。明治期の旗文様は，山道と錨の文様の陸軍大隊旗が多いが，昭和になると少なくなる。また，明治期には，2本以上の旗を組み合わせる場合は，海軍大隊旗と，旭日旗，日の丸の三者を使用する事が多いが，時代が下ると日の丸と旭日旗だけになるという特徴があることもわかった。　　　　　　　　　　　　　　　（宇野保子）

Ad094　近代にイメージされた奈良朝服飾
　　　　　─東京美術学校の制服とその影響─
岩崎雅美著，服飾文化学会誌6巻1号，7-19頁，2006年

　東京美術学校の制服は明治22年に制定された。その服装は冠に衣褌，後の闕腋の袍に類似したデザインで，初代校長の岡倉覚三（天心）の思想や教師の黒川真頼らが関係している。岡倉は日本の伝統美術は奈良に淵源があるとし，仏教美術を再評価して日本美術の復活と創造を主張した。このデザインは京都美術工芸学校や裁判所の法服へと広がり，明治42年に設立された奈良女高師の教員の職服へと拡大した。明治後半の短期間の現象であったが，西欧化への抵抗が服飾に表現された一例と考えられる。
　　　　　　　　　　　　　　　　　　　（岩崎雅美）

Ad095　明治太政官制形成期の服制論議
刑部芳則著，日本歴史698号，70-86頁，2006年

　明治太政官制形成期の服制には何が求められたのか，そしてなぜ服制に洋服を採用したのかについて検討する。洋服に決定した理由は，洋服は外見から公家，諸侯，藩士の判別ができなくなるからである。そして，洋服に散髪を「文明開化」とし，羽織袴に帯刀，半髪などを「因循姑息」と位置づけた。この論理は，下級藩士が掌握した手段を正当化した「服制変革内勅」を庶民層にまで拡大して理解させようとしたものと考えられる。
　　　　　　　　　　　　　　　　　　　（馬場まみ）

Ad096　百貨店をめぐる流行とメディア
　　　　　─昭和戦前期の松屋呉服店を中心に─
近藤智子著，風俗史学32号，35-52頁，2006年

　関東大震災後の百貨店は，顧客層の拡大を背景に商品の充実をはかり，流行を発信した。銀座に本店をおく松屋も，権威的なものからより大衆的なものを志向し始めた。その宣伝の手段として，メディアを利用するようになり，宣伝映画「銀座セレナーデ」を製作した。百貨店はそれを周知するための方法の近代化により，その地位をさらに確固たるものにしていった。
　　　　　　　　　　　　　　　　　　　（馬場まみ）

Ad097　"アイプチ"を手放せない女たち
玉置育子著，佐賀女子短期大学研究紀要40号，39-47頁，2006年

「アイプチ」とは，まぶたを二重にするための化粧品のことであるが，これを用いて，「二重まぶた」の目を手に入れようと奔走している女性達のインタビュー結果をまとめたもの。

インタビューの結果，アイプチに翻弄される女性達，アイプチなしでは生きていけない女性達，アイプチを卒業した女性などがみられた。このインタビューの中に化粧文化的視座に立った上での今後の課題が山積している。
(宇野保子)

Ad098　昭和初期京都における染色産業の一側面　—寺田資料と位置づけ—
並木誠士・青木美保子・山田由希代著，京都工芸繊維大学工芸学部研究報告人文54号，113-130頁，2006年

京都の伝統産業である西陣織・友禅染は明治以降，近代化という大きな問題を突きつけられてさまざまな模索を続けており，その歴史についての研究が進められるなか，機械捺染の動向については，大量生産による安価な製品イメージにより低い評価しか与えられず，調査・研究の対象とされてこなかった。しかし，機械捺染は大量生産が故に，時代の流行や人々の好みに柔軟に対応し染色産業を飛躍的に発展させたという点において，昭和初期の染色界の動向のなかで重要な位置を占める。染織品の大衆化に大いに貢献したのであった。
(青木美保子)

Ad099　『外人向着物図案』(髙島屋史料館所蔵)について(その1)
廣田孝著，京都女子大学生活造形学科紀要(生活造形)51号，45-52頁，2006年

『外人向着物図案』(髙島屋史料館所蔵)のデザイン上の特徴は日本の花鳥(とりわけ花が主)を題材とし，アール・ヌーボー風の優美な曲線で描かれ，平面性を持つ。特に菊が多いが，それは菊が欧州では日本を表す代表的な草花と考えられていたことに拠る。また日本の琳派風のデザインはなく写実性の強い描写も特徴のひとつである。

この図案集，全150枚の図案のうち72枚を白黒図版で掲載して利用の便宜を図った。
(廣田孝)

Ad100　明治末大正初期の輸出用キモノに関する一考察　—髙島屋史料を中心に—
廣田孝著，服飾美学42号，19-35頁，2006年

髙島屋は明治26(1893)年に貿易部門「髙島屋飯新七東店」を開設，染織品貿易に集中した。髙島屋には『外人向着物図案』という図案集が現存する。明治42(1909)年〜大正5(1916)年の輸出用キモノのオリジナル図案である。特徴は写実性の強い花鳥である。この時期，ヨーロッパの流行はアール・ヌーボーからアール・デコへ移行してゆく。髙島屋はリヨンに代理店を設置していたのでヨーロッパの流行には敏感であったが，あえて写実性の強い図案を制作した。その理由はヨーロッパでのジャポニスムをベースにして，より日本らしさをアピールする方策であった。
(廣田孝)

Ad101　メンズ・ストリートファッションにおける実態調査
前田真理子著，文化女子大学紀要(服装学・造形学研究)37号，35-45頁，2006年

ストリートファッションについて，定点観測による動態調査，ショップのアンケート調査，若者の意識調査を行ない，現代のストリートファッションを成立させている要因と現状の関係について考察した。その結果，ファッションリーダーや受信側が主役になり，ファッションビジネスや雑誌との連携によりファッションが生み出されていることがわかった。ストリートファッションの発生要因は，やや自然発生的な要素が強いが，意図的にもうみだされるという融合したものであると判断した。
(馬場まみ)

Ad102　大正時代から昭和初期における洋装下着　—雑誌記事を中心として—
松井寿著，服飾美学42号，37-54頁，2006年

和装から洋装への移行によって，身体についての女性の意識は大きな変化を余儀なくされた。洋装に対する周囲の視線は，女性が自分自身の身体を把握する上で大きな貢献をした。また，洋装下着は西洋女性の体型を規範としており，洋装する身体のあるべき姿を突きつけてきた。自分の体でありながら洋装においてはままならない身体を見出した女性の葛藤，評価する社会の側のある種の困惑が，当時の洋装関連記事からは読みとれる。女性にとって洋装下着は，自分の身体を認識し，社会と個人の狭間で自分の身体の在り方を求める為の必要不可欠な装置であり，重要な役割を果たしていた。
(松井寿)

Ad103 木綿織物の受容過程と柳井縞に関する一考察

松尾量子著，山口県立大学生活科学部研究報告 31 号，21-27 頁，2006 年

　山口県における伝統的な木綿織物である柳井縞を，木綿織物の需要過程のなかに位置づける。18 世紀の半ば頃に山口県での木綿の生産量が増大し，18 世紀後半には柳井周辺において縞木綿の製造が行なわれていた。幕末には，藍染による堅牢な縞織物というブランドイメージが確立した。しかし，明治維新後，近代産業化に届かず，伝統染織工芸としても確立することができず，大正期に衰退した。柳井縞の隆盛と衰退は，柳井縞が地縞として発展してきたことに負うものであると考えられる。　　　　　　　　　（馬場まみ）

Ad104 日本のファッション雑誌に観察されるコンバージェンス

三宅英文著，安田女子大学紀要 34 巻，99-108 頁，2006 年

　機能文法の枠組みを用いて女性用のファッション雑誌三誌におけるコンバージェンスを分析したもの。分析対象としたファッション雑誌は，2003 年版の Seventeen, ef, Very であった。
　その結果，各ファッション雑誌におけるコンバージェンスは，それぞれの雑誌のテキストに表現されている対人的意味の違いに表れることがわかった。この対人的意味は，書き手の価値判断を示すキー・ワード，読者の注意を引くための語彙表現，書き手の読者へのアプローチの仕方を示す文末表現に観察された。　　　　　　　　　　　　　　（宇野保子）

Ad105 現代の若い女性に見られるロングブーツ・ファッションの流行現象

吉川研一・池田由貴子著，松山東雲短期大学研究論集 37 巻，25-31 頁，2006 年

　著者らの所属する短大の学生を対象にロングブーツの流行現象の変化を調査した結果，次のことが明らかになった。①1999 年には，厚底ストレッチブーツやエンジニアブーツが多く，新しいエレガントなブーツが少ない。その後エレガントなブーツの割合は増加し，2005 年にはウエスタンブーツが多くなった。②この結果は，1999 年には，流行に対して保守的であるが，その後，タイムラグが減少し，2005 年には即応的に変化していることをしめす。③現代の学生が流行に対して即応的である理由は，ブーツの価格の廉価化が進んだことと，小学生時代からブーツに慣れ親しんできた衣生活にあると思われる。　　　　　　　　　　　（宇野保子）

Ad106 大正・昭和初期の着物図案
―松坂屋の標準図案を巡って―

青木美保子著，風俗史学 34 号，34-59 頁，2007 年

　昭和初期，松坂屋の着物の標準図案の制作には，多くの京都美術工芸学校の若い卒業生が関与していた。彼等は学生時代に最新の図案傾向を学び，それを自らの図案として表現する柔軟性を養い，その多様な表現力を標準図案の制作に発揮していた。ただし着尺図案に関しては，独立して着尺図案を専門に扱う図案家達が制作していた。彼等は，着尺図案という新しい分野に早くから着眼し，着尺図案の発展に寄与した図案家達であった。百貨店がシーズンごとに新柄を発表できた背景には，このような図案家達の活躍があったのである。　　　　　　　　　　　　　　（青木美保子）

Ad107 照屋勇賢の紅型

乾淑子著，民族藝術 23 巻，73-80 頁，2007 年

　照屋勇賢の着物《結い》の一連の紅型について彼の明確な社会的政治的意識による作品群の中で考えたもの。照屋の紅型は一見すると典型的な琉球王族の華麗な衣装であるが，よく見ると戦闘機や落下傘降下兵，ジュゴンなどが染められている。これは米軍の駐留と環境破壊への懸念という沖縄の現実を伝統の染め物の中に表現したものである。このような思いがけない用途の品物の中によくよく見なければ分からないほどに本来とは異なったメッセージを込めて作品化するという手法は，ピザ箱やデパートの紙袋などを用いる他の作品にも共通する彼の作風であるが，《結い》は素材とした紅型の持つ無惨な歴史を史立たせることとなった。　（藤本純子）

Ad108 ジーンズ・カジュアルファッション

宇野保子著，中国学園紀要 6 号，29-38 頁，2007 年

　日本ジーンズの誕生に直接関わった人のインタビューを交えて，その系譜をたどったもの。アメリカで 19 世紀後半，労働着として誕生したジーンズが，日本で初めて生産されたのは 1960 年代後半の事であり 70 年代には普及期を迎え，アメリカの生活文化とともに急速に受容された。その間のアパレル産業の興隆に伴い，高い品質と技術に支えられ様々な素材によるシルエット，パターンが生まれ，また洗いと加工技術の開発により新しいモデルも発表された。一方，ジーンズの情報の発信地はアメリカからヨーロパに移り，90 年代には日本へと巡回した。世界のカジュアルファッションになったジーンズは，今後「ジーンズスピリット」のある場所から新しい情報の発信がみられるだろう。　　　　（宇野保子）

Ad109　備前池田家伝来能装束の流転
　　　　　―大正期の売立とその後―
小高理予著, 共立女子大学家政学部紀要53号, 45-64頁, 2007年

　備前池田家の大正八年の売立に出された能装束は, 現在, 林原美術館, 大倉集古館, 東京国立博物館などに所蔵されている。能装束のなかで, 大正期の売立にだされたものは, 明治の整理後の優品の中で池田家が不要と考えたもの, または比較的時代の若い装束であった。備前池田家の能装束は, 畳紙につけられた付箋や売立目録を参考に, 池田家を離れた後を追うことができる。池田家の事例は, 能装束一般の経緯を考える上で重要な手がかりとなる。
　　　　　　　　　　　　　　　　　　　　（馬場まみ）

Ad110　『家の光』にみる育児観と洋装子ども服　―大正十四年から昭和十年まで―
高橋知子著, 民俗と風俗17号, 69-82頁, 2007年

　大正14年5月から昭和10年12月までの『家の光』に掲載された子ども服および育児に関する記事を抽出・分析することによって育児方針やしつけ方法, 洋装子ども服がどのように紹介されたかを探り, 昭和初期の農村へ提起された育児観・子ども観と洋服の関わりについて考察したもの。育児に関する関心は高く, 洋裁記事の中でも子ども服の比重は大きかった。わが子に愛情を注ぐことが大切で, その表現として子ども服の製作記事が位置づけられていたともいえる。また洋装子ども服の解説記事が多く掲載されており, 洋装化に衣生活改善の一つの方向を求めていたことが推測できる。
　　　　　　　　　　　　　　　　　　　　（藤本純子）

Ad111　近代日本における肩掛（ショール）
田辺真弓著, 郡山女子大学紀要43集, 58-76頁, 2007年

　西洋で18世紀後半から用いられ始めた肩掛は, 日本へ舶載されて1878年頃から流行した。和服着用時の防寒と装飾を兼ね備えた, 優雅で上品な衣料品であり, 御高祖頭巾と組み合わせ用いられた例も多い。1884年頃に吾妻コートが流行し始め, それ以降, 吾妻コートと肩掛は交互に流行し, 後に組み合わせても用いられた。防寒用の外套がなかった和装に, そのままの形で違和感なく組み合わせることができた肩掛は, 洋服着用が困難であった当時の日本女性にとって, 洋装への憧れを満たすものとしても用いられたと思われる。
　　　　　　　　　　　　　　　　　　　　（田辺真弓）

Ad112　SHOUTする男たちの化粧
　　　　　―HR/HMに見る男性化粧の変遷について―
玉置育子著, 佐賀女子短期大学研究紀要41号, 37-47頁, 2007年

　HR/HM（ハードロック／ヘビーメタル）と称される音楽ジャンルで活躍する男性の化粧の変遷をたどったもの。T.REXやD.BOWIEによって両性具有的で妖艶な化粧を施され, それがNEW YORK DOLLSを経てKISSによる派手で過激な化粧へと受け継がれた。80年代になるとHR/HM業界は華の時代を迎えたため, 化粧に拍車がかかり, その後派手な化粧を施しているBANDが多くみられるようになり, その様子は, TWISTED SISTER, MOTLEY CRUE, POISONなどに引き継がれていった。男性の化粧には, もう一人の自分を創る, テンションをあげてヒーローになる, 自分のイメージに合わせて演出する, などの理由があった。
　　　　　　　　　　　　　　　　　　　　（宇野保子）

Ad113　『女学雑誌』にみる服飾の動向と位相
　　　　　―1885-1887年の服飾関連記事より―
戸田賀志子・清水久美子著, 同志社女子大学生活科学40号, 16-26頁, 2007年

　1885（明治18）年～1887（明治20）年に刊行された『女学雑誌』より服飾関連記事を抽出して内容を分析・整理することでそれらの掲載状況を明らかにし, 当時の服飾の動向と位相を考察した。服飾関連記事は15種類に及び衣服関連, 髪形, 裁縫・裁縫教育等が上位を占めた。中でも洋服, 束髪, 洋裁教育の増加は顕著で服飾面でも急速な西洋化傾向が認められた。3年間の服飾関連記事は服飾の問題が政治・社会・教育の問題でもあった時代の動向を映し出していた。服飾は本誌の志向する「女学」実現の要諦であった。
　　　　　　　　　　　　　　　　　　　　（戸田賀志子）

Ad114　高木鐸の手工レース業とその背景
永野泉著, 服飾文化学会誌7巻1号, 103-111頁, 2007年

　明治末から大正初頭にかけて高木鐸が経営した高木商店は手工レースの製造, 販売, 輸出を行った草分け的企業であるが, 東京家政大学博物館にその製品や見本帳などが収蔵されている。それらの収蔵品と文献資料をもとに調査・研究した結果を報告したもの。高木商店の特徴は多様な種類のレースの製造と高い技術, レースを使用して衣服を仕立てて製品としたという点である。その発展は鐸のレースや洋裁の技術, デザイン力, 英語力, 世界に目を向けた広い視野があったからと考えられる。それは父の家庭教育と駿河台英和女学校の外国人宣教師による学校教育の成果に負うところが大きい。
　　　　　　　　　　　　　　　　　　　　（藤本純子）

Ad115　学童の卒業写真から捉えた洋装導入の過程について

夫馬佳代子著，民俗と風俗17号，141-158頁，2007年

　岐阜県下における小都市市街地，山間部，農村部の三ヶ所の小学校に保存されている卒業アルバムおよび学校史をもとに，学童の卒業式の服装の変遷を調査し，実態を明らかにする。調査の結果，洋服導入過程には，地域の日常的な衣生活だけではなく，むしろ各地域の学校の卒業式に対する考え方や男女の捉え方の相違が強く反映されていると推測できた。さらに，学童にとっての洋服導入は，学校教育の近代化に繋がっている傾向がみられた。　　　　　（馬場まみ）

Ae001　浴衣の歴史とデザイン
　　　　　―浴衣の始まりから現在まで―
清水久美子著，同志社女子大学総合文化研究所紀要 18 巻, 137-155 頁, 2001 年

　平安時代に貴族が湯浴みに用いた湯帷子に始まる浴衣は，室町時代末期に湯上りの身拭いとなり，江戸時代に用途を広げた。また各種絞り染や長板中形の染色技法が発達し，衣服禁令を背景に，粋で洒脱なデザインが生まれた。明治時代には江戸趣味や御守殿風，大正時代にはアールデコ調が流行し，浴衣地の種類も増え，婦人雑誌が流行を先導した。昭和時代には注染の多色使いが見られ，平成時代に入り，洋服感覚のファッション化，ブランド志向が進んだ。今なお日本人に浴衣が愛好されるのは，格式にとらわれない自由の精神や遊び心が浴衣の中に生き続けているからであろう。
　　　　　　　　　　　　　　　　　　（清水久美子）

Ae002　被服に表現された七宝文様 I
相澤菜津子・石井美奈子著，東北生活文化大学・三島学園女子短期大学紀要 34 号, 25-33 頁, 2003 年

　幾何文様である七宝文様が，被服の意匠にどのように使用されているのか調査し考察する事を目的とした。第一段階は，小袖について小袖模様雛形本集成壱～四を資料とし七宝文様の使用状況を調査した。七宝文様の使用頻度は特に高いわけではなく，七宝つなぎ，輪違い，両者混合として七宝文様そのものが使用されている場合と小袖に描かれた物（本や扇）の文様として使用されている場合があった。使用パターンは，A）何かの柄として貴人又は町人に好まれた物に描かれる，B）吉祥文様の一つとして描かれる，C）大柄又はある程度の範囲を埋めて個性的に描かれることがわかった。
　　　　　　　　　　　　　　　　　　（石井美奈子）

Ae003　京都府立女子専門学校における裁縫教育の意義
長弘真弓・森理恵著，京都府立大学学術報告人間環境学・農学 55 号, 35-48 頁, 2003 年

　京都府立女子専門学校（桂女専）においては，1927 年から 1949 年まで裁縫教育が行なわれた。本研究では，現存している和裁教育関連資料と，学校史のなかの記述や卒業生への聞き取りをあわせて，桂女専の裁縫教育がどのようなものであったのかを可能な限り明らかにした。さらに，桂女専における裁縫教育の意義について，女性の職業獲得，社会的地位の上昇，社会進出の機会，といった観点から考察した。その結果，桂女専の裁縫教育は，「良妻賢母」教育と直結したものではなく，女性の社会進出を促進するような側面をもつことが明らかになった。
　　　　　　　　　　　　　　　　　　（森理恵）

Ae004　被服に表現された七宝文様 II
相澤菜津子・石井美奈子著，東北生活文化大学・東北生活文化大学短期大学部紀要 35 号, 13-23 頁, 2004 年

　前報と同様に，現代のきものの七宝文様表現について調査した。資料は市販されている雑誌「美しいキモノ」1986～2003 年刊 72 冊から全てのカラー写真を抽出した。使用パターンは江戸時代と変わらなかった。現代のきものの文様の特徴は，江戸時代の雛形本を踏襲しているということが一因である。きものを①黒留 ②色留袖 ③訪問着・付け下げ ④振袖 ⑤浴衣 ⑥その他に分類すると，礼服である①②④に吉祥文として表現され，礼服の意味が薄れると規則正しい幾何文様の面白さが活かされる。特に③に色使いも工夫した現代感覚の七宝文様が見られた。
　　　　　　　　　　　　　　　　　　（石井美奈子）

Ae005　被服に表現された七宝文様 III
相澤菜津子・石井美奈子著，東北生活文化大学・東北生活文化大学短期大学部紀要 36 号, 9-16 頁, 2005 年

　窄衣型（以下洋服）の上衣に規則的な円の幾何模様である七宝つなぎを使用する場合，どのようなデザインが適切であるか，婦人原型を含む 7 フォルムを七宝つなぎプリントで作成し，一対比較法により調査した。結果として上衣には，左肩一箇所からドレープが入り右身頃には切り替え線やダーツのないものが七宝つなぎ文様が活きると判断された。ダーツや切り替え線がなく直線裁断されたものは，身体に沿ってしわが寄るため文様が活きると判断されなかった。七宝つなぎ文様が活きる洋服はドレープやダーツが入っていても，広範囲に円が規則的に連なり表現されなければならない。
　　　　　　　　　　　　　　　　　　（石井美奈子）

Ae006　日本刺繍その表現技法 ―匂いについて―
桜井映乙子・佐久間敏子著，和洋女子大学紀要（家政系編）46 号, 29-44 頁, 2006 年

　匂いとは花を刺繍したとき，最後に花の中心の雄蕊や雌蕊を表現することで，いくつかの技法が組み合わせ用いられている。奈良時代の刺繍の唐花の中心にみられる放射状の丸みは中心を強調する匂いであり，繍仏の蓮華の匂いは荘厳のための表現法である。舞楽装束や能装束には多くの花がみられるが，梅や桜の花にはかけまわし繍いの匂いが入れられ，糸の浮きを押さえている。中心を強調するため丸く繍い切りで入れる匂いや，小さな花に入れる点のような匂いもある。大型の花の匂いは金糸の駒詰め繍いや平糸の繍い切りで表現される。さがら繍いや切り嵌めで匂いを表現することもある。
　　　　　　　　　　　　　　　　　　（相川佳予子）

Ba001 衣生活と建築文化の共通性に関する研究 —ギリシャを中心として—

許甲運著，国際服飾学会誌 15 号，105-120 頁，1998 年

　ギリシャ人の服装と建築を比較してみると，服装と建築は互いの共通点を持っている。服装のドレーパリーによる美的な美しさが建築にも見られるように，建築の円柱の直線的な美的要素が服装のドレーパリーの流れるような感じと同じく美しさを象徴している。さらにドリア式とイオニア式を比較してみると，ドリックキトンやドリック建築は素朴な単純さと強い感じを出しているのに対して，イオニックキトンやイオニック建築様式は繊細で，優雅な美しさを強調させて美を表現している。過去の生活様式は一つのことで文化が成立するのではなく，人間の生活から表現されるすべての活動がその時代の生活様式を発展させ，文化を形作るのである。（米今由希子）

Bb001　ビザンティンと西欧中世の絹織物
木戸雅子著，共立女子大学総合文化研究所年報4号，99-112頁，1998年

　ビザンティン帝国ではユスティニアヌス帝時代に絹織物製作が始まったとされ，バシリオス1世治下でこの産業は宮廷に独占された。絹布はさまざまな政治的局面で西欧の皇帝や教会に贈られ，重要な外交的役割を果たした。しかし帝国の軍事力の弱体化に伴い，絹織物産業は拡大し，シチリアを経てルッカやヴェネツィアに伝播する。現在筆者が調査対象としている13～14世紀に制作されたメトロポリタン美術館所蔵の6点の絹織物は，この時期のもので，美術史的方法よりもこれらに対してなされたような科学的分析方法が，初期イタリア絹織物の諸問題の解明のためには有効である。

（伊藤亜紀）

Bb002　16世紀初頭北イタリアの宮廷服にみるgraziaの美意識と光沢への嗜好
　　―バルダッサッレ・カスティリオーネとイザベッラ・デステを中心に―
上田陽子著，服飾美学28号，31-45頁，1999年

　カスティリオーネの『宮廷人』はルネサンスの理想的な宮廷人がいかにあるべきかを述べた書であるが，そこに登場ないし言及される人物は，イザベッラ・デステをはじめとする同時代の著名な宮廷人であった。彼らが身につけていた服飾について肖像画ないし文献をみると，彼らのいずれもが微妙な光沢をもつ黒ないし暗色のビロード，繻子，ダマスコ織等を愛用していた。色彩を否定する黒に新たな価値を認めつつ高貴をあらわす光沢をもって，理想的な美意識graziaを表現した。

（上田陽子）

Bb003　スウェーデン中世紀の服飾
　　―被りものについて―
大江迪子著，大谷女子短期大学紀要43号，98-112頁，1999年

　スウェーデン中世期には多くの種類の被りものが出まわった。中でも頭巾型のストゥルーテッタは全ての身分階級の男子に被られていた。このストゥルーテッタは次第に長さと幅を変え，形は筒状のもの，ケープ付，ボタン留め，襠の挿入等がなされ形は変化していった。また被り方も種々工夫を凝らし変化させて楽しんだ。ルネサンス時代には帽子へと進んでいった。一方，ヴェレー型のバレットも被られた。通常は男子が被るもので，形は筒型にして布を垂らす，クラウン付，ブリム付等，そして，装飾を付けて構成された。構成は単純であるが，被り方は驚くほど工夫が凝らされている。

（大江迪子）

Bb004　糸つむぎ部屋の風俗史
浜本隆志著，独逸文学（関西大学独逸文学会編）43号，190-235頁，1999年

　いわゆる「眠り姫」には主人公の王女が予言どおり糸巻き棒に刺され，100年間眠るというシーンがある。「眠り姫」の話のこのようなモチーフはすでに中世の文学作品にみられるもので，そこには睡眠中に性的関係を結ばれた王女が妊娠し，子供が生まれるという場面が同時に描かれている。ヨーロッパにおいて糸つむぎがおこなわれていた場所である「糸つむぎ部屋」の起源は中世にあるが，これ以降の時代のここでの風俗を解き明かした結果，日常の憂さを晴らす絶好の場であった「糸つむぎ部屋」が男女の「不道徳」なまでの戯れの場所でもあったことが明らかとなった。

（黒川祐子）

Bb005　中世の宗教の服飾に関する研究
李順洪著，国際服飾学会誌18号，29-46頁，2000年

　4世紀頃はじまったと考えられる聖職者の典礼服には，長衣スダン，蓋頭布アミス，長白衣アルバ，祭衣チャズブル，法衣ダルマチカ，ケープ状の衣服コープ，領帯ストール，手帯マニプル，肩帯パリウムなどがあるが，これらは彼らの序列により区別された。一般信者らが典礼時に主に用いたのはダルマチカである。神聖を表す標識には，十字架のほかに幾何学的紋様や，文字，あるいは動物，植物などの形態による紋様が用いられた。また白，黒，赤，紫などの色は聖職者の身分をしめすばかりでなく，教会暦による祝祭における彼らの衣服や祭壇の装飾などにも区別して用いられた。

（黒川祐子）

Bb006　La donna vestita di sanguigno
　　―Beatrice nella *Vita nuova*―
伊藤亜紀著，ルネサンス研究7号，110-124頁，2000年

　Vita nuova（1291～93年）に登場するダンテの精神的な想い人ベアトリーチェは，物語の重要な3つの場面でsanguigno（血紅色）の服を身につける。このことの意義を考えるにあたっては，当時の実際の色調を追求するよりも，これが血（sangue）の色であることを認識することが重要である。すなわちベアトリーチェの着衣は，贖罪，救済，正義という，血や血の色の赤が伝統的にもっている意味を想起させ，彼女が聖女やキリストに準えられる存在であることを読者に自ずと悟らせるためのものであると考えられる。

（伊藤亜紀）

Bb007 「不在の色」—14〜16世紀イタリア服飾にみる青の諸相—

伊藤亜紀著，イタリア学会誌50号，1-23頁，2000年

14〜15世紀のイタリアで書かれた染色マニュアルや衣裳目録においては，青に関する記述がきわめて少ない。安価な大青染料で染められる青は，主に農民等によって着られ，大衆性や卑俗さを象徴する色であった。しかし16世紀の複数の色彩論では，青は「高尚な思索」の色としてとらえられている。このような意識の変化の要因としては，赤を頂点とみなす色彩ヒエラルキーの崩壊，インド藍による染色技術の向上，青をいち早く評価したフランスの影響等が考えられる。しかしイタリア人の青に対する認識力が高まったとは言えず，実際に着るべき色として奨励されることは決してなかった。

（伊藤亜紀）

Bb008 13世紀ドイツの宮廷服飾とミ・パルティ —メルテンスの『しるしとしてのミ・パルティ』を考察して—

黒川祐子著，服飾美学31号，1-16頁，2000年

ヴェロニカ・メルテンスの研究書『しるしとしてのミ・パルティ』をもとに，中世のミ・パルティの多面性について考察した。メルテンスによれば，15世紀から16世紀のニュルンベルクの謝肉祭に登場する仮装行列の先導者シェンバルトロイファーたちのミ・パルティの意匠には着用者の所属を表すとともに，現世の無常を演じるネガティブな要素があると考えられるという。13世紀ドイツの宮廷叙事詩に取材すると，前者にあげたポジティブなミ・パルティの系譜には，着用者の職務を表すしるしとしての意味のほかに，衣服に複数の布地や色を美的に取りこもうとする趣向を見出すことができる。

（黒川祐子）

Bb009 奢侈条令を通して見るヨーロッパ精神史序論

赤阪俊一著，埼玉学園大学紀要（人間学部篇）創刊号，35-47頁，2001年

奢侈条令研究では，下位にある者は上位にある者の生活スタイルを模倣するのが当然という仮定のもと，模倣を禁じ，下位に対して上位の者が自分たちを常に差異化するため，条令が出されたとされる。しかしこの模倣理論だけでは説明できず，奢侈条令は贅沢の抑止だけでなく多様な動機を持つ。また奢侈条令は，中世末から17世紀初頭までに多く発布され，何度も出された条令群のうち，服装に関するものが最大の部分を占め，流行に対応して新しい条文が作られている。これは，反面，奢侈条令が流行と消費を促し，それが新たな条令を発布させるという循環を成り立たせている。

（新實五穂）

Bb010 古代地中海の怪物ケートスの系譜とドラゴンの誕生 —ジローナの《天地創造の刺繍布》における二匹の海獣に関する一考察—

金沢百枝著，地中海学研究24号，3-28頁，2001年

《天地創造の刺繍布》（ジローナ大聖堂宝物館所蔵，1050-1100年頃）には，多数の動物とともに二匹の海獣があらわされている。そのうちの一匹ケートスは，獣頭と蛇状の尾をもつ古代的な怪物ケートスから魚へ，その左に位置するもう一匹の海獣は，ケートスから獣頭，膨らんだ腹部，前足，尾等の特徴をそなえたロマネスク型ドラゴンへと変化する中間段階にある表現であるとみなされる。これらの海獣の系譜に関する議論の底流にあるのは，イメージとテクストの複雑な関係性，文化の継承と受容そして変容の問題である。

（伊藤亜紀）

Bb011 創造主礼賛図としてのジローナの『天地創造の刺繍布』

金沢百枝著，美術史150号，219-234頁，2001年

ジローナ大聖堂宝物館所蔵の《天地創造の刺繍布》における創世記場面は，イタリア大型聖書の図像に類似する。従ってこれはローマから中部イタリアにかけての地域でつくられた可能性があり，また制作年代も従来の説である11世紀後半より遅めに設定することもできる。さらに被造物すべてが創造主を讃えるという構図や，「創造主礼賛」の定型表現である銘文がみられることから，この刺繍布は「マエスタス・ドミニ」の一種としての礼賛図であることが明らかとなった。さらにこれは，復活祭前夜の典礼で展示される祭壇奥の壁掛けであったという可能性も指摘できる。

（伊藤亜紀）

Bb012 『動物誌』と装飾文様 —ルイ・ドルレアンの衣裳の《泉に姿を映す虎》—

徳井淑子著，プリュム仏語仏文学研究5号，42-47頁，2001年

フランス王弟ルイ・ドルレアンの記録に，1396年ドイツへの旅支度として誂えた衣裳の一つとして，虎が自らの姿を泉に映している姿を刺繍したというウープランドがある。泉に自らを映す虎のモチーフは，当時流布した『動物誌』の虎の記述に由来する。虎の子を盗んだ人間は，母虎の追跡をかわすために鏡を置いて逃げるというその説明は，4世紀のアンブロシウスの著作以来，鏡に関してさまざまな解釈を生んだ。ナルシスの神話に重ねられた泉との組み合わせは，愛のテーマを託した動物誌に根ざし，フランス王家の享楽的な宮廷を物語る文様といえる。

（徳井淑子）

Bb013　西欧中世の色―衣服の色のシンボリズム―
徳井淑子著，お茶の水女子大学大学院国際日本学シンポジウム報告書，82-89頁，2001年

　中世ヨーロッパの色のなかでも黄色と緑色が特に明確なシンボリズムを形成していたことはよく知られており，服飾における使用も限られている。黄色は，会計記録によれば子どもと道化に許される以外はしかるべき身分の男女が着ることは皆無であり，黄色への嫌悪感は文学作品や写本挿絵によっても確かめられる。一方，緑色も五月祭の衣裳を除けば子どもと道化の服を特徴付ける。
　子ども服と道化服の共通性は，縞やミ・パルティの使い方にもうかがわれる。ここには子どもを狂人，すなわち人格形成の途上にある理性を欠いた存在としてみなす中世独特の子ども観がある。
（徳井淑子）

Bb014　ルネサンス絵画にみる聖女とその服飾
―15世紀のイタリア絵画をめぐって―
戸田賀志子著，日本服飾学会誌20号，124-131頁，2001年

　カルロ・クリヴェッリの《モンテフィオーレ多翼祭壇画》（1470年頃）に描かれたマグダラのマリアと聖カタリナの装いには当世風の意匠が凝らされているのに対し，ボッティチェッリの《サンタンブロージョ祭壇画》（1467～70年頃）における同聖女たちは，コッタとマンテッロという中世以来の衣服を着用し，画家の好みのモティーフで身を飾っている。画中の聖女たちが観者と同じ装いをすることによって画面の内と外の境界は曖昧となるが，両祭壇画の服飾表現は，観者が自己を投影し，個性を演出するものとなっている。
（伊藤亜紀）

Bb015　異性装から見た男と女（1）
赤阪俊一著，埼玉学園大学紀要（人間学部篇）2号，21-33頁，2002年

　中世において，女性の異性装は列聖にいたることがあった。13世紀中葉の聖者伝『黄金伝説』には，6人の男装した聖女が登場する。男装の主な理由は，修道院に入るためであり，そこには，女から遠ざかれば遠ざかるほど神の似姿に近くなり，女性の美しさには聖徳への障害とされる中世の人々の観念が反映されている。一方で，作中では，男装した聖女たちが子どもを育て上げ，彼女たちの母性が示されるとともに，クライマックスで彼女たちは裸身を必ず晒す。男によって書かれ，読まれる聖女伝には，男の目に映じる，対象化された女の姿が存在している。
（新實五穂）

Bb016　異性装から見た男と女（2）
―女教皇伝説―
赤阪俊一著，埼玉学園大学紀要（人間学部篇）3号，47-59頁，2003年

　13世紀以降，ヨーロッパで急速に広まり，教会批判のため利用されたものに，女教皇伝説がある。伝説では，女性は男装し，男性として学問を修め，教会の位階制度を上りつめて教皇になる。男装の聖女とともに，この伝説は，女性は男装により，男性と同等になりうることへの期待と恐怖を中世を通じて存在させている。また女教皇伝説は常に男性によって書かれ，女教皇は出産という女性に特有な行為を公衆の面前で実行させられ，女性であることが最後に暴露される。女は男によって対象化され，ステレオタイプを演じさせられる点は，男装の聖女の事例と同様である。
（新實五穂）

Bb017　節度があり，実用的で，過剰でないこと―スウェーデンの聖ビルギッタの中世後半の衣裳と衣服の概念―
デジレ・コスリン著，国際服飾学会誌23号，43-63頁，2003年

　中世の女性神秘論者スウェーデンの聖ビルギッタの14世紀後半の著作『啓示』には，衣服に関し様々な描写がなされている。ビルギッタは，シフト，コット，マントルや靴といった衣類や，リネン，ウール，シルクや皮といった素材に，また司教や世俗の人々が着る衣服に，神との関わりを表わす啓示的な意味をほのめかした。また修道女に定められた衣服や教皇から叱責された息子のベルト等についても表わされている。『啓示』の描写から，ビルギッタは節度があり，実用的で，過剰でない衣服を理想的と考えていたことが理解できる。
（黒川祐子）

Bb018　異性装から見た男と女（3）
―異性装の女騎士―
赤阪俊一著，埼玉学園大学紀要（人間学部篇）4号，49-61頁，2004年

　女性が騎士となって活躍する作品『サイレンス』は，13世紀後半にヘルドリスによって著された韻文体の物語である。女性が相続権から排除される王令のため，女主人公サイレンスは男性として育てられ，宮廷に出仕し，騎士に叙され，反乱を鎮圧するも，物語の最後では，男たちに裸体を晒し，女であることが発覚して，国王と結婚する。そこには，女性は男装して女性性を捨て去ることで，知恵ある行動が可能となるが，生まれこそが真実であり，教育によっても生まれの本質は変えられないという性別に関する中世の人々の精神性が示されている。
（新實五穂）

Bb019　十字のスリットとウィリアム・テル伝説
黒川祐子著，服飾美学 39 号，19-36 頁，2004 年

　中世に伝説的起源をもつシラーの戯曲『ウィリアム・テル』には息子の頭上のリンゴに矢を射る場面がある。これを題材にした 16 世紀のテルの衣服の背部に描かれる 4 本でひとつの十字模様をなすスリットは，異国の圧政を象徴するハプスブルク家のゲスラーを象徴する斜め十字と対比され，当時スイスの国家団結を表すしるしとなった。14 世紀スイス兵がブルゴーニュ軍と戦いを交わした頃いられはじめた正十字は，彼らに対立するランツクネヒトの斜め十字と対比された。当初は紐で縫いつけられ表された正十字は，16 世紀のスリットの流行にともない切れ目でもって表されるようになった。

（黒川祐子）

Bb020　中世ヨーロッパ貴族の家と文化
　　　　――騎士道と家門意識の形成――
桑野聡著，郡山女子大学紀要 40 号，1-27 頁，2004 年

　中世の騎士道を象徴するもののひとつに紋章文化がある。紋章のデザイン化は馬上槍試合の流行のなかで急速に進むことになった。馬上槍試合はこれに関わりさまざまな重要な役割を担う紋章官らにより取り仕切られた。馬上槍試合はまた宮廷風恋愛の重要な舞台でもあった。『マネッセの歌謡写本』には盾や兜飾り，馬飾りに数多くの紋章が描かれている。紋章は元来個人を識別する記号的役割が強かったが，第 2 回十字軍の頃には親子間で継承されるようになる。さらにこれは血統・所領・地位身分の継承，あるいは本家と分家また直系と傍系の区別を示す複雑なしるしとなった。

（黒川祐子）

Bb021　中世フランス文学における下着 chemise の表現　――着衣と裸体の狭間で――
徳井淑子著，服飾文化学会誌 5 巻 1 号，33-39 頁，2005 年

　12・13 世紀フランス文学の服飾描写には，男女の肌着であるシュミーズについての言及が少なくない。ただしシュミーズは近代的な概念で捉えられる下着ではなく，私的な空間では部屋着ともなる。その曖昧な性格は物語の展開に微妙な陰影をつくり出す。
　シュミーズは，着るべき服を着ていないという意味で裸のような状態を象徴的に語るかと思えば，逆に裸ではないという意味で着衣の状態を強調するために使われることもある。裸体と着衣の狭間で揺れるシュミーズは，恋のエピソードにおいて恋を促す役目を果たすとともに，拒絶するサインとしても機能する。

（徳井淑子）

Bb022　涙のドゥヴィーズの文学背景
　　　　――〈心と眼の論争〉――
徳井淑子著，お茶の水女子大学人文科学研究 3 巻，29-40 頁，2006 年

　15 世紀に流行し，服飾文様としても使われた涙文のドゥヴィーズは，14 世紀末以来の〈不幸な恋人〉をテーマとした抒情詩の流行のなか，涙に関わるレトリックを背景により豊かな文学性を担う。ここには〈心と眼の論争〉という文学テーマがあり，すなわち〈心と眼の分離〉と称されるヨーロッパの恋愛観念が文様の根底にある。いわゆるハート形の形象もここに誕生している。
　ブルゴーニュ公に仕えたミショー・タイユヴァンによる 1444 年の『心と眼の論争』は，この宮廷で涙文が武芸試合に頻出する時期に重なる。涙文の流行を促した宮廷の貢献を裏付ける作品である。

（徳井淑子）

Bc001　シャムワズ：ルイ14世代の一流行とフランスの綿産業
辻ますみ著，服飾美学26号，79-94頁，1997年

　フランス17世紀の服装版画にシャムワズのデザビエが登場する。宮廷衣装とは異なる軽やかな縞柄の衣装であり，1687年にベルサイユ宮殿でフランス国王に拝謁したシャム大使にちなんで生まれた新語がシャムワズである。ペルシア風衣装を着た大使らの姿や献上品への関心の高まりが生んだ言葉であるが，ルーアンの綿織業者が綿と麻の交織布にこの語を用いたことから18世紀にはフランス綿工業と綿プリント業を支えた綿白布を指す語になった。シャムを通してフランスにアジア趣味が届いたことを証する語である。　　　　（辻ますみ）

Bc002　16世紀から17世紀における英国の子供の装い
松尾量子著，山口県立大学生活科学部研究報告24号，41-48頁，1998年

　16世紀の英国は，視覚性が重んじられた時代であり，身分や職業に応じた装いをすることが求められた。男子服においては，年齢による衣服の違いが示されるようになり，3歳頃から少しずつ成人男子の服飾の要素が取り入れられた。16世紀後半になると，女子服においても，少女が成人女性の服飾として数年前に流行したものを着用することによって，年齢による衣服の違いが視覚的に示された。16世紀の服飾流行としてのハンギング・スリーブは，17世紀の初めには，着用者が子供であることを示す意味を持つようになり，子供であることを示す服飾品へと展開する。　　　　（松尾量子）

Bc003　神戸市立博物館所蔵『泰西王侯騎馬図』の系譜について —服飾描写の視点から—
安蔵裕子著，国際服飾学会誌16号，143-164頁（英文154-164頁），1999年

　神戸本『泰西王侯騎馬図』は，17世紀オランダのブラウ制作の世界図を基本図として描かれたとの定説があるが，必ずしも服飾描写の具体的解析は行われていない。本論考では，スペインを中心とした王侯肖像，マドリード王宮兵器博物館所蔵武具，ルイス・フロイスの『日欧文化比較』，セルバンテスの『ドン・キホーテ』の記述を資料とし，西欧に盛行した帝王騎馬図の甲冑着装の定型を明らかにし，ルドルフII世とされる図像を中心に「兜」及び「襟飾り」の描写に着目，初期洋風画の特質を考察し，従来の説に関する問題点を指摘した。　　　　（安蔵裕子）

Bc004　ジョン・イヴリンと東方衣装の認識
辻ますみ著，服飾美学29号，83-95頁，1999年

　ジョン・イヴリン（1620〜1706）の日記を資料にしてチャールズ2世の宮廷に登場したヴェストのルーツを考察。イタリア旅行で目にしたペルシア人の威厳ある姿と立派な織物，ヴェネツィア貴族の優雅な装いや多様な異国人の姿，国王に拝謁するモスクワ大使らの荘厳な姿など，日記には東方のカフタン式衣装をヴェストと記して賞讃している。フランスのルイ14世の宮廷衣装を真似ることに批判的だったイヴリンは国王にヴェストの着用を薦める。17世紀後期の貴族衣装の変化や軍装の改良に東方の影響があったことがイヴリンの日記から明らかになった。　　　　（辻ますみ）

Bc005　18世紀ヴェネツィアにおけるバウタの仮装 —ピエトロ・ロンギの作品を中心に—
水谷由美子著，服飾美学28号，47-63頁，1999年

　18世紀ヴェネツィアにおける貴族や市民はバウタに限って謝肉祭期間のみならず他の祝祭期間にも拡大して仮装が認められていた。男女や年齢さらに身分を越えてバウタは着用されヴェネツィアの国民的な仮装という特徴を持っている。人々はこの仮装を通じて，「仮面」という匿名の存在になり，自由な生活を楽しむことが可能であった。本論ではピエトロ・ロンギの風俗画においてたびたびバウタの人物が登場し，特異な様式を確立していることに注目する。そして，ロンギの作品に描かれた図像から，バウタの構成部分の解釈を通じて，この仮装の特性を検討する。さらに，男女の恋愛遊戯に関する定型的な人物の構図を解釈して，バウタの仮装にみられる喜劇性を明らかにした。　　　　（水谷由美子）

Bc006　下着の色と清潔 —十八世紀リヨンの遺体調書に見られる事例から—
伊藤（内村）理奈著，服飾美学30号，33-48頁，2000年

　歴史家は17，18世紀の清潔感は白い下着によって表現されたとするが，18世紀リヨンの遺体調書には赤褐色の下着がある。この赤褐色の下着の分析から，白い下着の流行と関わる清潔の問題を考察した。赤褐色の下着は無漂白のくず麻製の最低のものであった。清潔に腐心した上流階級の人びとが下着の白さに固執したのは，当時の漂白事情の中で希少価値を持っていたからである。白い下着は清潔と富のシンボルであった。清潔は特権であり，身分，職業，経済状況に見合った衣事情が存在し，下着の色は当時の社会的ヒエラルキーを映し出していた。　　　　（内村理奈）

Bc007　マリーアントワネットの衣裳に関する一考察 —ヴィジェ・ル・ブランによる肖像画をとおして—

小林朗子著，家政学研究47巻1号，26-34頁，2000年

　フランス服装史の黄金期であるロココ時代を取り上げ，マリー・アントワネットの衣生活を検討した。王妃の衣裳報告書をもとに考察した。王妃の衣裳代が嵩んだ理由は，第一にインフレであったこと，第二に常に実質以上の額を請求されたこと，第三に民衆が王妃の威厳のために豪華な服装を望んだことであった。一方，インターネット上に公開されているヴィジェ・ル・ブランの描いた王妃の肖像画の調査結果からは，王妃は美と愛の象徴であるバラを手にし，王妃としての威厳と同時に簡素を好む魅力的な女性としても描かれたことがわかる。
(内村理奈)

Bc008　1580年代の肖像画に見るエリザベスⅠ世の服飾 —「篩の肖像画」を中心に—

松尾量子著，山口県立大学生活科学部研究報告25号，29-34頁，2000年

　エリザベスⅠ世の肖像画の中で，「篩の肖像画」と呼ばれるものは，画面全体が複雑な寓意を組み合わせて描かれており，そこに見られる服飾もまた肖像画の意図を示すための重要な役割を果たしている。特にシエナに残されている「篩の肖像画」は，エリザベスⅠ世の晩年の肖像画に顕著な装飾性に溢れた荘厳さを演出するための重要な道具立てとして，服飾が使用された最初の例であると言える。1590年頃には，篩は，象徴的な意味を持つ宝飾品として，臣下から女王に献上されるようになり，女王の身を飾る服飾品の一つとして肖像画に描かれている。
(松尾量子)

Bc009　エリザベス一世の肖像画における羽扇

松尾量子著，服飾美学31号，17-32頁，2000年

　エリザベス一世の肖像画には，手に羽扇を持った姿で描かれたものが多い。羽扇の柄の部分は，宝飾品としての資産価値を持っているため，象徴的な意味をこめた意匠が組み込まれる。1594～95年に描かれたとされる「三日月の肖像画」では，羽扇の柄に見られる皇帝冠とスカートに見られる紋章学に基づくモチーフによって，この肖像画の主題が，海上帝国の女帝であることが示されている。エリザベス一世にとって，羽扇は，自慢の美しい手に注目を集めるための小道具であると同時に，海上帝国の女帝という視覚的イメージを示すものであり，女王の神格化を強調するものでもある。
(松尾量子)

Bc010　17世紀イギリスのGauntlet Glovesのデザインと装飾 —バース服飾博物館所蔵のワーシップフルコレクションより—

有馬澄子・青木淳子著，東横学園女子短期大学紀要36号，1-18頁，2001年

　バース服飾博物館所蔵のワーシップフルコレクションから100点の手袋の資料を写真で収集，その中から形態や用途で分類・整理・検証した。本稿では，17世紀と判断できた物の中から手首部分に装飾をほどこしたゴントレットグローブと分類できる30点につき検証・考察を行なった。ゴントレットは元来手首部分の保護の役割を持っていたが，のちに富や権威を表現するレースやフリル，刺繍等豪華な装飾がほどこされた。デザインのモチーフは草木，動物，神話等多岐にわたり，シンボルとして意味を持つ。
(青木淳子)

Bc011　ヴェチェッリオと「古今東西の服装」について

加藤なおみ著，服飾文化学会誌1巻1号，7-14頁，2001年

　1590年にヴェネツィアで出版された「古今東西の服装」は，画家であったヴェチェッリオの下絵に基づく木版による豊富な図版とそれらに付けられた解説文によって，服装についての体系的な考察が行われているという点において，当時出版されていた他のコスチューム図版との違いが明確である。その服装史的意義としては，全身像が図示され，解説されていること，衣類の名称，意味，着装方法がわかること，着用者の性別や階層，職業，年齢がわかること，世界の服装が地域ごとに示されていること，装飾や生地についての具体的な記述があることなどである。
(松尾量子)

Bc012　17～19世紀トルコの染織品2点の材質と技法

小嶋真理子・林暁子・霜鳥真意子・齊藤昌子著，共立女子大学家政学部紀要47号，51-60頁，2001年

　17～19世紀に制作されたトルコの染織品2点について，その繊維素材，染料を科学分析し，織物としての技法（経糸，緯糸，金属糸の構造，織密度，織組織）を明らかにした。1点は4色の絹糸と金属糸で構成される朱子織物（経朱子）で，赤色染料にはラックが用いられ，金属の糸の表面は美しく輝き，その構造もしっかりしたレベルの高い17世紀初頭の絹織物である。もう1点は，毛を素材とする綾織物で，9種類の緯糸を経糸の間から部分的に出して模様を表すインドカシミアンショールの技法を用いた19世紀の織物で，赤色染料はコチニールであった。
(齊藤昌子)

Bc013　ヴィジェ・ル・ブランの肖像画による服装の一考察
―インターネットにおける調査研究―

小林朗子著，日本服飾学会誌 20 号，117-123 頁，2001 年

　インターネット上に公開されている『Vigée Le Brun Gallery』(http://www.batguano.com/Vigee.html) 掲載のヴィジェ・ル・ブラン（1755 ～ 1842）の描いた肖像画 459 点を資料として，彼女の描いた流行服への先見性を，1770 年代に着目して分析した。1770 年代はフランス革命前の政情不安定な時期にあり，またロココ様式から新古典主義様式へと変化する過渡期にあたる。この時期に活躍したル・ブランの先見性はパニエを着用していないシュミーズ風ローブの女性を描いたところに顕著である。それらは肖像画の依頼者の要求に従ったものでもあった。流行に対する彼女の先見性が画家としての成功につながったであろう。（内村理奈）

Bc014　『ギャラリー・デ・モード』にみる服飾
―略装モードとイギリス趣味―

西浦麻美子著，日本家政学会誌 52 巻 11 号，53-60 頁，2001 年

　1778 ～ 1787 年にパリで刊行されたファッション・プレート『ギャラリー・デ・モード』を手がかりに，18 世紀末フランスにおけるイギリス趣味の流行の詳細を明らかにした。おしゃれな若者「プチ・メートル」を描いた図からは，くつろいだ朝の略装のまま一日を過ごすことの流行が，乗馬服「ルダンゴット」の図からは，バヴァロワーズという名の前開きの折り返し装飾や，鋼鉄製ボタンの流行が，「エレガン」の図からは，プチ・メートルに代わり，イギリス人の陰鬱な性格をも流行にした新しい洒落者像の出現が読み取れる。

（西浦麻美子）

Bc015　ズボンに現れた国民性
―西欧 16 世紀の男子服―

黒川祐子著，服飾文化学会誌 3 巻 1 号，17-26 頁，2003 年

　16 世紀西洋の服装に現れた国民性の具体例として，各国で異なるズボンの形状について考えてみた。「スペイン風のズボン」とは腰部が台形状に大きく膨らんだ丈の短いズボンを指すものと考えられる。「ドイツ風のズボン」とは縦に入ったスリットの隙間から，明らかに裏地が表に引き出されたタイプのズボンを指す。ドイツの傭兵ランツクネヒトはスリットの隙間から裏地がたっぷりと垂れ下がった「プルーダーホーゼ」と呼ばれる特徴のあるズボンをはいた。「フランス風のズボン」とは底部に筒型の縁取りのあるズボンを指したものと思われる。

（黒川祐子）

Bc016　スリットとランツクネヒト
―16 世紀ドイツの傭兵像とその服飾―

黒川祐子著，服飾美学 37 号，1-16 頁，2003 年

　15 世紀後期から 17 世紀前期の西洋の衣服にはしばしば様々な形状のスリットが入れられた。スリットの入った服は，神聖ローマ帝国の軍隊が徴集した歩兵ランツクネヒトに好まれ着用された。彼らは農村などから集められ査閲を受け採用され，報酬と引き換えに軍隊に従事し，戦争が終わると解散した。彼らが入隊時に手に入れた高価なスリットの入った服は，「貴族のような」集団に属する彼らの上昇志向と結びついていたのである。一方で農民としての過酷な生活が待ち受けていた帰還後の彼らの着るスリットの入った服は，惨めで野蛮な服ともとらえられていたのである。

（黒川祐子）

Bc017　18 世紀末フランスにおけるアンリ 4 世モード
―王妃の舞踏会 1774-1776 年を中心に―

西浦麻美子著，服飾文化学会誌 3 巻 1 号，35-47 頁，2003 年

　18 世紀末のフランスでは，王妃マリーアントワネットの舞踏会を中心に，羽根飾りや襞襟，切り込み装飾を特徴としたアンリ 4 世時代風の衣裳が採用され，人気を博した。その背景には，新国王ルイ 16 世の治世に対する国民の期待によって流行した，「理想的君主アンリ 4 世」を称える舞台や物語の影響があった。懐古趣味の舞踏会は，こうした舞台を下敷きに企画されており，白い大きな羽根飾りをはじめとする華やかな衣裳には，アンリ 4 世の徳や武勇に由来する，フランス貴族の栄光が見出されることになった。

（西浦麻美子）

Bc018　エリザベス一世時代における帽子の着用

松尾量子著，国際服飾学会誌 23 号，64-83 頁，2003 年

　16 世紀の後半には，クラウンとブリムを持つ流行の帽子，ハットを着用することは，男性にとっては富や地位を表明するものであった。ハットは男性のためのかぶりものと見なされていたため，女性の場合は，貴婦人の戸外用あるいは乗馬用としてのみハットが着用され，市民階級の女性には許されなかった。宮廷用の帽子であるボネは，騎士の武具としてのヘルメットに由来することから，羽根飾りや宝石が着用者を示すしるしとして重要な意味を持つ。エリザベス一世の場合には，ボネは騎士の帽子であると共に，皇帝冠でもあるという二重の意味を持って着用されたと考えられる。

（松尾量子）

Bc019　『オセロー』の，あの苺模様のハンカチーフ

山﨑稔惠著，関東学院大学人間環境学部教養学会紀要『室の木評論』創刊号，13-25頁，2003年

シェイクスピアの戯曲『オセロー』において将軍オセローとその妻デズデモーナの運命を左右したのは苺模様の縫い取りがされたハンカチーフであった。このハンカチーフはオセローからデズデモーナに愛のしるしとして贈られたもので，このような授受が意味するところを滔々と語る台詞は服飾史的諸相からも注目される。だが，なぜ物語の筋に深く関わるハンカチーフに苺の模様をつけたのか。シェイクスピアの全作品を通して「苺」は僅か4箇所で描写されているにすぎないが，そこにはいずれも「義なるもの」の象徴とするキリスト教的解釈を認めることができる。ところが当時は一方に「現世の欲望への誘惑」の象徴とする負のイメージも指摘されていた。愛の永遠を願いながらも儚く崩れるという，その理想と現実をシェイクスピアは苺模様に投影させながら，刻々と迫る悲劇を創出していたと考える。　　　　（山﨑稔惠）

Bc020　ヨーロッパの王権と手袋

有馬澄子・青木淳子著，東横学園女子短期大学紀要38号，1-15頁，2004年

本稿はヨーロッパの王権と手袋の関係，特にイギリスを中心とした王位と手袋の関係に焦点を当てた。資料はバースその他ヨーロッパの各博物館・美術館のうち，王室に関連しかつ本研究に有用と思われる11点について検証した。ヘンリー八世，エリザベス一世のゴントレット手袋，ヴィクトリア女王戴冠式の手袋等であるが，ほとんどがホワイトキッド製で金銀糸の刺繍がほどこされ，ブレードやリボンの装飾がある。手袋の譲渡は権利と土地の受領を意味することもあり，権力の象徴でもあったといえる。　　　　（青木淳子）

Bc021　リーパは"彼ら"に何色を着せたか？―『イコノロジーア』と16世紀イタリアの色彩論―

伊藤亜紀著，人文科学研究キリスト教と文化35号，61-82頁，2004年

バロック芸術に絶大な影響を与えたチェーザレ・リーパの図像学事典『イコノロジーア』（第3版1603年）に定義されている1000以上の寓意像の約3分の1に，着衣の色彩の記述がある。リーパは各寓意像に色彩を割り当て，その象徴的意味を説明するにあたり，実際の絵画作品よりもむしろ，16世紀に出版された色彩論を参照したと考えられるが，なかでもとりわけ当時版を重ねたモラートの『色彩と草花の意味について』（1535年）と，シシルの『色彩の紋章』のイタリア語訳（1565年）からの影響が色濃くみられる。

（伊藤亜紀）

Bc022　青い〈嫉妬〉―『イコノロジーア』と15-16世紀の色彩象徴論―

伊藤亜紀著，美学55巻3号，1-13頁，2004年

チェーザレ・リーパの『イコノロジーア』（初版1593年）では，〈嫉妬〉の擬人像が，turchino（トルコ石色の青）の服を着た女性と定義されている。すでに14世紀のフランスでは，青が誠実と不実という，恋愛の善悪両面をあらわす色であるという考えが知られていた。そして嫉妬にしても，愛の負の側面とみなすことができるので，青と容易に結びついたのではないかと考えられる。したがって青の両義性という概念は，フランスの文学作品等をとおしてイタリアに入り，16世紀のイタリアで各種出版された色彩象徴論を経て，リーパの〈嫉妬〉像に結実したと言える。　　　（伊藤亜紀）

Bc023　スイス衛兵のコスチューム

黒川祐子著，服飾文化学会誌4巻1号，103-114頁，2004年

20世紀初め，ローマ教皇ベネディクトゥス15世治下のスイス衛兵隊長であったジュール・レポンと軍事史家ガストン・カステラはヴァチカン宮殿で教皇を警護するスイス衛兵の衣裳の歴史に関する研究を行なった。特にレポンの製作したスイス衛兵らの衣裳は現在の彼らの衣裳の原型ともなっている。レポンのデザインに取り入れられた青，黄，赤からなる三色の縞，ラファエロが考案したと思われるスリットのある袖，ミケランジェロの素描にもみられるという鶏冠のような頭頂部をもつモリオン帽のデザインは，16世紀の彼らの衣裳に表されていたものである。　　　　（黒川祐子）

Bc024　ジョルジュ・ド・ラ・トゥール作《大工の聖ヨセフ》―サンダルを履いた聖ヨセフをめぐる一考察―

平泉千枝著，美術史157号，150-166頁，2004年

ラ・トゥール作の《大工の聖ヨセフ》成立の背景には，対抗宗教改革期におけるロレーヌのヨセフ崇敬の広まりがあり，その着想に関しては，跣足カルメル修道会やそれとつながりをもつ知的グループが関与していたことが考えられる。作品の図像構成には，大工としてのヨセフの姿を称揚する意味が込められており，そこには手仕事を奨励する当時の改革派の宗教的理念が投影されている。ヨセフの履いたサンダルは，「跣足」という，修道会の厳格な宗教的規律の表象であり，《大工の聖ヨセフ》像は，改革派修道会の精神を反映した理想像であったといえる。　　　（西浦麻美子）

Bc025　庶民の上着 ―十八世紀リヨン，ボジョレ地方の遺体調書から―

内村理奈著，服飾文化学会誌 5 巻 1 号，9-19 頁，2005 年

　リヨンとボジョレの遺体調書の分析によって，庶民の衣生活を明らかにすることを目的に，男性上着の記述について統計的な調査分析を行った。庶民の上着の代表はアビとヴェストであるが，マトロットとブロードというこの地域に独自の上着の存在も指摘できる。これらの上着の素材は種々の安価な毛織物であり，色は灰色と茶系の色が主流である。上着のつくりや着こなしの工夫のほか，用途や職業に応じた上着の存在が浮かび上がった。遺体調書という史料の特質から，上流階級と異なる庶民に固有の衣生活が存在したことが明らかになった。
　　　　　　　　　　　　　　　　　　　　（内村理奈）

Bc026　18 世紀パリにおけるモード商人像の成立

角田奈歩著，お茶の水女子大学人間文化論叢 7 巻，81-89 頁，2005 年

　アンシャン・レジーム期パリにおいては，すべての手工業者及び小売業者は同業組合所属を義務付けられ，服飾品生産・流通システムは細分化されていた。だがこうした状況下に，モード商人という特異な職種が存在した。モード商人はいつから，どのように同時代人に認識されていたのだろうか。原語の用法を辿ると，モード商人は 1760 年代初頃から人口に膾炙するようになっていたことがわかる。彼女らの仕事内容は当時の事典類では服飾雑貨の製作・小売と説明されているが，実際には分業の枠を超えて幅広い商品・作業を扱い，才能によって人気を博していた。モード商人は顧客に従うだけの無名の働き手という立場を脱し，流行を自ら提案・牽引する存在になっていたのである。　（角田奈歩）

Bc027　ドイツ・ミンデルハイムのフルンツベルク祭り ―ランツクネヒトの時代のモードの再現―

黒川祐子著，服飾文化学会誌 5 巻 1 号，21-31 頁，2005 年

　ドイツ・ミュンヘンの西にある都市ミンデルハイムでは「フルンツベルク祭り」と呼ばれる 150 年もの歴史をもつ市民祭が 3 年おきに開かれている。この祭りではランツクネヒトの時代に流行したであろう時代衣裳が市民らの手により再現されている。パレードなどに多数登場するランツクネヒトの衣裳は縞，スリット，パフなどを特徴とするが，これらは貴族，市民，フルンツベルクらの衣裳にも反映されている。彼らは段状のスリットのあるパフ・スリーブの胴着を，また袖部と同じような膨らみを膝にもつ脚衣をはいた。これらは 16 世紀前期のモードを再現したものといえよう。
　　　　　　　　　　　　　　　　　　　　（黒川祐子）

Bc028　フェルメールの斑点入り毛皮をめぐる「アーミン」言説の再考 ―絵画における服飾表現の現実性―

三友晶子著，日本家政学会誌 56 巻 9 号，617-625 頁，2005 年

　17 世紀オランダの画家フェルメールの作品に見られる黄色いジャケットに付けられた黒い斑点入りの白い毛皮の縁取りは，従来「アーミン」であると言われてきたが，伝統的なアーミンの描法で描かれてはいない。フェルメールの描いた毛皮は，実際にはより入手しやすい白い毛皮であり，黄色いジャケットとの視覚的・美的効果のために，画家によって，黒い斑点が描き加えられたと考えられる。このように絵画の服飾表現の中に，画家による虚構的表現が含まれていることを確認したことから，絵画作品を服装史の資料として扱う場合には，慎重さが求められるという重要な認識を得た。
　　　　　　　　　　　　　　　　　　　　（松尾量子）

Bc029　Wenceslaus Hollar と『四季』について

石山彰著，服飾文化学会誌 6 巻 1 号，1-6 頁，2006 年

　ファッション・プレートの父とされる版画家ホラールを取り上げ，その生涯と，彼の代表的な作品である 1641 年の『四季―七分身』と 1643 年から 44 年にかけて制作された『四季―全身像』について考察した。作品はいずれもロンドンで制作された。四季の主題で作品を描いた画家は稀有であった。『四季―七分身』には 17 世紀中期特有の衣装が小物も含めて質感も理解できるほど詳細に描かれている。『四季―全身像』は初期ファッション・プレートの傑作と言ってよい。いずれも衣装の細部と質感の表現が卓越しているが，背景に 1666 年のロンドン大火以前の季節ごとの風景が見事に描かれており，当時の様子が偲ばれる。　（内村理奈）

Bc030　アンシャン・レジーム期の帽子をめぐる身体表現 ―ダンスの教本を中心に―

内村理奈著，お茶の水女子大学大学院人間文化論叢 8 巻，113-122 頁，2006 年

　ダンスの教本を資料として，帽子の作法における具体的な身体所作を明らかにし，その意味を考察した。ダンスは優雅な身ごなしを習得する手段であり，その教本は青年貴族に日常生活における基本動作を教えるものである。特に帽子の挨拶の際の所作が詳述されている。上流貴族は相応の練習を要するこれらの挨拶を適切に行わなければならなかった。それはこのような所作が grace という人間の内側から自然とあふれでる優雅さを表したからである。特権階級は心身の修練を要する優雅な身体表現によって，自らを視覚的に際立たせたのである。
　　　　　　　　　　　　　　　　　　　　（内村理奈）

Bc031　アンシャン・レジーム期の帽子
　　　―礼儀作法が構築する階層社会―

内村理奈著，国際服飾学会誌 29 号，53-69 頁，2006 年（英文対訳付き）

　アンシャン・レジーム期の男性の帽子は魂や名誉を象徴した。このような帽子の重要性に裏打ちされて帽子の作法が存在した。その基本は，敬意を表すべき相手や事物の前で，適切な時機と方法で脱帽することであった。王の親裁座の議事録には帽子の着脱の様子が記録され，民衆の暴力事件では帽子の着脱が暴力発動の重要な契機とされた。作法書通りに帽子の扱い方を心得ているのは一部の上流階級のみであり，帽子の作法が介在することで身分差が顕になった。当時の人びとは帽子の作法の連鎖によって否応なしに社会的ヒエラルキーを実感させられた。
　　　　　　　　　　　　　　　　　　　　　（内村理奈）

Bc032　CAD を用いた近世ドレスの再現

髙橋和雄・藤原りえ著，和洋女子大学紀要（家政系編）46 号，79-86 頁，2006 年

　近世西欧の衣裳，なかでもローブ・ア・ラ・フランセーズを再現することは，服装史ばかりでなく製作技術や被服材料との関連で興味がもたれている。本研究では，まず，衣裳の形状を時代的背景から考察し，ミシンの開発経過との乖離を検討した。つぎに，この衣裳再現に対してアパレル CAD の技術を用いた場合，どのような手順があるかのシミュレーションを行い，それぞれでの問題点抽出，および問題点の解決方法を検討した。さらに，製作物をもとに製作経過を検討した。
　原資料の図面をスキャナで読み込み，アパレル CAD で着用対象者用のパターンに変換した。プロット出力したパターンをもとにドレスを製作した。ポンパドール夫人の肖像画などの原資料において，体形やサイズが明示されていないため，種々の困難があったが作品を完成させることができた。
　　　　　　　　　　　　　　　　　（髙橋和雄・藤原りえ）

Bc033　アメリカ独立戦争と 18 世紀末フランス・モード

西浦麻美子著，日本家政学会誌 57 巻 12 号，15-22 頁，2006 年

　18 世紀末，フランスは，アメリカ植民地の独立を支援する立場から，イギリスと戦った。この時，フランス女性の間では，フランス軍の勝利を称える名前やモチーフを用いた巨大な髪型が流行した。アメリカ大使フランクリンの訪仏は，彼の農民のような簡素な外見に，「自由」という肯定的イメージを結びつける役割を果たした。フランス軍人ラ・ファイエットの活躍は，軍人の人気を呼び，軍服の地位を高めた。縞柄の流行におけるアメリカの影響には留保が残るものの，アメリカ趣味は，イギリス趣味と重なる形でその跡をとどめることになった。
　　　　　　　　　　　　　　　　　　　　（西浦麻美子）

Bc034　17 世紀前半の英国の服飾に関する一考察　―女性による異性装と子どもの装い―

松尾量子著，国際服飾学会誌 30 号，4-16 頁，2006 年（英文対訳付き）

　17 世紀前半の英国において，女性による異性装として非難された服飾の具体的な例として，男性用の胴衣であるとされたダブレット，羽根飾りのついた帽子，短剣，断髪をあげることができる。このような女性の装いは，ブリーチーズを着用する年齢に達する前の幼い少年の服飾とのアイテム上の相似を持つ。そのため，ダブレットとスカートを着用し，帽子をかぶり，短剣を持った女性の姿は，観る者には異性装であると認識されたのであるが，成人男性の服飾の領域を侵す完全な男装であるとは見なされず，この不完全さのために，着用が黙認され，流行としての男装になったと考えられる。
　　　　　　　　　　　　　　　　　　　　　（松尾量子）

Bc035　1770 年代の遺体調書にみるパリとリヨン，ボジョレの服飾

内村理奈著，お茶の水女子大学人間文化論叢 9 巻，131-139 頁，2007 年

　フランスの地方ごとの服飾状況の調査はこれまであるが，パリとの比較分析は見られない。そこで，1770 年代のパリとリヨンとボジョレの遺体調書に見られる服飾記述を比較分析した。統計結果から，銀のボタンと靴につけている銀の留め金は，リヨンとボジョレではほとんど見られないが，パリの調書には頻出する。パリでは 18 世紀初期から，大きくて四角い銀の留め金が男性の間で流行し，かなり長い間続いていた。パリとリヨン，ボジョレにおける服飾の地域差は，衣服の形態の差よりも，むしろ靴の留め金のような微細な部分に顕著に現れている。
　　　　　　　　　　　　　　　　　　　　　（内村理奈）

Bc036　女性の仮面に見られる日常性と祝祭性
　　　―17 世紀フランスを中心に―

内村理奈著，国際服飾学会誌 32 号，15-27 頁（英文対訳付き），2007 年

　17 世紀フランスにおける女性の黒い仮面の起源はヴェネチアのカーニヴァルにあるという説があるが，当時の仮面には祝祭的遊戯的意味合いとともに，日常性が色濃く見られる。仮面が女性の日常世界において不可欠な装身具であった点は，これまで指摘されてこなかった。黒い仮面は寒暑対策や美しさを際立たせる美容効果があり，高貴な身分の証としても機能した。さらに仮面の日常性を強調するものとして，仮面が貴族女性の日常的・公的生活での身体作法を生んだことが指摘できる。仮面の作法は，仮装の祝祭空間だけの約束事ではなく，日常世界の中で社会化・一般化された女性に固有の行動様式を生み，この点が当時の女性の仮面の特質と言える。
　　　　　　　　　　　　　　　　　　　　　（内村理奈）

Bc037　18世紀後半フランスにおけるイギリス・モード ―シャルトル公を中心に―

西浦麻美子著，日本18世紀学会年報22号，40-53頁，2007年

　18世紀後半のフランスにおいて，「王国一のイギリスかぶれ」といわれたシャルトル公を取り上げ，彼の周りに集まったイギリスかぶれの若者たちの言動や衣生活に注目することにより，革命前のフランスを席捲したイギリス・モードの性格を分析した。これまで，簡素なイギリス服は，華やかなフランス宮廷服との対比によって，革命の予兆となる衣服として理解されてきたが，イギリス服を採用し「身をやつす」ことを楽しんだモードの担い手たちの様子からは，それが貴族趣味のエリート・モードであったことが窺える。
（西浦麻美子）

Bc038　『乞食オペラ』と仮面扇

山﨑稔惠著，アートマネジメント研究8号，124-133頁，2007年

　18世紀前半に制作され，扇面の中央に仮面を描き，目の部分をくり貫いた奇妙な扇，仮面扇が世界各地の公私のコレクションに6例，遺っていると言われる。扇は女性の装身具として絶大な人気を博していたが，その使い方には問題があった。そのひとつが扇を使って覗き見るということであった。この仮面扇もまた，その一例と看做すこともできるが，それ以上に興味深いのはこれが，一説に最初のバラッド・オペラとして知られるジョン・ゲイの『乞食オペラ』のためにウィリアム・ホガースによって考案されたということにある。扇面には作者J・ゲイや作品に関する情報があり，作品の内容に取材した場面があり，扇の制作者の見方も示されていることから総合的に判断して，この仮面扇が『乞食オペラ』のために作られ，その作者がホガースであったことに疑いの余地はないと考えられる。
（山﨑稔惠）

Bc039　チェーザレ・リーパの「ポルポラ」

伊藤亜紀著，人文科学研究キリスト教と文化39号，111-129頁，2008年

　リーパの『イコノロジーア』（初版1593年）に定義された複数の「節制」の擬人像のうち，一人はポルポラ(porpora)の服を着ており，この色は二色の「合成物」であると述べられる。16世紀イタリアでは，ポルポラは概ね赤の同義語として捉えられていたが，リーパはシシルの『色彩の紋章』のイタリア語訳（1565年）を参照し，赤と黒の中間色，もしくは赤と青の合成色という知識を得たものと推測される。しかしリーパがポルポラをつくる二色について明言しなかったのは，ポルポラを赤そのものとみなす従来の色彩観と，中世以来の混合嫌悪という伝統に縛られていたからである。
（伊藤亜紀）

Bc040　18世紀パリ，リヨン，ボジョレにおけるchemiseの着用状況 ―清潔論再考―

内村理奈著，実践女子短期大学紀要29号，119-135頁，2008年

　近世における清潔観は，白い下着類の着用によって視覚に訴えるものであると解釈されてきたが，これらの下着を身につけたときの触覚の側面から，当時の清潔のあり方について再考を試みた。18世紀パリ，リヨン，ボジョレの遺体調書を分析すると，下着を身につけずその他の衣類を直接素肌に着ている人が少なくなかったことが理解される。一般庶民にとって下着は着ても着なくてもかまわないくらい粗悪なものであった。しかし王侯貴族にとっては麻の粗い下着を身につけることは苦行を強いられることに等しく，白い下着を着ることは素肌の心地よさを求めることに他ならない。当時の清潔とは皮膚感覚をも含んだ人間の感覚の変化を伴ったのではないか。
（内村理奈）

Bc041　18世紀初期フランスの礼儀作法と部屋着モード

内村理奈著，服飾文化学会誌8巻1号，11-21頁，2008年

　18世紀初期にヴァトー・プリーツに代表されるような部屋着モードの広まりが見られたが，これを快く思わぬ同時代人が存在した。それは当時の礼儀作法書が部屋着を作法に反するものとして非難したからである。部屋着による快適さの追求は，キリスト教の原罪に基づく「神の訓え」に背くものと見なされた。なぜなら，部屋着は女性の性的魅力を誇示し，男性の場合は自由思想家の姿とも重なり，さらに，宮廷に出入りする貴族の装いと風俗を誰もが真似するのは，身分秩序を乱すものとも受け取られたからである。しかしそれゆえに18世紀初期の人びとは，17世紀から続く堅苦しい礼儀作法の規範からの心身の解放を部屋着に感じ取ったのであろう。
（内村理奈）

Bc042　アングロマニーの一断面

西浦麻美子著，お茶の水女子大学人間文化創成科学論叢10巻，161-168頁，2008年（仏語論文）

　18世紀末のフランスにおいて，イギリスかぶれの貴族の若者たちが，イギリスを敵にまわしたアメリカ独立戦争に率先して身を乗り出した矛盾を，同時代の手紙や，詩，版画などを手がかりに読み解いた。とりわけ軍人階級の人々においては，イギリスを愛し敬う気持ちと，フランスの制海権や個人的武勲を望む気持ちとが共存しており，また他のフランス人についても，個人的レベルにおいては，イギリス心酔やイギリス嫌い（アングロフォビー），アメリカ植民地への熱狂といった様々な感情が混在していたことを明らかにした。
（西浦麻美子）

Bc043 《カフェを飲むスルタンヌ》におけるポンパドゥール夫人のトルコ風衣装

林精子著,服飾文化学会誌 8 巻 1 号,23-33 頁,2008 年

　フランス 18 世紀中葉の文芸の擁護者ポンパドゥール夫人のブーシェらによる肖像画は,ロココの宮廷衣装ローブ・ア・ラ・フランセーズの典型を示すものとして服飾史研究で取り上げられてきた。本稿ではヴァンロー作≪カフェを飲むスルタンヌ≫のトルコ風衣装の夫人像を分析し,夫人の服飾の新たな側面を考察した。トルコ風衣装は,当時のトルコ趣味を背景に主に舞台などの非日常世界で着用されていたが,シフェルトらの最近の研究や当時の夫人の服飾資料等を通し,そこに描かれたトルコ風衣装に類似した衣装を,夫人が日常の私的空間で室内着として着装した可能性を明らかにした。

　　　　　　　　　　　　　　　　　　　　（林精子）

Bd001 水色のコットンドレス ―スモックメーカーの1834年製のウエディングドレス―

坂井妙子著，国際服飾学会誌14号，54-66頁，1997年

　チャーチルハウス博物館（英国）には，メアリー・バフトンという名のスモック製造者が着用したとされるウエディングドレスが所蔵されている。この現存例から，19世紀前半のワーキングクラスのウエディングドレスについて考察した。バフトンのドレスは当時流行のジゴ袖を取り入れており，ある程度ファッションに敏感だったことが窺える。質素な木綿製で，装飾もついていないが，結婚式の為にドレスを新調したこと，結婚後，仕立て直した跡がないことから，彼女は比較的裕福であり，同じ社会階級の花嫁の間では憧れのドレスを結婚式に着用したと考えられる。　　　　　（坂井妙子）

Bd002 身体文化としての「体操」―18世紀末～20世紀初頭 身体観がファッションに与えた影響―

常見美紀子著，日本服飾学会誌16号，174-180頁，1997年

　17世紀末，イギリスに始まった産業革命期には環境が一変し，身体への関心が高まった。ドイツに「体操」が誕生した。その後，ドイツのグーツムーツが体操を体系づけ，ドイツ体操「ツルネン」の成立を促した。フランスも同じで，とりわけ1870年の普仏戦争に敗北してから体操が強化され，女子教育にも積極的に導入された。それによって身体観は大きく変化した。この身体観の変化がファッションに影響を与えたことが明らかになった。　　　　　　　（常見美紀子）

Bd003 謝肉祭における仮装の意味と機能 ―19世紀ケルンの「愚者の王」について―

水谷由美子著，服飾美学26号，113-135頁，1997年

　ケルンでは，1823年にドイツで先駆けて，中世的な形式の謝肉祭 Helden Karneval が復興された。仮装が創出する愚者の王国の象徴，愚者の王は，初期には Held と呼ばれ，王侯風に装っていた。19世紀後半には Prinz と呼ばれ中世の宮廷道化師風の服装が採用される。宮廷道化師の服装は，本来は中世の宮廷に抱えられた職業人の道化師のお仕着せだったが，15世紀から16世紀にかけて，文学や美術さらに祝祭での演劇や仮装など非現実的世界に頻繁に登場し，作者あるいは仮装者の風刺表現の隠れ蓑として効力を発揮していた。本論では宮廷道化師の服装が19世紀後半にケルンの謝肉祭における愚者の王の仮装に復活したことに着目し，それがどのような意味と機能をもっていたかを考察した。　　　　　　　　　　　　　　（水谷由美子）

Bd004 スポーツを通してみた19世紀後半のアメリカのファッション ―『Godey's』を資料として―

鍛島康子著，実践女子大学生活科学部紀要35号，77-83頁，1998年

　アメリカのファッション雑誌『Godey's Lady's book and magazine』を資料として，服装がスポーツにどう関わったかを調べた。その結果，1860～90年代にいたるまでに，服装の発展がスポーツをもとに動いていたといっても過言ではない。つまり，活動的で実用的な服装のはじまりである。もっとも，足の動きを制限するスカートの長さに変わりはなかった。衣服の素材の違い，シンプルな形，上下を組み合わせるスタイルは，確かにスポーツの服装からきているといえよう。
　　　　　　　　　　　　　　（鍛島康子）

Bd005 パンチ誌におけるスポーツとジェンダー

好田由佳著，堺女子短期大学紀要33号，1-14頁，1998年

　ヴィクトリア社会を代表する諷刺雑誌『パンチ』は，中産階級の男性を中心とした読者層をもつ。当時の男性は，女性にかよわさや，優しさを求め，自我を主張する女性は，男性の領分を侵すライバルとみなされた。
　19世紀末にはこの新しいタイプの女性たちは「新しい女性」と呼ばれるようになり，『パンチ』でも，たびたび攻撃される。また，同じ頃，新興ブルジョワジーの間にテニスやサイクリングといったスポーツが流行しだす。男勝りにスポーツを楽しむ「新しい女性」たちは，『パンチ』の諷刺の対象として何度となく取り上げられるようになる。そこには，男性優位のヴィクトリア社会のジェンダー観が浮き彫りにされており，当時の女性の立場を窺い知ることができるといえる。　（好田由佳）

Bd006 19世紀末ローンテニスにみる装いと身体

好田由佳著，服飾美学27号，85-100頁，1998年

　19世紀末，イギリスを中心にスポーツが流行する。なかでも，ローンテニスは，新興ブルジョワジーの男女に愛好されていく。当初，ローンテニスは淑女のスポーツとして楽しまれたことから，最新流行のファッションが装われた。しかし，女性のなかには，競技としてテニスを愛好する者も現われ，シンプルな装いでプレイを楽しみだした。19世紀末に誕生したローンテニスは，理想的な家族や，健康志向の生活を求める新興ブルジョワジーにふさわしいニュースポーツとして愛好された。
　女性のスポーツ参加を促したローンテニスは，昼の装いの場として，淑女でも新しい女性でも，どちらにも自分らしく装う場を提供し，また，スポーツを楽しむことで女性が身体を意識しはじめる契機を与えたといえる。　（好田由佳）

Bd007　19世紀後半イギリスにおける女性像
　　　　　—スポーツの流行と衣服の関係をとおして—
好田由佳著，日本ジェンダー研究1号，57-68頁，1998年

　19世紀後半のイギリスは，ヴィクトリア社会と呼ばれる時期とほぼ一致し，女性のファッションや，身体に関心が寄せられた。当時，女性の身体に有害だとされたコルセットや，クリノリンの流行は，女性の身体について改めて論議する契機をつくった。その背景には，19世紀後半の医学と公衆衛生の進歩がある。人々が身体に対して関心を増大させ，女性のための健康な衣服を考えるまでに至る。健康への憧れは，スポーツの流行を生み出し，女性も徐々にテニスや，サイクリングといったスポーツに参加するようになる。スポーツを楽しむ者のなかには，ブルーマースタイルというズボンをはく者も現われる。19世紀末に登場した「新しい女性」は，テーラード・スーツを装い，テニスラケットをもった活動的な女性として『パンチ』に諷刺されるに至る。19世紀末イギリスに新しい女性像が誕生した。
　　　　　　　　　　　　　　　　　　　（好田由佳）

Bd008　『Vogue』誌100年にみる、ファッション情報の変容 (1) 1890年代『Vogue』誌にみる19世紀末のファッション情報
古賀令子著，湘北紀要19号，149-162頁，1998年

　1882年にニューヨークで創刊された『Vogue』誌（1893年10月～1900年12月計61号）を取り上げ，ファッション情報のあり方とその変遷を明らかにする。ファッションに関する主力連載欄は，男性のファッションやエチケットなどについて男性が論じるコラム，実際に着用された女性のファッションの紹介，服飾品の商品紹介，ドレスの仕立直しの方法など経済性を意識したファッション情報，デザイン画とパターンの情報であった。これらはトレンド情報と実用的ファッション情報という2系統に大別できる。また，読者の質問に答えるコーナーが設けられ，読者の生活に密着したインタラクティブな情報メディアであった。また，広告記事も掲載されていた。
　　　　　　　　　　　　　　　　　　　（山村明子）

Bd009　「ロシアン・スタイル」—1920年代ナダージュダ・ラマノワのファッション・デザイン—
常見美紀子著，日本服飾学会誌17号，159-167頁，1998年

　ナダージュダ・ラマノワは1925年アールデコ展で「ロシアン・スタイル」と呼ばれる作品でグランプリを受賞した。ロシアン・スタイルはロシアの民族衣裳サラファンのシルエットに，固有のモティーフの刺繍を施したものであった。このスタイルはロシア革命後に活躍したロシア構成主義の「絵画から日常のデザインへ」を具体化したばかりではなく，新生ソヴィエトの社会主義国家としてのイデオロギー表現の発露でもあったことが明らかになった。
　　　　　　　　　　　　　　　　　　　（常見美紀子）

Bd010　マティス絵画における装飾模様のある布　—〈赤のハーモニー〉をめぐって—
細田七海著，美学48巻4号，37-47頁，1998年

　アンリ・マティスの室内画では，敷物やカーテン，テーブルクロスなどに装飾模様のある布を用いる場合が目立って多い。中でも，一枚の布をある期間たびたび眼にする。本稿ではこの布に着目し，それが登場する作品の中でも1908年の〈赤のハーモニー〉を中心に扱う。この作品は，実は〈青のハーモニー〉と呼ばれる状態でいったん完成したものを画家が改めて塗り直し，〈赤のハーモニー〉となったことが知られている。この作品において，装飾模様の布は，主題であるモデルの肢体を取り巻く環境として位置づけるが，リアルな肉体に対して平面性を強く主張する一方で，モデルが画家の内に引き起こした感情を画面全体に広げる効果をも兼ね備えている。マティスの〈赤のハーモニー〉は，装飾模様の布が見せる様相を究極的なまでに引き出した作品といえる。
　　　　　　　　　　　　　　　　　　　（好田由佳）

Bd011　異性装の歴史と現在
村田仁代著，化粧文化39号，116-127頁，1998年

　本論では現代の着装を考える上で重要なジェンダーと関連深い異性装について述べる。日本において異性装は古代からみられ，近世までは女装が中心である。異性装が行われるのは古代においては戦いや神事，近世では舞台や茶屋など主に遊興を伴う非日常空間でみられた。しかし1960年代以降になるとミニスカートを経てパンタロンが流行し，男性の間にも花柄のシャツが着られるようになりジーンズの流行もあってファッションはユニセックス化してゆく。また異性になるというよりは異性用とされてきたアイテムを採用している単なる男装・女装とは言い難いファッションが特にストリートにあらわれ，それは若者が個性を表現するために行き着いたところが異性装になったといえる。これは特殊な空間だけにみられる異性装と異なる現代の特徴をつくったと考えられる。
　　　　　　　　　　　　　　　　　　　（太田茜）

Bd012　ヨーロッパにおける毛皮の流行
　　　　　—19世紀末から20世紀初頭を中心に—
森治子著，同志社女子大学生活科学32号，23-32頁，1998年

　古くから毛皮は防寒衣服として，また権威の象徴として襟や裾まわりの飾り，マントやコートの裏打ちとして用いられてきた。しかし，19世紀末から20世紀初頭になるとコートやケープとして表側へ用いられるようになり，女性的な柔らかなラインを彩る装飾として人気を博し，加工される毛皮の種類も増えていった。そして，当時の芸術運動を反映した服飾を引きたてる役割を果たしながら，毛皮は広く流行した。しかし，次第に人工的に着色された低廉な毛皮や模造品の普及により毛皮は大衆化し，ステイタスシンボルとしての存在価値は低下し，その象徴性は失墜していくことになる。
　　　　　　　　　　　　　　　　　　　（大枝近子）

Bd013　19世紀中葉の英国のデザインとテキスタイルⅠ

伊藤紀之・鈴木暁子・小沢直子著，共立女子大学家政学部紀要45号，61-69頁，1999年

　ヘンリー・コールによって1849年3月から52年2月まで，3年間毎月発行された「Journal of design and manufactures」36冊を資料とした。本誌はデザインについて議論する最初の場で，特に1851年のロンドン万国博覧会に関する記述が多く，全1168ページには当時の日用品や装飾品など2000点を越える図版が載せられており，近代デザイン史上で重要な位置を占める。さらに，本誌には壁紙やテキスタイルの実物が数多く含まれ，21×13cmの紙面の1/2から1/3の大きさの布地が186点貼りこまれている。（伊藤紀之）

Bd014　『若きウェルテルの悩み』の服飾表現
　　　―十八世紀末のドイツ的感情とのかかわりにおいて―

岡田敏子著，服飾美学28号，65-80頁，1999年

　十八世紀後半ドイツの民衆の服飾や風俗について，ゲーテの観察がうかがえる小説『若きウェルテルの悩み』(1774)には晩年の『色彩論』の先駆的なものが含まれていることは知られている。服飾史上にその位置付けを試み検討を加えた結果，カントのいう「美と崇高の感情が混合するドイツ人の感情」が，物語の内容に織り込まれていることが明らかになった。さらに，蝶結びリボンを意味するドイツ語のSchleife の語源を探る過程で，古代南北両欧の再生の思想が混合して想起されることから，ゲーテの意図には服飾表現のうちに当時の時代精神までも示唆することが含まれていたと思われる。
（岡田敏子）

Bd015　『ジェイン・エア』にみるヴィクトリア的現象と服飾観

河島一恵著，共立女子大学家政学部紀要46号，55-60頁，1999年

　『ジェイン・エア』はシャーロット・ブロンテが男性名のカラー・ベルで出版した文学作品である。19世紀中頃のカントリー・ハウスで展開されるジェントリー階級の日常生活と空虚な社交描写に，作者の考え方や人間に向ける価値観が，活写されている。特に寄宿制の慈善学校での教育姿勢や，女性が働く場合唯一誇りを保てた職業の家庭教師の描写に階級格差と男女格差へのジェンダー論的視座の萌芽が窺える。ヒロインが寄宿学校で受けた教育，強制された髪型や服装，結婚衣裳に関する描写に，ヴィクトリア時代の理想とする女性像がみえる。（河島一恵）

Bd016　19世紀イギリスにおけるサイクリング熱にみる女性像

好田由佳著，堺女子短期大学紀要34号，35-45頁，1999年

　19世紀末イギリスでは若い男女を中心にサイクリングが大流行する。女性がサイクリングを楽しむ契機となったのは，1888年に自転車の改良に成功したことによる。サイクリングは，「新しい女性」が愛好するスポーツの象徴として捉えられるようになっていく。当時，女性は，弱くて内気で優しく，ファッショナブルな装いをする者が理想であった時代に，積極的に新しい乗り物である自転車を乗りまわす，新しい価値観を持った「新しい女性」の登場は，重要な意味を持つといえる。
　サイクリング熱は，一過性の流行として廃れていったが，サイクリングにより，女性がシンプルな衣服を必要としたことや，積極的に行動することを学んだことは，新しいタイプの女性が登場したことを確認する上でも，意義深いといえる。（好田由佳）

Bd017　『Vogue』誌100年にみる，ファッション情報の変容(2)
　　　1901～1913年の『Vogue』誌に見る20世紀初頭のファッション情報

古賀令子著，湘北紀要20号，103-114頁，1999年

　1901年4月より1913年12月までの計125冊の『Vogue』誌を資料に，20世紀初頭のファッション情報のあり方とその時代背景を考察する。この時期の特徴は次の3点である。第一に写真が多用されビジュアル化された。第二には高級ファッションを扱う路線が明確にされ，パリや上流階級のファッション動向が掲載された。自動車用の衣服の情報が掲載された。第三に広告が増加し，家庭用電気製品や自動車関連の服飾品などの広告が掲載され，便利で豊かな新しい生活のイメージを顕在化した。このような情報を読者はファッションの教科書として，技術やデザインを学び，商品情報として買い物の資料とした。また，あらゆる記事が中流階級の一般読者にとっては未知の世界へといざなうイメージの源となっていたのである。（山村明子）

Bd018　アメリア・ブルーマーにみられる服飾観

後藤洋子著，服飾美学28号，81-97頁，1999年

　ブルーマー・コスチュームは，ショートドレスや数種類の上着とショートスカートにパンタロンやトラウザーズとの組み合わせであった。この服装は女性の同権運動と結びついて名前がつけられただけでなく，夫人の名前の意味するところにも由来の一因があろう。『申命記』の言葉が，ズボン―男性，スカート―女性という考えを決定づけてきたと思われるが，夫人は『創世記』の解釈を基に男女の服装上の差別はないと主張した。また夫人は服装の第一の目的は機能性，実用性であり，装飾は次にくるとした。機能面から体操服，作業用の服などにも用いられたブルーマー・コスチュームは，女性の権利やフーリエリズム，社会主義などに結びつけられ「表現」する衣服として身体像を形成していった。当時は人の外観を形作る服飾が，内面である精神を表すと考える傾向が強かったと考えられる。（後藤洋子）

Bd019　19世紀後半のアメリカにおける紳士用服飾品の消長

小町谷寿子著，名古屋女子大学紀要（家政・自然編）45号，79-88頁，1999年

　19世紀後半のアメリカでは紳士服のみならず紳士用服飾品においても既製服化が促進されていたと考えられるが，従来の服飾史において紳士用服飾品についての研究はほとんどなされていない。そこで本稿では19世紀後半の国勢調査における紳士用服飾品に関する項目の変化を調査し，また当時の広告における商品の品名を調査分類した。その結果，実際に着用された紳士服以外の紳士用服飾品として「shirts」，「collers」，「cuffs」，「cravats」，「neck ties」，「hats」，「caps」，「hosiery」，「under wear」，「gloves」，「boots」など25項目を抽出した。更に，生産高及び事業所数を解析することによって，紳士用服飾産業全体の成長傾向を確認し，更に各年代における紳士用服飾品の消長を明らかにした。
　　　　　　　　　　　　　　　　　（小町谷寿子）

Bd020　アリスの二枚のドレス

坂井妙子著，服飾美学29号，99-114頁，1999年

　『不思議の国のアリス』の主人公，アリスが着用しているドレスといえば，ジョン・テニエルのイメージ——パフスリーブのついたワンピースにエプロン——を誰でも思い浮かべるが，これは作者，キャロルが作品に最初に入れたイメージと大幅に異なる。この二つのイメージを比較検討することで，アリスのモデルであるアリス・リデルに対するキャロルの個人的な思いがミドルクラスのごく一般的な少女像へと昇華される過程を辿った。
　　　　　　　　　　　　　　　　　（坂井妙子）

Bd021　ヴァルヴァーラ・ステパーノワのデザイン　—1920年代のテキスタイルとファッションを中心とする—

常見美紀子著，日本服飾学会誌18号，11-18頁，1999年

　ロシア構成主義のメンバー，ヴァルヴァーラ・ステパーノワの1920年代のテキスタイルとファッションについて論じた。社会主義国家としてのソヴィエトの黎明期に活動した構成主義の思想はテキスタイル，ファッションへ少なからぬ影響を与えた。女流画家としてのキャリアは衣装の幾何学的形態や幾何学的グラフィック模様に活かされた。
　　　　　　　　　　　　　　　　　（常見美紀子）

Bd022　『パンチ』に見る記号としてのファッション　—1918年から23年までのカートゥーンを中心に—

常見美紀子著，東京家政大学博物館紀要，77-89頁，1999年

　1841年イギリスで創刊された『パンチ』の1918年から23年まで政治・社会を主に風刺するカートゥーンに描かれた図像資料に限定し，そこに描かれた衣装について論述した。このカートゥーンに描かれた衣装は歴史服・民族服・流行服という多様で豊かな衣装が時と場合に応じて自在に描かれていた。それらの衣装は，メッセージを発しているが故に「記号」として機能していたことが明らかになった。
　　　　　　　　　　　　　　　　　（常見美紀子）

Bd023　19世紀後半フランス女性における消費意識の形成（その2）　—服飾雑誌，カタログを資料として—

村上裕子著，実践女子大学生活科学部紀要36号，81-85頁，1999年

　前回の報文（その1）では，フランスの雑誌 La Mode Illustree の中で，1868年から78年までの10年間に20種類のドレスが紹介されていたことは，同じ形態の服を着続けることが不可能になったとして，消費意識の変化を述べた。今回は百貨店の広告などの資料を追加して，新しいライフスタイルの紹介や百貨店の販売の仕方に注目した。前者には，スポーツや旅行の服のスタイルがたびたび変化していること，後者では，ルーブルやボン・マルシェ百貨店のバーゲンセールや布地を添付して通信販売を行ったことなどメディアを上手に使って消費意識をつくっていたことが分かった。　（鍛島康子）

Bd024　結髪師の黄金時代　—ヘアスタイルからみたモード—

山村博美著，化粧文化39号，65-84頁，1999年

　ヨーロッパにおいて髪を結い上げ，大量のつけ毛や髪飾りで装飾する結髪師が活躍したのは18世紀から19世紀にかけてのことであり，本論では代表的な結髪師であるル・グロ，レオナール，クロワザを中心にクリエーターの立場からみた頭のモードの創造をたどった。18世紀の髪型の変化はドレスの流行の変化より激しく，結髪師たちは上流階級と手を組んでモードを創ったといえる。しかし権力の象徴でもあった高度な技術を必要とする大きく結い上げた髪型はフランス革命後には見られなくなるが，世紀を通して長い髪をシニヨン（髷）に結うのが女性の典型的なヘアスタイルであった。このシニヨン（髷）がモードの主流からはずれていくのは1920年代以降であり，結う技術がパーマやカットに代表される新しい技術へと変わっていったのである。　（太田茜）

Bd025　衣服における健康
好田由佳著，堺女子短期大学紀要35号，49-58頁，2000年

　19世紀ヨーロッパのレディにとって，衣服に機能性という概念は必要とされなかった。しかし，19世紀後半には，衛生学の発展にともない，身体の健康について論じられるようになり，健康な衣服への関心も高まっていった。特に，1880年代には，女性の衣服改良運動が活発になっていく。1881年，合理服協会が設立され，女性のコルセットが有害であると説いた。また，1884年には，ロンドンで国際健康博覧会が開催され，健康な衣服に関する部門が話題を呼んだ。展覧会に出品されたイエガー博士のウール衣料は，身体によいともてはやされ，80年代にはウール素材が人気となった。このように，19世紀末になり女性衣服に機能性や快適性という要素が論議されるようになり，新しい視点で衣服を捉える動きがでてきたといえる。
（好田由佳）

Bd026　『Vogue』誌100年にみる，ファッション情報の変容（3）
　　　　　1914～1930年の『Vogue』誌に見るファッションとその報道
古賀令子著，湘北紀要21号，81-96頁，2000年

　第一次大戦開戦の1914年から大恐慌時代の1930年までの計173号の『Vogue』誌を資料に，ファッション情報について考察する。この時期はアーティスティックなイラストレーションやファッション写真の増加とカラー化の開始など，ビジュアル表現で特徴づけられる。ファッション動向は第一次大戦を背景とした自意識の確立された活動的な新しい女性像と，機能性を表現するファッションで特徴づけられる。その一方で，パリ・オートクチュールの報道がファッション情報の中心であり，アメリカ発のファッションはまだ登場していない。広告ではパリのクチュールが台頭し，『Vogue』誌がパリのファッション産業界からもメディアとして評価されていた。
（山村明子）

Bd027　「古き良きイギリス」を纏う動物たち
　　　　　―ビアトリクス・ポター作品における動物キャラクターの衣服―
坂井妙子著，国際服飾学会誌18号，47-69頁，2000年

　『ピーターラビットのおはなし』をはじめ，ポター作品に登場する動物たちはみな，服を纏っている。ポターは，①動物本来の姿を損なわないように服を着せる，②服装描写はプロットに積極的に関わるなどの特徴を持つ。そうすることで，彼女が想像した服を纏った動物たちは，理想郷としての古き良き田園＝イギリスを具象する手段になった。
（坂井妙子）

Bd028　ココ・シャネルの肖像
篠原和子著，金蘭短期大学研究誌31巻，135-160頁，2000年

　マリー＝クロード・シモンによって書かれ，1994年にパリで出版された『Coco Chanel』の全文を翻訳し掲載した。本書『Coco Chanel』は明らかにされたシャネルの生涯を重要な点をおさえながらも，簡潔に描いた伝記として貴重である。女性が自立して生きるのが難しかった時代に，財産も地位もなく強い意志と，時代を先取りする鋭い先覚者の嗅覚で，社会の底辺からモードの女王となったシャネルの生涯は，モード史としてだけでなく，女性史として読んでも興味ある問題を提起している。
（米今由希子）

Bd029　ヴァージニア・クロスに関する社会史的考察
　　　　　―逃亡奴隷広告および遺品に基づいて―
濱田雅子著，国際服飾学会誌17号，53-80頁，2000年

　本稿のメイン・テーマであるヴァージニア・クロス（Virginia cloth）とは，アメリカ植民地時代と独立革命期に，ヴァージニアで生産されていた布の総称である。本稿ではこの布に着目しヴァージニア（Virginia Gazette）紙他の新聞に掲載された逃亡奴隷広告および遺品を資料に用いて，この布地の特徴を解明し，社会史的意味を考察した。内容構成は歴史的背景，研究動向，研究方法，ヴァージニア・クロスの定義づけ，逃亡奴隷広告に見られるヴァージニア・クロスの特徴，逃亡奴隷広告に見られる被服素材の年次変化，遺品に見られるヴァージニア・クロスの特徴である。
（濱田雅子）

Bd030　アール・ヌーヴォー期のスペアボディスつきセパレーテッドドレスのデザイン
飯塚弘子著，服飾文化学会誌1巻1号，85-94頁，2001年

　アール・ヌーヴォーの服飾表現における端的な特徴は，ウエスト周辺にある。明きの都合から上衣とスカートを別々に仕立てる必然を生じた。この仕立て方を生かしたスペアつきドレスの存在を文献では見ることができるが，実物は少ない。文化学園服飾博物館所蔵のこの期の長袖上衣，短袖上衣，スカートの一揃いは，身頃の部分は同一のパターンであるが，袖の長さ，衿ぐりの形，装飾のつけ方などにより，一見，異なる印象を出すようなデザインが工夫されている。裏地，トリミングの扱い方からみると，長袖上衣はスカートとセットで作られている。短袖上衣は，スカートとは別の裏地がつき，残り布で作られたのではないか，と推測する。
（飯塚弘子）

Bd031　20世紀メンズファッションの革新Ⅱ
　　　　―イタリア未来派の画家たち―
神部晴子著，文化女子大学紀要（服装学・造形学研究）32号，59-73頁，2001年

　1910年代未来派の画家バッラは斬新なメンズファッションを提案した。本報では1930年代のファシスト的な思想を持った未来派画家のメンズファッションの発案とその内容である。資料に『未来派とファッション』を使用した。タイアートは1932年に男性衣装変革宣言を発表し，クラーリ，シーテらによっても前衛的なものが提案された。さらにマリネッティらのイタリア帽子未来派宣言，ディ・ボッソらのイタリアネクタイ未来派宣言が発表された。未来派は当初から愛国的な参戦論を強く主張し，ファシズムへの接近という側面と，言及を避ける風潮があったが，メンズファッションの宣言は非常に明快で改革的であった。　　　　　（米今由希子）

Bd032　『Vogue』誌100年にみる，ファッション情報の変容（4）
　　　　1931～1945年の『Vogue』誌に見るファッションとその報道
古賀令子著，湘北紀要22号，81-96頁，2001年

　1931年1月から第二次世界大戦が終結した1945年12月までの計319号の『Vogue』誌を資料とし，そのファッション報道について考察する。この時期はカラー写真の登場や印刷・製本技術の進展によりビジュアル効果のインパクトが高められた。ファッション情報としてはパリ・オートクチュールが一貫して主たる情報源であった。しかしその一方で，戦時下のファッションという特殊な状況が報じられている。またアメリカが主導するカジュアル・ファッションの台頭や，合成繊維の登場，ブランド・ビジネスの台頭など現代へと繋がる新たな動向が報じられている。　　　（山村明子）

Bd033　リバティーのテキスタイルデザイン
　　　　―1881年～1900年のカタログから―
米今由希子著，国際服飾学会誌20号，21-35頁，2001年

　1881年から1900年までにリバティー商会のカタログに掲載されたテキスタイルデザインをとりあげ，デザインの傾向について考察した。その結果，プリントデザインを年代別にまとめると第1期として1880年代をインドのデザインの複製の期，第2期として1892年からはインドのデザインのアレンジの期，第3期と1896年以降をオリジナルデザインの期であると考えられた。さらに織りのデザインについて考察すると，第1期はプリントのみの期，第2期はイギリス絹産業復興の期，第3期はオリジナルデザイン模索の期であると考えられた。1892年を契機に古いインドのデザインから，オリジナルデザインへと移行していったことが分かった。　（米今由希子）

Bd034　19世紀の教育思想と子ども服（第1報）
　　　　―グーツムーツとドイツ体育教育に見る子ども服―
酒井さやか著，国際服飾学会誌19号，36-52頁，2001年

　グーツムーツは19世紀ドイツの教育思想家であり，「近代体育の創設者」とも呼ばれている。その著書『青少年の体育』の中には，子どもの服装についての記述が多くみられる。グーツムーツは18世紀の思想家ルソーらによる，子どもは「小さな大人」ではなく大人とは違った人格をもつものであるという新しい概念を踏まえて，学校という場において体育を通じて子どもの服装改革に取り組んだ。そのため，彼の教育活動は実践的であり，服装を通じて子どもの身体教育と人権意識に進歩をもたらしたと考えられる。　　（佐口さやか）

Bd035　21個のボタンホールの謎
　　　　―『グロスターの仕立て屋』に見られるポターの服装描写の事実とフィクション―
坂井妙子著，服飾美学32号，33-48頁，2001年

　『グロスターの仕立て屋』では，ベアトリクス・ポターは男性用チョッキを描く際に，18世紀前半のものと18世紀後半のものをモデルにした。両者は丈の長さが異なるために，ボタンホールの数が10以上違う。しかし，ポターは両者の特徴を混ぜることで，仕立て屋に代わってコートとチョッキを縫い上げたネズミたちの根気と高い技術を表し，この作品が「ネズミの恩返し」であることを示すことに成功している。
　　　　　　　　　　　　　　　　　　　（坂井妙子）

Bd036　19世紀女性の乗馬服とその特質
山村明子著，服飾美学33号，81-96頁，2001年

　19世紀の女性の乗馬服について特にイギリスを中心に検討した。19世紀後半の乗馬服の形態の特徴は，タイトなシルエットで身体のライン，姿勢や動作の美しさを際立たせることと，長い裾丈のスカートで脚部を隠すと同時に，その揺れ動くさまでエレガントさを表現することである。優れた乗馬姿は貴族的な優雅さ，自立した女性，行動的な女性，健康的な女性といった魅力を示し，新たな女性の美的表現として認識された。乗馬服は人々の憧れの対象として優雅さと活動性を兼ね備えた服飾表現を示し，機能性を重視した現代服飾への転換の一つの契機として位置づけられるのである。
　　　　　　　　　　　　　　　　　　　（山村明子）

Bd037　1830年代初頭のファッションプレートにみる女性像と服飾表現 ―『ジュルナル・デ・ダム・エ・デ・モード』を通して―

大澤香奈子・木岡悦子著，日本家政学会誌53巻6号，61-72頁，2002年

　『ジュルナル・デ・ダム・エ・デ・モード』の1830年から1832年の216号分とそこに掲載されているファッションプレート217点の全キャプションを翻訳し，それらの服飾表現を検討した結果，ロマンチックスタイルはブルジョワ女性の貴族意識と産業界の活性化があいまって花開いたことが見い出された。レースや毛皮，羽飾り等多様な素材が服飾表現を豊かにし，女性たちは貴婦人としての自負と満足感をそうした服飾で表現するようになったのである。より魅力的で新しいモードで飾られたファッションプレートは上流社会の女性像を形成するのに大いに貢献した。

（大枝近子）

Bd038　日米両国，婦人既製服の初期的発展と流行 ―ブラウスの需要・供給を中心にして―

鍛島康子著，服飾文化学会誌2巻1号，1-12頁，2002年

　婦人既製服の初期発展期に流行はどのように影響したかを，ブラウスをとりあげ考えた。ブラウスは日米ともに既製服の製造・消費のはじまりを作った商品である。もっとも，両国の発展期は異なっている。資料として，メーカーのカタログや新聞の広告などを使用した。その結果，ブラウスの初期発展期は米国では1890年から1910年代，日本では1950年から1960年代である。この時期に，活動的な女性にブラウスとスカートが流行しはじめた。

（鍛島康子）

Bd039　ファッションブランドの雑誌広告における今日的ヴィジュアルイメージの成立 ―『ヴォーグ』誌（アメリカ版）1892～1968の分析をとおして―

金森美加・森理恵著，ファッション環境12巻2号，36-42頁，2002年

　1892年～1968年の『ヴォーグ』誌（アメリカ版）を分析することにより，ファッションブランド広告の今日的スタイルの成立過程を明らかにした。19世紀末，商品の説明や連絡先に簡単なイラストを添えただけであったファッションブランド広告は，徐々にヴィジュアル部分を拡大し，説明文を減少させていった。そして1960年代に印象的な写真とブランドロゴと連絡先のみという今日のスタイルを完成したのである。このようなスタイルは，19世紀から掲載され1960年代に消えていった上流社会の人々を紹介する記事ページから発生したと考えられる。

（森理恵）

Bd040　Pride and Prejudiceにみる望ましい女性像 ―生き方，マナー，服飾観の展開―

河島一惠著，国際服飾学会誌21号，44-66頁，2002年

　ジェイン・オースティン著の『高慢と偏見』は，18世紀末から19世紀初期にかけてのイギリス地方都市での，ジェントリー階級の日常生活を鏡の如く写し出している。女性ではヒロインと姉，二人に比し劣る三人の妹達，母親，叔母・伯母達，ヒロインの親友，恋敵などの描出に，女性の生き方の例が示されている。男性ではヒロインの結婚相手，姉の求婚者，従兄弟の牧師，父親が対峙する。結婚という人生の岐路を軸に，女性に望まれていた資質，生活環境，マナーなどに関して当時の社会規範が示されると同時に，作者の皮肉が含まれる。pride（高慢）prejudice（偏見）という人間の感情や価値観の行き違いが，ハッピーエンドで解決されている。牧師が示す女性への価値観のずれが面白いと同時に，作者が持つ生活環境や格差への不信感，問題意識などが人物設定に現れている。

（河島一惠）

Bd041　ヴィクトリア期の「新しい女性」

好田由佳著，堺女子短期大学紀要37号，57-65頁，2002年

　ヴィクトリア社会が理想とした女性「家庭の天使」は清く，正しく，優しい良妻賢母型の女性である。これに対抗すべく「新しい女性」なる者が出現する。この「新しい女性」は，新しいタイプの女性であって，その生き方も多種多様である。本研究では，ヴィクトリア社会が理想とした「家庭の天使」となり得なかった「余った女」や「新しい女性」を概観し，ヴィクトリア社会後期に出現した「新しい女性」の存在意義について考察を試みた。ヴィクトリア社会において，「新しい女性」の登場は女性にとって「結婚」がすべてではないことを社会に知らしめる機会を与えた点は，意義深いといえる。

（好田由佳）

Bd042　女性用テーラード・スーツの流行 ―19世紀末イギリスを中心に―

好田由佳著，国際服飾学会誌22号，22-39頁，2002年

　19世紀末，イギリスを中心にスポーツが流行するなかで女性もスポーツに参加するようになっていく。その契機となったスポーツがテニスとサイクリングである。一方，世紀末のイギリスでは「新しい」という形容詞を伴った動きが活発化し，なかでも「新しい女性」の出現は，革新的であった。新しい女性は，新しい身体観をもち，女性の権利や生き方を主張し，スポーツを愛好する女性の代表的存在となるのである。これらのスポーツの流行や新しい女性の登場と時期を重ねるように出回った衣服が，テーラード・スーツである。この装いは，スポーツや仕事の際にも着用され，初期の高級注文服のようなステイタスシンボル的意味合いを失い，着易い，着回しのできる服として，新しい女性のユニフォーム的存在となっていった。

（好田由佳）

Bd043 『Vogue』誌100年にみる，ファッション情報の変容（5）
―1946～1960年の『Vogue』誌に見るファッションとその報道―

古賀令子著，湘北紀要23号，1-17頁，2002年

　第二次世界大戦終結直後の1946年1月から1960年12月までの計214号の『Vogue』誌を資料にして，そのファッション報道について考察する。パリ・オートクチュールのクチュリエが絶大な影響力をもち，そこから「パリ・コピー」と呼ばれる商品が派生した。さらに，アメリカやイタリアから発進されるファッションの台頭もみられる。また，ダイエット関連の広告が増加し，ボディに対する意識が高まってきたことがわかる。
（山村明子）

Bd044 19世紀後半のアメリカにおける男性用既製服認識の変化について
―新聞広告に基づく分析調査の提案―

小町谷寿子著，名古屋女子大学紀要（家政・自然編）48号，1-7頁，2002年

　既製服の受け入れに関し，消費者の選択基準の変化が市民レベルで生じた。19世紀後半のアメリカを対象に既製服（ready-made clothing）という言葉が当時の新聞によってどのように普及したかを見る。そこで既製服という言葉の扱われ方をThe New York Times紙における広告により調査検討。既製服が安物から中級の衣料として認識され始めたのは1870年代で，1880年以降それが一般に普及したことがわかる。衣服産業の広告は数行の文字広告から，デザイン画入り広告，全面広告へと変化。広告の詳細な調査により，キーワードの有無だけでなく，広告上のデザインやレイアウト，活字の大小などから，背後にある意識レベルの変化がわかる。
（小町谷寿子）

Bd045 ロンドン市長公邸の子ども仮装舞踏会
―大英帝国1870-90年代―

長嶺倫子著，服飾文化学会誌2巻1号，13-24頁，2002年

　1870～90年代にロンドン市長公邸にて開催された子ども仮装舞踏会の実態について，当時の新聞や衣裳カタログなどの文献資料を用いてその実態を明らかにした。そこで着用された仮装は，子どもが目にする演劇や見世物娯楽や絵本といった文化的環境を反映していることが明らかにされた。また，このような娯楽形式の流行は文化的環境や服飾における「子ども」の領域が拡大していった時代を象徴する現象であったと捉えられる。
（山村明子）

Bd046 ボタンホールに託された心 ―『ドリアン・グレイの肖像』の中のある一文から―

山﨑稔惠著，服飾美学34号，79-94頁，2002年

　今日でも結婚式など特別な儀式の折に男性が上着の襟に花を飾っている姿を目にするが，これは1880年前後より紳士の装いを特色づける装飾品として登場したボタンホール（上着の襟に挿す花）に端を発している。とくに唯美主義者として知られるオスカー・ワイルドは著作においてこれに言及し，なかでも『ドリアン・グレイの肖像』では登場人物の一人，ヘンリー・ウォットン卿がつける菫のボタンホールはワイルドの唯美主義，そしてダンディズムの顕現として捉えることができる。本稿は，ウォットン卿がかつての社交季節中，なぜ菫以外は身につけなかったのか，それがなぜ「あるロマンスに対する一種の芸術的喪章」であったのか，ということを考察することによって，ボタンホールに託された装いの美の深淵を明らかにしようとしたものである。
（山﨑稔惠）

Bd047 19世紀英国における庶民の服飾についての一考察
―スモック（smock）を中心に―

山本麻子著，服飾美学34号，65-78頁，2002年

　英国の農民服スモックを中心に，T・ハーディの小説および新聞記事などを参考に19世紀の庶民服に起きた変化を考察した。産業革命の影響は，交通の発達により都市部から農村部へと伝わった。同時に労働者階級の衣類にも流行の意識が生まれた。その結果，19世紀前半まで農村部の男性の労働着として一般的であったスモックは急速に時代遅れとなり，19世紀後半にはズボンとジャケットに取って代わられた。また農村部の女性が流行りの衣装を選び，余裕があれば大都市から新品の既製服を取寄せることができた。19世紀後半は，庶民が服をより積極的に選ぶことが可能になり，またその意識が生まれた転換期であった。
（山本麻子）

Bd048 ソニア・ドローネーの服飾芸術 ―1925年現代産業装飾芸術国際博覧会における「ブティック・シミュルタネ」の位置付け―

朝倉三枝著，お茶の水女子大学人間文化論叢6巻，233-242頁，2003年

　画家のソニア・ドローネーは，1925年にパリで開催された「現代産業装飾芸術国際博覧会（通称アール・デコ展）」に「ブティック・シミュルタネ」を出展し，成功を収めた。ソニアの幾何学模様のテキスタイルや衣服は，現代的な造形の一指標と解されていたキュビスムとの関連から高く評され，博覧会場の中でも前衛的な場所を背景に撮影されたモデルの写真は，当時，モードに現われたばかりの若々しく活動的な「ギャルソンヌ」の女性像に重なるものとして捉えられた。一方，パリで活躍するクチュリエの展示の中心を成したのは，マネキンに着せられた装飾性の高い夜会服であり，「モデルヌ」をタイトルに掲げた博覧会でソニアはクチュリエとは一線を画す現代性を示して見せた。
（朝倉三枝）

Bd049 ソニア・ドローネーの「服飾芸術」
—ローブ・シミュルタネ前史（1905-1912）—
朝倉三枝著，地中海学研究 26 号，81-102 頁，2003 年

　画家のソニア・ドローネーは，1913 年に「ローブ・シミュルタネ」と名付けた最初の衣服を制作した。ソニアは 1905 年にパリに到着以降，絵画制作の傍ら装飾品を制作し，その後の彼女の芸術において重要なテーマとして展開されていくこととなる色彩と幾何学的形態を見出す。また，彼女は夫で画家のロベール・ドローネーの影響からシュヴルールの色彩理論に基づく「シミュルタネ」の色彩を追求するようになるが，ロベールに比べ自由な制作活動を展開した彼女は，カンヴァスにとどまらず生活空間をもシミュルタネの色彩と幾何学的形態で彩った。装飾芸術への開眼，そして絵画と装飾品との間に垣根を設けない自由な制作態度があったからこそ，ソニアは衣服制作を実現させたものと考えられた。　　（朝倉三枝）

Bd050 ケイト・グリーナウェイ・スタイル
—1880 年代イギリスの子供服—
坂井妙子著，国際服飾学会誌 23 号，84-102 頁，2003 年

　ケイト・グリーナウェイ作品の人気に伴って現れた子供服，「ケイト・グリーナウェイ・スタイル」の分析。作品当時から遡って 80 〜 100 年前のスタイルだったにも拘らず，主流の子供服としての地位を得たこのスタイルは，当時のレトロ趣味，ファンシードレスの隆盛と，シンプルな子供服を求める親たちの要求を満たした子供服であったことをファッション誌，書評から証明した。　　（坂井妙子）

Bd051 「ケイト・グリーナウェイ・スタイル」の展開
—1890 年代後半以降のイギリスの子供服—
坂井妙子著，服飾美学 37 号，17-32 頁，2003 年

　19 世紀後半にイギリスで爆発的な人気を得た絵本画家，ケイト・グリーナウェイは，18 世紀末から 19 世紀初めの頃のファッションを纏った子供たちを多数描いた。それらは実際に着用可能な衣服として，リバティー商会などから売り出され，一世を風靡する。グリーナウェイ・スタイルは当時流行の子供服と徐々に統合することで，世紀末までには幅広い社会層に受け入れられる定番の子供服になった。　　（坂井妙子）

Bd052 書簡集にみるジョルジュ・サンドの衣生活
—男装と女性性との関係—
新實五穂著，日本家政学会誌 54 巻 7 号，545-551 頁，2003 年

　フランスの女性作家ジョルジュ・サンドは，幼少期から 1850 年代まで，日常生活において男物の衣類を着用していた。とりわけ，1835 年のパリでの男装は，彼女の政治思想に従い，共和主義者としての政治活動に活用され，女性の出入りが禁じられている場所へ立ち入るための手段になっていた。一方で，サンドの男装は男性の模倣ではなく，女性性を表出しないことを心がけて行われた行為であり，気取りや虚栄心のない，媚を売らない普段の簡素な女性としての装いの延長線上に位置づけられるといえる。またこのような側面から，サンドの男装に対して女性解放の思想や男女同権だけを安易に結び付けようとする傾向には慎重でなければならないと思われる。　　（新實五穂）

Bd053 アメリカ女子服のパターン・システムに関する一考察 —デモレスト・パターンとバタリック・パターンを中心に—
濱田雅子著，国際服飾学会誌 24 号，24-62 頁，2003 年

　アメリカの型紙産業発達史上，開発された女子服のパターン・システムは多岐にわたっているが，なかでもデモレスト夫人（Madame Demorest）とバタリック社（E.Butterick & Company）のペーパー開発事業は，型紙産業に対する貢献が最も高かった。このようなティッシュ・ペーパー・パターンの発明は，アメリカの衣生活における革命であった。本稿では，両者のパターン・システム誕生の背景とこれらのシステムの特徴を考察し，衣服製造の大衆化の観点から，これらのシステムの問題点を明らかにすることによって，アメリカにおける型紙産業発達の一側面を鳥瞰した。　　（濱田雅子）

Bd054 名称としての「シャネル・スーツ」
—アメリカにおけるシャネル受容—
平芳裕子著，服飾美学 36 号，47-62 頁，2003 年

　「シャネル・スーツ」とは，デザイナーと服の名が結びついた固有名詞である。それはある特徴をもつ衣服の総称であると同時に，シャネルの神話を喚起し，女性の行き方をも象徴する言葉となっている。シャネルの衣服を「シャネル・フロック」と名付け，のちに「シャネル・スーツ」と記述したのは『アメリカン・ヴォーグ』であった。「シャネル・スーツ」は，アメリカ社会における女性の理想像と女性解放の流れを象徴するものとして解釈される。そして『アメリカン・ヴォーグ』は「シャネリズム」をはじめとする様々な造語を生み出しながら，その名に意味作用を発揮させる装置として機能し続けたのである。　　（平芳裕子）

Bd055　ファッションデザインの系譜と「女」の定義

古川寛著，東京家政大学研究紀要（1）人文社会科学43号，97-104頁，2003年

　現代ファッションの変化の中で，1960年代以降のファッションムーブメントから「女」の定義の変遷を追う。かつて女性の衣服は男性の社会的な階層や地位を表す代理作用としての役割があった。19世紀末からの百年は衣服の階層性や身体の拘束からの解放であったが，同時に女性に課せられていた規範からの解放過程でもあった。ミニスカートやジーンズ，ボディコンシャスなファッションを経て衣服と身体の境界は曖昧になり，身体そのものがファッションの領域となりつつある。皮膚は第二の服となり，ファッションにおける究極の差別化は身体へと向かっている。　　　　（太田茜）

Bd056　女性解放の構造 ―1920年代ドイツにおけるファッションの役割―

イングリッド・ロシェック著，国際服飾学会誌26号，4-13頁，2004年

　1919年から1929年の10年間に，ドイツには「新しい女」と呼ばれる女性たちが登場した。当時ハリウッドよりも有名だったベルリン映画界からはスターが登場し，裕福だった彼女らは車，香水，たばこなどの広告に利用された。彼女らはオートクチュールの重要な顧客でもあった。一方1840年代にはじまった既製服もショッピングの街ベルリンで栄えることになる。上流階級の女性たちのライフスタイルがファッション雑誌を賑わした。「新しい女」の短いスカートからさらけ出されたエロチックな脚は彼女らのイメージの一部となった。男性服の要素をもつギャルソンヌのスタイルも流行した。
　　　　　　　　　　　　　　　　　　　（黒川祐子）

Bd057　20世紀初頭アメリカにおける衣服の通信販売 ―注文服を中心に―

沖原茜著，国際服飾学会誌25号，4-16頁，2004年

　20世紀アメリカにおいて婦人服の入手手段としてみられるのは主に注文服と家庭裁縫であるが，その中でも特徴的なのが通信販売による注文服である。当時アメリカで発行されていたHarper's Bazarにはほぼ毎月ナショナル・クローク・アンド・スーツ社の広告が掲載されており，これは交通網の発達により通信販売が早くから定着していたアメリカ独自のものである。国土が広いアメリカにおいて均一に商品を流通させることができる上に，個人の体型に合わせた注文服を低価格で販売するこの社の手法は既製服が発達するまでの間のこの時代の需要をたくみに取り入れた販売方法であったといえる。
　　　　　　　　　　　　　　　　　　　（太田茜）

Bd058　19世紀末フランスのモディスト

崔釉珍著，服飾文化学会誌4巻1号，63-72頁，2004年

　19世紀末のフランスの風俗画に描かれたモディストに着目し，彼女たちの環境や仕事を明らかにし，その表象を分析した。モディストとは服飾産業にて婦人服や帽子の制作や販売に従事した女性労働者である。社会的な背景の中で，女性労働者は労働者としてではなく，堕落し娼婦になるという潜在力を秘めた下層の階級とみなされた。当時の風俗画ではモディストは性的魅力を備え，男性から鑑賞される存在として描かれた。これは都市化が進んだ近代フランスの都市空間において風俗画の男性鑑賞者の消費を喚起するために，男性の性的欲望を促す表象として，モードの仕事に従事する女性労働者が手ごろな素材として選ばれたのである。モディストは19世紀末に特有な風俗である。　　（山村明子）

Bd059　1830年代フランスのファッション情報メディア ―芝居とコピー画の役割―

徳井淑子著，日本家政学会誌55巻6号，499-506頁，2004年

　1830年代のパリでロマン主義の活動とともに歴史物の文芸が流行すると，若者たちの間で中世風の装いが流行した。中世風モードは過去の絵画作品に描かれた服装を模倣する場合と，舞台衣裳に取材される場合とがあったが，舞台衣裳も本来は絵画にヒントを得て制作されたものだった。観劇は当時の若者たちの最大の娯楽であり，したがって劇場の観客動員数はベストセラー最上位に匹敵している。一方，若い絵描きたちは修練として美術館で巨匠の作品を模写したが，それは同時にプチ・ブル階層の需要に応えるためであった。コピー画は市場を形成し，絵画の知識を大衆に普及させるのに貢献するとともに，若者たちにモードの手本として情報伝達の媒体となった。　　　　　　（徳井淑子）

Bd060　女性サン＝シモン主義者の服装と女性解放の思想

新實五穂著，お茶の水女子大学21世紀COEプログラム「ジェンダー研究のフロンティア」公募研究成果報告論文集2号，63-69頁，2004年

　1830年代フランスにおいて，サン＝シモン主義者たちは，家父長的な家族制度の廃止と家庭内での男女平等を基本にした女性解放の思想を確立した。このような女性解放思想は，男性サン＝シモン主義者たちが採用した制服以上に，青い簡素な膝丈のドレス・ズボン状のペチコート・赤または白の襟巻・赤い大きな帽子・ベルトからなる女性サン＝シモン主義者たちの服装に表象されていた。というのは，彼女たちが着用したズボン状のペチコートが，夫（男性）の無能さと同時に妻（女性）の有能さを示し，家庭を治める権利は女性にも同等に存在することを象徴し，フランスの大衆にサン＝シモン主義の女性解放思想を具体的にイメージさせたからである。（新實五穂）

欧米近現代

Bd061　サン＝シモン主義の男性制服
―着用経緯と象徴性―
新實五穂著，お茶の水女子大学人間文化論叢 6 巻，303-314 頁，2004 年

　初期社会主義思想の一つであるサン＝シモン主義を支持した男性たちは，思想の旗印として制服制度を制定した。1832 年 6 月 6 日の制服着用式以後，約 3 年間の着用期間ではあったものの，白いズボン・赤い文字入りのジレ・青い上着・銅のバックル付き黒革ベルト・赤または白の襟巻・ビロードの赤いトック帽から構成される男性制服は，帰属意識やサン＝シモン主義の位階制度に基づく階級意識などの多様なシンボリックな意味を示した。とりわけ「女性解放の使徒の服」と称される男性制服は，夫婦間の男女平等に基づくサン＝シモン主義の女性解放思想を着用意識や着用の仕方などで象徴しつつ，サン＝シモン主義内部では十分に実践できていない彼らの活動の矛盾点をも表象している。
（新實五穂）

Bd062　ソニア・ドローネーの「服飾芸術」
―1920 年代初頭「ローブ・ポエム」の特質と時代的意義―
朝倉三枝著，日仏美術学会会報 25 号，23-34 頁，2005 年

　画家のソニア・ドローネーは，文字が衣服の装飾に用いられることがまだ一般的ではなかった 1920 年代初頭に，友人のダダやシュルレアリスムの詩人たちの詩をデザインに取り入れた衣服，「ローブ・ポエム」を制作した。ポスター制作で見出した視覚的効果や詩中の言葉の独自の解釈をデザインに反映させた他，詩人のブレーズ・サンドラールが 1914 年にソニアに捧げた詩で詠った女性の身体と衣服の関係性を意識した。また，詩を通して着用者と鑑賞者との間で知的な遊びが交わされることを可能としたこの衣服は，前衛芸術家たちの知的好奇心を満たす，複雑で思いがけない既存の衣服の概念を超えた新しいモードの到来を告げるものとして理解された。
（朝倉三枝）

Bd063　19 世紀後半のイギリスのジャポニスム
―雑誌にみる日本の紹介と服飾―
米今由希子著，国際服飾学会誌 28 号，55-75 頁，2005 年

　19 世紀後期イギリスのジャポニスムについて，婦人雑誌 *The Queen* の記事・広告を 1870 年から 1900 年までとりあげ検討した。また比較検討のため新聞 *The Illustrated London News* の記事についてもとりあげた。結果として，1870 年代にはすでにジャポニスムの影響は見られており，日本風の服飾も取り入れられていたことが分かった。取り入れられ方にはファンシードレスと，室内着の 2 通りがあることも分かった。さらに 70 年代前半は実際の着物を着用し，70 年代後半から 80 年代前半はイギリスで着物のイメージをもとに服が作られ始め，80 年代にはイメージが知識へ変化し，90 年代前半にかけて本物の着物のような服に変化していった。さらに 99 年には着物の構造を理解したうえで新たにオリジナルなデザインを作り出していた。
（米今由希子）

Bd064　1880 年代イギリスにおけるハバードおばさんファッション
―キャラクタードレスの可能性と特質―
坂井妙子著，国際服飾学会誌 28 号，18-28 頁，2005 年

　ナーサリーライムズの定番キャラクターハバードおばさんの衣装が実際に着用可能な衣服，「ハバード」（コート）になるまでの過程を分析。下層階級の老婆キャラクターは，絵本，パントマイム，楽譜へと活動の幅を広げるうちに，洗練され，若返り，1880 年代までにはファッション・アイコンに奉り上げられる。しかし，最新流行になった途端に，個性を失い，寿命を縮めていく。キャラクターものの可能性と特徴を示した。
（坂井妙子）

Bd065　19 世紀の婦人靴 ―ヨーロッパを中心とした時代背景にみる靴の構造と製作技術―
諏訪原貴子著，服飾文化学会誌 5 巻 1 号，123-133 頁，2005 年

　19 世紀の婦人靴を製作するため，その構造を具体的に当時の衣生活との影響とあわせて実物資料や歴史的資料を用い考察した。クリノリンの膨らみの過剰さにあわせて足を保護するブーツの発達，ストッキングの流行等が，靴のデザインに影響していたと考察した。ヒールをつけて履き心地を求めだしたり，製図機の発達によって左右の木型が作られるようになった。これらは美的感覚や衣生活全体の変化が大いに影響していたと言える。家庭では女性達による手作りの婦人靴も見られ，まだ左右の区別がないものも存在した。
（諏訪原貴子）

Bd066　1810 年代イギリスの女子服
―ファッション・プレートを中心に―
都田紀子著，国際服飾学会誌 27 号，4-17 頁，2005 年

　「リージェンシー時代」と呼ばれる 1810 年代イギリスの女子服について解明するために，*The Ladies Monthly Museum*，*A Repository of Art*，*A La Belle Assemblee* の 3 誌を中心に，1811 年から 1820 年までのファッション・プレートを収集し，「提案されたファッション」の分析を行なった。ドレスのトレーンの減少とウエストの位置，装飾について変動が見られる。トレーンは 1812 年以降はなくなり，ウエストの位置は 1818 年に最高となり，1820 年には下がり始めている。10 年間を通して白が最も多く見られる色で，1814 年以降は細部にわたってフリル，リボンや造花をたっぷり使った装飾が施されるようになる。また 1817 年，20 年には，王族の逝去に伴ない黒一色のドレスが流行している。
（都田紀子）

Bd067　19世紀中頃の英国のテキスタイルIII
—"The Journal of Design and Manufactures"にみる色彩デザイン—
野沢久美子・伊藤紀之著，共立女子大学家政学部紀要51号，7-14頁，2005年

　英国の織物産業についてデザインの観点からの研究はモリス以降のもので，本論では19世紀中頃までのテキスタイルデザインにおける近代化について『デザイン・ジャーナル』誌を資料に解明した。同誌におけるテキスタイルの色彩デザインは，実際に当時流通していた織物により，おもにプリント布の配色について言及している。配色に関しては地色と文様の色の組み合わせや配分についてまとめ，それを踏まえて染料などの大量生産を見据えた開発が行われた。英国は生産量ではフランスに勝ったが，デザインに関しては遅れていた。しかしスクール・オブ・デザインでの教育により英国はデザインにも自信をつけた時期であったといえる。
（太田茜）

Bd068　舞台の気になる細部
—オペラ「ラ・ボエーム」のマフをめぐって—
山﨑稔惠著，アートマネジメント研究6号，123-130頁，2005年

　ジャコモ・プッチーニの「ラ・ボエーム」の再終幕，死の淵をさまよう女性の冷たい手を柔らかな毛皮のマフが優しく暖める。アンリ・ミュルジェの小説『ラ・ボエームの生活情景』を題材として創作されたこのオペラは若きボヘミアンたちが極限の生活を強いられるなかで体験した人生の喜びや悲哀，成功と失敗，愛と裏切りなどを描いていた。主題として流れるのは青春の美しさ，優しさ，情熱，儚さ，喜び，そして悲しみであったが，それらを象徴的にあらわし，モティーフとなっていたのが，ややもすれば舞台演出では軽視されかねない小道具のマフであった。有名なアリア「冷たい手を」の旋律とともにマフが最上の愛の表現となっていることも知る。
（山﨑稔惠）

Bd069　Shooting dressにみる19世紀後半イギリス女性の服飾観
山村明子著，国際服飾学会誌28号，76-94頁，2005年

　19世紀後半にイギリスで流行した（レジャースポーツのうち，）銃猟を楽しむ女性の服飾について検討した。デザイン面では銃猟やハイランドのイメージを表現した鳥の羽，鹿角製ボタン，地方色を伝えるキルトや帽子タモ・シャンターが特徴である。実用面では保温・防水に優れた衣服素材，銃操作に適応したジャケット，歩行に適した下衣（裾の短いスカート，ニッカボッカーズ，ゲートル），諸道具の携行に適したポケットが特徴である。銃猟趣味が女性の楽しみとして広がる中，男性的服飾要素を取り入れたシューティングドレスは，機能的・合理的服飾として，さらには女性美に合致したファッションとして評価された。機能性とファッション性を具備する服飾を評価する，女性の新たな服飾観を示している。
（山村明子）

Bd070　19世紀後半のイギリスにおけるセーラーブラウスの流行
大枝近子著，国際服飾学会誌30号，17-24頁，2006年

　1861年創刊の女性雑誌 The Queen の記事を手がかりに，女性がセーラーブラウスを取り入れて行く過程における着用場面の変化を検討するとともに，その流行の要因を探った。その結果，セーラーブラウスはまず水辺を連想させる川や海でのリゾート用衣服として取り入れられ，次にスポーツ服として採用され，その後次第に一般の衣服として着用されるようになっていったことが明らかとなった。また，その流行の要因としてはスポーツ服に欠かせない機能性を備えていたために着やすかったこと，さらに，その機能性ゆえにさほど身体に沿う必要がないことから型紙や既製服になりやすく，入手が容易であったことが見い出された。
（大枝近子）

Bd071　後期ヴィクトリア社会におけるアウトドアファッションの流行
—「新しい女性」の誕生と関連して—
好田由佳著，服飾美学43号，35-52頁，2006年

　後期ヴィクトリア社会において，女性もレジャーやスポーツに参加するようになり，家庭の中から，戸外へ出る機会が増えた。それにより，新しいタイプの衣服が必要となり，アウトドアファッションが流行しだす。一方，後期ヴィクトリア社会は，新しいタイプの女性が登場したことでも知られている。この女性たちは，「新しい女性」と呼ばれるようになる。スポーツの流行と，新しいタイプのアウトドアファッションは，「新しい女性」と結びつき，新しい女性像が誕生するに至る。本研究では，「新しい女性」と関連して，新しい衣服であるアウトドアファッションの流行について検討する。アウトドアファッションは，女性の自立を方向づけるファッションとして機能していたと結論づけた。
（好田由佳）

Bd072　1880年代から1920年代のイギリスにおける子供用セーラー服の流行
坂井妙子著，国際服飾学会誌29号，20-29頁，2006年

　セーラー服は安価で実用的，TPOを選ばずに汎用性があることから，1860年代以降，男児を中心にリゾート着として広く着用される。しかし，1870年代以降，英国海軍の水兵を真似たセーラー服が幼児も含め，男児，女児に大流行した。これは，セーラー服の実用性のみならず，国際競争力が衰えたイギリスがパクス・ブリタニカ再来の夢を子供たちに形として託す手段だった。
（坂井妙子）

Bd073　マリアノ・フォルチュニィ研究

染木泰子・河島一恵・塩川浩子・鈴木国男・武藤剛司，長崎巌著，共立女子大学総合文化研究所研究叢書24号，1-17頁，2006年

　マリアノ・フォルチュニィの服飾デザイナーとしての位置づけに関して，特に彼の作品の中で秀逸と考える「デルフォス」について，以下の5点を取り上げて述べたものである。①デザイン・ソースのキトンに関して，②筒型衣服のシュミーズ・ドレス，③衣服の簡素化，④同時代に活躍した服飾デザイナーについて，⑤服飾デザイナーとしての立脚点である。〈良き時代〉に咲き匂った才能から創り出された「デルフォス」は，身体と布を題材に衣服を創作し続けた，芸術家としてのマリアノ・フォルチュニィを特徴づけている。

(河島一恵)

Bd074　モード史におけるモダニズム ―モダン・デザイン・ムーヴメントからのアプローチ―

豊田かおり著，文化女子大学紀要（服装学・造形学研究）37号，147-160頁，2006年

　芸術，建築，装飾デザインにおけるモダン・ムーヴメントの理念と，1920年代のモダン・ファッションを照合し，モード史におけるモダニズムについて考察した。モダン・ムーヴメントは機能美を追求した合理主義へと向かい，直線的，幾何学的フォルムが絵画から日用品に至るまで浸透する。モード史においては1906年以降コルセットからの解放，簡素化への道を辿った。第一次世界大戦を経て，都市化や女性の社会進出が進み，窮屈でデコラティブな夜会服は次第に姿を消した。1920年代には昼夜問わず着用できる簡素でストレートなシルエットの服が登場し，階級間における差異が無くなり始めた。シンプルで無駄のない服は，現在のモードにおいても不可欠な要素である。1920年代が生んだモードは現代服の原点といえるのである。

(山村明子)

Bd075　水着の歴史に見る身体意識の変化

中西希和著，服飾文化学会誌6巻1号，41-50頁，2006年

　19世紀後期に女性が水泳競技を行うようになると，身体を自由に動かすことが出来る機能的な水着が求められるようになった。それらは露出が多く，身体の形が現れるデザインであったため，当初は不適切であるとされたが，次第に容認され，，社会は女性の身体に対する意識を変え，機能性を持った女性の肉体美を認識した。女性自身も身体による表現への関心を高めていった。機能性を超えて肌や身体の露出を大きくすることが水着のファッションとなり，こうした現象は一般のファッションにおける同様の現象を誘発し，20世紀ファッションにおける身体意識の方向決定要因の一つとなっていることが認められる。

(山村明子)

Bd076　ジョルジュ・サンドとサン＝シモン主義 ―女性指導者「教母」をめぐって―

新實五穂著，「現代フランス社会と女性」研究会『Bulletin du CEFEF』5号，85-96頁，2006年

　ロマン主義文学を代表する作家で，男装の麗人としても知られるジョルジュ・サンドと，社会思想家サン＝シモンの思想を継承した弟子たち，すなわちサン＝シモン主義者たちとの間には，部分的な共鳴関係が存在していたとされる。サン＝シモン主義者たちがサンドをサン＝シモン主義の女性指導者（教母）に望んだ事をはじめ，1830年代における彼らの交流が契機となって，サン＝シモン主義者たちによる相互扶助会「家族の友」にサンドが寛大な寄付を行ったことなど，1860年代まで彼らの関係は続いている。たとえ，相互の理解にずれがあり，サンドがサン＝シモン主義の女性指導者にならなくとも，彼らの関係性は一過性のものではなく，部分的な共鳴関係は30年近く続いたものと思われる。

(新實五穂)

Bd077　グラスゴー派の刺繍 ―近代刺繍の成立の地域アイデンティティーの確立―

吉村典子著，国際服飾学会誌29号，36-45頁，2006年

　長い歴史と伝統をもつイギリスの刺繍において，あらたな方向性を形成したといえるのが，グラスゴー派の刺繍である。グラスゴー派とはスコットランドの都市グラスゴーを拠点に19世紀末から20世紀初頭にかけて活動したデザイナーたちの総称であるが，当時の論評等をみると「派」の形成および地域アイデンティティー形成にグラスゴー美術学校・刺繍科の活動が，主要な役割を果たしていたことがわかる。また，表現においては，図のモティーフを複雑なステッチにより再現的に表現するものから，単純なステッチやアップリケで自由に表現するものへと変化している。その過程において，糸や布等を自立した造形要素として意識している点は，制作物に機能性があるにしても，戦後に確立してくるファイバーアートの原点をここにみることもできる。

(吉村典子)

Bd078　1890年代アメリカの婦人雑誌にみる衣服の入手方法 ―2誌の比較から―

太田茜著，国際服飾学会誌31号，32-42頁，2007年

　本論文ではアメリカにおける中産階級の女性の衣生活について，1890年代にアメリカで発行されていた*Harper's Bazar*と*Godey's LadiesMagazine*を資料として雑誌によって衣服の入手方法に違いがあるかどうか，また違いがあるとすればそれは何故なのかを検討した。この2誌を比較するとどちらも19世紀に発行された中産階級の婦人向けの雑誌という共通点はあるものの*Harper's Bazar*より*Godey's LadiesMagazine*の方がより家庭裁縫を重視していることから，家庭における女性の主婦としての役割が大事であるという編集部の方針が影響している。このように雑誌にみる衣服の入手方法はその時代の家庭内の女性の意識や主婦の立場を反映しているといえる。

(太田茜)

Bd079　ファッション・デザインの意義についての一考察
　　　　　—芸術とデザインとのかかわりから—
鍛島康子著，実践女子大学生活科学部紀要 44 号，142-148 頁，2007 年

　20 世紀初めに活躍したデザイナー，ポール・ポワレとガブリエール・シャネルの作品と言動から，ファッション・スタイルはその時代の時代感覚などに左右される点，芸術とは異なる意義がある。ポワレはアール・デコ期の芸術的環境を背景に創造的な服を作り出した。シャネルの時代は機能主義やスポーツから発するシンプルさが時代をリードしていた。どちらも時代感覚を巧みに表現したが，着用者の生活を表現できたのは後者であった。芸術とデザインはこの点において異なる。
　　　　　　　　　　　　　　　　　　　（鍛島康子）

Bd080　メンズファッションと未来派
北方晴子著，文化女子大学紀要（服装学・造形学研究）38 号，39-52 頁，2007 年

　20 世紀初頭のイタリアで始まった芸術運動であるイタリア未来派は，過去の伝統を否定し，機械によってもたらされた力やスピードから新しい美意識の誕生を掲げた。それは次第にファッションにも広がり革新的なメンズファッションの創造と改革を提案した。このような試みは 19 世紀後半から 20 世紀初頭に見られた女性の社会的領域の拡大による男女差の縮小や不確かな男らしさに対し，新たな男らしさを示す動きであった。そして未来派は次第にヨーロッパに広がるファシズムの美意識に取り込まれていった。男性至上主義を推進するファシズム文化は，男性性を強調し，未来派こそファシズム美学を支えた男性性を強く主張する表象となっていった。ファシズム文化において極めて重要な男性の身体意識と同調し男性の魅力を引き出し，男性の身体の発見に大きな影響を及ぼした。
　　　　　　　　　　　　　　　　　　　（山村明子）

Bd081　19 世紀の教育思想と子ども服（第 2 報）
　　　　　—スペンサーと進化論思想にみる子ども服—
佐口さやか著，国際服飾学会誌 31 号，4-17 頁，2007 年

　ハーバート・スペンサーはイギリスの哲学者・社会学者であり，その著書『教育論』の中には，子どもの服装についての記述がみられる。スペンサーの服飾観は当時の進化論思想を基盤とした自然科学を根拠としたもので子どもの心理についての配慮や，流行に対する批判意識などの様々な要素を含んだものであった。時代の思想的リーダーであったスペンサーによって子ども服がより具体的なものとして語られたということは，人々の子どもに対する意識に進歩をもたらし，子ども服の改革における一つの要素となったと考えられる。
　　　　　　　　　　　　　　　　　　　（佐口さやか）

Bd082　19 世紀イギリスの女性服飾と fishwife の装いとの関連
山村明子著，国際服飾学会誌 31 号，18-31 頁，2007 年

　19 世紀イギリスの中・上流階級の女性の服飾と漁業に携わる女性・フィッシュワイフの装いとの関連を検討した。フィッシュワイフのスタイルは裾丈の短いスカートや，スカートの裾をたくし上げている。脚部を人目に晒すことは当時の中・上流階級の道徳観には合致しないことであり，好奇の視線を浴びた。しかし，海辺のリゾートやレジャースポーツが流行する中，女性用のテーラーは釣り等のスポーツに適した服装としてフィッシュワイフのスカートを模したデザインを提案するようになる。当時の階級社会において，下層階級からの服飾の影響は一般的な事象ではなかった。しかし，スポーツを楽しむ新たな価値観は，その服飾にも影響を与えた。フィッシュワイフの服装は必然性により，階級差を超え，中・上流階級の女性に受容されたと考える。
　　　　　　　　　　　　　　　　　　　（山村明子）

Bd083　ヴィクトリア時代における「ベルリン刺繍」と「芸術刺繍」について
山本麻子著，服飾文化学会誌 7 巻 1 号，57-70 頁，2007 年

　ヴィクトリア朝に流行した 2 つの刺繍技法，ベルリン刺繍と芸術刺繍を比較し，技法と理論の変化した経緯を明らかにした。19 世紀に流行したベルリン刺繍に対抗し，モリスをはじめとする芸術家たちは，伝統刺繍の復活と刺繍を芸術の領域まで高めることを目標に，芸術刺繍を提案した。やがて王立刺繍学院の設立など，国をあげての刺繍教育にむすびつくと同時に，商業的にも成功を収めた。また芸術刺繍には，図案の平面性，形式化，色彩の調和など，新しい理論が持ち込まれた。芸術性復活の啓蒙運動が書籍などを通して行われ，その後の手工芸と中流階級の室内装飾に大きな影響を与えた。
　　　　　　　　　　　　　　　　　　　（山本麻子）

Bd084　20 世紀メンズファッションとピエール・カルダンの功績
北方晴子著，文化女子大学紀要（服装学・造形学研究）39 号，33-41 頁，2008 年

　ピエール・カルダンは 1964 年に宇宙をイメージしたスペースエイジ・ファッションを発表し，さらに，メンズファッションに婦人服同様にデザインを加えるというそれまでの概念を崩す，新たなアイデアを持ち込んだ。その背景には，20 世紀後半に登場する新たな男性像とカルダンのメンズファッションにおける更新が大きく関わっていると考えられる。男女平等の流れが進む中，失われつつある男性性を強調しようという新たな試みがみられ，雑誌や広告などには男性が以前より取り上げられるようになる。そこに「オブジェとしての男性像」が誕生していたのである。
　　　　　　　　　　　　　　　　　　　（山村明子）

Be001　聖母画像の着衣（その2）
　　　　―彫塑像の場合―
樫山フミエ著，久留米信愛女学院大学研究紀要21号，59-65頁，1998年

　聖母像の着衣の表現は，中世からルネサンスに教会建築の一部として造られた場合と，今日の聖母像とでは異なる。5世紀から11世紀にはトゥニカ，ストーラ，パルラの着衣が多い。ロマネスク様式ではブリオー，ゴシック様式ではコット，そしてそれらの上にマントを羽織る形式に定まり，以後ルネサンスにかけても時代の女性服を反映している。一方，私たちが目にする今日の聖母の着衣は，19世紀に始まる聖母出現の体験者の伝えによるところが大きい。白いローブに白か青のベール，マントをかけた姿が一般であり，マントを広げた立像であることが多い。中世・ルネサンスの聖母像は，神の母としての尊厳を示しているのに対し，今日の聖母像は，神の母，人類の母として神に恩恵を取り継ぐ役割を担い，私たちに深い信頼心と慰めを感じさせる役割を果たしている。（徳井淑子）

Be002　招待講演 1600年から今日に至るデンマーク王家のファッション
カティア・ヨハンセン著，国際服飾学会誌15号，4-12頁，1998年

　デンマークのローゼンボルグ王室衣裳コレクションは，クレスティアンIV世の時代（1577～1648）に始まり，歴代の王・王族が所有した膨大な衣裳を，極めて良好な状態で残している。収蔵品の90%以上が男性の衣裳であり，各々に付された詳細な記録により，所有者，着用時の特定が可能である。城の財産目録，宮廷の各分野の公文書から，多くの衣裳の注文，採寸，仮縫い，再調整，支払いの時期の追跡ができる。ローゼンボルグ城は1833年に博物館となり，これらのコレクションが年代順に展示されている。　（西浦麻美子）

Be003　カトリック祭服における刺繍史
濱崎千鶴著，鹿児島純心女子短期大学研究紀要28巻，179-188頁，1998年

　中世のカトリック祭服に施された刺繍の技法・図案の変遷を明らかにし，その内容を分析した。11～14世紀に繁栄した教会刺繍は，大量生産が可能な紋織物との競争により，技法の簡略化を図って対抗するも，16世紀には衰退した。文様の点では，ゴシック期を境に，動物や神話に因んだデザインから，聖書の中の場面や人物へと変化している。このような祭服は，教会建築と同様に，視覚に訴えることで，ラテン語を理解しない信徒らに聖書の内容を理解させ，信仰心を喚起させる役割を担っていたと考えられる。（西浦麻美子）

Be004　民族衣装（岐阜市歴史博物館所蔵資料による）―ヨーロッパのエプロン―
堀てる代・籏美代子・佐野恂子・道家とき著，日本衣服学会誌42巻1号，47-56頁，1998年

　ヨーロッパの女性の民族衣装には，エプロンが多く用いられ，南欧ではチュールやシルク製の小型エプロンで，スカートの長さに対しエプロンは短い。北欧では木綿製の重量感がある長い型のエプロンが多く，重ねスカートの代用として用いられている。そして，いずれも社交や祭礼の盛装で用いられ，美的要素が重視されている。またエプロンは，15世紀頃からは庶民の衣服を保護するものとして着用される一方で，古代には権威の象徴，17世紀末には貴族が装飾として公の場で着用している。このような歴史的背景が存在していることが，ハレの場でのエプロンの着装に影響を与えていると思われる。
（新實五穂）

Be005　カトリック祭服における刺繍史（II）
　　　　―キリストの象徴である十字架・モノグラムを中心に―
濱崎千鶴著，鹿児島純心女子短期大学研究紀要29巻，175-190頁，1999年

　古代から現代までの壁画，モザイク画，フレスコ画，そして祭服にキリストがどのように表されてきたか，その詳細を明らかにした。迫害時代には異教徒に理解できないよう，魚，子羊などで表されていたキリストは，4世紀にキリスト教が公認されると同時に，さまざまな種類の十字架や，XPの組み合わせ文字であるモノグラムにより象徴されるようになった。中世には豪華な刺繍で聖書の場面や諸聖人を表した祭服が好まれたが，20世紀の祭服にはモノグラムが数多く採用されている。
（西浦麻美子）

Be006　中世の生活様式と服飾及び現代デザインとの比較
中西冨美子著，愛知女子短期大学研究紀要34号，129-138頁，2001年

　中世から近世にかけての西洋の生活様式，芸術様式，デザインを概観し，中世の生活様式と服飾及び現代デザインとの比較を試みた。中世とその後の様式美，東西の文化の交流について，遠近法の確立や庭園様式，さらには日本式庭園とジャポニスム，ジャポニスムの服飾と浮世絵，アールデコの服飾について考察した。その結果，デザインとは誰かが新たに想像した様式であり，それが時代に容認され普遍したものであるため，デザインなる言葉が，生活全般を支配するのは19世紀以降の現象であると考えられる。　（米今由希子）

Be007 流行色傾向分析に関する研究 ―'87AW 〜2000AW パリコレクションの色彩傾向―

渡邊芳道著，東京家政大学研究紀要（1）人文社会科学 41 号，147-155 頁，2001 年

　1987 年秋冬から 2000 年秋冬までのパリコレクションにおける流行色の傾向を，色相と色調から時系列的に解析した。色相は，暖色系と寒色・無彩色系に相関があり，黄・橙色系と補色関係にある青・紫系が 90 年代以降，交互に増減する。彩度は，92 年より低彩度の出現比率が高まり，高彩度と低彩度，中彩度と無彩色の増減は相関する。明度は，高中明度と低明度の出現比率が 87 年から 91 年までは 1 年ごとに交互に増減し，94 年から 2000 年は，95 〜 96 年を除き，低明度の割合が高いが，3 〜 4 年ごとに増減を繰り返す。また明度は，経済動向に影響される。
　　　　　　　　　　　　　　　　　　（新實五穂）

Be008 ウエディングドレスの歴史 ―場面に合ったドレス選び―

野母秋代著，玉木女子短期大学研究紀要 7 巻，37-40 頁，2003 年

　ウエディング・ガウンやブライダルガウンなどと呼ばれるウエディングドレスは，結婚式に花嫁が着るドレスの総称である。ドレスのデザインには流行の変化はあまり見られず，花嫁の好みが反映され，どこでどのように着用するのかということが重要になる。ゆえに，純白のウエディングドレスに限定し，結婚式が行われる場所（シチュエーション）・ドレスの素材・上半身のデザイン・体型に合うライン・体型の悩みを解消するための部分別デザインという五つの項目から，場面にあったドレス選びや，自分に似合うドレスの選択方法を例示している。
　　　　　　　　　　　　　　　　　　（新實五穂）

Be009 魔女における衣装の具象と抽象に関する研究

徳山孝子著，ファッション環境 14 巻 3・4 号，16-21 頁，2005 年

　ヨーロッパを中心に絵本や文献等のなかの魔女の衣装を取り上げた。魔女は，実在した魔女と想像による魔女に分けた。想像された魔女，物語，童話などに登場する魔女を抽象とし，実際に魔女と呼ばれる人，実在する魔女を具象とした。そのなかで魔女が着用したと考えられる衣装について考察した。
　一般の具象の魔女の衣装は，赤い衣服にガーターを身に着けていた。抽象の魔女の衣装は，床にするほどの長い黒いマント，ときには丈の長いフードのついたマントを着用し，等を手にしていた。
　　　　　　　　　　　　　　　　　　（徳山孝子）

Be010 ウエディングドレスに関する研究

宮田絵梨子・吉田紘子著，茨城大学教育学部紀要（人文・社会科学，芸術）55 号，103-121 頁，2006 年

　茨城県中央部にある 3 校の大学に所属する女子学生を対象とし，結婚に対する意識，及び結婚衣裳への嗜好に関して 2004 年にアンケート調査を行い，241 人の回収結果を統計分析した。結婚願望が強い人ほどホテルや式場でセレモニー要素の強い挙式を望み，挙式衣裳に純白のウエディングドレスを選択する。そのイメージは，幸せであり，ゆえに憧れを抱く。また結婚願望がある人は，ウエディングドレスの手作りやセミオーダーに関心が高く，体型や好みに合ったデザインを安く入手でき，新たなスタートである結婚への準備や心構え，そして思い出や記念になる自分だけの一着を望む。
　　　　　　　　　　　　　　　　　　（新實五穂）

C001　朝鮮時代の服飾色彩
　―主要服色と服飾色彩意匠の特性について―
李景姫著，生活文化史32号，27-38頁，1997年

　韓国の民族衣裳に表れる服飾色彩と意匠の特性を文献と朝鮮時代の服飾遺物を通して調べ，韓国の民族色彩の固有性を確かめる。朝鮮時代の基本色は五正色と五間色で，官服には紅色，青色，黄色，緑色，紫色があり，常服と式服には白が多様された。通過儀礼の衣装色には多彩な色を組み合わせる豊かな色彩感情が表れている。婚礼の色彩意匠は高貴への願望と陰陽の色が揃うことによる二性之合である結婚を象徴する。服飾遺物には色合わせ，色並び（色同－セクドン）の意匠があり，中国の色彩観によるもののほか，色彩感情を重視した朝鮮の自生的色彩意匠が認められる。
（相川佳予子）

C002　シンポジウム　琉球国王に中国皇帝から遣わされた冊封使行列絵巻の服飾について
講師 池宮正治・王宇清・劉頌玉，司会 豊見山和行，国際服飾学会誌15号，25-35頁，1998年

　（司会）中国の服飾制は東アジアの諸国・諸民族の服飾制に大小の影響を与えた。その中国服飾制について，特に琉球国に派遣された冊封使一行の服飾について議論する。（池宮・日）琉球は1372年に明の冊封国となり，明服を賜与された。首里城では琉装で行う国風の儀礼と，唐衣装で行う唐風の儀礼があった。（王・中）『琉球国志略』や『中山傳信録』に明清二代の冊封使の服飾の記述がある。（劉・韓）朝鮮時代の王世子冊封に関する11件の儀軌記録が現存する。冊封使は王世子を認める勅使であり，冊封使を見送った後，朝鮮式の儀礼で王が王世子を冊封する。以下討論。
（相川佳予子）

C003　大葆台漢墓出土の八角目複合組み組織の纓の組成法について
木下雅子著，国際服飾学会誌15号，49-58頁，1998年

　資料は1974年に北京南郊の大葆台漢墓から紗冠とともに出土したレース組織をもつ布で，纓の残片と推定されている。先行研究ではそれを「八角目複合組み組織」と呼び，同じ原理で布を組成するプライスプリット（P-S）技法と呼ぶ現行技法に言及している。同様の組織を合理的に組成できる技法にループ操作技法（L-M法）がある。本稿は大葆台資料を再観測し，両技法によって資料を作成し，その表面組織の糸の様相の特徴を観察することを通して，大葆台資料の組成技法を判定する方法を提示した。
（相川佳予子）

C004　翻領袍に関する研究
金素賢著，国際服飾学会誌15号，82-88頁，1998年

　唐代における外来文化の流入によって胡服といわれて着用された代表的な衣服である翻領袍は，漠然と西域あるいはペルシャ的なものと認識されてきた。しかしペルシャの服飾はチュニックで，カフタン型の外被の襟はスクエアーカラーである。突厥の衣服は左衽のカフタンで襟はラペルのように折り返されている。この翻領袍はタリム盆地をはじめ，突厥の勢力下にあった地域の服飾に影響を与えた。唐による西域の経営により交流が活発化すると，唐でも翻領袍の着用が広まった。
（相川佳予子）

C005　新疆ウィグル自治区シルクロード考古宝物展について
田中俊子著，国際服飾学会誌15号，153-157頁，1998年

　近年，中国の改革と開放で新疆ウィグル自治区における考古学的研究が海外の後援を得られるようになり，重要な発見があった。最大の成果は日中共同研究のニヤ古代遺跡と尉犁県營盤埋葬地の発掘研究であった。この成果を世界に発表するため，上海博物館で1988年4月～10月に新発掘の染織品を中心にした標記特別展が開催された。營盤埋葬地出土の男性ミイラの絹や毛製の着衣一式や黄青格子模様錦袍，古代ギリシャ・ペルシャ文化の融合の窺える赤地対人獣樹文毛織物など，少雨・乾燥の気候のため，保存状態は驚異的に良好である。その他展示遺品数点の報告がある。
（田中俊子）

C006　定陵出土の絹織物「織金妝花奔兎紗」の走る兎を追う
丹沢巧著，国際服飾学会誌15号，147-152頁，1998年

　明代定陵出土の絹織物復元品展に接し，「織金妝花奔兎紗」文様に魅惑された。無限の兎が蔓草状の霊芝を銜えて織物いっぱいに天降って来る壮大な文様であった。「月の兎」が皇帝のために不死薬を届けようとするものと理解できた。この織物は南京雲錦研究所で復元された物であり，広い工房では明代織技法そのままに提花織機が稼働する光景に圧倒された。伝説の「月の兎」は「玉兎」として定着し，一方，西王母の不死薬は兎が搗くもので，月と西王母の仙界を媒介する兎は，「玉兎搗薬」「玉兎銜霊芝」として活躍する。明代の「織金妝花奔兎紗」は「玉兎銜霊芝」の主題を代表している。
（丹沢巧）

C007　民族衣装（岐阜市歴史博物館所蔵資料による）―アジアの衣装の構成について―

道家とき・堀てる代・籏美代子・佐野絢子著，日本衣服学会誌42巻2号，51-58頁，1999年

　岐阜市歴史博物館が所蔵するコロンビア・ファッション・カレッジ寄贈の民族衣装（韓国，中国，タイ，ベトナム，フィリピン，マレーシア，パキスタン，ミャンマー）について，素材，重量，構成，形態，縫製を調べ，特長をまとめたものである。中国以外の国の民族衣装の素材は薄地であり，比較的軽量である。構成は，全体的に平面・直線構成である。形態は，全体的にはおり式の衣服が多く，洋服の影響も混合している。縫製は手縫いとミシン縫いが混合して用いられ，全体的に粗雑なものが目立った。その他，色彩は豊かで多色であり，多様な染め模様がみられた。各民族衣装の写真と構成図が掲載されている。
（松本由香）

C008　考古学的資料と絵画表現による中央アジアの服飾（7～10世紀）

フロラ・ブランション著，国際服飾学会誌16号，4-14頁，1999年

　7～10世紀に交流がなされたシルクロードの周辺の民族の服飾について，考古学的な資料と絵画から検討した。中央アジアでは，インドの影響がショールやブレスレットなどのアクセサリーにみられ，イランの影響がソグド族のカフタンや高いブーツ，王冠などにみられ，8世紀には中国の影響もみられる。ヒマラヤ山頂の麓では，チベットと交流していたコータンにその影響がみられる。トルファンには唐王朝の初期に中央官庁があったことから，豊富な遺品がある。それらは，片側にスリットのある広いゆったりした衣服であり，ベルトを締めている。トルファンのウィグル人の男性は丸い襟あきで広い袖のついた長い衣服を着て，膨らんだズボンをブーツの中に入れている。女性は細い袖のついたゆったりした衣服を前を閉じて，ベルトをせずに用いている。
（佐々井啓）

C009　Aesthetics : It begins with the body（美学―身体について）

Marilyn Revell Delong（翻訳 原口陽子・田中俊子），国際服飾学会誌16号，15-38頁，1999年

　本論文は第17回国際服飾学術会議（於ソウル）での講演をまとめたものである。服飾の美学は，衣服と身体の構築物という概念から見ると，身体とその上に着せられる衣服の相互作用を研究することである。分析の単位としてABC(The apparel-body-construct)を用い ABCは身体と衣服及び身体上に付ける物の総体の視覚的な形を表し，線・色・形など直接知覚可能であるがその他に文化的背景を知れば推論できる諸関係がある。着せられるものによって身体は拡大したり，部分と部分の視覚的関係に変化が生じる。
（田中俊子）

C010　統一新羅時代の服飾研究

金容文著，国際服飾学会誌17号，19-44頁，2000年

　統一新羅（668～935）の服飾を出土遺物と文献および唐や日本の服飾遺物により考察する。7世紀の土俑の服飾様式は新羅固有のものであるが，8世紀のものには唐の影響が強い。9世紀の石人像には西域と新羅の二文化が融合した服飾が見られ，十二支像の服飾は統一新羅的である。敦煌や唐の李賢墓の壁画に描かれた鳥羽冠を被った使臣の服装は，新羅固有の服制が中国式に移行していく過程を示している。新羅の衣冠制は6世紀半ばまでは新羅固有のものであったが，その後は唐の服制が採用される。唐文化は西域との関係も深く，それは統一新羅の服飾にも影響を及ぼしている。
（相川佳予子）

C011　伝説「月の兎」と染織文様（その1）―「月の兎」の虚構基底―

丹沢巧著，国際服飾学会誌20号，36-49頁，2001年

　兎の文様の殆どは月の伝説から派生している。月と兎の関係を深めたのは古代中国人であり，神話伝説に神秘的に登場し，戦国末から前漢時代の書物に記され，前漢時代の帛画に月に兎が描かれている。中国の「月の兎」は時代を超えて存続し，民俗文化を形成し，染織文様に豊かな造形を見せている。「月の兎」は中国人の心に蓄積された虚構ではあるが，心情に根付いた真実の域に達し，近隣国に波及し，日本に伝来したものは「花兎」文様として愛好されてきた。「花兎」文様を根本から考えてみるために「月の兎」の虚構の根底を探る。
（丹沢巧）

C012　中国・川劇に見る化粧 17 ―「代角」の変身など―

張中学著，細井尚子翻訳，化粧文化41号，140-154頁，2001年

　中国の伝統演劇の川劇では，一人の俳優が二つ以上の役柄を兼ねる「代角」が普遍的に見られる。「代角」の化粧は，顔の造形上の同一性を基礎に，黒子や髭などを付け，二人に扮しているのは同一俳優であり，思惟的関係があることを表す。「代角」には権力や地位のある人に対する批判を込めた「倒訴型」と，登場人物の心の状態を表す「幻覚型」がある。川劇の特徴ある化粧に，舞台上で髪や顔の色を瞬時に変える「変髪」がある。観客の化粧や服飾表現についての伝統的な共通認識に支えられ，心象表現の変化を化粧や服飾を変えることにより，明確な感情表現を可能にしている。
（伊豆原月絵）

C013　伝説「月の兎」と染織文様（その 2）
　　　　　―中国明代と日本の「月の兎」文様の関連―
丹沢巧著，国際服飾学会誌 22 号，4-21 頁，2002 年

　伝説「月の兎」を主題とする文様が染織品に顕著に現れたのは明代である。伝説の世界を，染織品という生活の次元に繋いだのは中国人の深遠かつ濃密な吉祥思想であったと思う。不老不死薬を作る「月の兎」は長生を寓意し，不死薬には仙薬の霊芝が使われ，「玉兎銜霊芝」文様として広まった。霊芝の吉祥性を深く理解しなかった日本人はこの類のものを「花」と「兎」と解して「花兎」文様と呼んだ。この経緯から伝説の「月の兎」の超能力は失われて現世の兎に変わった。そうであっても月と兎の連想は日本人の意識の中にも潜んでいて軽視されることはなく，日本の文様を豊かにしている。
　　　　　　　　　　　　　　　　　　　　　　（丹沢巧）

C014　タイシルクの織物構成
青木昭著，玉木女子短期大学研究紀要 7 巻，13-24 頁，2003 年

　国際協力事業団のタイ養蚕開発協力事業によって，現地の農家で収集したタイシルク布地の特性について考察したものである。24 枚の布地について，織物構成（重さ，厚さ，ヤング率等），模様を記録し，織物組織の拡大写真を掲載している。タイシルクは，黄繭から繰り採られた糸が使われ，この糸は，ふくらみと伸縮性に富む。したがってタイシルクは，織密度が粗い特長をもち，織りむらができやすいが，糸のふくらみと弾力が，織密度の粗い構造の布に起こりやすい「スリップ」を防いでいる。模様について，緯絣によって模様が描かれたり，経縞，あるいは格子縞である。全体の色彩・模様構成に，統一感ある工夫がみられる。　　（松本由香）

C015　朝鮮前期の朝日間交易品を通じてみた服飾文化（I）
　　　　　―輸入品目の変化様相を中心に―
李子淵著，国際服飾学会誌 24 号，14-22 頁，2003 年

　朝鮮前期に日本から朝鮮にもたらされた主な交易品は蘇木，銅，銀で，朝鮮からは綿紬と麻布，綿布，経典，書籍などが輸出された。日本からの輸入品が朝鮮服飾にあたえた影響をみると，15 世紀の初め大量に輸入された蘇木は赤色衣服の流行を生み，身分の貴賎を問わず愛好されて奢侈の風潮を生んだ。15 世紀末から 16 世紀初めに銅の輸入が増加すると貨幣や兵器製作に使われた。日本国内で銀山の開発が進み，輸入綿布の対価として大量の銀が朝鮮に流入すると，朝鮮は明との交易に多くの銀を決済に当てた。輸入された中国産の紗羅綾緞は服飾や婚姻用品に多用され，倹約令も出された。　　　　　　　　　　（相川佳予子）

C016　雲岡中期石窟新論 ―沙門統曇曜の失脚と胡服供養者像の出現―
石松日奈子著，MUSEUM 587 号，25-47 頁，2003 年

　雲岡石窟における沙門統曇曜の動向と胡服供養者像を表す小龕の出現に着目しての，雲岡中期に関する新解釈論。太和 7（483）年頃より胡服供養者像を表す民間の小龕が出現するようになったことから，皇帝の為の石窟としての意味は失われ，この頃に沙門統曇曜も失脚した可能性が大きく，石窟寺は民間に開かれた形となったと考えられる。従って，従来一続きとして扱われてきた雲岡中期（470～494 年）は太和 7 年頃を境として前半と後半に分けられること，及び中国式服制の見られる第 6 窟の寄進者は，馮大后の寵愛を受けていた鉗耳慶時の可能性が高いことを提示する。
　　　　　　　　　　　　　　　　　　　　　　（増田美子）

C017　韓国近代における西洋帽子の受容
許恩珠著，服飾美学 36 号，31-46 頁，2003 年

　朝鮮王朝時代，当時の生活哲学に基づいたかぶりものは固有の伝統美を築き上げていた。近代西洋文明は服飾文化に大きな変容をもたらし，伝統的なかぶりものは山高帽子や中折帽子，麦藁帽子にとって代わられたが，それらは全く新しいものとしてではなく，伝統的な服飾観を引き継いだものとして受容された。朝鮮での帽子の重要性をパシバル・ロウエルは「尊重される」ものといっている。韓国文学の中では伝統的に服飾に関する描写は少ないが，かぶりものについては例外で，このことは服飾の中での比重を窺わせる。
　　　　　　　　　　　　　　　　　　　　　　（相川佳予子）

C018　織布を裁つ感性 ―インドネシアにおける一枚布から体形型衣服への変遷―
松本由香著，服飾美学 30 号，49-64 頁，2003 年

　インドネシアにおける土着の一枚布の衣文化に，体形型衣服の衣文化がどのようにとり入れられ，衣服の形態が変化してきたのかについて考察を行った。体形型衣服は，イスラーム文化が流入する前の土着の文化に由来するもの，イスラーム文化に由来する直線およびバイアス裁ちによるものと，曲線裁ちによる西欧型衣服の三つに分けてとらえることができる。土着文化に由来する衣服は，主に儀式時に着用され，呪術性が読み込まれたものである。外来文化に由来する体形型衣服は，イスラーム教の儀式や，ヨーロッパ人との交渉時などにおいて着用されるようになり，自ら仕立てることが行われるようになって広まっていったと考えられる。（松本由香）

C019　カラーボックス　中国の色彩活用
―黄色編―
大前絵理著，流行色 537 号，70-71 頁，2004 年

　中国の色彩文化には「陰陽五行思想」という自然哲学の思想の影響がみられる。宇宙の現象は天地，陰陽の二気と木・火・土・金・水の「五行」が循環し整合されて生ずるとする考え方で，五行を基本として木の青，火の赤，土の黄という三原色に白と黒を加えて五色となる。黄色は五色の主色とされ，聖なる天子の色とし，皇帝の衣を「黄袍」，皇帝の車の天蓋を「黄屋」といい，身分制度が廃止されるまで禁色とされた。現代ではインテリアから家電製品，自動車のボディカラーや高層住宅の外壁など，公共の色にも中彩度のビビッドトーンに近い黄色が多く使われている。

(伊豆原月絵)

C020　カラーボックス　中国の色彩活用
―赤・伝統編―
大前絵理著，流行色 539 号，70-71 頁，2004 年

　中国では「赤色」は「陰陽五行思想」の火の赤とされ，権威の象徴であり，庶民にとっては祭りや祝い事の色である。赤の顔料には「朱砂」「真朱」があり，上質なものは「辰砂」といわれて珍重された。明清時代の皇帝は宮殿や寺院を赤色で彩色し，それ以降，華麗な邸宅や貴族女性の館を「紅楼」と呼ぶ。赤色染料には「茜」「紅花」「臙脂」などがある。赤色の服飾は清代には宮廷女性に許された礼服の色であり，庶民は婚礼衣装や還暦の祝いの「紅腰帯」などに許され，魔除けの意味を込めた。紅は「紅粧」「紅装」「紅顔」「紅扮佳人」など女性の装いや美貌の代名詞としても使われる。

(伊豆原月絵)

C021　近代韓国における新女性の服飾
―1920 年～1930 年代を中心に―
蒋芝英著，国際服飾学会誌 25 号，17-26 頁，2004 年

　近代韓国社会においての新女性は，女性史学側では，近代高等教育を受けた新知識女性層としてその思想や社会活動が研究され，近代韓国女性服飾史においては伝統服から洋装への変遷過程を主導した女性たちとして評価されている。本研究は新女性の近代精神や自立性が反映されていると考えられるその装いを検討し，1920 年代から 30 年代にかけての韓国の女性服飾の変遷は，新女性の主導によって行われたという結果に至った。その変遷には，自立した新しい生き方を求めていた新女性の意図が反映され，新女性が用いた洋服の普及は近代女性の精神の普及を象徴するものであったともいえる。

(蒋芝英)

C022　「命の樹」文様につながる経緯
玉川絵理・松本美穂子・山口恵子著，繊維工学 57 巻 9 号，337-342 頁，2004 年

　命の樹文様が時代とともに世界に広がった文様としてどのような変遷をとげ，どのようなバリエーションがあるのかについて検証した。命の樹は宗教的意味合いを持つことで，国王や多くの僧俗の衣服の刺繍を飾るようになった。樹は壺に変化したり，神は仏陀ではなくパルバーティー神に変化したりする。命の樹とは単に装飾の目的だけでなく呪術的・宗教的・政治的・社会的に寓意や象徴としての意味を持つものである。命の樹は豊穣への願いを込めた文様で，生命誕生を巡る，人間の想像，願いを込めた文様であるといえる。

(米今由希子)

C023　江戸時代における朝鮮通信使の服飾
鄭銀志著，服飾文化学会誌 4 巻 1 号，15-29 頁，2004 年

　朝鮮通信使は，江戸時代に朝鮮から日本へ派遣された公式的な外交使節である。本研究では今まで主に政治・外交史的な観点で取り上げられた「朝鮮通信使」を，服飾という切り口により服飾文化史的な側面から捉えることを試みた。絵巻と文献資料を照らし合わせて考察した結果，朝鮮通信使の服飾は朝鮮中期時代のおよそ全ての男性階層服飾を網羅するものであった。さらに，それは外交儀礼を表現する主要な手段として用いられた。絵巻では実際の朝鮮の服飾とは異なった服飾様式が見られ，特に襟の表現に間違いが多く見られた。

(鄭銀志)

C024　朝鮮通信使の服飾
―絵巻にみる服飾表現の変遷をめぐって―
鄭銀志著，国際服飾学会誌 26 号，14-30 頁，2004 年

　本研究では，服飾という文化要素をめぐる受容・変容という視点から，江戸の人々に朝鮮通信使の服飾がどのように認識されたのかを，「朝鮮通信使絵巻」に顕われた服飾表現の変遷から解き明かしてみた。その結果，1600 年代には南蛮風，中国風，日本風と朝鮮風の折衷が見られた。その過渡期を経て 1710 年代末になってからようやく忠実に描かれはじめ，1810 年代には朝鮮の服飾とほぼ同じ様相で描写されていたことが判然とした。

(鄭銀志)

C025　アンコール期の女神像の服飾について（上）
松平美和子著，生活文化史 46 号，33-46 頁，2004 年

　12世紀前半に造営されたアンコール期の代表的なヒンドゥー教寺院であるカンボジアのアンコール・ワットにみられる浮き彫りの女神像の服飾について考察を行ったものである。女神の特に下半身を飾る一枚布（裙）はその一枚布を身体に巻きつける時，どこで打ち合わせ，布端をどのように処理するかという問題に対する様々な工夫によって，時代ごとの各様式を生み出したといえる。クメール人は，特に身体前面の布の巻き方，結び方を工夫し，10世紀前半のバゲン様式は，プリーツが全面に施される特徴をもつ。アンコール・ワット様式の長い房，裙の布端や布の合わせ目の表現が，アンコール黄金期のデザインの特徴といえる。　（松本由香）

C026　6世紀以前の東アジアの鉄製甲冑
　　　　　―古代中国の甲冑と古代朝鮮・日本の甲冑―
楊泓著，国立歴史民俗博物館研究報告 110 号，250-252 頁，2004 年

　中国前漢時代の鉄製甲冑は，甲・冑ともに札を綴り合せたものである。東晋十六国時代，慕容鮮卑に重装騎兵（馬甲，具装甲）が見られ，隣接する高句麗は 375 年以前にこの重装騎兵の防具を導入した。朝鮮南端の伽耶は，高句麗の重装騎兵防具を取り入れる一方で，一体型鉄板を鋲でつないだ短甲も用いた。日本では，4 世紀後半頃より中国式の小札綴りの短甲と冑が出現し始め，次いで中国式とは異なる一体型鉄板を鋲でつないだ短甲が，そして 5 世紀後半になると突然重装騎兵が出現する。重装騎兵と一体型鉄板の短甲は伽耶でも見られ，倭文化と伽耶文化の相互交流が窺える。
　　　　　　　　　　　　　　　　　　　　（増田美子）

C027　朝鮮時代の婚礼服 ―庶民を中心に―
金美淑著，服飾文化学会誌 5 巻 1 号，99-110 頁，2005 年

　本研究では，朝鮮時代における庶民男女の婚礼服，つまり，新郎・新婦の婚礼服の実態について，当時の文献，絵画資料，実物資料を中心に考察を試みた。儒教思想を基に，礼を重んずる朝鮮王朝時代の婚礼は『文公家礼』により，韓国の婚礼様式の根源となった納采，問名，納吉，請期，結納，親迎の六礼で行うのが原則であった。しかし，六礼の儀式は大変複雑なものであったので，当時の社会に適合することは難しく，上流社会ですらそれに従うことは困難であった。その後，1844 年『四礼便覧』が編纂されたことにより，簡素化された結婚様式は，庶民の婚礼服に大きな影響を与えた。
　　　　　　　　　　　　　　　　　　　　（鄭銀志）

C028　羅蕙錫の思想と服装
黄貞允著，国際服飾学会誌 27 号，36-59 頁，2005 年

　羅蕙錫は近代韓国における新女性の第 1 世代の一人である。羅蕙錫は封建的な朝鮮社会の体制の中で，新しい女性観を提唱したが，社会的限界を超えることができなかった。しかし羅蕙錫の思想は男性と同じ人間の価値観を求めていた女性らに影響を与えた。羅蕙錫の衣服改良案は他の新女性からの改良案と共に伝統服の短所を補う結果になった。子供服に対する考えや服装に対する観察及び批判は現代に通じる自由で美しく，しかも合理的な服装観を持っていたと考えられる。
　　　　　　　　　　　　　　　　　　　　（黄貞允）

C029　インドネシアのファッション・デザイナーにみるグローバル化とローカル化
松本由香著，国際服飾学会誌 28 号，21-36 頁，2005 年

　インドネシアのファッション・デザイナーたちが，欧米から始まったファッションのグローバル化に，どのように対応したり適応しているかを考察した。ジャワ島のジャカルタをはじめ，スマトラ島，バリ島，スンバ島の事例から，デザイナーたちは，ファッションと伝統文化を積極的に融合させながら，自らのデザインの意味を，国や民族，自文化を表象するものとして積極的にアピールしてきたことは明らかである。彼らは，グローバル化とローカル化を状況に応じて使い分け，組織化をはかることで，デザインとビジネスの独自の展開を行ってきたといえる。彼らが，主体的に活動し，自律性の特徴をもつことを明らかにしている。
　　　　　　　　　　　　　　　　　　　　（松本由香）

C030　漢代雲気文の表現論的考察
　　　　　―長沙馬王堆一号漢墓を中心に―
水野夏子著，奈良女子大学大学院人間文化研究科年報 20 号，131-145 頁，2005 年

　雲気の意匠は木棺（朱地彩絵棺と黒地彩絵棺），帛画，漆器，陶器，刺繍，木俑に使われ，漆器と木棺に共通の雲気が見られた。また朱地彩絵棺と黒地彩絵棺の主要図案の雲気形態の違いに着目し，同じ棺室出土の帛画の図案も併せて雲気の要素を捉えることで，帛画，朱地彩絵棺，黒地彩絵棺の順に龍の図像が雲気（抽象）化していることが確認でき，棺室の中で昇仙過程が表現されていることが考えられる。本墓の副葬品に装飾された雲気の意匠は，漢初の貴族社会における死後についての意識を表した，意味を持った装飾といえる。
　　　　　　　　　　　　　　　　　　　　（水野夏子）

C031　羚羊・花樹・月・雲文様
　　　　―花兎文様のもう一つの系譜―
丹沢巧著，国際服飾学会誌 29 号，4-19 頁，2006 年

　日本で呼ばれている花兎文様の中に兎ではない獣の姿のものが幾つかあるが，この獣が何であるか判らないままに花兎として一括されてきた。チベットに伝来し，金代織金錦といわれる伝世品が 1990 年代に市場に現れ，羚羊・花樹・月・雲文様の金襴の存在が知られた。羚羊とは野生山羊の中国名であるが，世界的には厳しい自然環境の至る所に生息する世界的規模の動物で，有角で駿厳な姿は古来からの人々を魅了し，殊に西アジア・中央アジアで工芸品に写されてきたが，中国北方の金代には織物に登場した。花樹を嚙む羚羊が主題で兎ではないものが，中国を経て日本の花兎文様に続いている。
　　　　　　　　　　　　　　　　　　　　（丹沢巧）

C032　アンコール期の女神像の服飾について
　　　　（下）アンコール・ワットの女神像（デヴァター）の頭飾
松平美和子著，生活文化史 50 号，70-79 頁，2006 年

　本論は，アンコール・ワットの女神像デヴァターの装身具の一つである頭飾（宝冠および結髪）に注目し，その多彩なバリエーションとあらわれ方を現地調査し，その特徴からこの寺院に彫られたデヴァターの性格や役割について考察したものである。頭飾りの様式から，主要な入り口に豊饒のデヴァターとその侍女，最も聖なる祠堂には最高位のデヴァターを置き，必要な場所に相応しい女神像を掘りだす一定の規則があったことが明らかである。そして各デヴァターの頭飾りがその役割を象徴していた。
　　　　　　　　　　　　　　　　　　　　（松本由香）

C033　馬王堆一号漢墓出土「信期繍褐羅綺綿袍」の構成と着装に関する一考察
水野夏子著，国際服飾学会誌 30 号，50-68 頁，2006 年

　細かい裁断と接ぎで"寄せ裂"風に仕上げられた「信期繍褐羅綺綿袍」には，体への巻き付けに直接影響する部位は布をバイアスに，影響しない部位は布を縦地に使うといった布目を考えた裁断方法によって，直立はせずにやや前傾に腰を屈めるという当時の立ち方をも含んだ，巻き付ける着装に対する配慮が見受けられる。本袍の腰紐は臀部下に結ぶと考えられ，腰まわりの検討からは俑などの図像が"細い腰"という当時の美意識に沿ったものであることが考えられる。文献資料によれば本袍の製織技術や裁ち方，刺繍，裾を曳く着方が着用者の奢侈を表すものであることが確認された。
　　　　　　　　　　　　　　　　　　　　（水野夏子）

C034　馬王堆漢墓出土の染織品における雲気文と菱形文について
水野夏子著，服飾美学 45 号，1-18 頁，2007 年

　染織品の雲気文は，木棺の図案の雲気と同形式のもので構成されていることが明らかとなり，木棺の図案で雲気が表現している世界がパターン化されたもので，その表現内容は昇仙過程であると考えられる。一方，染織品の菱形文も木棺の図案をパターン化したものと考えられ，さらに木棺の図案に描かれている山の図像との共通性から，神山を描写したものと解釈できる。雲気文と菱形文が二重になった文様には，昇仙過程という世界観がより一層強調されているのではないかと思われる。染織品に施された両文様には，墓主を昇仙させるという願いが込められていると考えられる。（水野夏子）

C035　江西省高安市明代墓出土の官服に用いられた機と織技の推定
吉田雅子著，民族藝術 23 巻，153-161 頁，2007 年

　中国江西省高安市の明代の墓から出土した織物を調査し，どのような機でどのように織られたかを推定した。資料は製作年代が 1522 年以前と推定される官服で，身頃には折枝と雑宝の文様が，補子には孔雀文様が織り出されている。身頃と補子は 1 枚の織物として織られ，織物の組織は身頃は繻子ダマスク，補子は繻子地金襴である。明代の紋織は小花楼提花機か大花楼提花機で織られている。資料の織物の文様のリピート単位について経緯の糸密度を調査した結果，この官服の織物は 5 枚の起綜と 10 枚の伏綜をもつ大花楼提花機により，文中に記述した織り方で製作されたと推定した。
　　　　　　　　　　　　　　　　　　　　（相川佳予子）

D001　織物の素材と織り糸の作り方
　　　　　―ヤミ族の織物―
住田イサミ著，生活文化史22号，78-88頁，1992年

　台湾のヤミ族の織物作りの，特に糸作りについて調査考察を行ったものである。ヤミ族は伝統的に麻を使ってきたが，20世紀になって島外から綿糸が持ち込まれるようになってから，綿織物が主流となり，現在では，麻織物は織られなくなっている。麻繊維の採集方法，糸績みの仕方，綛作りの仕方についての詳細な記述がある。ヤミ族は，自生する5種類の植物から麻繊維を採集して織糸を績み，白地に黒の横縞文様の布を織って男女の衣服として制作していた。その素材は，高温多湿の気候において快適に生活できるように工夫されたものであるといえる。
　　　　　　　　　　　　　　　　　　（松本由香）

D002　服飾の特徴と種族系統の関連性
　　　　　―アタヤル族の織物―
住田イサミ著，生活文化史23号，65-76頁，1993年

　台湾のアタヤル族の衣服素材，服飾の，民族性との関わりについて考察したものである。衣服を，女性が織った布でつくり，その素材は苧麻である。植物染料による茶色の縞文様が特徴的である。19世紀末から他の民族との交流が盛んになり，色毛糸や綿糸が入手できるようになってから，苧麻糸と色毛糸で縞文様や菱形を中心とした幾何学文様の布が織られるようになり，現在のようなアタヤル族固有の織物技術の発展をみるようになったと考えられる。男女とも上衣，裟裟衣を着け，女性は，腰巻と脚絆を着ける。居住地域と対応して四つに分類される種族の系統ごとに，織物の特徴が異なる。
　　　　　　　　　　　　　　　　　　（松本由香）

D003　中国西南部の少数民族の機織りについて
新田恭子著，生活文化史28号，32-45頁，1995年

　中国西南部における少数民族の織機の中で，紋織や綾織物を織るために用いられる織機に焦点を当てて考察を行ったものである。紋織物の制作方法を大まかに分けると，①模様を一つずつへらですくい手間をかけて自由に模様を織り出す方法と，②織機に模様のための開口を記録しておいて織り出す方法の二種類がある。①の織機には，平織りのための開口装置しかついていない場合と，そのような装置はなくへらで平織りの開口をする場合の織機に分けられる。②は，紋用綜絖がついていたり，縦糸に何本かの棒を紋開口通りに差し込んだりする織機である。これらの織機の構造は，織物の加工技術とも関わって，少数民族間で相互に影響しあって形成された。
　　　　　　　　　　　　　　　　　　（松本由香）

D004　雲南基諾族の腰機について
前田亮著，生活文化史28号，11-22頁，1995年

　中国雲南の南西のシーサンパンナ景洪県の基諾山辺に住む基諾族の織機について考察したものである。その織機は，機台のない腰機で，固定された綜絖と中押さえを引き下げるブランコ状の踏み木が特徴的である。この固定綜絖の織機は，その改良の初期の段階で，インドか中央アジアの腰機の構造の影響を受けたと考えられる。腰機は，棒の組み合わせによるもので，その構造には，大きな自由度がある。日本の弥生時代の遺跡から出土した木片，腰機であると考えられるものが含まれている。伝播について明確に論じることには限界があるが，アジアの広範囲で，共通の構造をもつ腰機の存在が認められる。
　　　　　　　　　　　　　　　　　　（松本由香）

D005　People and Dress-Tradition and Use ―Introduction to the Exhibition at Norwegian Fork Museum, Oslo, Norwey―
Aagot Noss著，国際服飾学会誌14号，29-40頁，1997年

　ノルウェー，オスロにある民俗博物館の展示資料を紹介するもので，ノルウェー各地で着用されてきた新生児から成人までの衣服について解説したものである。同博物館の展示では，衣服が生活においてどのように着用されてきたかに焦点を当て，写真資料も並行して展示されている。女性は，帽子やスカーフ，ジャケット，シャツ，ジャンパースカート，アンダースカート，ベルトを着ける。男性は，帽子，ジャケット，ベスト，シャツ，ズボンを着ける。これらの衣服の中で特徴的であるのは，女性のスカーフであり，女性の既婚・未婚の別や社会的地位をあらわした。また衣服は，キリスト教の慣習に大きな影響を受け，着用する人の生涯に深く関わってきた。
　　　　　　　　　　　　　　　　　　（松本由香）

D006　インド・グジャラート州のShibori
伊藤陽子著，日本服飾学会誌16号，187-193頁，1997年

　インド・グジャラート州の絞り生産の現状，絞りの特徴や文様について述べたものである。特にかつてインダス文明の栄えたカッチ地方の絞りについての現地調査の結果が述べられている。インドの絞りは，布の括り方によって，バンダニとラハリアと呼ばれる2種類に分けられる。カッチ地方は，手工芸の盛んなところで，絞りのほか，刺繍，ミラー・ワーク，バティック・プリント，パトラ織りが行われている。この地方の住民であるラバリと呼ばれる人々の中で男性は，白の衣服を着用し，羊や山羊を飼い，既婚女性は，黒いウールの衣服を着用し刺繍をする。染織布の文様は，伝統的なものがほとんどであるが，それらを組み合わせた創作文様もある。
　　　　　　　　　　　　　　　　　　（松本由香）

D007　アイヌ衣服の色に対する工夫とその効果
斎藤祥子著，日本服飾学会誌 216 号，110-118 頁，1997 年

　衣服の色の特徴を見る為，種類別で観測した。1) 樹皮衣等に見られるコードステッチは2本どりの糸に異なる色糸同士の組み合わせは1色よりも鮮やかに見せる効果となり，2色以上の混色により色数も増していた。2) 無切伏刺繍木綿衣は，同系色や，対比する色が使われ，白糸が多く使われ隙間に色糸が入り，線や文様を強調している。3) 黒裂置文様木綿衣は，明るい糸を使い，白布切抜文様衣は低明度が使われ対比効果を高めていた。色の位置づけは表現の重要な要素であった。　　　　　　　　　　　（斎藤祥子）

D008　苧麻と奈良晒
澤田絹子著，生活文化史 32 号，3-13 頁，1997 年

　苧麻で織られた奈良晒の歴史，苧麻繊維の特徴，奈良県月ヶ瀬村の奈良晒技術保存会での技術伝承活動について述べたものである。奈良晒は，室町時代につくられるようになり，奈良の門前町の婦女子の副業として織られ南都の寺社に納められたのが始まりである。江戸時代中期には，武士や町人の夏の高級衣料として用いられた。明治になると，武士の衣料としての需要が減り，衰退した。現在では，月ヶ瀬村，山添村，東山中で細々と織られている。技術保存会での伝承教室において，著者は技術を学び，特に糸績みの仕方について，詳細な記述がある。　　　　　　　　（松本由香）

D009　アランセーター要論
　　　　―ケルト美術との関連における一考察―
多田洋子著，日本服飾学会誌 16 号，110-118 頁，1997 年

　アラン模様の起源を，ケルト美術の側面から考察したものである。アイルランドで，今日のアランセーターがみられるようになったのは，1936 年である。19 世紀末にレース，ニットなどの手芸の学校が設けられ，20 世紀になると，新しいテクニックやモードがみられるようになった。アイルランドの人々は，イングランドやスコットランドの漁師のセーターとは異なる，ケルト美術の文様の特徴をあらわした絡み合い，ねじれ，交錯した模様をセーターの文様として生み出していった。これらのセーターのデザインは，現代のファッションにも用いられ，世界中に広まっている。　　　　　　　　　（松本由香）

D010　諸民族に関連する古代裂における End Selvage の解析
原口陽子著，国際服飾学会誌 14 号，75-98 頁，1997 年

　End Selvage とは，経糸の端を始末してできる織耳をさし，アメリカ，オセアニア，西アジアの考古学的資料から，その地域性，時代的変遷について考察を行ったものである。それらの資料から，どの地域においても End Selvage がつくられていることが明らかとなった。それは，織布の四方が耳となる構成であり，織物全体の形態安定性，織りやすさをもたらすものである。各地の民族に同一，あるいは類似の構成がみられ，手間のかかる技法であることから，簡略化された方法が用いられていることもあるが，各地の古代裂の基本的な技法であると考えられる。　　　　　　　　（松本由香）

D011　Scanian Folk Costume through the Eyes of the Artist and the Ethnographer Nils Mansson Mandelgren, 1813-1899
Britta Hammar 著，国際服飾学会誌 14 号，16-28 頁，1997 年

　19 世紀，芸術家で民俗学者であったスカンジナビア人ニルス・モーンソン・マンデルグレーンは，各地の民俗衣裳に興味をもち，スウェーデンの最南端地方スコーネの民俗衣裳をスケッチした。そのドローイングの絵がスウェーデン，ルンド文化史博物館に数多く残されている。彼のドローイングの対象は，洗礼や結婚式などの通過儀礼などの晴れの日や特別な日の衣裳で，地方ごとの衣裳の特徴が明らかにされ，農民の慣習を本来の研究対象とした彼の分類学への興味が反映されているといえる。彼のドローイングは，同博物館の収蔵する民俗服の特徴と一致していて，当時の各地の民俗服の特徴を研究する上で，有効な資料であるといえる。　（松本由香）

D012　アジアにおける現代ファッション・デザインの形成　―インドネシア・日本でのコンペティション事例を中心として―
松本由香著，日本服飾学会誌 16 号，78-88 頁，1997 年

　アジア発のファッション・デザインに着目し，とくにインドネシアと日本で 1995 年に開催されたファッション・コンペティションの事例をとりあげ，それらの社会・文化的意味について考察したものである。インドネシアの事例から，独自の民族文化を尊重し，国のデザインとして確立する過程に，国際性を融合させようとする特徴が明らかである。大阪の事例から，アジア地域をまとめた文化的アイデンティティを確立することで，新たな生活文化を創造し，アジアのファッション基地としての役割を果たそうとする特徴が見い出される。アジアのファッションを確立するために，アジア各国の対話的な関係の構築が，今後求められることについて考察した。　（松本由香）

D013　チェティヤー・コミュニティーの結婚式　―インド・タミルナードゥー州―

三ツ井加津代著，国際服飾学会誌14号，134-152頁，1997年

インドのマドラス以南の東海岸で，特にカーヴェリー河沿岸は，古くから重要な港であった。ここを生活の拠点として海上交易に携わってきた社会集団が，現代の商人集団（チェティヤー・コミュニティー）であると考えられる。彼らの服飾の慣習について述べたものである。特にコタイユール村の慣習をとりあげると，婚礼に関わり，婚約の儀式，結婚の儀式，新郎の家から出発するための儀式，新郎の家における儀式の4つに分けることができ，それらの儀式での新郎・新婦の衣服について記述されている。特徴的なのは，パットゥ・アーライと呼ばれる絹の布を用いた儀式で，布が，結婚後も，夫婦を結びつける呪術的意味をもつことを示唆している。

(松本由香)

D014　琉球服飾史研究の諸問題

池宮正治著，国際服飾学会誌15号，13-24頁，1998年

琉球は日本と断続的な接触を保ちながら独自の文化を育んでいた。中国との交流では，明清時代を通じて皇帝から明服や大量の高級織物が下賜されたが，現存するものは端切れを合わせても十点に満たない。したがって，下賜目録の一つ一つを究明することが急務である。また，琉球の上布や絣，紬は租税として納められ，薩摩を経由して日本市場に広く出回り，南海の絣や型染めも日本に伝えた。中国への貿易品・献上品として細密な芭蕉布も存在した。琉球の前近代の豊かな服飾・染織情報は今ようやく問題として理解され始めた。

(先川直子)

D015　山梨県東八代郡一宮町民俗資料館所蔵のシュロ製ミノについて　―その材料・構成を中心として―

石山正泰・斉藤秀子著，日本服飾学会誌17号，70-75頁，1998年

ミノの用途は多様で構造も素材も様々である。一宮町のシュロ製ミノは樹皮を重ねて接ぎ合わせた胴ミノ（上半身から腰部をおおう）形である。胸，肩，背面をおおう「半円形部分」と「腰部」，腹から肩への「肩掛け」の三部から構成される。1.5kgあり，作業用でなく，外出着として作られた特別なミノである可能性が強い。

(谷紀子)

D016　有松絞りの歴史とデザイン

伊藤陽子著，日本服飾学会誌17号，176-186頁，1998年

愛知県名古屋市有松地区で17世紀初めに，武田庄九郎が考案し，現在まで盛んにつくられている有松絞りの歴史とデザインについて考察を行ったものである。もともと木綿に藍染めを絞りの技法を使って施すことで文様を描くもので，絞りの手法は，数百種類あったとされ，他の地域の絞りと比較して種類が多いのが特徴である。庶民の絞りとして，価格を抑えるために，絞り括りや染めの工程をいかに早く手際よく行うかが研究され，このことが，絞り括りの仕方の多様さにつながっていったと考えられる。また三河木綿の産地が近く，綿布の調達のしやすさも，盛んに行われてきた生産の背景にあると考えられる。

(松本由香)

D017　花織の源流

植村和代著，生活文化史34号，27-38頁，1998年

沖縄の紋織である花織が，大航海時代にラオの技術がシャムを通じて伝わったのではないかということと，その源流が，中国南部の古代長江文明にあるのではないかと考えられることを，技法の解析などの技術面から考察したものである。分析資料として，鳥越憲三郎氏の所蔵する花織の布を用いている。沖縄本島の読谷山に花織が伝わり，そこで定着し，さらにそこから伝播して沖縄独自の発展を遂げたと考えられる。その沖縄の花織のもとに，アユタヤとの交易で伝わったラオの紋織があると考えられる。なぜなら沖縄に古く伝わった織機では，紋織を行うことが不可能であったと考えられるからである。

(松本由香)

D018　インドネシアにおける土着的様式の上衣　―＜その1＞織物以外を素材とするもの―

内海涼子著，日本服飾学会誌17号，1-10頁，1998年

メンタウェ諸島では女性用のバナナ葉の上衣，男性用はベスト形が多い。カリマンタン島では貫頭衣形と前開き形を男性は着用する。呪術的な意匠も多い。捩り，編みの防具やアリクイの皮の鎧（貫頭衣）もあるスラウェシ島では20世紀まで，樹皮布のみ使用の地域がある。女性のシャーマンのかぶり式上衣に「翼」として裂がつけられたものもある。男性用貫頭衣や前開き上衣は戦や狩猟用に着用される。山仕事用貫頭衣もある。タニンバル諸島では動物皮の鎧を巻きつけて着装する。イリアン・ジャヤでは竹製の防具が存在する。主に女性用は呪術用，男性は土着的意味が強い。獣皮，樹皮布，植物繊維，貝殻など布以外のものも多い。

(谷紀子)

D019　西スンバ，Bukambero 村の儀礼服
　　　　　―祖霊儀礼における染織布の意味―

太田晶子著，成安造形短期大学紀要 36 巻，59-68 頁，1998 年

　インドネシア，小スンダ列島に位置するスンバ島西部ブカンベロ村で，1997 年に行われた祖霊を奉る儀式と，その際に着られた衣装およびそのモチーフの特徴について考察したものである。布のモチーフは，コディ地方の伝統的な事例に共通するものが多く用いられている。その例として，濃淡を組み合わせた藍染めの絣，女性の布に多い植物の蔓や紐十字などがある。その代表的なモチーフ，水牛の目，足跡，耳飾りなどが，いつ頃からどのような経路で織られるようになったかは明らかではない。一方，女性用に近年多く用いられるようになった花柄は，1980 年代に島外で織られるようになったものであることが明らかである。
　　　　　　　　　　　　　　　　　　　（松本由香）

D020　ロンボク島，ササク人の貫頭衣に関する一視点

太田晶子著，日本服飾学会誌 17 号，94-102 頁，1998 年

　インドネシア・ロンボク島の貫頭衣について，形態の特性，着装法，着用の状況と意味，年代的な位置づけについて考察を行ったものである。貫頭衣は，ロンボク島の土着民であるササクの女性によってのみ着用され，儀礼時の衣裳として，年配の女性，中・下層の庶民によって着用されてきたといえる。ロンボク島の貫頭衣は，島に固有に伝承されてきた衣服と推察され，17 世紀の諸外国の侵入，あるいは 16 世紀に入ったイスラム教の影響以前の衣服に位置づけられる。さらに東南アジア，オセアニア，中・南米にみられる貫頭衣の分布を整理すると，一連の民族移動にともなって拡散した衣服というこれまでの見方に疑問を投げかけることができる。
　　　　　　　　　　　　　　　　　　　（松本由香）

D021　カントリー・ナショナル・コスチュームについて（その 2）

坂田百合子著，愛知女子短期大学研究紀要 31 号，47-54 頁，1998 年

　スコットランドにおけるハイランド・ドレスや，タータンなどの歴史的背景について，特に政治・宗教・社会または経済的環境の変化により，クランの社会組織の日常生活に与えた影響について検討した。具体的にハイランド・ドレスの構成や名称をもとにそのイメージに言及し，さらに民族衣裳に関する語句の分析から，16 世紀ハイランダー達が大陸の影響を受けつつ独自の民族衣裳として成立したものがスコットランド的民族衣裳となり，さらに 20 世紀末にはアメリカンカジュアル風に推移したと，民族衣裳（NC）とスコットランド固有の民族衣裳（CNC）との歴史的関係を捉えた。
　　　　　　　　　　　　　　　　　　　（夫馬佳代子）

D022　ハーダンガー刺繍の展開
　　　　　ビーズ素材を取り入れる

桜井映乙子・矢部洋子著，和洋女子大学紀要 38 号，169-180 頁，1998 年

　民族手芸から出発したハーダンガー刺繍は，明治のはじめ日本に紹介されてから受け継がれて，一般的には知られていなかったが，最近の普及はめざましいものがある。愛好者が増えるに従い布や糸の素材も豊富になりテクニックも高度でデザインも自由な表現がされるようになった。そこでハーダンガー刺繍の特徴である透かし模様にビーズの透明感と光沢を加え，ビーズ刺繍の華やかさと豪華さを取り入れて作品の制作をし，新しい展開を通してその効果を考察する。
　　　　　　　　　　　　　　　　　　　（桜井映乙子）

D023　日本統治期における台湾原住民の服装

猿田佳那子著，同志社女子大学総合文化研究所紀要 15 巻，88-110 頁，1998 年

　台湾は支配勢力興亡の歴史をもつが，1895 年に始まる日本統治期には山岳地域に居住する人々もその統治下に入った。本論は，衣類標本（国立民族博物館収蔵標本のうち，当該期に収集されたことが明らかな標本群）と，写真集（台湾総督府等により撮影場所や日時を特定されたもの）を中心に考察した。その結果，各民族の特徴的な服装様式は，金属製の針，細かい糸，銀などなくしては成立せず，統治開始時点ですでに原住民以外との交易があったことがわかった。統治開始後は急速な変容を遂げたが，大陸様式やキモノの受容姿勢をみると，その変容は強要ではなく，着心地や装飾性から判断した原住民自身の選択であったと推察できる。
　　　　　　　　　　　　　　　　　　　（猿田佳那子）

D024　中国貴州省少数民族の服飾
　　　　　―長角苗を中心として―

柴村恵子・伊藤五子・加藤砂織著，日本服飾学会誌 17 号，84-93 頁，1998 年

　中国貴州省に住む長角苗の祭礼・儀礼習俗と衣生活について考察を行ったものである。祭礼や儀礼の習俗は，苗族独自のものが少なくなって，漢民族とほとんど同じになってきているといえる。長角苗の女性の衣裳の特徴は，髪型にあり，髪の毛が多く美しいことが求められることから，女性は，頭部を豊かに大きく見せる工夫をしている。髪の毛を大きく結った髪型は，鶏をかたどったものであるという。素材に木綿が使われた上衣と下衣のスカートには，刺繍が施されている。男性も，かつては女性と同様に髷を結っていたが，現代ではターバンに変わり，木綿の素材に刺繍が施された上衣とキュロット・スカート風のものを着け，現代的な要素がみられる。
　　　　　　　　　　　　　　　　　　　（松本由香）

D025　中国少数民族男子履きものの固有属性による文化クラスター

下田敦子・大澤清二・笠井直美・近藤四郎著，日本家政学会誌 49巻4号，67-78頁，1998年

　中国の16民族（ハザク，ウイグル，キルギス，シボ，チベット，トンシャン，モンゴル，マンシュウ，ダフール，チワン，パイ，メオ，イ，ナシ，チャン，カン）を対象にして男子の伝統的な履きものについて調査し，固有属性によるクラスター分析を行った。その結果，西南地方，西北地方，東北及び全国に分布する三つの履きもの圏が構成された。また，履きもの固有属性の相対頻度によって明らかに異なる三つの履きもの圏が認められた。さらに各民族の履きものの固有属性は当該民族の生業と密接に関連していた。　　　　（岩崎雅美）

D026　織物文様の種類と平織り技法
　　　　―ヤミ族の織物―

住田イサミ著，生活文化史 33号，15-23頁，1998年

　台湾のヤミ族の織物についての調査報告である。ヤミ族の民族服を製作する白地に黒または紺の縞模様の布は，非常に緻密な各種の織り文様で織られている。ヤミ族の女性たちが織っている方法を基にして，織物文様を組織図で表し，文様の相違を調べた結果，17種類に分類できた。その織物文様の特徴は，一種類の織り文様が一色の色彩を持って横縞文様を構成していることであり，織物文様の中には生活環境の周辺に存在するものと創作したと思われるモチーフが見受けられる。第二章ではヤミ族における平織りの技法を報告している。　　　　　　　　　　　　　　　　　（先川直子）

D027　伊予の型染めについて（第1報）
　　　　―松山地方の小紋―

高山朋子著，松山東雲短期大学研究論集 29巻，127-136頁，1998年

　松山の旧家に残された，和紙に染められた型染めの文様資料（小紋見本帳）について，京都国立博物館編『染の型紙』を参考に，文様の名称を付すとともに分類し，文様のデータベース化を行った。伊予地方の型染めは，伊勢型紙を使用して伊予地方で染められたと考えられる。本資料には，代表的な小紋のほとんどが収録される一方で，帆船文様や京都・大坂を文字で表わす文様など，豊かな文化の地への憧れを示す，松山地方独特の文様もみられる。さらに，わが国独自の題材に限らず，中近東，インド，中国などを起源とする文様が多くみられ，その多くは吉祥文として用いられている。
（片岸博子）

D028　ロシア構成主義とコスチューム（2）
　　　　―V. ステパーノヴァのCompositionとConstructionの問題をめぐって―

塚田耕一著，杉野女子大学・杉野女子大学短期大学部紀要 35号，173-177頁，1998年

　1921年，ロシア構成主義の芸術家の間で，コンポジション＝コンストラクション論争が起り，ステパーノヴァは構成主義者の立場から深く関わる。ステパーノヴァにとってコンストラクションとは，コンポジションから過剰な要素を削ぎ落としていって，それが線（Line）の段階にまで達し，それ以上要素を減じたら全てが崩壊してしまう臨界点であり，物を構造的に把握し，構造線（力線）が均衡する状態を描くことであり，線に還元し得る力線の問題である。引っ張り（テンション）圧縮（プレス）モーメント（回転）といった力の原理の中に構成という概念を当てたのである。
（岡松恵）

D029　地域によるファッション意識の相違
　　　　―名古屋・パリ―

中川尚美著，名古屋女子大学紀要（家政・自然編）44号，57-64頁，1998年

　パリと名古屋に住む女性20～70歳代を対象にしたファッション意識に関するアンケート調査。パリの女性たちは，自分のアイデンティティを持ち，自分の存在を確定的なものにするため，黒色の持つ全ての色が完全に消滅する意味を確実に把握した上で黒を着装し，「ゼロ」の状態から多くの装飾品を身につけることで，効果的に自分独自の世界を作り上げるファッション傾向にある。それに対し名古屋の女性のファッションは，自分のアイデンティティを持つことよりも，他者からの客体視に極度な依存を示す傾向にある。色や形のバランスを重要視し，多大な色の組み合わせという方法によって，多くの装飾品を必要とせず，独自のファッションスタイルを作り上げることを示した。　　　　　　　　　　（小町谷寿子）

D030　妻沼コレクション所蔵，コソンテについて

福山和子・永田志津子著，日本服飾学会誌 17号，76-83頁，1998年

　妻沼コレクションには北方民族の服飾品が多い。このコソンテについては八雲地方のアイヌの着用とされる単衣名長着で前後に五ツ紋があり，腰まわりに切付け，刺繍等が，裾に袘がついた小袖の形である。
　絹地で紫地に薄紫の格子柄に宝尽くし文が入った。縮緬で切付け部分は金糸やビロードが使われる。
　おそらく地芝居衣裳だったらしい。和人からアイヌの人々へ渡り大切にされたものと言える。
（谷紀子）

D031　社会集団における〈布〉の果たす役割(2)
　　　―インドネシア・東スンバの織布ヒンギの図像表現にみる社会的・象徴的秩序―
丸山依子著，ファッションビジネス学会論文誌4巻，71-87頁，1998年

　服装社会学の立場で，インドネシア・東スンバをとりまく社会的・文化的環境と自然環境を映した基層ととらえられる伝統的織布に表現された図像表現について考察したものである。男性用の腰布ヒンギに織り込まれる文様やデザイン構成の意味の分析から，そこに表現される世界観は，スンバ人の思考の分類・整理の一様式であることが明らかである。スンバ島の例にみられるように，人間社会の中で，多数の事物が，それらのもつ重要性を示す象徴的意味を含む。このようなシンボリズムが，多くの文化の中で，社会生活の営みのために必要であるという考察を導いている。
　　　　　　　　　　　　　　　　　　　　　　（松本由香）

D032　東南アジアの染織
内海涼子著，成安造形短期大学紀要37巻，97-106頁，1999年

　東南アジアでは，染織品とそれを製作し使用する村人とのかかわりが密接で，染織品の色や模様，染織品そのものの象徴的意味や価値が，各社会の文化と深く結びついてきた。また文化的にも美的にも高い価値をもち，霊的な力があると信じられてきた染織品を，家宝や財貨，あるいは呪物として作ることがより重要とされてきた。東南アジアでは，染織品は消耗品ではなく，代々と伝えられていくものであり，先史時代の物質的な価値を超えた文化的，宗教的な重要性を帯びていることが少なくない。その実例として，ヴェトナム中部，インドネシア・バリ島，サウ島の染織品をあげている。
　　　　　　　　　　　　　　　　　　　　　　（松本由香）

D033　ヴェトナム中部の少数民族タオイの衣文化
内海涼子著，日本服飾学会誌18号，1-10頁，1999年

　ヴェトナムはヴェト人の他に53の少数民族が居住し，中部のモンクメール語系のタオイ人の村での調査を報告する。内陸高地に居住し先住民とされ，戦争に移住政策はあったが，現代化以前の衣生活は，経糸を，経糸を腰と両足で支える原初的な織機で，約80cmの織り幅の布をカパスという木綿で織った。糸の栽培，藍の染色は衰退している。布は経縞織り，鉛製ビーズの現在はガラス製が織り込まれる。女性は一枚の布を筒状にしたナイを，短い下半身用と長いナイ・ランを着る帯で締めて着る。平組紐の帯（カティン）は指だけで織られる。袖無し上衣（アノップ）は身頃幅で首穴をあけて織り，祭礼には大型の巻き衣を着る。男性は祭礼礼用のビーズの褌以前は樹皮布製であった。これは野生や男性の象徴か。織物は女性のみの衣料であった。　　（谷紀子）

D034　奄美の芭蕉衣　―庶民の晴衣について―
岡本紀子著，日本服飾学会誌18号，111-119頁，1999年

　奄美諸島で古くから作られてきた芭蕉衣の現地調査の中から，庶民の晴衣について考察を行ったものである。男性の晴衣は，朝衣とも呼ばれ，通過儀礼や祭事等で着用された。女性の晴衣は「タナベ」と呼ばれる白い芭蕉布の長着で，現在では「キュラギン」「イワギン」と呼ばれている。この衣服は，冠婚葬祭に着用され，一家において大切に保管されてきた。1720年に薩摩藩が奄美諸島に出した絹織物紬着用禁止令により，庶民の衣料に芭蕉布が用いられるようになり，細い芭蕉糸を作り，絹のように薄く光沢のある織物が作り出されるようになった。
　　　　　　　　　　　　　　　　　　　　　　（松本由香）

D035　奄美の芭蕉衣　―庶民の日常衣について―
岡本紀子著，日本服飾学会誌18号，120-125頁，1999年

　奄美諸島の芭蕉衣の中で，特に庶民の日常衣について考察を行ったものである。かつて胴衣（ドギン），下裳（カワム）があった。男女の衣服の差異はなく，袖無しや袖付きの長着であった。生成や縞織りがあり明治には絣が施されるようになった。奄美には，「しばさし」と呼ばれる祭事が行われている。祖先の霊を祀る意味をもち，家の床の間や縁側に，先祖代々からの継承物を飾りその中に，「しばさしぎん」と呼ばれる衣服，琉球王朝直属時代からの儀礼服や芭蕉衣がある。衣服，芭蕉衣は祖先からの継承物として大切に扱われ，年に一度飾ることで，祖先の霊を敬う気持ちを表しているのである。
　　　　　　　　　　　　　　　　　　　　　　（松本由香）

D036　山梨県東八代郡八代町郷土館所蔵の山袴について
斉藤秀子・石山正泰著，山梨県立女子短期大学紀要32巻，175-188頁，1999年

　山梨県の衣生活に関する資料のうち，山袴2点について行った調査の検討結果をまとめたものである。資料1は，前布が後布より大きく，後布が裾に至らないタチツケに分類される。資料2は，前布が後布より大きく後布と襠が裾に至る，モンペイに該当し，全国のモンペとよばれる山袴と類似した構造をもつが，第二次世界大戦中に普及したモンペとは異なる。資料1・2ともに，明治から昭和初期の一般的な幅・長さの布を裁断して縫製した山袴であると推測される。そのどちらもが，山梨県の郷土研究の資料にみられるカラサンと構成が類似していることを明らかにしている。
　　　　　　　　　　　　　　　　　　　　　　（松本由香）

D037　軍服としてのスコティシュ・タータン・キルト小史

坂田百合子著，愛知女子短期大学研究紀要 32 号，105-116 頁，1999 年

　軍服としてのタータン・キルトの変遷をみるとイングランドとの合併後禁止されるが，ナポレオン戦争時にタータン・キルトが許可され軍服へと変わり，近代的戦闘服となる。また儀礼用や宮廷用軍服としても用いられ，イングランド王宮のスコットランド出身将軍の台頭に伴い，ハイランダー連隊における軍服を各自のデザインによりきらびやかなものへ発展させた。このような動向は，当時の国際社会において軍人の服装がファッション化する傾向にあり，外交上重要な意義を持っていた。一方戦闘服としてのハイランダー軍服は時代に合致せず廃止され，近年は観光用の軍服となる。　　　　（夫馬佳代子）

D038　中国貴州省少数民族の服飾
　　　　　―古董苗を中心として―

柴村恵子・伊藤五子・加藤砂織著，日本服飾学会誌 18 号，63-70 頁，1999 年

　中国貴州省の少数民族古董苗の伝統的な服飾文化について記録し，その特徴について考察したものである。女性の衣裳にはさまざまな種類があり，儀礼用には，中に赤い上衣を着る。上衣として，交領右衽窄袖衣を 2 枚重ね，下衣には踝まである丈の長い巻き衣型のスカートをはき，前垂れを着けるのが一般的である。スカートを長裙といい，刺繍柄によって 3 種類に分けられる。苗族の生活は，近代化，簡略化が進み，伝統的な生活文化が失われつつあり，近年では，政府による保護政策が検討されているという。　（松本由香）

D039　徳島県木頭村における太布

千田百合子著，日本服飾学会誌 18 号，94-102 頁，1999 年

　徳島県木頭村における太布の生産の現状，保存の取り組みについて考察を行ったものである。太布とは，楮の靭皮繊維を糸として織った布で，明治・大正初期までは衣料や生活用具全般に太布が用いられていた。木頭村の神職の装束や冠にも太布が用いられていた。現存する資料として仕事着，シャツ，半ズボンがある。楮の刈り取りからすべて手作業で行い，村の人々が総手で行ってきた。昭和 30 年頃から太布生産が再認識されるようになり，現在，伝承会が太布織教室を開催し，太布織が行われている。　　　（松本由香）

D040　木綿以前の衣料Ⅵ　上甑村（瀬上）における葛布

千田百合子著，名古屋経済大学・市邨学園短期大学自然科学研究会会誌 33 号，7-12 頁，1999 年

　木綿以前に利用された衣料のうち葛について鹿児島県薩摩郡上甑村における郷土資料館の郷土誌ならびに葛苧を始めとする収蔵品の調査と村内の聞き取り調査をした。昭和 55 年 3 月発行の上甑村郷土誌によると「三国名勝図会に甑島の産物としてクズ布が出ている。クズ布はカンネカズラ（クズの蔓）からとった繊維で織った布で，これで作った仕事着をタナシあるいはタナースと呼んでいる。クズのタナシは丈夫で，山仕事や野良仕事には適していた。瀬上のクズ布は本場であった」とあり日常的に女の仕事として葛の繊維がとられていたことが分かる。また，葛衣に関する調査では，男物単衣長着，女物単衣長着，背広があり，上甑村では外出用の背広や紋付きの着物にも葛が用いられた。近隣地区へも葛の仕事着を販売し「瀬上タナシ」と呼ばれ，利用されていたことを示した。　　　（小町谷寿子）

D041　木綿以前の衣料Ⅷ　徳島県木頭村における太布

千田百合子著，名古屋経済大学・市邨学園短期大学自然科学研究会会誌 34 号，9-20 頁，1999 年

　木綿が一般的に日常着として用いられる以前，庶民の衣類は身近に採れる材料により作られた。高知県と徳島県の県境の山間部においては穀・楮が用いられた。楮の靭皮繊維を糸とし，布を織る。これが太布で，徳島県那賀郡木頭村において，今も織り継がれている。太布については楮・かじの木・しなの木・藤など草木の靭皮で織った粗布を総称する場合もあるが，ここでは楮やかじの木の靭皮で織られた布と考える。村内では穀・楮の違いははっきりせず，同一に用いられていた。
　調査結果から現在楮の木は村で栽培されている。村における太布の製造工程を示した。また用途として昭和 36 年の「木頭村誌」から太布は日常着として利用される一方で，商品としても織られていたことが分かった。　　　（小町谷寿子）

D042　伊予の型染めについて（第 2 報）―庶民の衣服文様，小紋，中形および和更紗―

高山朋子著，松山東雲短期大学研究論集 30 巻，185-192 頁，1999 年

　松山の旧家に残された型染めの木綿裂について，文様を分析するとともに，江戸・明治期の伊予の人々の衣生活を考察した。資料の文様には，小紋・縞・中形・和更紗・地細工が含まれる。武家社会の男性の裃から発展した小紋が，庶民の衣服文様としても数多く用いられており，吉祥文様も多い。小紋型染は中形へと発展し，資料にみる地染の中形の中には縞柄が多く，伊予絣の影響があったことを示している。和更紗は京か堺のものとみられ，他とは違った趣をもつ。その他松山地方のものとは特定できない地細工もあり，庶民の好んだ文様の歴史資料としても貴重なものと考えられる。

（片岸博子）

D043　インドの染織
長野五郎著，成安造形短期大学紀要37巻，83-95頁，1999年

　インドの染織について行った講演の内容から，その技法，工程についてまとめたものである。その具体的な例として，ラジャスタン州パリマリワール，グジャラート州アーメダバード，ラジャスタン州サンネガール，アンドラ・プラデシ州マスリパタムの例をあげている。これらの地方には，更紗，絞り，絣，刺繍，アップリケ，キルトなどがある。これらの染織布の地域的分布状況をみると，歴史的な民族の移動，地理的要因，階級要素と外国との交易などとかかわって，複雑に散在している。染織には，洗練され商品化されるものと，民俗芸術として個々に着装されるものがある。
　　　　　　　　　　　　　　　　　　　　（松本由香）

D044　民族衣装の物質的研究 (1)
　　　　―北部カメルーン・フルベ族の衣生活―
成田巳代子著，滋賀女子短期大学研究紀要24号，27-41頁，1999年

　カメルーン共和国の北部，人口約5～7万人のマルア市において，フルベ族の民族衣装について調査した。フルベ族は西アフリカ唯一の専業牧畜民で，マルア市に混住する諸民族の中では最多数を占める。またフルベ族はすべてイスラム教を信仰している。イスラム世界では女性は人前（特に男性）で肌を露出することを禁じられているため，手首や足首まで衣服で覆い，髪もスカーフで包んだ上，更にベール状の布を頭から被っている。男性もズボンの上に長衣と寛衣，帽子を着用している。男性衣装はイスラムの正色である白を基本とし，全体に淡うすい色調を用いているが，女性衣装は，男性衣装とは対照的にカラフルな色彩と柄が用いられ，制限された構成の民族衣装の中で，老若を問わず，おしゃれを楽しんでいる。
　　　　　　　　　　　　　　　　　　　（成田巳代子）

D045　魚皮衣の形態について
　　　　―ギリヤーク族の資料を中心に―
橋本康子著，日本服飾学会誌18号，28-35頁，1999年

　国立民族学博物館の魚皮衣の資料を用いてその特徴について考察を行ったものである。魚皮衣の形態は，満州服からの影響を受けたものと，前身頃が同型で胴部から裾への広がりの大きいものという2種類がある。しかし皮の接合方法，文様およびその配置，色彩など多くの共通点が認められる。形の違いがどこからきたのか，また魚皮衣をもつ民族がどういった影響を及ぼし共通点をもつようになったのか，その歴史的経緯は明らかではないが，布衣以前に類似した衣服文化が成立していたと考えられることを明らかにしている。
　　　　　　　　　　　　　　　　　　　　（松本由香）

D046　布の役割とその文化的意味
　　　　―グアテマラ・ナラワ村におけるフィールドワークからの考察―
本谷裕子著，国際服飾学会誌16号，107-124頁，1999年

　人と民俗服のかかわりをグアテマラ高地の文化社会的文脈から考察することを目的とし，布の役割と布に織りこまれた紋様の意味を明らかにして，女性が織り継ぐこの文化的意味について述べたものである。ナラワの人々にとって，布は生活の営みの中で形成される様々な関連性の網の目をつなぐ重要な役割をもち，布と織り出された紋様は，村人のナラワ人としてのアイデンティティと密接につながると考えられる。またナラワの人々にとって，織ることは，無文字社会における語ることと同様の意味をもち，彼らの価値観や道徳律，彼らのアイデンティティを支える極めて重要な行為であると考えられる。
　　　　　　　　　　　　　　　　　　　　（松本由香）

D047　織布の物質的構造，象徴的行動とイデオロギー
　　　　―インドネシア・東スンバの織布生産―
丸山依子著，日本服飾学会誌18号，151-165頁，1999年

　インドネシア・東スンバの社会と織布生産を対象としイデオロギーとしての衣服の物質的特性・生産に派生する象徴行動について考察を行ったものである。スンバ社会の織布生産は，織布というモノをつくり出すだけではなく，その実践と伝習を通して社会の仕組みを再生産するものであることが明らかである。そしてそこに象徴される事象は，織布の物質的特性や生産過程における材料の変形過程を加味したものであることが明らかである。織布生産は，織物というモノの生産と社会の再生産とを担う二重の役割をもっているといえる。
　　　　　　　　　　　　　　　　　　　　（松本由香）

D048　社会集団における〈布〉の果たす役割(3)
　　　　―スンバ・イカットと異文化―
丸山依子著，ファッションビジネス学会論文誌5巻，103-114頁，1999年

　インドネシア・東スンバの村落社会におけるスンバ・イカット（絣）の意味・表象・機能とともに，スンバ・イカットをとりまく社会的事実としてとらえられる「異文化」という服装の意味について考察を行ったものである。スンバ・イカットが別の文化で解釈される時，異なる解釈を与えられたスンバ・イカットの意味・表象されたものは，そのままのかたちで受け継がれるのではなく，スンバ・イカットが移動した文化の枠の中で，そこに住む人々の文化の仕方にしたがって解釈されるものである。さらに文化としての服装の中で行われる意味・表象の行為は，生活をとりまくすべてのものについていえ，そのような表象体系が文化であると結論づけている。
　　　　　　　　　　　　　　　　　　　　（松本由香）

D049　西北インド・スピティ地方クル峡谷のショール

森田登代子著，日本服飾学会誌 18 号，135-143 頁，1999 年

　西北インド，クル峡谷の衣服の特徴について述べたものである。特にクルショールと呼ばれる紋織物の特徴を考察している。それはメリノ種のうち，梳毛や手紡ぎ糸で織られている。この地方には，仏教寺院が多く，その壁画に，機織り職人の姿が描かれている。その織機の構造は，クルで現在用いられている織機の構造と同様で，この地域で，古くから機織りが盛んであったことが明らかである。

（松本由香）

D050　チベットの装飾品（1）

森田登代子著，日本服飾学会誌 18 号，126-134 頁，1999 年

　チベットの人々にとって，護符やかぶりものなどの装身具の社会文化的特徴について考察したものである。貴金属の装身具は，仏像への供物であり，金・銀・トルコ石，真珠そのものが，崇拝の対象とされた。チベット社会では，かつて宝石は人々の日常生活に浸透し，医学，信仰とかかわる精神的な拠り所であった。装身具は，社会的ステイタスを誇示する意味をもってきた。女性用装身具の中で特徴的なものに，パトルと呼ばれる頭飾りがある。これは，着装者の既婚をあらわすものである。しかしこれらの伝統的な装身具は，1959 年，チベットが中華人民共和国チベット自治区になると，それ以降，着装されなくなり，現在ではみることができない。

（松本由香）

D051　アッシジ刺繍の表現方法とデザインについて（第 1 報）

涌井拓子著，和洋女子大学紀要（家政系編）38 号，155-164 頁，1999 年

　18 世紀ロココ時代に手芸の最高期を迎える。産業革命後規格品の大量生産によって手芸品を没落させて行くなか，手芸は上品な趣味として良家の子女のたしなみの教育プログラムによって伝承されるようになる。しかしその一方で貧しい子女に生活の糧を与える産業として宗教団体を中心に技術教育される。アッシジ刺繍はまさしく生活を支えることを第一とした商業的手芸である。生産性を高めるための技法は 2 種類であり，布地・刺し糸も絹でなく麻布に綿糸（2 色）で行うことを見ても商業性重視であることがわかる。近年は新たな試みとしてデザインや配色の組み合わせによって図案や表現の効果を考察した。

（涌井拓子）

D052　アッシジ刺繍の表現法とデザインについて（第 2 報）

涌井拓子著，和洋女子大学紀要（家政系編）39 号，181-190 頁，1999 年

　イタリア・ウンブリア地方に伝わる区限刺繍の一種であり，特定した布目を性格にカウントして行くホルベインステッチとクロスステッチを用いた独特の刺繍である。図案にあるモチーフは対称的な動物画を主にし，背景を唐草模様などの細線細工で囲んでいる。1861 年イタリアで新国家が樹立され，当時の貴族女性達の愛国心から伝統的手芸を復興させる運動が起こった。この運動が発展した。アッシジ刺繍は町に住む貧しい女性の為講習をし家庭内産業として広まった。

（涌井拓子）

D053　アフリカの衣装
──ヨーロッパが予期せぬ民族文化の力──

池谷和信著，衣の民俗館・日本風俗史学会中部支部研究紀要 10 号，15-30 頁，2000 年

　南部アフリカの女性の衣装の変化とその要因を，ナミビア，ボツワナ，スワジランド，南アフリカで収集した衣装と情報により把握する。本来裸族に近いヘレロの衣装は 19 世紀中頃に形成され，文化のアイデンティティーを象徴するものとして民族全体に広まった。長いドレス（オシカイバ）と帽子，下着（オンドロ）で既婚の印である。スワジの女性の儀礼用衣装は毛糸のたすきとビーズで装飾した腰布，ズールーの花嫁はビーズ製のケープ（イシコティ）を着ける。アフリカの衣装はヨーロッパ人との交易や植民化の中で作り上げられ，その変化は四つのタイプにまとめられる。

（相川佳子子）

D054　東八代郡，西八代郡，市町村誌掲載の衣生活にかかわる言葉について

石山正泰・斉藤秀子著，山梨県立女子短期大学紀要 33 巻，187-194 頁，2000 年

　山梨県で衣生活にかかわって用いられている言葉を収集し，その分析・考察を行ったものである。その結果同じ種類の衣服に，その出所や着用の用途により異なる言葉が使われていること，日常の被服製作が家庭で行われていたことを反映し針仕事をあらわす言葉が使われていることが明らかになった。また，西八代郡では，特に養蚕に関係する言葉，防寒のための被服である綿入れ着物を示す「ののこ」がみられるという特徴が明らかになった。さらに，山梨県の被服の特徴といえる「からさん」も，芦川村，上九一色村村誌に掲載されているのを見い出すことができ，明治から昭和初期の衣生活について知る資料となると結論づけている。

（松本由香）

D055　中国・新疆ウイグル自治区の女性と生活 ―その1　新疆大学の概要及び少数民族の生活―

岩崎雅美・宮坂靖子著，家政学研究 47 巻 1 号，58-61 頁，2000 年

　中国・新疆ウイグル自治区はシルクロードの西方に位置し，砂漠を有する乾燥的な地理に加え，社会主義体制の中華人民共和国の中のイスラム文化の世界である。古代ササン朝ペルシャの文化がこの地域を経て奈良に運ばれたことから，同地の状況は日本人にとって興味の対象である。本地域の生活調査は，奈女大プロジェクト「イスラム社会における女性のエンパワーメント―新疆ウイグル自治区を例として―」から始まった。新疆大学教員にカウンターパートを依頼し，まずは同地区の少数民族の情報を民家訪問から収集した。

（岩崎雅美）

D056　琉球・沖縄の服飾文化考（一）

植木ちか子著，日本風俗史学会誌 13 巻，72-94 頁，2000 年

　琉球国とは現在の沖縄県にほぼ該当し，明治 12 年（1879）までは琉球と称し，薩摩の琉球侵攻前までは奄美諸島も含んでいた。沖縄の衣生活の移り変わりを表わす七つの世「ユー」のうち，「アーマンユー」（アマミキヨの世）は国造り神話時代，「ハダカユー」（裸の世）は旧石器時代，「クバヌユー」（蒲葵〔びろう〕の葉の世）は縄文時代～日本古墳時代，「トーヌユー」（唐の世）は紀元後 600 年頃～薩摩侵攻（1609 年）に相当する。「クバヌユー」は琉球各地に自生する蒲葵を繊維状にして日用品，腰蓑，あるいは編布状で利用した時代で，紡錘車も発掘されている。『隋書』東夷伝・琉求国の記述が詳しい。「トーヌユー」期の男性の胴衣，股貫ち，御衣，紳と女性の胴衣，裙のうえに御衣を羽織る風俗に藤原文化の伝播をみる。今日も沖縄の民俗祭祀儀礼の風俗として伝承されている。

（森田雅子）

D057　ヴェトナム中部の少数民族カトゥの衣文化

内海涼子著，日本服飾学会誌 19 号，60-69 頁，2000 年

　ヴェトナム中部の内陸に居住しているカトゥの衣文化が，どのような歴史的経緯で形成されてきたかについて考察したものである。カトゥの人々は，ヒエン県とギアン県に住み，両者の間には，衣生活の違いが認められる。ヒエン県では，特定の集落においてのみ機織りが行われ，男女とも，かつて樹皮布の衣装を着用してきたことから，機織りの歴史が比較的浅い可能性が考えられる。ギアン県では，機織りは多くの村で行われていて，ヴェトナム中部の少数民族の間に珍しい経緯の技術が普及している。また樹皮布が近年まで使用されてきた形跡はない。居住地の違いが，衣文化の伝統に差異をもたらしていると考えられる。

（松本由香）

D058　祖国民族主義的衣裳の社会的考察（その1）―スコティシュ・タータンとハイランド・ドレスの歴史について―

坂田百合子著，愛知女子短期大学研究紀要 33 号，73-80 頁，2000 年

　スコティシュ・タータンとハイランド・ドレスが持つ社会的意義やその歴史研究をもとに，祖国民族主義的衣裳（CNC）こそスコットランド人が育んだハイランド・ドレスの歴史の中の愛国的なシンボル的衣裳であるといえる。クランという社会的組織，部族関係組織からケルト人を捉え，彼らの盛衰史とハイランド・ドレスの変遷を紀元前から 20 世紀に至るまで「変遷略史」として提示した。かつて民族服や軍服として成立していた幾種かのハイランド・ドレスが近世以後急速に消失し，スコットランド独立運動を経て祖国民族主義的衣裳にいたるまでの変遷を明らかにした。

（夫馬佳代子）

D059　丹後の藤織り

千田百合子著，日本服飾学会誌 19 号，106-114 頁，2000 年

　古くから現在まで絶えることなく織り続けられてきた丹後の藤織りについて考察したものである。藤布は，水に強く丈夫なため，仕事着や米袋，畳の縁などに使われてきた。藤布は，全国各地の山間部において生活必需品として利用されてきたが，生活の変化とともに需要は減少し，生活の中から消えていった。しかし京都府宮津市世屋地区では，丹後藤織り保存会によって，藤織りが絶えることなく今日まで継承されている。

（松本由香）

D060　伊予の型染めについて（第 3 報）―庶民衣服の型染め文様と公家装束・能装束・小袖文様―

高山朋子著，松山東雲短期大学研究論集 31 巻，99-107 頁，2000 年

　第 1・第 2 報で使用した松山の旧家に伝わる型染め資料を庶民が着用した衣服文様と考え，公家装束，能装束，武家や富裕な町人が着用した小袖，すなわち，当時身分や財力などによって庶民が着用できなかった衣服の文様との関わりを考察した。小袖や型染めの文様には，藤や菊，松のほか多くの植物文様が用いられている。菊文様は，平安時代の公家装束や室町時代の舞装束の文様として用いられ，さらには桃山時代以降の小袖の文様に，江戸時代には能装束に，そして庶民が着用した衣服の文様として用いられている。庶民の衣服文様の中には，公家文化に関わるものも含まれている。

（片岸博子）

D061　民族衣装の物質的研究（2）
　　　　―北部カメルーン・フルベ族の男性衣装，ダウラウォルについて―
成田巳代子著，滋賀女子短期大学研究紀要 25 号，11-32 頁，2000 年

　北部カメルーンのマルア市に住むイスラム教徒フルベ族の男性衣装の特異さはその盛装着「ダウラウォル」に集約される。日常，上衣と下衣と帽子をつけ，冠婚葬祭などの儀式やモスクへの礼拝にはダウラウォルを外衣として着用する。その特徴は丈 150cm，幅 230cm の大きな直線裁ち貫頭式寛衣で，前面から袖や背面に豪華な刺繍が施されている。かつて綿が栽培されていた頃は，細幅布が多く織られ，これを多く繋ぎ合わせた衣裳ほど高価で富の象徴であった。現在では日本からの輸入品である広幅布が多く使用されている。重さ1kg 前後のダウラウォルは威厳と優雅さを合わせ持った衣装といえる。
　　　　　　　　　　　　　　　　　　　　（成田巳代子）

D062　ハイテクの国・シンガポールのデザイナーたち
松本卓著，ファッション環境 10 巻 1 号，29-35 頁，2000 年

　シンガポールで唯一のまとまったファッションイベントである「ファッション・コネクションズ・シンガポール」（FCS）を通して，シンガポールのデザイナー事情を報告したものである。近年，ファッション産業の育成を目的として始まった FCS から育ったデザイナーがファッションの現場で活躍するようになった。発足当初より政府の後押しによって行われているが，それはシンガポールのデザイナーだけを対象とせず，周辺諸国を絡めた催しとなっている。そこにはクリエーションとマーケットの両面で，周辺諸国に依拠せざるをえないシンガポールのファッションビジネスの事情がある。
　　　　　　　　　　　　　　　　　　　　（藤本純子）

D063　インドネシア・アチェの服飾文化
　　　　―脚衣シルーについて―
松本由香著，日本服飾学会誌 19 号，70-84 頁，2000 年

　インドネシアのスマトラ島北端に位置するアチェの伝統的服飾文化の特徴について考察したものである。特に北部海岸地域に住むアチェ人は，敬虔なイスラーム教徒として知られ，女性もシルーとよばれる幅広の脚衣を着ける。その構成は，トルコなどの影響を受け，両脚部分を覆う長方形の布二枚と，前後の股下に付くアシンメトリーな二種類の襠布四枚から成る。襠布の裁ち方は，バイヤス裁ちが基本となり，布の裁ち残しをできるだけしない合理的なものである。しかし現在，その伝統的な裁ち方はみられなくなり，村々でその変化形といえる裁ち方が残っている。これは，アチェだけでなく，アジアの脚衣に広くみられることについて考察した。
　　　　　　　　　　　　　　　　　　　　（松本由香）

D064　中国・新疆ウイグル自治区の女性と生活　―その2 少数民族における教育と家族―
宮坂靖子・岩崎雅美著，家政学研究 47 巻 1 号，62-67 頁，2000 年

　中国・新疆ウイグル自治区にはウイグル族，ハサク族，回族など少数民族が多く居住する。少数民族の生活調査を行う上で，本論ではまず教育と家族について調査を行った。中国政府は 1950 年の解放後，少数民族の学校教育における就学率を上げる政策を試み，大学教育においては特別枠や経費負担に関する優遇政策を打ち出した。しかし民族格差や階層格差があり，また裕福な少数民族の漢化が起こっている。つまり漢民族学校への入学による漢語，漢文化の中での教育である。ウイグル族は家族の絆が強く末子相続である。
　　　　　　　　　　　　　　　　　　　　（岩崎雅美）

D065　インド西北ラダック地方の頭飾品ペラックについて
森田登代子著，日本服飾学会誌 19 号，85-91 頁，2000 年

　ラダック・ザンスカール地方服飾文化にみられる頭飾りペラックの社会的機能について考察を行ったものである。ペラックは，細長く成形した山羊の革に赤い布を被せ宝石類を縫いつけた頭飾りで，額にかかる丸い部分が背中の腰下まである長さのものが存在する。赤い布にトルコ石の原石や珊瑚，瑪瑙が縫いつけられ，前頭部の先端に大きなトルコ石が飾られている。祭儀時に女性によって着装され，かつてラダックに来たチベットの王妃が被っていた頭飾りを真似て作り，着装するようになったという説がある。
　　　　　　　　　　　　　　　　　　　　（松本由香）

D066　越中八尾おわら風の盆にみる衣装
八倉巻敬子著，富山女子短期大学紀要 35 号，36-42 頁，2000 年

　越中八尾の「越中おわら風の盆」の行事において着用される衣裳について考察したものである。男性の衣裳は，法被に股引を着け，菅笠をかぶる。素材は羽二重が用いられている。女性の衣裳は，浴衣を着用し，帯には，喪服用の黒帯が用いられ，菅笠をかぶる。調査した 11 町内には，それぞれ独自のデザインの衣裳が用いられている。各町内では，デザインの工夫が行われているが，お互いに他の町内のデザインの奇抜性を受け入れがたいと考えていることについての記述がある。
　　　　　　　　　　　　　　　　　　　　（松本由香）

D067　紙帳の発見と考証
山蔭宏子・河野美代賀著，生活文化史38号，3-12頁，2000年

　紙を素材とした蚊帳である紙帳について考察を行ったものである。紙帳は，厚手の和紙に柿渋を塗り，戸外に干した後，手で揉んで柔らかくした紙を貼り合わせた蚊帳である。15世紀の文献に，紙帳についての記録がある。調査した実物資料は，江戸時代のものである。祝儀厄除けなどのために，絵を描いたものがあった。婚礼用に，鶴や松を描いたものもある。もともと，庶民の生活で用いられていたが，その中で過ごすと暖かいことから冬にも用いられるようになり，上層階級にまで広がっていったと考えられる。和紙のもつ素朴さ，自然と同化した感覚が，紙帳の中にいて感じられることが，昭和の初め頃までに全国に普及した理由であると考えられる。

(松本由香)

D068　縞帳を中心とする民俗資料の現状について
山本麻美・河村瑞江著，名古屋女子大学紀要（家政・自然編）46号，39-52頁，2000年

　江戸から明治中期までは，各家庭で木綿縞が織られ，それを織る時に縞のデザインの手本として用いられたのが「縞帳」，「縞見本」と呼ばれる。日常的なものであったため染織の詳細についての記録は少なく，染織文化の実態を明らかにするには，残存する民俗資料を読み解く必要がある。そこで，縞帳の全国的な収蔵状況と縞帳に関する情報を得ることを目的としたアンケートを，日本の博物館，資料館，美術館などの公共施設に対して行なった。
　その結果，縞帳および染織関係資料の収蔵と分布の大要を把握した。縞帳はこれまで全国的に散在すると思われていたが，それが平均的には分布せず，愛知県，長野県，新潟県の本州中央部と東京都と大阪府など大都市とその周辺部に多く残存することが分かった。

(小町谷寿子)

D069　中国・新疆ウイグル自治区の女性と生活　—その3　平成12（2000）年度少数民族に関する生活調査—
岩崎雅美・勝田啓子・久保博子・中田理恵子・宮坂靖子著，家政学研究48巻1号，57-76頁，2001年

　わが国とヨーロッパの中間に位置しシルクロードの要所である中国・新疆ウイグル自治区には，イスラムの文化を有する少数民族が多く居住している。本研究では最も人口が多いウイグル族を選定し，調査対象とすることにした。服飾以外にも家族，食生活，住生活などを含む。服飾に関する特性を知るための基本調査では，男女の伝統的な服装と現在，付属品や髪，化粧に関する主な情報を得た。また，ウイグル女性は絨毯織りに多く従事していることから，インタビューでその厳しい労働状況を調査した。

(岩崎雅美)

D070　ヴェトナム北部ラオカイ省サパ県のモン族の衣文化
内海涼子著，日本服飾学会誌20号，46-54頁，2001年

　ヴェトナムの最北端のラオカイ省のサパ県に住むモン（Hmong）族の染織と衣装の報告と変容について考察した。濃紺を基調とし，かつては，家庭で大麻を栽培し麻を積んで糸にした。織機は綜絞を足で操作する腰機からタイ族と同じ，簡単に操作できる高機に移行してきている。布はリュウキュウアイで藍染し，夏季には家族で泥藍をつくる。仕上げに蠟を塗った石板でのしをかけつやのある状態になる。現在は麻布は袖無し上着に用いる。臈纈染めは女性の襞スカートが1998年頃から正装としてではなく埋葬用に用意し，晴れ着として着用しない事から衰退がみられる。フランスから伝わった刺繍入りの麻製の袖無しは晴れ着に着られ若い女性は刺繍はする。埋葬には通常の濃紺ではなく白い脚絆や丈の長い上衣で，日常服との違いは衣装の変容を伝えているのではないか。

(谷紀子)

D071　カパラミプにおける赤布と緑布の効果
斎藤祥子著，日本服飾学会誌20号，23-31頁，2001年

　文様の従来の調査から赤布や糸が多く使われ，僅かな数字の緑を検討した。カパラミプに絞って調査を行った。結果，①明治40年以降になると文様の縫製もその形も簡略化される一方，色に重きが置かれてきた。②緑の文様の形や位置から赤と同様な扱いがされていた。③文様の白の上の赤の刺繍は誘目性が大きく進出して見える。文様の白の上の赤の刺繍は誘目性が大きく進出して見える。同様に鮮やかな緑も白との配色で同様な効果を出していた。新しく手に入った化学染料で染めた緑は，赤と同様な扱いがされていた。

(斎藤祥子)

D072　祖国民族主義的衣裳の社会的考察（その2）—スコティシュ・タータンとハイランド・ドレスの歴史について—
坂田百合子著，愛知女子短期大学研究紀要34号，191-198頁，2001年

　スコットランド民族独立のための国民的民族衣裳の存在について民族的文化史の視点で捉えた。まず，スコティシュクランの民族衣服，衣裳史と民族的文化史との関係を整理・分類した。考案した総合区分試表は衣裳変遷を文化的背景（宗教・政治・経済等項目）と服飾史的背景（ハイランド・ドレスの傾向など2項目）で捉え推移を各種資料をもとに時系列でまとめたものである。原始民族時代およびアイルランド系ケルト族時代の衣服・衣裳史の特徴についてこの総合区分表を用いて明らかにした。こうした分析手法を用いることにより，衣裳史と民族文化史の密接な相互関係を捉えた。

(夫馬佳代子)

D073　祖国民族主義的衣裳の社会的考察（その3）―スコティシュ・タータンとハイランド・ドレスの歴史について―

坂田百合子著, 愛知女子短期大学研究紀要36号, 115-123頁, 2001年

　祖国民族主義的衣裳であるハイランド・ドレスやスコティシュ・タータンを四つの時期に分けて捉え，その特質を明らかにした。最後の段階は両方の衣裳もイングランド化されたが，この反発はスコットランド独立運動以後，民族運動のシンボルとして祖国民族主義的衣裳が再認識された。この問題は親イングランド派と反イングランド派に分かれたハイランダース達の間にも争いが生じさらに複雑な宗教問題も絡まり，今日まで問題を抱えている。スコットランド社会の衣裳文化を考える場合，国民的衣裳に関する歴史や今日的意義について承知した上で捉えることが必要である。　　　　（夫馬佳代子）

D074　中国貴州省少数民族の服飾　―鼓社節の祭衣装を中心として―

柴村恵子・加藤砂織・伊藤五子著, 日本服飾学会誌20号, 37-45頁, 2001年

　中国貴州省東南部苗族の祭祀と服飾について考察を行ったものである。苗族の年中行事，祭，闘牛，相撲などの行事の際に民族衣装が着装されてきた。天地祖先を祀る「鼓社節」で用いられる衣装は，「百鳥衣」と呼ばれ，これは，村人の葬儀においても着用される。男女ともに着用し，形態は，幅広の筒袖，衿なしの前開きで無釦，肩と脇が直線である。衣装の図柄は，苗族の原始信仰のシンボルとされる龍，鳥，蝶，牛などが用いられている。この下に盛装衣を着け，それは脚絆，下衣のプリーツスカート，前掛け，鶏毛帯裙，上衣2枚を着ける。苗族は，優れた織り，染め，刺繍の特徴ある衣生活文化を有する民族である。　　　（松本由香）

D075　ラオスの紋織り

千田百合子著, 日本服飾学会誌20号, 73-80頁, 2001年

　ラオスは内陸の山岳や高原の国で多くの少数民族が独自の文化と言語を持ち，自給的な生活を営んでいる。6割強のラオ族は母系家族で，染織は女性の「シン」や「パーピアン」に，伝統的な紋織りや絣織り，綴れ織りが伝えられている。内乱等で失われた地域性や化学染料は近年見直され，技法が復活してきた。ラオスの染織家のペンマイ・ギャラリー工房での紋織り実習を中心に報告する。この工房周辺では約80人の女性が収入を得ている。糸は，絹糸は繭から糸を繰り，植物や昆虫から染めを行う。織りは，緯紋織り，経紋織り，緯，経絣，綴れがある。モチーフは，「ナガ」蛇，竜，「シホー」象とライオンの合体した模様，「タントラ」第三の目，人，馬，柱，屋根，動植物，幾何学文などがある。紋織りは大型の高機で，整径台で整径した経糸を掛けて紋綜絖を細い竹と平板でパターンにしたがいつくり，織る。現在の織物8点を写真とともに概説する。　　　（谷紀子）

D076　近江麻布について　―近江の伝統的麻布の歴史と現状についての考察―

苗村久恵著, 京都文教短期大学研究紀要40号, 147-154頁, 2001年

　近江の麻布は，彦根藩の保護のもと，近江商人によって全国に売りさばかれたが，力織機による工業生産が本格化する大正以前は，農家の女達の副業として織られていた。麻の着物は丈夫で汗にもべたつかず，棘や降雪にも強く，山仕事に最適である。伊吹山最奥の米原市甲津原では，麻布つくりは姿を消したが，お悔やみの時に着るウチカケや，旧盆の顕教踊りの出で立ち等に麻の着物が用いられ，今なお麻布が暮らしに取り入れられている。当地は自然環境が厳しいため結束が強く，気風も保守的で，生活伝統が大切に残されている。一方，都市化の進んだ湖西の朽木谷では，これ程残っていない。　　　　　　　　　（岡松恵）

D077　メキシコ南部少数民ツォツィルの上衣・下衣にほどこす織フェルト加工

長野五郎著, 日本服飾学会誌20号, 27-36頁, 2001年

　メキシコ南部ツォツィルの男性は，白い木綿のシャツの上に，フェルト加工をほどこした毛羽立てた羊毛の白無地織物や木綿の緑と赤の経縞模様の羊毛織物を一枚仕立にしたコトンと呼ばれる上衣を着け，ズボンをはく。女性は，市場で買った青色のブラウス，縫い取りしたウィピルと呼ばれる上衣に，黒い羊毛織物を筒状に仕立てフェルト加工を施し，毛羽立てて仕上げたナウアと呼ばれるスカートをはき，赤い木綿の帯で締めておさえる。羊毛を紡ぎ織り，毛羽立てフェルト化することで，獣のようなテクスチャーにこだわるツォツィルの人々の衣生活について考察を述べている。　　　（松本由香）

D078　エプロン

ハンヌ・フロシグ・ダルガード著, 国際服飾学会誌19号, 62-66頁, 2001年

　1992年デンマーク織物史学会はエプロンを研究対象としてプロジェクトに着手した。女性の社会進出で，服飾アイテムとしてエプロンが1970年代までには廃れ，歴史的研究を必要とすると判断したからである。Purrucker博士によると，エプロンは古代ギリシア人・ローマ人の男女共用のpaenulaまたは古代エジプト人のanalobosなどの肩衣にも共通点があるとする。1100年以降，様々な絵画資料でエプロンを身に着けた男性の姿，市場や家庭での女性の姿を確認できる。実物資料としてはフィンランドのKareliaで発見された羊毛と亜麻布の1200年代のエプロンがある。ヨーロッパ女性のエプロンはスカート（垂布）と関連し，象徴的意味（慎ましさ）を伴っていた。他の民族におけるエプロンや類似服飾についても比較検討する必要がある。　　　　（森田雅子）

D079　モンゴル服の歩いた道
藤本満子著，日本服飾学会誌 20 号，55-64 頁，2001 年

　サハリンに於いて日常着として用いられている筒袖で膝よりも長い丈のワンピース形式の衣服が毛皮服の場合も，魚皮服の場合も広く見られることは，私達に当時いかにサハリンに於いて清朝への憧れ（中国文化への憧れ）が強かったかを知らしめてくれる（現在もニヴフ族，ナーナイ族が着用している）。けれどもサハリン南部のシラヌシを経て北海道に運ばれた交易品としての山旦服は，生活用具としての衣服ではなく，外来の貴重な宝物として扱われる。松前藩では蝦夷錦として青玉などの山旦交易品とともに幕門や大名への進物として用い，一般大衆の関与しない貴重品であった。モンゴル服も，清朝の官服が，毛皮交易品の報賞として山旦人に下賜されたものが，アムール川，サハリンを経て，日常着のスタイルとなったが，北海道に入ってからは珍重品となり，博物館に残るのみになった。
（藤本満子）

D080　イスラムロードの民族服
　　　　　―シャルワールを中心に―
松本敏子著，日本服飾学会誌 20 号，174-239 頁，2001 年

　インド，パキスタン，イラン，トルコ，中央アジアの国々，エジプト，モロッコ，チュニジア，スペイン，ポルトガルなど，イスラム文化圏の民族服，特にシャルワールに焦点を当てて，長年にわたって行われたフィールド調査の成果を考察したものである。具体的には，ネパール，インド，パキスタン，イラン，トルコ，ウズベク共和国，トルクメン共和国，タジキスタン共和国，アルメニア，中国新疆ウイグル自治区のカシュガル，エジプト，モロッコの民族服の名称，形態的特徴が写真とともに述べられ，それらの地域のシャルワールの特徴が，襠の入れ方，形態，脚部を覆う布の大きさの違いによって多様に描き出されることを明らかにしている。
（松本由香）

D081　マレーシアの服飾文化 ―とくにインドネシア・アチェの影響について―
松本由香著，日本服飾学会誌 20 号，162-173 頁，2001 年

　インドネシアのスマトラ島北端アチェのシルーとよばれる脚衣が，マレーシアの服飾文化にどのように影響を及ぼしてきたかについて考察したものである。アチェは 17 世紀のスルタン・イスカンダール・ムダ王の時代に黄金期を迎え，政治的にマレーシア各地，特に西海岸に大きな勢力をもっていた。アチェの王の妃が，マレー半島出身であったことから，アチェの服飾文化がマレーシアに残り，女性のシルーの着用やアチェの名がついた縞柄の布が服飾に用いられてきた。西海岸のペラクにはアチェの文化的影響が色濃く残り，また各地で，シルーの構成を簡略化してアレンジした脚衣が着用されていることを明らかにした。
（松本由香）

D082　モンゴル民族衣装の歴史的考察
森川晴著，日本服飾学会誌 20 号，65-72 頁，2001 年

　遊牧民の衣服は中国資料で「胡服」と呼ばれ，モンゴル衣装もその範疇に入る。「胡服」の特徴は騎馬に適し左衽であった。契丹の建てた遼，金の時代については，陵墓の壁画資料では，直領・左衽の男性，窄袖・左衽の女性が描かれている。ところが元代になると，「ジスン服」は右衽で描かれ，フランシスコ派修道士の記録からも右衽であったことが分かる。モンゴルでは初めから右衽だったのか。16 世紀『北虜風俗』では，被髪左衽はもともと夷狄の風俗だが今はみな断髪し右衽だと述べている。元代の壁画資料を調査すると，男性が右衽で女性が左衽のものが複数見られる。従ってモンゴル族において最初から右衽であったわけではないことが分かる。
（森川晴）

D083　チベット自治区ンガリ，ツァン地方の女性の服飾
森田登代子著，日本服飾学会誌 20 号，81-92 頁，2001 年

　チベット自治区，ンガリ地方とツァン地方の服飾について考察を行ったものである。チベットでは，男女とも袖のついた上衣チュパを着る。また袖のない上衣プメィを女性が着用する場合がある。その上から赤・緑・茶・黄色などの縞柄の毛織物の前垂れパンデンを着用する。ほかに腰当てキータン，キータンの上に重ねるジェプカと呼ばれる縞柄の布地がある。ジェプカを三角に折り，キータンの上から巻き，金属製のバックル，ケティックで止める。これらの衣服の中で，プメィは，女性の簡便服として発展し広く着用されてきた。
（松本由香）

D084　衣にみられる祈願 ―産着を中心として―
百合草孝子著，ノートルダム清心女子大学紀要（生活経営学・児童学・食品・栄養学編）25 巻 1 号，26-37 頁，2001 年

　妊娠 5 か月の戌の日に白や紅白の晒木綿の腹帯をする。誕生後 3 日目頃までは古衣の呪力を信じ，古布で包む。産着はテトオシ等といい，白木綿の袖無し・衽無し・襟付きの一つ身の帷子である。背守りとして守り縫いしたり三角形の布を垂らす。宮参りの産着には守り縫いの他に糸縫いの背守り・押し絵・くくりざる等をつけ，子供の保護を願う。体の弱い児には百徳という，着物の布端をもらい集めて縫った着物を着せる。成長儀礼の着物に，親の願いを形として表わす意義がある。江戸から昭和初期に美しい作品が作られ，そのデザインの豊かさに，母親の思いと喜びを窺うことができる。
（岡松恵）

D085　中国・新疆ウイグル族の女性の服飾
―2001年度カシュガル及びホータン地区における調査より―

岩崎雅美・村田仁代著，家政学研究49巻1号，69-74頁，2002年

　中国・新疆ウイグル自治区で特にウイグル人が多く居住するカシュガルとホータンにおける服飾調査である。ウイグル人の服飾の主な特徴として次のことがあげられる。①金属の装身具を多く身につける。②太っていることが裕福さを示す。③鮮やかな色彩、ケミカルレース、アトラスシルクなど装飾性の強い素材を好む。④髪を長く伸ばすなど豊かな髪を好む。⑤眉、マニキュア（ヘナ）などの化粧方法をもつ。⑥女性は刺繍、編物などの手芸や絨毯織りの仕事で家計を支える。⑦女性の帽子は高齢者や舞踊家に残る程度である。
（岩崎雅美）

D086　服飾からみた仙台市民の生活史
―袴着用是非の論争を通して―

近江恵美子著，東北生活文化大学・三島学園女子短期大学紀要32号，35-42頁，2002年

　明治期に入り女学校の設立が相次ぎ、1930年代には和服の欠点が指摘され、女子服装の改良と女学生に袴を着用させようという声が起こる。一方宮城県内務部は、天皇陛下送迎に対する女学生の着袴を制止し、これに説明を求めた東京の婦女新聞と宮城県視学官との間で論争がおこり、1934年11月、四回にわたって河北新報に紙上掲載される。その後もこのテーマは引き続き、仙台市内の女学校長の意見や、先の視学官の反論が掲載され、一連の論争をきっかけとして婦人改良服への関心が一挙に高まっていく。1938年以降、袴は制服としてまたたく間に定着する事で結末を迎える。
（岡松恵）

D087　有松絞り
―失われた技法とその復元について―

川井裕里江著，服飾文化学会誌2巻1号，25-35頁，2002年

　多様で精巧な有松絞りの商品の展開は現在、中国企業に加工依頼する絞り生産や、内外の日本現代作家の好調な絞り作品販売などに支えられている。絞りは奈良時代に中国の技術を移入したとされる「目交」、「纐」から発生した。有松絞りは慶長15年（1610）名古屋城築城の際、九州豊後出身者たちの豊後絞りの衣服に注目した竹田庄九郎が「蜘蛛絞り」を案出、さらに豊後の三浦絞りの技術が伝えられ発展の基礎を築いた。後に多色染め、産地拡大、機械化、専門職工の分業下請、貿易組合設立、コンピューター化へと進む。絞り技法は家庭内職として代々伝承した。第二次世界大戦を挟んで、近年職人の高齢化で多様な技法伝承が散逸途上だ。大正年間の「木綿地藍漢詩文字入り着物」を「合わせ縫い絞り」で復元し、今後も技法の復元研究に努める。
（森田雅子）

D088　生活文化研究において活字本を用いることの意義と方法
～「史料纂集　妙法院日次記」を用いた門跡寺院の年中行事研究を通して

須川妙子著，愛知大学短期大学部研究論集25号，47-52頁，2002年

　生活文化研究に活字本を史料に用いる意義と分析可能な内容について見当し、研究対象の設定には「対象の持つ文化が独自のものとして継承され、保護されてきたものであること」「活字本の編集者、出版社ともに実績があり信頼性のあること」の2点は必要要件であるとした。これをふまえ妙法院の「嘉祥」について分析した結果、贈答品の種類、取り交わす人物、取り交わす際の形式など門跡寺院の特徴として4点を明らかにした。史料から贈答品には定番品があることも見出されるなど一般に信頼性の高い活字本を使用することで生活文化研究は幅広い展開の余地がある事を証明した。
（夫馬佳代子）

D089　タイヤル族の服飾

住田イサミ著，生活文化史42号，21-40頁，2002年

　タイヤル族は台湾先住民族の中でも他の種族とは系統が異なり、系統の違いが服飾にも表れている。先住民族の中ではアミ族に次いで人口が多く、分布面積は約1/3を占めるが、環山村、四季村、南山村、春陽村、富世村の調査を中心にタイヤル族の服飾について述べたものである。民族服として、裂裟衣テュー、陣羽織式胴衣ルックス、腰巻き、褌、袖衣、袖付き上衣、胸当て、脚絆、帽子、頭飾り、首飾り、腕輪、耳飾り、指輪、足飾りについてまとめている。またタイヤル族の女性が腰機で織る伝統的な苧麻布、さらに生業、習俗、婚姻、祭事など生活にみられる服飾や布について紹介している。
（藤本純子）

D090　アイヌの民族衣服における文様の呪術的要素と地域差

諏訪原貴子・鷹司綸子著，和洋女子大学紀要（家政系編）42号，181-195頁，2002年

　アイヌ民族衣服について北海道内に残存する着物を分類し、そこに見られるアイヌの生活、地方ごとの文様の違い、文様の呪術的意味を収集地が明らかとなっている博物館目録や調査報告書より分析し、究明したものである。衣服の収集地を調査することで衣服のみならず文様の種類や意味合いにも地域性が見られ、そこには個々の文様に持つ意味の相違があることがわかった。また、文様の対象として植物の成長するエネルギーを表現したり家系の祖先神を表し、家紋的要素を持っていたと考えられる。
（諏訪原貴子）

D091 赤色から受ける日本とタイのカラーイメージ ―日本の女子学生とタイの色彩関係者との比較―

中村妙子著, 奈良佐保短期大学紀要 10 号, 19-28 頁, 2002 年

　赤色に焦点を当て, 文化の異なる日本とタイとで, 赤色から受けるイメージにどのような違いがみられるのかを検討したものである。36 種類の赤色の試料を用いて検討した結果, 色相が変わることによって, それから受けるイメージが変化したが, タイでは, トーンからのイメージが強く, 色相が変化しても, カラーイメージが大きく変わるものではないことが明らかとなった。カラーイメージを世界に発信する場合, 一つの単語にもいくつかの意味があり, 国によって主に用いる意味が異なり, また単語から受けるイメージも異なる場合があることが明らかとなった。　　　　　　　　　　　（松本由香）

D092 東北地方におけるアイヌ服飾文化史資料の調査ノート ―青森下北地方残存「アイヌ着物」について―

福山和子著, 北星学園女子短期大学紀要 38 号, 125-132 頁, 2002 年

　青森県下北地方にみられるアイヌ着物は, 麻製で衽が付く点がアイヌの衣類とは異なるが, 背にアイヌの魔除けの棘模様を施したものもあり, アイヌのアットゥシを模倣して和人が製作した衣服とみられる。同地域ではアットゥシが農民, 漁民に着られており, 和人とアイヌの地域生活共同体としての関係が成立していたと考えられる。一方幕府によりアイヌの日本風俗化が図られたが, 庶民の間には国風（くにぶり）文化を肯定する思想の継承があり, またこの地域にアツシを織り, それを良いものとして用いる衣料文化が形成されていたため, 明治になっても着つづけられていたと考えられる。　（岡松恵）

D093 ワタと棉繰り車

前田亮著, 民俗と風俗 12 号, 96-111 頁, 2002 年

　ワタの繊維を利用するため, 種子と棉毛を分離する「棉繰り」の作業を行う二本のローラーをもつ手動の仕掛けを『棉繰り車』と称する。本論はワタの伝播, 棉繰り車の機構と名称, 棉繰り車の起源, 棉繰りの動作原理, 棉繰り車の設計, 棉繰り車の製作, 斜歯歯車の開発, わが国への棉繰り車の伝来について主として文献資料によって検討し, 東アジアには西からシルクロードを東漸した技術とインド, 東南アジアを起源とする技術があることを指摘する。わが国への棉繰り車の伝来は中世末期にワタの栽培が盛んになる時期であり, それはインドから東南アジア経由で伝来してきたと考えられる。
　　　　　　　　　　　　　　　　　　　　（相川佳予子）

D094 若者の浴衣に対する意識について ―ミニ浴衣―

安坂友希・川上公代著, 神戸女子大学家政学部紀要 36 巻, 23-29 頁, 2003 年

　色合いや柄, デザイン, コーディネートの仕方など浴衣を着る感覚は年々洋服化する傾向にあり, ミニ浴衣と称して丈の短い浴衣も市販されている。新しい感覚の浴衣に対する若者の認識や意識についてミニ浴衣をとりあげ, 女子大学生を対象とした質問紙法・集合調査によるアンケート調査をおこなった結果をまとめたものである。そして, ミニ浴衣の認知, 印象, 将来性, 従来の浴衣との比較, 今後の浴衣に望むこと, さらに浴衣縫製経験者と未経験者との差異等について考察している。　　　　　　　　　　　　　　　　　　　（藤本純子）

D095 中国・新疆ウイグル族の女性の服飾 ―2002 年度イーニン地区における調査より―

岩崎雅美・村田仁代著, 家政学研究 50 巻 1 号, 77-84 頁, 2003 年

　中国・新疆ウイグル自治区の北方に位置するイーニンは, 北疆と呼ばれる地域の中心である。北はロシアに隣接し, 交易で商うウイグル人には富裕な人が多い。眉を濃くするオスマについて, 実際の植物を採取して調整し, 眉に数回塗って仕上げる過程を観察した。またスカートとズボン（シタン）の服装が座り方に関係することを考察した。伝統的な割礼の時, 王子のような服装がみられ, 地方の特色と考えられる。一方, スカーフを被らない女性が多いことなどから, 辺鄙さと外国に隣接するという地域の特色が明らかになった。　（岩崎雅美）

D096 ウイグル族女性の服飾の特徴 ―中国・新疆ウイグル自治区を例に―

岩崎雅美・村田仁代著, 国際服飾学会誌 24 号, 63-73 頁, 2003 年

　中国・新疆ウイグル自治区のトルファン, カシュガル, ホータン, イーニン等で行った服飾調査を基に, 髪と被り物（髪型, スカーフ, ベール, 帽子）, 履物, 化粧, 衣服（アトラスの文様と用途）, 流行の織物, 装身具（金, ピアス, 金歯）, 衣生活の伝承（服装とマナー）, 宗教的通過儀礼と祈りの身繕い, 母親から娘への服飾文化の伝承, 結婚の贈り物, 手芸（レース, 編物）などに分類してウイグル女性の服飾の特徴を明らかにした。特に南疆（カシュガル・ホータン）と北疆（イーニン）を比較して地域の特色が明らかになった。
　　　　　　　　　　　　　　　　　　　　　　（岩崎雅美）

D097　ベトナム北部少数民族ルーの衣装文化
内海涼子著，成安造形短期大学紀要41巻，57-68頁，2003年

　東南アジアの諸民族の衣装文化の普遍性について，事例をあげて考察を行ったものである。ベトナム北部ルー人は，さまざまな系譜の少数民族の中で，自らの民族集団をあらわすものとして，衣装をとらえ，独自の様式で表現してきたといえる。中国から難民としてベトナムに逃れてきたルー人は，自らの民族どうしの連帯意識を保つために熱心に民族衣装を守ってきたと考えられる。その他人口は少ないが経済的に比較的豊かで多民族に従属しなかったこと，死後の世界や来世においてもルー人でありたいとする強い民族意識，女性の社会的情況や経済力，教育環境などの条件が重なり合い，衣装の普遍性が保たれてきたといえる。
(松本由香)

D098　モンゴル佛教の袈裟とかけ方
川口高風・嘉木揚凱朝著，衣の民俗館・日本風俗史学会中部支部研究紀要12号，39-48頁，2003年

　モンゴル佛教における袈裟の特徴について述べる。最初に律蔵における袈裟の形状，次にモンゴル佛教について，続いてモンゴル佛教における袈裟についての考え方および袈裟の形態と掛け方について述べる。
(奥村萬亀子)

D099　ノルウェーの民族衣装ブーナッドに関する研究 —ホルダラン県のブーナッド—
桜井映乙子・矢部洋子著，和洋女子大学紀要43号，23-35頁，2003年

　ブーナッドのデザインは地域により異なりその種類は200種にも及ぶと言われている。ノルウェーの民族衣装ブーナッドは民族舞踊や民族音楽との関連も深いが，地域（地方）に密着していることに着目した。
　今回は比較対象として大人と子供（年齢によるもの），男女，季節，正装と普段用がその土地（地域性＝海岸，山岳地帯，平野）でどのような特徴があるかを考察した。
(桜井映乙子)

D100　江戸時代の門跡寺院における歳末の贈答
須川妙子著，愛知大学短期大学部研究論集26号，23-31頁，2003年

　史料として「史料纂集妙法院日次記第1～17巻」を使用し，永禄7年から安永3年までの歳末の贈答について明らかにした。贈答の目的には，御機嫌伺い程度のものと儀式的なものがあり，長期に渡る関係では定番品を取り交わした儀式的要素もみられる。格式の高い所での取り交わしには形式が決まっている一方，珍品や名産，「御手製品」の贈答もみられ，贈答により他者との交流を深めていたことも考察した。このように門跡の格式から贈答には儀式的要素を多くふくんでいるものの商家や地方寺院との付き合いもあり，人間的な交流なども贈答を通して窺い知ることができる。
(夫馬佳代子)

D101　ビルマ（現ミャンマー）伝来の更紗
須藤良子著，服飾文化学会誌3巻1号，27-33頁，2003年

　現在日本の個人コレクションとなっているビルマ伝来の更紗の修復を通して，図式の特定と，制作地・制作年の考察を行った。その結果，この作品に表現されている図様がビルマ風俗を用いて仏伝図を表現していること，物語は仏伝中の「四門出遊」「出場」「落髪」「帝釈窟説法」であることが特定できた。また制作年は，遠山記念館にこの作品と同じ図様のコレクションを発見したことにより1939年以前と言える。制作地は，銅版ローラー捺染技法を使用していることや当時の綿布貿易の状況，赤色染料としてコチニールの使用，及びビルマの政治的背景を考察した結果，イギリスとの結論に達した。
(岡田春香)

D102　煎茶式における織物
高山朋子著，松山東雲短期大学研究論集34巻，99-164頁，2003年

　永年煎茶式に関わってきた筆者撮影の茶席の写真を基にした，煎茶式に使用される織物についての考察。煎茶式開設を表示する茶旗。空間を仕切る暖簾に似た緞帳は絹製で，好みや季節により色・模様を変える。茶具敷は麻・綿・絹・毛の織物を季節により使い分け点前座の趣きを変える。帛紗は茶の湯のものと大差ないが綿織物も使用する。緋や紺の毛氈を点前座や客席に敷く。茶巾は奈良晒，盆巾や涼布も綿織物を用いる。表具裂は錦・金銀襴・竹屋町縫紗・緞子などである。茶の湯にくらべ綿織物の使用が多いのは，煎茶文化と綿織物の伝来の時期が重なることに一因があると考える。
(片岸博子)

D103　アフガニスタン，ベグラム出土象牙装飾板の女性像の服飾について

松平美和子著，生活文化史44号，33-44頁，2003年

　アフガニスタンのクシャーン王朝の夏の都，ベグラム遺跡から出土した遺品における象牙装飾板の女性像の服飾について考察を行ったものである。女性像は，服飾，装身具などで分類すると，いくつかのグループに分けてそれらの特徴をとらえることができ，インド風の服飾で飾られた女性像，またローマ美術の影響を受けた装飾がみられる女性像がある。インドでは，ベグラムが栄えた2世紀頃に作られた象牙作品がほとんど残存していないことから，ベグラムの象牙装飾板に施された図像，服飾は，当時のインドの服飾や装身具，装飾様式を知る上でも，重要なものであると考えられる。

（松本由香）

D104　台湾原住民タイヤル族の服飾文化

水野夏子著，同志社女子大学生活科学36号，13-26頁，2003年

　祖先の霊への信仰上，織物の色彩には赤，織文様には菱形を多用し，製織技術の習得は入墨を施すための条件であった。「珠衣」は馘首の勇士のみが着用できる家宝である。上衣，袖衣，胸当，褌，腰巻，脚絆，裂裟衣を順に継ぎ足すようにして肌を覆い，これは着脱し易く温度調節に便利で，装飾性も兼ねていたと思われる。彼らは山地の気候や宗教，社会秩序，風習を基盤に衣生活を構築し，18世紀末の漢民族・日本人との接触後も，服従を嫌う性質と自らの生活に適合するものだけを異文化から選抜し活用するという合理的精神により，独自の伝統服飾文化を長く保持したと考えられる。

（水野夏子）

D105　ラサ，チェダン瞥見紀行 ―装いを中心に―

横川公子著，道具学会論集6号，20-30頁，2003年

　2002年夏現在，チベットのラサとチェダンに居住する人々が暗黙のうちに了解する装いは，ほぼ共通の形態と組み合わせによって，着衣における文明の折衷が表象されている。民族の生活衣であるチベット女性の服装は，伝統的なバンゲン・チュバ・ナンクムに西欧型のジャケット・Tシャツ風肌着・ソックス・ズック靴が組み合わされて，現在の民族衣装を形成する。西洋型衣服の平面的縫製に洋裁技法のダーツやドレープが導入され，現在の民族衣装を作り上げている。下着にズボンを，上に巻スカートをつける背筋を伸ばした着こなしには民族独自の身体感が留められる。ズック靴やTシャツなどの西洋風の受容は，中国の大量生産品の浸透を通して実現されている。都会・男性と子供らに近代化が進み，日本との共通性が指摘できる。

（横川公子）

D106　宮廷衣裳の現代的展開 ―バフツ王国・アビン祭から―

井関和代著，民族藝術20巻，73-88頁，2004年

　カメルーンの西北の州，バメンダ高原に点在するティカールの首長国の大祭で，豊年祭の衣裳について考察したものである。色鮮やかな帽子や大きな寛衣，ラフィアで作られたバッグが用いられる。これらは，これまでに継承されてきたティカール独自の衣文化によるものである。バフツ首長国では，伝統的衣裳の使用方法に多くの規定を定めて，王の権限と王制継承の対策を行っている。毎年12月から翌1月にかけて行われる大祭での人々の衣裳の素材や仕立て方をみると，近年になってから発達した特徴が認められる。バフツ首長国の豊年祭を事例にして，ティカール社会で継承されてきた衣文化の歴史と民族衣裳の現代的展開について明らかにしている。

（松本由香）

D107　シャルワールは今 ―パキスタンの服を考察する―

市田ひろみ著，民族藝術20巻，117-122頁，2004年

　自らのコレクションのシャルワールの形状は一定ではなく，装飾が豊かに施されている。その中で特にパキスタンのシャルワールの形状や染織について考察を行ったものである。20世紀前半に作られた極度に幅広のゆったりしたものやプリーツの施されたもの，素材や色の組み合わせに工夫がなされたものなど，さまざまなデザインの工夫がみられる。これらの衣服は，特別な機会にしか着用されなくなってきているといえる。しかし近年のミラノコレクションなどの例に，シャルワールをアイディアにしたデザインがみられるなど，伝統的なデザインは，消え去るものではなく，形を変えながら流れを作っていくものであると考えられる。

（松本由香）

D108　中国・新疆ウイグル族の冬の服飾と衣生活 ―2003年度　カシュガル・アトシュ地区における調査より―

岩崎雅美・村田仁代著，家政学研究51巻1号，35-43頁，2004年

　中国・新疆ウイグル自治区の西端に位置するカシュガル，アトシュを対象にした服飾調査である。カシュガルは約337万人の人口の内，約90％がウイグル人である。またアトシュは中国において初めてイスラム教が導入された地である。調査はラマダン(断食)の時期に合わせて11月に実施したので，調査対象は冬の服装である。トルロマールと称する茶編地の被り物，長靴（靴下の代用で室内でも脱がない）と短靴の組合せ，髪を切らない習慣，覆面の装い，オスマとヘナなど伝統的な服飾が多く残っている。

（岩崎雅美）

D109 ラバリの刺繡禁止令と新しい衣装
―婚資と幼児婚をめぐって―
上羽陽子著，民族藝術 20 巻，107-116 頁，2004 年

　西インド，グジャラート州カッチ県のラバリでは，1994 年に族長によって刺繡禁止令が出され，旧来の刺繡による衣装への文様表現を止め，プラスチックなどの新しい素材を用いた文様表現を行うようになった。近年，ラバリの衣文化を大きく変化させることになった刺繡禁止令と，その発令の要因となった婚資となる衣装と 1970 年代まで盛んに行われていた幼児婚との関係について考察を行ったものである。近年，ラバリの生活が移牧から定住に移り変わり，幼児婚が消滅することで，婚資の量が増加し，それにともなって刺繡の量も増加した。それが女性の負担となっていることを軽減しようとする族長の配慮が，刺繡禁止令につながっている。

(松本由香)

D110 ベトナム北部の少数民族ザオ・ティエンの衣装文化
内海涼子著，民族藝術 20 巻，97-106 頁，2004 年

　ベトナム北部に居住するザオ・ティエンは，東南アジアのヤオ民族のサブグループの中では唯一，独自の手法で蠟けつ染めを行い，女性が巻きスカートを着用する。これらは，彼らの祖先が明代に華南を離れる以前に形成された伝統であると考えられる。ザオ・ティエンの衣装とくに女性の巻きスカートは，その模様も構成も細部も個人の身分や集落による違いはなく，少なくとも 1 世紀以上にわたり変容していない。このような衣装の画一性や不変性は，多様な民族が交錯する華南から東南アジア北部において，移住を常とする民族集団が存在していくために，衣装が担う機能に結びついているといえる。

(松本由香)

D111 桐生の織物〈伝統織物探訪〉
江原毅著，繊維学会誌 60 巻 10 号，18-19 頁，2004 年

　群馬県桐生市の桐生織の歴史・種類・工程について紹介したものである。桐生織は 8 世紀初頭にさかのぼることができ，17 世紀には，全国に知られていた。7 種類の技法が，国の伝統的工芸品に指定されている。その代表的なものにお召織がある。縮緬より細かいしぼのある絹織物である。その工程は，製糸，精練・染色・糊づけ撚糸，整経・管巻き，意匠・紋切，ジャカード・機拵え・機織り，しぼ出し，整理に分けられる。桐生織は，先端技術を取り入れながら，伝統を受け継いでいく特徴をもつ。7 種類の技法を生かし，現代感覚を取り入れた製品づくりが行われている。

(松本由香)

D112 和服寸法に関する研究
―肥満体型の成人女性の身幅寸法について―
川上公代著，神戸女子大学家政学部紀要 37 巻，11-16 頁，2004 年

　和服を美しく，着心地良く着装するためには，着用者に適合した和服寸法の設定が必要である。特に肥満体型の成人女性に注目し，適当な身幅寸法（後幅・前幅・衽幅）の割り出し方について検討した結果をまとめたものである。被験者の体型を考慮し，身幅寸法を割り出すことにより，望ましいと思われる仮設寸法を設定し，その値に基づいて製作した和服と既存の和服 2 種を使って着用実験を行った。着くずれ状態，着心地を観察した結果，仮設寸法での和服着用時の結果が最も良好であった。

(藤本純子)

D113 現代きもの古着考
―リサイクルきものブームの実態と考察―
北村登巳子著，生活文化史 45 号，55-63 頁，2004 年

　現在みられるきものの古着ブームについて実態を調査し，考察したものである。リサイクルきものの安さが，きものの消費者層の裾野を広げたといえる。また古いきもののイメージを一新したリサイクルきものは，「明るい・きれい・楽しい」イメージを打ち出している。きものの潜在的購買欲を顕在化できなかった呉服業界に対し，リサイクルきもの業界では，純粋にきものを着ることを楽しむ女性層の出現をつかむことができた。また絹製品のリサイクルの意義が消費者層に理解されてきたことも，リサイクルきものが興隆してきた理由の一つであると考えられる。

(松本由香)

D114 喜如嘉の芭蕉布〈伝統織物探訪〉
平良美恵子著，繊維学会誌 60 巻 12 号，2-4 頁，2004 年

　沖縄県大宜味村で織られてきた喜如嘉の芭蕉布の特徴，歴史，技法，現状，将来の展望を述べたものである。芭蕉布の歴史は古く，17 世紀には徳川幕府に献上された記録がある。現在，伝統的工芸品として，保存会活動，後継者育成が行われている。その工程は，糸績み，整経糸の染色，絣括り，織り，仕上げに分けられる。現在，つくり手の高齢化が進み，糸績みの技術をもつ人が少なくなっている。呉服業界全体の縮小傾向がみられるが，芭蕉布の特徴的な地位は確保されていると考えられ，独得の張り，光沢をもち，薄く透ける素材として，夏物の衣料，着物に適した芭蕉布の広報活動が必要である。

(松本由香)

D115　若年女性における和服着用時の着心地に関する研究

髙野倉睦子著，神戸女子大学家政学部紀要 37 巻，17-24 頁，23-29 頁，2004 年

　和服着用時の着心地について着用実験とアンケート調査を行い，検討したものである。着用実験では日常，和服を着ることが少ない若年女性を対象に，スポーツウェアと振袖を着衣したうえで負荷運動を行わせ，生理的測定値と主観的評価値を測定した。アンケート調査は成人式に振袖を着衣した女子学生を対象として行った。和服を着用して運動を行うと脈拍および皮膚温等の上昇が大きく，疲労を感じる部分はあるが，和服の保温性及び放熱性は優れていることが明確となった。また疲労部位は腰に集中しており，帯の軽量化や着付け方法を工夫することにより，軽減できると考えられる。

（藤本純子）

D116　トルコ共和国の衣装伝統とテキスタイル・アパレル産業（第 1 報）
　　　　—イスタンブルにおける衣装とテキスタイル・アパレル産業—

高山朋子著，松山東雲短期大学研究論集 35 巻，69-76 頁，2004 年

　2001 年に日本衣料管理協会主催の「アパレル産業の人材と東西文化の接点を探る旅」に参加し，トルコ共和国のテキスタイル・アパレルの伝統と産業について考察したものである。トルコ繊維産業にとって，羊毛，モヘヤ，綿は経済を支える重要なもので，国内需要だけでなく，輸出産業として伸展してきた。原材料が豊富にあるトルコでは，テキスタイル・アパレル産業の発展の可能性が大きく存在するが，トルコ繊維産業にとって，EU 加盟が，大きな課題であるといえる。

（松本由香）

D117　韓国からのルーツに関する琉球絣の研究

曹圭和著，国際服飾学会誌 25 号，27-45 頁，2004 年

　琉球絣が，韓半島から伝来したことについて，文献資料，実物資料，視覚資料を用い，フィールドワークを行うことによって，考察したものである。琉球絣の「カシィリィ」という言葉は，韓半島から伝えられたと考えられる。沖縄の八重山では，紅露根の染料を使った絣を赤縞と書いて「カシィリィ」とよんだが，これは韓国語の「織」あるいは「織機」と同音で，「カシィリィ・チィキ」とは，赤い雲のような文様という意味である。韓国では，苧麻，綿を使った絣の技法は，その歴史において見当たらない。これらの素材では，織で文様を施すことはほとんど行われなかったといえる。

（松本由香）

D118　歴史の中に生き続ける結城紬
　　　　〈伝統織物探訪〉

野村耕著，繊維学会誌 60 巻 11 号，30-32 頁，2004 年

　茨城県結城市でつくられる結城紬の歴史，工程についてまとめたものである。結城紬は奈良時代にさかのぼり，当時，常陸あしぎぬと呼ばれていた。18 世紀には，地域経済を支えるほどに成長した。そして現在，国の重要無形文化財，伝統的工芸品である。その工程は，真綿かけ，糸つむぎ，糸あげ，絣くくり，染色，糊付け，機巻き，機織り，検査に分けられる。結城紬は，家内工業的につくられ，後継者不足に悩んでいる。生産量の減少に対応するために，後継者育成事業に積極的に取り組み，「つむぎ教室」の開催など，学校教育にも取り入れられている。

（松本由香）

D119　民族服とファッションの間

羽生清著，民族藝術 20 巻，55-59 頁，2004 年

　1981 年に，著者は民族服を訪ねて東欧を旅した経験から，東欧の民族服の伝統的なあり方と現代での民族服の変容・近代化について考えるようになった。その経験的視点で日本の衣服をみると，衣服を着装する人々の生活の変化を考えることができる。明治時代，和服から洋服へとしだいに着装する衣服が変化し，洋装が主流になった現在までの人々の意識の変化について考察することができる。特に 1960 年代以降，ファッションが商業主義によって成長した時代に，若者は，ファッションに支配されていたといえる。そして現在，若者は，自分の趣味を衣服の着方に表現したりして，自らの生き方を衣服にあらわす時代になった。

（松本由香）

D120　アンデス高地農民の衣装

藤井龍彦著，民族藝術 20 巻，66-72 頁，2004 年

　中央アンデス高地の農村の衣装には，外来のスペインと土着の先住民の二つの要素が混在している。現在のような形になったのは 18 世紀で，当時出された植民地政府による土着衣装を禁止するという布告に対し，先住民側がひそかに帯や袋に伝統の要素を残したためであるとされている。また，かつて身分・階級・地域などを，頭飾りを主とした装身具で区別していた習慣が，現在では上着やスカートの色や形，装飾などで示される地域性に残されている。しかしアンデスにもグローバル化の影響がみられ，民族衣装に流行が認められる。地方の農村に都市の工業製品が流入することで，アンデスの民族衣装が急激に変化していくことが予想される。

（松本由香）

D121　宮古上布の伝統と創造

松本由香・山里充代著，国際服飾学会誌 26 号，53-67 頁，2004 年

　沖縄県宮古島の伝統工芸，宮古上布は，現在，技術保存の危機に直面しているとされる。その宮古上布生産の現状と今後の課題について考察を行った。宮古上布生産にたずさわる組合の人々は，紺絣の伝統を守るべきであると考える一方，作家たちは，染色や文様を創作した上布も，宮古上布の定義に含めるべきであると考える。彼らをとりまく島の人々は，17 世紀半ばに遡る人頭税とされた陰惨な時代の上布生産のイメージをもち続けている。素材である苧麻糸の不足も危惧される中，伝統的な分業のし方や工程のあり方の工夫も含め，現代生活において用いられやすいデザインの工夫，学校教育での上布のとりあげ方の工夫が必要である。

(松本由香)

D122　ラサ，チェダンの女装に見るチベットの装い

横川公子著，民族藝術 20 巻，89-96 頁，2004 年

　2002 年夏，チベットのラサとチェダンに居住する人々が暗黙のうちに了解する表象としての装いは，ほぼ共通の形態と組み合わせによって形成される。民族の生活衣でもあるチベット女性の服装は，伝統的なバンゲン・チュバ・ナンクムに西欧型のジャケット・Tシャツ風肌着・ソックス・ズック靴が組み合わされて，現在の民族衣装を形成する。縫製に新素材や縫製付属品が受容されることで，民族衣装が再生されるが，元来，平面的縫製の衣服に洋裁風のドレープやダーツの技術が取り入れられて，着装形態が誇張される。着こなしには民族独自の身体感覚が留められる。伝統と西洋風の組み合わせの程度は，職業や社会的地位，男女差，年齢差，地域差に左右される。

(横川公子)

D123　スンバ島の手織布〈テヌン・イカット〉の現状報告

渡邊くにえ著，服飾文化学会誌 4 巻 1 号，91-101 頁，2004 年

　2002 年末から 2003 年初頭の調査で，スンバ島の生活と織物を調査した。布には宗教的，精神的意味がこめられている。たとえば布を葬儀にお供えとして持ち寄り，亡骸を包むためにも用いる。スンバ島西部は農業が盛んで，手織りは貧しい子女の生業を助ける。一方島東部ではイカット織りが主たる産業である。東部西部ともに様々なモティーフが使われる。男性用布の昼夜織りの縁飾り，人頭ライオン，生命の樹，インドに由来する花文，オランダの旗などである。化学染料と，伝統的染色のコンブ染め，ウオラ染め，クニン染めが用いられ，糸は工場製糸で賄うことが多い。
　高度の精神的集約的労働であるイカット織りの文化を伝承するには，スンバ東部に見られるような堅固な伝統的共同体の枠組みの保持が必要であろう。

(森田雅子)

D124　アジアの民族服に関する被服造形学的研究
　　　　―文化学園服飾博物館収蔵品の分析調査―

荒井やよい・田村照子著，文化女子大学紀要 (服装学・造形学研究) 36 号，103-118 頁，2005 年

　袖の構造に着目して①インドのケリア (男性用上衣) ②イランのジレット (女子用上衣) ③トルコのギョムレク (女子用ブラウス) ④トルクメニスタンのコイネク (女子用ドレス) を選定し，各々の形状・パターン・裁ち合わせ・縫製方法・装飾技法の調査，および試作服の着装実験による上肢の運動機能評価を行った。袖はいずれも水平袖で，脇下に襠を付け (①・④)，脇下を開口 (②)，身頃脇布と 2 枚袖の内袖布を繋げて構成する (④) 等，上肢の運動量確保に工夫がみられた。以上により，アジアの民族服は，布地を無駄なく裁ち合わせた平面構成により，ゆとりの多い寛裕型で，運動機能性も高く，気候風土・運動作業・生活様式に対応させていることを明らかにした。

(佐藤泰子)

D125　戦争画としての桃太郎の着物

乾淑子著，民族藝術 21 巻，135-142 頁，2005 年

　昭和 20 年の敗戦まで少年の着物に描かれた戦争画の代表的なものに，軍艦，戦闘機，大砲，兵士がある。その一方，国威発揚モチーフの一つとして桃太郎の図があった。桃太郎噺は，お伽噺の一つであったが，戦争遂行を助けるものとして定着した明治から昭和 20 年までの時代には，桃太郎は着物の文様として，軍国主義を表すものであった。第二次世界大戦後，芸術絵画におけるように，西洋的な軍事文様だけが退けられ，国威発揚的な柄は吉祥文様の一種として現在まで用いられている。

(松本由香)

D126　着物の源流と歴史 ―衣服の三つの構造 (ドレーパリー・平面・立体) の視点から―

岩崎雅美著，日本衣服学会誌 49 巻 1 号，17-18 頁，2005 年

　「包む」文化と「着方」の文化という被服構成学的な視点から衣服の歴史を紹介した。衣服を裁断の仕方や形や着方などから大きく分類すると，ドレーパリーの衣服，平面構成の衣服，立体構成の衣服になる。ドレーパリー (drapery) とは布を体に懸けたり巻き付けて衣服にしたもので，体からはずせば元の布になるものである。古代ギリシア時代のペプロス，キトン，ヒマチオンなどがあり，ヒマチオンのような大きな布は夜に夜具にもなる便利な衣服である。平面構成の衣服は直線裁断を主とし，脱ぐと平らになるもので，折り畳んで収納することができる衣服である。日本のきものや朝鮮半島に住む女性が着るチョゴリなどがこれにあたる。立体構成は構造線に曲線を用いたり，ダーツ，まち，タックなどで立体化したもので，脱いでもその形が維持される。

(岩崎雅美)

D127　人形モデルによる日本人と韓国人の服装イメージの比較 —日韓の大学生の場合

内田直子著，夙川学院短期大学研究紀要（人文・社会科学編）31 号，1-8 頁，2005 年

　日本人と韓国人の間に，服装イメージの差があるかどうかについて，リカちゃん人形に数種の異なる衣服を着せて視覚的なイメージの差を，SD 法 15 形容語対 7 段階尺度で被験者に評価してもらい，その結果から考察を導いたものである。その結果，服装イメージの差は，同じ文化の土壌にある男女間よりも，異国間での民族文化や習慣の差のある人々の間に，より明確に存在すると考えられる。ビビッド系の色使いについては，日本人は派手ととらえるが，韓国人はそれほどでもなく，国民性と文化の差が起因していると考えられる。
（松本由香）

D128　献上と博多織の歴史〈伝統織物探訪〉

岡崎暘著，繊維学会誌 61 巻 10 号，15-19 頁，2005 年

　博多織の起源は古く，鎌倉時代に遡る。当初，着尺が織られていたが，紋や縞模様の帯を織ることが工夫されるようになった。明治になると，袴地，袋織小物，ふくさなどが作られるようになった。またジャガード機，ドビー機が導入され，機械設備による生産が行われるようになった。そして女帯，洋服地，カーテン地なども作られるようになり，大正期には，飛躍的な発展を遂げた。現在，伝統的工芸品に指定され，伝統をふまえた新しいデザインが創造されている。また業界は，人材の育成をテーマとして，技術者養成学校を設立し，さらに時代に合ったデザインの創造を目指している。
（松本由香）

D129　藕絲 —ミャンマ・インダ族の藕絲織と当麻曼荼羅縁起絵巻—

小笠原小枝著，繊維学会誌 61 巻 11 号，298-343 頁，2005 年

　日本でも大和の当麻寺に横佩大臣の女が織った藕絲織（蓮糸織）があると伝えられてきたように，蓮糸の織物にまつわる伝説は知られているが，その実態——どのようにして糸を採るのかなど——は定かでない。そこで，現在も藕絲織を製作している，ミャンマのインレイ湖畔に住むインダ族を訪ね，その技術の工程を紹介すると共に，その時に実見した写景と鎌倉時代に描かれた当麻曼荼羅縁起絵巻の場面とを比較する。百陀の馬の背に乗せて運び込まれる大量の蓮の茎，姫君の藕絲を採る手つきなどを，インダ族の蓮織の情景に重ね合わせて，絵巻の信憑性に言及する。
（小笠原小枝）

D130　アフリカへ輸出された有松絞り

川井裕里江著，服飾文化学会誌 5 巻 1 号，111-122 頁，2005 年

　従来，有松絞りは主として国内向けの生産であったが，初めての輸出品はアフリカ向けのものであった。本論では綿織物輸出量が明確な南アフリカと旧ベルギー領コンゴ（国名呼称は 2004 年現在）を調査対象として 1936（昭和 11）年から 1965（昭和 40）年までの意匠の比較を中心に行なう。主な資料は意匠認定依頼書や見本片など輸出依頼に際して添付される資料類である。地元の好みが砧打ちで光沢を出した絞りプリントなので輸出用有松絞りは地色が青色の綿素材中心で，差し色に黄，赤，黄赤を用いた。廉価にするため，雪花絞り，ミシン絞りなど簡単で大胆な 7.5cm 以上の柄を散点，横段のリピート構成にして，動物，植物，幾何，天象地文などアフリカの伝統文様が施された。イスラム文化が西欧文化の進出の道を用意したといわれるが，近年のアフリカ絞りは多様化，西欧化している。
（森田雅子）

D131　近江上布〈伝統織物探訪〉

川村隆一著，繊維学会誌 61 巻 9 号，23-26 頁，2005 年

　近江上布は，苧麻を原料とし，100 番以上に細く績んだ糸が用いられる。その布は，高い吸水・吸湿性，肌に密着しにくい特性があり，700 年余りの歴史をもち，鎌倉時代中期に遡ることができる。江戸時代には，地場産業となり，近江商人によって，全国に広がった。近江上布は，白，紺の無地から縞，絣へと展開し，板締絣は，近江上布の普及を助けた。昭和になると，業界は大きな転機を迎え，男性の洋装化に対応することが余儀なくされた。それまでの男物から，女物へと転換し，また捺染の上布が考案された。現在は，手づくりの伝統的技法が守られながら，麻ブームに対応して洋服地などが作られている。
（松本由香）

D132　本場黄八丈 —2005 年の課題〈伝統織物探訪〉—

西條吉広著，繊維学会誌 61 巻 3 号，24-25 頁，2005 年

　八丈島の伝統的な織物である黄八丈の生産方法と現状について述べたものである。染色材料には，カリヤス，マダミ，椎が使われる。それぞれの材料を煮出した染液に絹糸を浸して，20 〜 40 回，染色を繰り返す。染められた糸は，高機にかけられ，織られる。黄八丈の文様は，縞や格子が伝統的で，今日でも，それらの文様は踏襲されている。織りには，平織と綾織りがあり，綾織りは，近年，開発された織り方である。黄八丈生産の現状としては，好況であるといえるが，織り手となる後継者不足が，将来懸念される。作家による制作としての存続とともに，地場産業としての生産の継続が必要である。
（松本由香）

D133 函館における女性の洋装化と化粧 ―昭和初期を中心に―

斎藤祥子・後藤幸子著，北海道教育大学生涯学習教育研究センター紀要5号，23-31頁，2005年

　昭和初期，函館市の地域性が女性の洋装化と化粧にどのような影響をもたらしたのかについて，文献と聞き書きから調べた。結果，洋装化は遅く，化粧は，質素で地味であった。理由は①多くの遊郭等が存在し，芸娼妓に対する社会的意識が一般の女性の化粧様式に影響を与えていた。②教育や，社会全体からも，薄化粧が奨励されていた。③外部からハイカラやモダンという言葉に象徴されるように，最先端の文化を取り入れるような傾向が見られる一方，モダンな要素を取り入れる以上に，従来の伝統を尊重するという保守的な側面があった。　　　　　　　　　　　　　　（斎藤祥子）

D134 多摩織〈伝統織物探訪〉

澤井栄一郎著，繊維学会誌61巻7号，2-5頁，2005年

　多摩織は八王子市とその近郊で織られる伝統的な絹織物で，伝統的工芸品である。しわになりにくく，軽く，洗練されたデザインが特徴である。御召織，風通織，紬織などがある。多摩織の生産工程の特色は分業にあり，織物業，意匠紋紙業，糸染業，糊付業，整経業，絣加工業などの工程ごとに分化し，専門の職人がそれぞれの工程を担っている。歴史は古く，平安時代にまでさかのぼることができる。江戸時代までは，高機で織られていたが，明治時代になると，ジャカード機や力織機が使われるようになった。第二次大戦後，呉服需要の減少とともに，生産量は減少し，デザインを工夫することで，洋装品への対応をはかっている。（松本由香）

D135 伊予の型染めについて（第4報）―玉井家縞帳の型染め文様―

高山朋子著，松山東雲短期大学研究論集36巻，1-6頁，2005年

　江戸時代につくられた玉井家縞帳の型染め文様を解析し，当時の庶民の衣生活について考察を行ったものである。縞帳から，江戸時代後期には，綿織物が庶民の衣服素材であったことがわかり，型染めの色が，黒，鼠，藍，萌葱，茶系統であることから，これらが江戸時代を代表する色であったこと，またこれらが庶民に使用を許されていた色であったことがわかる。裃に用いた型紙を使用して染めたものもあり，縞織物では味わえない文様を型染めに求めたと考えられる。　　　　　　　　　　　　　　（松本由香）

D136 フランスの非宗教性とイスラームのスカーフ ―移民の統合の観点から―

辻山ゆき子著，共立女子大学国際文化学部紀要22号，111-124頁，2005年

　フランスにおける非宗教性がどのような理念であるのかを確認し，イスラームのスカーフのもっている意味，非宗教性と移民の統合について考察したものである。イスラームを信仰する若い女性の中には，公の場で葛藤の末スカーフを被り，周囲からの差別を経験する人がいる。彼女らは，イスラームの信仰とフランス社会への参加の両立を目指していると受け取られる。一方で，フランス政府にとって非宗教性は，移民の統合の基本的原則であり，公の場での非宗教性は，スカーフの公の場での着用を妨げるもので，結果として国家への移民の統合をもたらすものであると考えられる。（松本由香）

D137 置賜紬〈伝統織物探訪〉

中川喜市著，繊維学会誌61巻4号，20-23頁，2005年

　山形県米沢市の伝統的工芸品，置賜紬の歴史と生産工程，特徴について述べたものである。置賜紬とは，米沢市，長井市，白鷹町の地区で生産される織物の総称であり，先染の平織をいう。米琉板締小絣，白鷹板締小絣，緯総絣，併用絣，草木染紬，紅花紬などがあり，男女用着尺，袴，帯，袋物に用いられている。材料は，生糸，玉糸，真綿紬糸，染料（化学・植物）である。米沢市のあたりでは，8世紀頃にはすでに養蚕が盛んであり，18世紀には絹織物業が地場産業として盛んに行われていた。現在，技術の向上，後継者の育成を目指し，研修会や組合員の交流が行われている。　　　　　　　　　　　　　　（松本由香）

D138 鍋島更紗 ―その製作期と文様をめぐって―

永友理愛子著，服飾文化学会誌5巻1号，1-8頁，2005年

　現存する実物資料，佐賀県立博物館所蔵の『鍋島更紗見本帖』『鍋島更紗秘伝書』を主な資料として近世後期に発刊された『佐羅紗便覧』『増補更紗秘伝書』『更紗図譜』やインド更紗の文様との比較，浮世絵の中の描写などさまざまな角度から検証し，鍋島更紗の成立期と文様・技術の性格について考察したもの。今日知られているような鍋島更紗の技術が完成されたのは18世紀中葉以降であり，独自な作風は他の和更紗にはみられず，木型と紙型を併用するという特徴的な技術によって生み出されている。また，鍋島更紗の文様には当時流行した日本人好みの小文様と牡丹鳳凰などの大柄な中国風の文様の二つの系統がある。（藤本純子）

D139　久留米絣の歴史〈伝統織物探訪〉
中村健一著，繊維学会誌 61 巻 6 号，16-20 頁，2005 年

　福岡県久留米市近郊でつくられている久留米絣は，基本的に，着尺の綿絣として発展してきた。棉作が全国に普及する江戸時代中期頃，誕生した。久留米絣を創始したのは，井上伝という女性で，19 世紀初めに，藍染めの絣をつくり，売り出したのが最初である。明治中期にかけて，地場産業として発展していき，19 世紀末には，機械紡績糸が使われるようになり，さらに動力織機が導入されるようになった。20 世紀初めの不況や第二次世界大戦による生産の減少，中止を乗り越えて，戦後重要無形文化財に指定された。しかしその後，生産の減少を余儀なくされ，今日，後継者育成が課題となっている。
（松本由香）

D140　読谷山花織について〈伝統織物探訪〉
新垣隆著，繊維学会誌 61 巻 8 号，17-19 頁，2005 年

　沖縄県読谷村で織られているのは，平織に緯糸方向に紋糸が織り込まれる緯浮花織である。伝統的工芸品に指定されていて，組合と個人の作家によって作られ，年々生産が拡大している。組合は必要な原材料（糸）を共同購入し，染めを組合で一括して行い，村内の工房で生産する。製織した製品は検査を受け，合格した商品を組合が一括して共同販売する。その工程は，デザイン作成，経糸・緯糸の準備，染色，製織，製品の仕上げに分けられる。製品としては，手拭いが知られていて，緯浮花織手花織，絣の技法が用いられる。かつて，好きな人のために想いを込めて女性が織ったものであり，その歴史をふまえて，花織の振興がはかられている。
（松本由香）

D141　琉球絣の現在 ―その意匠と活用―
富士栄登美子著，日本家政学会誌 56 巻 5 号，343-351 頁，2005 年

　琉球絣の特徴は，素材，染材，技法，図柄にあり，それぞれについて考察した。琉球舞踊衣裳，喪服，および 19 世紀の浮世絵に見られる琉球の絣文化と美意識についても論じている。①素材には，からむしが多く使われ，軽量感，透明感，清涼感を感じさせる。②風土から生まれた草木は，琉球絣の染材となる。③沖縄独自の絣織技法に手結い法がある。④600 種以上ある図柄を 4 つのグループに再構成し，絣柄とその意味を記述。⑤縞と絣，格子と絣を組み合わせる美意識。⑥琉球舞踊（浜千鳥，花風）衣裳と琉球絣。⑦喪服と絣。⑧浮世絵にみる琉球絣。
（富士栄登美子）

D142　今を生きる絣織り布 ―中国地方の場合―
堀田延子著，民俗と風俗 15 号，96-107 頁，2005 年

　日本の絣織りの技法や色柄は，精巧かつ味わい深く，綿絣は一般庶民の生活の中に唯一美的センスを表現できるものであった。
　山陰の三絵絣とは，大柄の絵模様を得意とする「広瀬絣」，藍染めに濃淡を作り美しいコントラストを出す「弓浜絣」，絵師が描いた絵画的な模様に図柄がきっちり合う「倉吉絣」である。
　備後の絣の柄は，細かい十字絣や絵絣から布幅いっぱいに大きな一模様を織り出したものまで，多種多様で，幾何学文を連続させて全体の模様としている。色も紺の濃淡以外に赤・黄・浅葱などの色を染め込んだ色絣が多い。
（東真美）

D143　インド輸出更紗 ―インドよりヨーロッパへ／十七世紀後半から十八世紀の様相―
宮治珠里著，民俗と風俗 15 号，60-70 頁，2005 年

　インドやジャワなどから渡来した更紗は，我々日本人にとってはどこか華やかで異国情緒を感じさせるものである。17 世紀後半から 18 世紀にかけてインドよりイギリスへもたらされたインド更紗のうち，もっとも良く知られるデザインとして，「花の咲く樹」のデザインがあげられる。当時のヨーロッパで人気を博した背景には，その色鮮やかな発色，染色技術の高さが起因する。「花の咲く樹」のインド更紗を調査する過程で，年代とともにデザイン，サイズ，品質がある程度規則性を持って変化していることに気がつく。V＆A 美術館の所蔵品を中心に，「花の咲く樹」のデザインを持つ更紗を大きく三つの時代に分け，概観した。
（東真美）

D144　芭蕉布と「かりゆしウェア」とのあいだ
横川公子著，道具学会論集 11 号，68-75 頁，2005 年

　2005 年夏の沖縄本島における着装を中心とした調査報告である。日常の着衣は，既製服である。ただし那覇市内の公設市場には，太平洋戦争前後の必需を満たしたリフォームを請け負うおばあの名残と思われるコーナーがある。履物にミュールとも見えない「つっかけ」が浸透している。沖縄蕎麦屋や郷土料理店の店員が絣風の半纏やズボンをつけて地域のデザインを意識した着衣である。大宜味村喜如嘉の「芭蕉布保存会」は，国の重要無形文化財の総合指定を受け，伝統工芸品の和装着尺を織り出すと同時に地域の人々の経済的営為に貢献する。さらに沖縄県の自立と解放の主張の表象であり，同時に地場産業振興という経済的展望を背負って，「かりゆしウェア」が多様に展開する。
（横川公子）

D145　アジアの民族服に関する被服造形学的研究 ―文化学園服飾博物館所蔵品の分析調査(2)―

荒井やよい・田村照子著，文化女子大学紀要（服装学・造形学研究）37号，131-146頁，2006年

　インドの上衣ケリヤ・下衣シャルワール，韓国の上衣ジョグサム・下衣パジ，シリアの上衣ドレス・下衣シャルワールのうち，布幅を最大限生かした直線裁ちのものはインドのシャルワールで，他も布地を無駄にしないパターンの工夫が見られる。インド・シリアは手縫，韓国はミシン縫いで，手縫いには並縫い，半返し・本返し縫い，巻き縫い，折り伏せてまつる等の技法が見られ，ミシン縫いでは滑脱防止の工夫がされた縫い代処理が確認できる。資料の殆どが許容範囲の広いフリーサイズで，襠を活用して運動機能性を高めている。
（水野夏子）

D146　一枚布の民族衣装 ―タンザニア連合共和国を中心に―

井上好著，民俗と風俗16号，167-176頁，2006年

　東京家政大学博物館で行われた平成16年度特別企画展『一枚布の民族衣装』で展示された巻き衣型民族衣装について述べたものである。巻き衣型といってもその巻き方は様々で，身体の巻く部位によって布のサイズも様々である。インドのサリーとレプチャ族の衣装，インドネシアの腰巻，ブータンのキラ・ラヤップとドヤッパの衣装，ガーナのケンテ・アンティクラ，タンザニアのカンガを取り上げており，染織や着装法について述べている。一言に一枚布の民族衣装といっても，その国々の気候風土，歴史，習慣など様々な条件により染織や着装法に違いがあることがわかる。
（岡田春香）

D147　中国・新疆ウイグル族の祈りと婚礼に関する服飾 ―2004年度 ハミ地区における調査より―

岩崎雅美・村田仁代著，家政学研究52巻2号，79-87頁，2006年

　中国・新疆ウイグル族の服飾調査の一つを成すものである。ハミ（哈密）地区は中国・新疆ウイグル自治区の東端に位置し，漢族の影響を最も強く受けていると言われているが，その実態を確かめることが本調査の目的である。本地区で他では知ることのできなかった祈り（ナマズ）の服装や，その手順を詳しく知ることができた。また，都会では見られない伝統的な結婚式の一部始終を観察することができた。服飾調査からは漢族の影響が特に強いとは言えず，むしろ大都市から離れているために伝統が残っているという状況であった。
（岩崎雅美）

D148　ブルキナファソにおける女性の装いに関する研究 ―衣服の所有と利用を中心に―

遠藤聡子著，国際服飾学会誌29号，70-77頁，2006年

　西アフリカの国ブルキナファソのK村の女性が所有する衣服は腰巻布，仕立服，洋服に3大別され，用いる布は素材，製法，呼称によって4種類に分けられる。衣服の70％以上が布の状態で購入され，腰巻布あるいは仕立服として着用される。腰巻布の纏い方によって未婚か既婚かを表示する。外来のプリント綿布パーニュは約90％が仕立服として着用される。パーニュは幅1m前後，長さ6ヤードでの販売が一般的である。価格は4種の布のうち2番目に安価である。パーニュを用いた装いの特質として色や模様が豊富，晴れ着として使用可能，低価格であることの3点が指摘できる。
（相川佳子子）

D149　無縫製の布 ―インドのサリーについて―

大塚有里著，民俗と風俗16号，177-185頁，2006年

　インドの女性が身にまとうサリーについて着装法の違いを探り，その魅力に迫る。西洋化が進む中，現在でも75～80％の女性が生活の様々な場面でサリーを着用している。素材はシルク・木綿・化繊などで，手織り，機械織がある。幅1.2m，長さ5.4mでボディ・ボーダー・エンドピースの三つの部位に分けられる。地域別，身分階級，年齢などにより着装法は様々であるが，基本スタイルはウルタースタイル（ニヴェスタイル）とシダースタイルの二つである。準公用語を含めると19言語，実際に話されている言語は260とも400とも言われ，全域をカバーする共通語がない中，全域で見られる女性の民族衣装サリーは，人々の共通認識を持つ言語に代わるものとも言え得る。
（岡田春香）

D150　奄美の伝統染色

片岸博子著，鹿児島県立短期大学地域研究所研究年報38号，45-50頁，2006年

　大島紬の泥染めの現地調査と，現行の技法と江戸時代の染色技法書に記載された技法との比較検討を行ったものである。タンニン酸を含む植物の煎汁で染めたのち鉄媒染することで黒を染め出す技法は，江戸時代の染色技法書にも多く見られ，黒い衣服の平安時代以降の服制の中での高い地位や，お歯黒の古くからの風習を考えるとこの技法による黒染めの歴史は古いと考えられる。かつては藍染め後に，黒染めが行われていたが，現在では，藍のかわりにシャリンバイが使われている。それによる適度なシャリ感と軽さと光沢は，大島紬の特徴である。
（松本由香）

D151　北海道アイヌを中心としたかぶりものについての研究

諏訪原貴子・鷹司綸子著，和洋女子大学紀要（家政系編）46 号，59-77 頁，2006 年

アイヌ民族のかぶりものについて，礼冠・笠・鉢巻・頭巾・帽子に分類し，用いられた地域性やその形状の意味について考察した。北海道アイヌの場合，和人との交流から木綿を多く入手できたので頭巾や鉢巻が多くみられた。一方，樺太やアムール川周辺地域では極寒の気候に対応するため毛皮の使用が多くみられた。礼冠の前頭部の彫り物や頭巾の形状，その被り方を変えることで目印とし，使用する対象者が区別されていた。これは口承の世界に生きていた彼らが視覚能力に富んでいたと言え，そこには呪術的意味もあることが認められた。

（諏訪原貴子）

D152　伊予の縞織物について（第 1 報）
―浅井家縞帳と玉井家縞帳の縞文様の比較―

高山朋子著，松山東雲短期大学研究論集 37 巻，21-24 頁，2006 年

松山藩領久米郡南久米村に所在した商家・浅井家に伝わった縞帳は，制作された正確な年月が不明である。一方，松山から大洲までの大洲街道の途中にあった商家・玉井家の縞帳は，文政 6 年に制作されたことが記載により明らかである。玉井家縞帳の特徴を明らかにし，それと浅井家の縞帳を比較することで，浅井家の縞帳の制作年代について考察したものである。両縞帳に，格子柄が多く，配色は濃紺，黒，茶，白，紺，浅葱，萌葱と色数は少ない。配色も 2～3 色で少ないが，縞の本数や間隔はさまざまであった。浅井家の縞帳は，江戸時代後期から幕末にかけてつくられた可能性がある。

（松本由香）

D153　民族衣装の物質的研究（3）
北部カメルーン・フルベ族の男性衣装，上衣と下衣について

成田巳代子著，滋賀女子短期大学研究紀要 31 号，9-20 頁，2006 年

北部カメルーン，フルベ族の男性盛装着「ダウラウォル」とりあげた一連の研究の一つ。ダウラウォルなどの外衣の下に着る衣服や，外衣を着ず単独に着る上下衣服の種類と特徴をあげ，特に上衣の裁断・縫製方法について詳述した。

（奥村萬亀子）

D154　紵と手作布について

増井敦子著，風俗史学 33 号，45-55 頁，2006 年

日本古代の史料に多くみられる手作布と紵の関係について考察したものである。紵には，原料である麻類の紵麻と，細いイトで織られた白いヌノという意味がある。手作布は，白くさらした細いイトで織ったヌノの民間での呼び方であり，紵と手作布には，上質なイトという共通性があるが，手作布すべてが紵ではないし，一方で上質な細いイトではない麻製品もあったことが明らかである。

（松本由香）

D155　『源氏物語』にみる人間関係と表現の関連

山村愛・斎藤祥子著，北海道教育大学紀要（人文科学・社会科学編）57 巻 1 号，95-104 頁，2006 年

服色と人物描写の文章の表現上において登場人物の人間関係による共通点や特徴の一致点等に関連性があるのかを考察していった。方法は，服色を抜き出し，個人別，さらに色彩系統別に分類した。人間関係では，個人別に人物描写の中の事物の性質，状態等を表す形容詞，形容動詞を抜き出し分類した。そこで親子や夫婦にあたる人物達の人間関係に当てはめると特徴が見られるのか分析した。結果，人物同士の人間関係で形式よりも精神的結びつきが強い者同士に服色やそこに使われている形容詞，形容動詞に同じ言葉が多く使われている傾向があることが明らかになった。

（斎藤祥子）

D156　アジアの民族服に関する被服造形学的研究　―文化学園服飾博物館所蔵品の分析調査（3）―

荒井やよい・田村照子著，文化女子大学紀要（服装学・造形学研究）38 号，107-122 頁，2007 年

文化学園服飾博物館所蔵のアジアの民族服の実物資料の中から，苗族の女性用下衣（プリーツスカート・百褶裙）11 点を選び，個人所有の 3 点を加えて合計 14 点について調査した。それらは中国，ラオス，タイ，ベトナムの 4 カ国の資料である。調査はプリーツの形状，構成，装飾，縫製等について行った。素材は綿，麻で，染めは藍染とろうけつ染である。刺繍は 8 点あり，ひだ飾りのスモッキングも 8 点みられ，アップリケやパイピング等の装飾で色が加えられている。苗族の知恵と工夫が確認できた。

（岩崎雅美）

D157　民俗学者桜田勝徳氏の日本服装史 I
　　　　―講義メモから―
石井美奈子著，東北生活文化大学・東北生活文化大学短期大学部紀要 38 号，1-5 頁，2007 年

　桜田勝徳氏（1903～1977）の講義原稿を考証したもの。氏は柳田國男に師事し，柳田の執筆をも手伝った民俗学者。1967 年前後の数年間，約 20 回にわたる日本服装史の講義メモが残っている。それは ①女性の服装の民俗史 ②働く人の服装の民俗史 ③日本の服装の民俗史に分かれ，1887 年発布の婦人服制に関する皇后の思召書に基いている。本稿では ①女性の服装の民俗史をとりあげ，「小袖」「帯」「帯結び，組帯，帯を結ぶ位置」「小袖に及ぼした帯による影響」「女性の洋装化，皇后思召書―婦人服制の改良」についての論述を集約する。
　　　　　　　　　　　　　　　　　　　　　（奥村萬亀子）

D158　現代イスラム女性の隠す服飾
　　　　―アフガニスタン・中国 新疆ウイグル自治区・
　　　　パキスタン・イランの調査から―
岩崎雅美著，家政学研究 54 巻 1 号，16-25 頁，2007 年

　イスラム経典の『コーラン』には女性の服飾について種々の記載がある。特に髪や身体を隠す服飾は，身内以外の男性の性的視線や他宗教の女性から身を護るものとしての役目が強調されている。本研究は現代のイスラム社会であるアフガニスタン・中国の新疆ウイグル自治区・パキスタン・イランを調査対象として，ベール，スカーフ，マグナエ，ロパチ，トルロマール，チャードル，ブルカ，ドバダ等について調査したもので，地域的な特色や政治的思想が関係して，『コーラン』の解釈が大いに相違する現象が明らかになった。
　　　　　　　　　　　　　　　　　　　　　（岩崎雅美）

D159　アイヌ衣服と文様
斎藤祥子・藤田和佳奈著，北海道教育大学生涯学習教育研究センター紀要 7 号，59-66 頁，2007 年

　アイヌ文様の配置，文様と色との関連等について実物の資料と文献で，具体的な位置付けを行った。結果，アイウシ，ウタサ①，ウタサ②，ウタサ③，シク①が多く，色数も多く使われていた。部位については，『アイヌ絵志』によると，裾を飾る刺繍技法によるアイウシを除いては背中に文様が多いこと，また時代別に見ていった場合，古い年代に製作された樹皮衣，黒裂置文様木綿衣は背中心上部に，比較的新しい年代に製作された無切伏刺繍木綿衣，白布切抜文様木綿衣は，背中心下部に文様が多かった。分析した結果，文様の位置と使用数，種類が明らかになった。（斎藤祥子）

D160　天然土による綿布の染色
瀬戸房子著，鹿児島大学教育学部研究紀要（自然科学編）58 巻，29-37 頁，2007 年

　歴史的に最初の染色技法で，環境に害の少ない顔料である天然の土を利用した染色実験である。被染色物には綿の平織布を用いた。染色物の色彩と染色に用いる土の分量と粒径との関係を明らかにし，染色性と染色物の堅牢度を調べ，その実用性を検討した。また，本染色の教育現場への導入の可能性を考察した。市販土顔料と天然土を比較すると，市販の土は付着する量や色彩はある濃度以上では一定で，それ以下では彩度が低く明度が高いという結果が得られた。他に合計 8 点に関する成果が得られた。また，天然土による染色は教育現場に教材としても可能であると考えられる。
　　　　　　　　　　　　　　　　　　　　　（岩崎雅美）

D161　十七世紀から二十世紀におけるナバホ族の織物文化の史的考察 ―プエブロ族およびスペインの影響を中心に―
濱田雅子・本田クミ著，民俗と風俗 17 号，37-68 頁，2007 年

　北アメリカ南西部文化圏のナバホ族の織物文化を，先行研究と国立民俗博物館，アリゾナ州立博物館，およびアリゾナ歴史協会の所蔵品に基づき，歴史的に考察した。研究の視点はナバホ族の織物文化に表れているプエブロ族およびスペインの織物文化の影響に据えられる。プエブロ族およびナバホ族の居留地におけるフィールドワーク（2000 年 6 月 24 日から 30 日）の結果報告と分析も行った。上記の影響については織機と織り方，材料，色および染料を中心に詳細な分析を行った。19 世紀から現代におけるナバホ族の織物文化の発展段階を実物資料を紹介しながら特徴づけた。　（濱田雅子）

D162　育児観と子供服の日韓比較
　　　　―1920～30 年代を中心に―
黄貞允著，服飾文化学会誌 7 巻 1 号，91-102 頁，2007 年

　朝鮮で児童解放運動が本格的に提唱され始めた 1920～30 年代を中心に，韓国における育児観と背景について分析し，子供服の改良提案者の主張，成人服を縮小した形態の伝統的子供服から子供の特質を考慮した衣服に改良されていく過程について考察したものである。国家に役立つ国民を育てるために，日本と韓国で，衣服は子供を守るもので，母親にとって子供を死から遠ざけることが大切なことであった。そして衛生的な下着が両国において求められた。子供服には，直接的に民族主義は認められないが，育児の知識と子供服の備えが重視されていた。
　　　　　　　　　　　　　　　　　　　　　（松本由香）

D163　インドネシアにおける服飾デザインの変遷　―建国の母カルティニから現代ファッション・デザイナーまでの衣服創作の事例より―

松本由香著，風俗史学 34 号，60-81 頁，2007 年

　19世紀末から20世紀初めにかけて，ジャワ島北岸に生きたラデン・アジェン・カルティニは，インドネシア共和国独立につながる民族意識覚醒の母として，現在まで語り継がれている女性である。カルティニが，オランダ語を習得することで持つようになった西欧という外からの視点で，自民族を自覚し，自らの伝統文化に西欧文化をとり入れることで自民族の生活の向上を目指そうと考えたことが，インドネシアのファッション・デザイナーたちの創作の基盤に根底でつながっていたことを明らかにした。
（松本由香）

D164　シルクロード諸国の人々の色彩嗜好と生活の色

水野谷悌子著，東横学園女子短期大学紀要 41 号，111-13 頁，2007 年

　江戸・明治期における山形県最上川船運の中心であった紅花文化のルーツを探り，シルクロードへとつながる紅花の道を辿りながら，紅花染めが何故シルクロードから姿を消し，日本で定着したのかを，色彩嗜好調査をベースに取り上げた。
　アジアのシルクロードに暮らす人々の生活に見られる色彩に注目し，日本人との差異を浮かび上がらせ，西・中央アジアの人々の美意識を探った結果，高齢者や地方の情報伝達の遅い地域の人々の色彩感覚には，未だ過去の歴史，その土地の文化・習慣の記録が残っていた。
（東真美）

D165　アジアの民族服に関する被服造形学的研究　―文化学園服飾博物館所蔵品の分析調査(4)―

荒井やよい・田村照子著，文化女子大学紀要（服装学・造形学研究）39 号，87-102 頁，2008 年

　文化学園服飾博物館所蔵のアジアの民族服の実物資料の中から，前開き長衣（カフタン型）14点を取り上げた。それらの地域と衣服名は以下の通りである。①西アジア・アラブ地域のクンバズ，パレスチナ地域のドゥラー，シリア・イラク・トルコのコート，アフガニスタンのドン，②中央アジア・ウズベキスタンのムルサク・ハラト，トルクメニスタンのコート，③南アジア・ブータンのゴ，④東アジア・中国の蟒袍。各資料の形状，パターン，縫製方法，装飾技法，裏側の処理等について調査した。いずれも機能性の工夫がありデザイン性に優れる。
（岩崎雅美）

D166　仙台地方の型染め　―仙台浴衣と仙台手拭いの保存と製作―

川又勝子・佐々木栄一著，東北生活文化大学・東北生活文化大学短期大学部紀要 38 号，13-17 頁，2008 年

　明治20年代から昭和20年代まで生産された常磐紺型染に次いで行われた注染についての調査および染物複製の報告。注染浴衣端切れと注染手拭い染見本の文様分類を行い，電子保存データを作成し，それにより型紙作成，染物複製を行った。仙台の伝統工芸品，民芸品としての復活を視野に入れた研究。
（奥村萬亀子）

E001 近代の服飾と復古趣味
—「元禄」の流行をめぐって—
根本由香著，服飾美学 27 号，33-48 頁，1998 年

　何事にも元禄風を好む，いわゆる「元禄」の流行は，服飾における「元禄」の表現と密接に関わり，明治 38 年を中心に数年間続いた。その表現の変化を追いながら近代における「元禄」の性格を検討した。

　近代の「元禄」には復古の感情とともに新時代の活力が共存していた。服飾に表現されることにより，生活空間に具体的な形となって根付く事が可能になったといえる。「元禄」は元来は元禄時代の華やかな風俗を指していたが，次第に近代に成立した西洋風とは異なる派手なものをも意味するようになり，やがては「元禄」という言葉そのものが流行現象となった。このような変化をそのまま受け入れることができたのが「元禄」の美意識である。
（米今由希子）

E002 ワイルドの服飾論 —婦人服に関して—
佐々井啓著，服飾美学 29 号，115-130 頁，1999 年

　ワイルドは評論や講演のなかで，ハイヒール，コルセット，クリノリン，バッスルなどの服装の不自由さや不合理さを批判し，ギリシャのような肩から下がる形が最も理に適って美的であるとした。これは唯美主義的服装であり，結婚式の折の妻のドレスをこの形でデザインし，その後も着用させている。さらにウーマンズ・ワールド誌の編集者として読者の質問に答えてコルセットの害を唱え，「合理服協会」の活動を支持している。また，当時発表されたイェーガー博士の羊毛地は，イギリスの気候に順応できる素材であるとしている。一方，労働する女性たちの機能的な服装は美的である，という見解を示し，「自由，快適さ，環境への適応性」という法則に基づいている衣服は美しい，と述べている。ワイルドは合理的であり美的である衣服として，唯美主義的なドレスを理想としたと考えられる。
（佐々井啓）

E003 『ジャック・スプラッツの盛衰，あるいは現代の芸術と流行の物語』における唯美主義的服装について
能澤慧子著，東京家政大学研究紀要 (1) 人文社会科学 39 号，169-178 頁，1999 年

　『パンチ』誌に 1878 年 9 月 7 日号から 8 回に渡って掲載された，唯美主義芸術家を主人公とした挿絵入りの『ジャック・スプラッツの盛衰，あるいは現代の芸術と流行の物語』を取り上げ，当時の社会が捉えた唯美主義者の美意識，生活様式，服装について検討を試みた。作者は活人画を唯美主義者に演じさせて，作中と現実空間との区別を失ったかに見える唯美主義者を滑稽化している。唯美的服装については懐古的側面を強調し，皮肉っており，そこに内在する近代性を無視している。これは当時の社会の一般的受け止め方の一例を示している。さらに世間に認められるとすぐにファショナブルな服装と生活に鞍替えする設定からも，唯美主義者の脆弱さと虚しさ，愚かさを訴えている。
（米今由希子）

E004 衣服による表現の可能性 II
—ファッションをめぐる声について—
小野原教子著，ファッション環境 9 巻 4 号，28-37 頁，2000 年

　服飾史家があげる衣服の根源的三要素である，身体保護，装飾行為，羞恥心について，現代のファッションから再考し，ロラン・バルトの「変異項」概念を雑誌 Street から抽出した写真分析に応用し，衣服の表現の可能性を考察した。また，フランス語学者である立川健二がもちいたイントネーションの考察から発想を得て，「衣服」の持つ声のイントネーションという「心理音声学」的展開を試みた。

　服装は人を媒介にして成り立つ文章のようなもので，意味作用を起こすのは衣服の方であり，身体はその意味を引き受ける「感受体」である。しかし，衣服は身体から自由になることはできず，言語とは異なる。「着る主体」とその身体があってはじめて表現としての詩は生まれるのである。
（米今由希子）

E005 ワイルドの服飾観 —アーネストを中心に—
佐々井啓著，オスカー・ワイルド研究 2 号，13-26 頁，2000 年

　『まじめが肝心』を取り上げ，登場人物の台詞と初演時の舞台衣裳との関わりを明らかにした。ダンディな 2 人の人物として，現実の生活と架空の生活を愉しんでいるジャックとアルジャノンが登場し，彼らの衣装を舞台写真やイラストを参考にして明らかにした。その結果，ジャックは当時の盛装であるフロックコートを着ている場面で，アルジャノンは略装であるモーニングコートを着ていたことがわかった。他の場面でも同様に，アルジャノンがくだけてはいるがしゃれた装いで登場しており，ダンディな生き方と服装とがみごとに表現されている。たとえば，愛する女性のセシリーのイメージをピンクの薔薇にたとえ，それを胸の飾り花として切ってつけている。このようにワイルドは喜劇のなかで自分の生き方をあらわす人物を作り出し，その最も重要な部分を服飾に表現していたといえる。
（佐々井啓）

E006 モードの力学
—二〇世紀モード史を巡る言説とその機能—
平芳裕子著，服飾美学 39 号，1-16 頁，2000 年

　二〇世紀モードは身体解放の歴史として解釈されてきた。過剰な装飾や窮屈なデザインは否定され，女性を身体的拘束から解放するデザインが評価されてきた。しかし男性服不在のうちに語られる女性服の「自由」や「解放」は，モードに内在せざるをえない性差の構造を隠蔽することで可能となる。男性服，女性服を作り出す衣服産業の必然性においてだけでなく，モードという記号の抽象的体系においても「性差」は現代モードの動力となっている。モードは性差の構造に立脚し，その構造的前提への問い直しを永遠に先送りにすることによってこそ，自らを更新しつづけるのだ。
（平芳裕子）

E007　着ることの主体性
　　　　　―村上信彦と瀬川清子を中心に―
森理恵著，女性学年報21号，1-17頁，2000年

　衣服製作・着用に関する女性の主体性をめぐる議論を，村上信彦，瀬川清子の言説を中心に整理した。その結果，衣服の歴史を女性の抑圧の歴史と見る村上らは歴史を生きた女性の主体性を軽視しており，一方，過去の女性が衣生活において発揮した力を重視する瀬川らは，女性への抑圧を軽視するとともに，衣服を製作しない現代の女性たちを力を奪われた無力な存在と見ていることが明らかになった。今後は，女性への抑圧と女性の主体性を同時に見ていくことと，現代の衣生活における「選び，着る」自由を重視することが必要であるとの結論に達した。
　　　　　　　　　　　　　　　　　　　　　（森理恵）

E008　日本の配色"匂い"考
中舘庸子著，文化女子大学紀要（服装学・造形学研究）32号，105-110頁，2001年

　平安時代には，人々は幾重にも重ねた多色配色の装束をまとい，几帳などの室内の装束にも衣服の延長である布を用い，服飾と室装が一体化し，それらを匂いという言葉で表現してきた。襲の色目などにおいては，同色の濃淡による暈しをあらわす。そして今日，日本的感性をもつ日本独自のインテリアスタイルを明確にすることが求められている。それはこれまでのスタイルの枠にはめきれない日本の伝統文化と美意識に立脚した新しいテイスト，様式である。その日本的感性を総合的に包み込むものとして匂いがあると考える。
　　　　　　　　　　　　　　　　　　　　（米今由希子）

E009　ワイルドのダンディズム
　　　　　―『ドリアン・グレイの肖像』を中心に―
佐々井啓著，日本家政学会誌53巻10号，61-67頁，2002年

　この作品では3人のダンディな男性が登場する。退廃的なダンディであるヘンリー卿は姿だけでなく，けだるい声，才気煥発であるが奇想天外で無責任であり，快楽を追求する。画家バジルは芸術家としてドリアンを崇拝し，「見えざる理想の化身」としてドリアンの肖像を描く。バジルはワイルドが自分自身を投影させている人物であり，ワイルド自身の意見を反映していると思われる。理想の美に生きるドリアンは，ダンディにおける「悪」を表現している。このようにワイルドは，世間が理想とするダンディをヘンリー卿としてあらわし，実社会の常識を持っているバジルを現実の自分の姿として芸術論を語らせ，罪と美に生きるドリアンを空想の姿として描きながら，世紀末のダンディズムを確立したといえる。
　　　　　　　　　　　　　　　　　　　　　（佐々井啓）

E010　「新しい女」の服飾
　　　　　―らいてうの装いと意識―
佐々井啓著，国文目白42号，108-115頁，2003年

　日本の「新しい女」の代表である平塚らいてうの装いを自伝や写真などから明らかにした。3歳の頃から洋装をし，その後も日常的に洋服を着ていたことが記されている。また，女学校では当時の服装改良運動に刺激されて，ただひとり自作の改良服を着て登校していた。日本女子大学校では，地味な着物に袴を穿き，体操服として運動服とブルーマーを経験している。大学卒業後の装いは，男性風の着物に袴，日和下駄というスタイルで『青鞜』のメンバーたちは「男のような格好をした」と批判されていた。やがてらいてうは，洋服が活動的であることから積極的に取り入れたのである。らいてうは，モダンガールのような流行のスタイルをしていたが，実用的，合理的な面から自らの装いを選択していたことが明らかとなり，それらは「新しい女」の意識を伝える上でも重要な表現であったと結論付けた。
　　　　　　　　　　　　　　　　　　　　　（佐々井啓）

E011　ファッションにあらわれた女性の解放
　　　　　―1850年以降の欧米と日本の新しい女―
佐々井啓著，国際服飾学会誌26号，31-52頁，2004年

　アメリカでは1850年代にブルーマー夫人の女性解放運動におけるブルーマースタイルが登場した。これはイギリスに紹介され，『パンチ』では多くの風刺画が描かれている。しかし，1858年には女子体操服と海水着として登場し，スポーツの場では定着した。やがて1890年代には職業を持った「新しい女」たちが，シャツウェストにブルーマーズをはいて自転車に乗って，新しい生き方を示すようになる。日本では，1911年に『青鞜』を発刊した「新しい女」である平塚らいてうが縞の着物に袴をはいていたが，やがて洋装，断髪となる。1920年代にヨーロッパで「ガルソンヌ」が登場し，日本では「モダンガール」と呼ばれて，ショートヘア，ストレートなドレスの少年のようなスタイルが流行した。このように，欧米と日本の女性の権利の獲得のための主張が服装改良と結びついていることを明らかにした。
　　　　　　　　　　　　　　　　　　　　　（佐々井啓）

E012　「ファッション」―まなざしの装置―
平芳裕子著，服飾美学39号，37-54頁，2004年

　「ファッション」の歴史とは，流行のスタイルの変化の歴史であるとこれまで捉えられてきた。しかし「ファッション」という言葉の歴史的概念の変容――14世紀における「つくり」や「形」から16世紀における「作法」や「習慣」を経て，18世紀以降の「流行」――を考慮するならば，この言葉をめぐって人々の身体行動がどのように変化したのかを考察しなければならない。「ファッション」は，ある作法や流行のもとに人々の振舞いを組織することによって，人間の身体を社会的視線のもとに投じる装置として機能してきた。すなわち「ファッション」について語るとは，身体がいかに「見られる」ものとして構築されてきたかを言説化することなのである。
　　　　　　　　　　　　　　　　　　　　（平芳裕子）

E013　名物裂立木模様の起源と展開に関する研究

小林彩子著，共立女子大学家政学部紀要 51 号，41-50 頁，2005 年

　日本における立木模様の成立にかかわる舶載裂や名物裂の意匠形式について考察する。名物裂の「立木手」や古代ペルシアの「生命の樹」は，名物裂の立木模様や小袖意匠のそれとは形式を異にする。飛鳥・奈良時代には生命の樹系統の左右相称型の立木模様（四騎獅子狩文錦など）と，左右非相称型の立木模様（花樹孔雀文刺繡など）があった。名物裂の芦屋緞子，建仁寺金襴，清水裂の解説に「立木」の記述がある。清水裂からは絵画的な樹木模様が立木として認識されていたとおもわれ，小袖意匠の立木模様との類似性がみられる。小袖の立木模様は生命の樹に由来するものではなく日本独自の意匠形式であろう。
(相川佳予子)

E014　オスカー・ワイルドの喜劇にみるダンディズム

佐々井啓著，日本家政学会誌 57 巻 2 号，47-54 頁，2006 年

　オスカー・ワイルドの喜劇のダンディな人物を取り上げ，『ドリアン・グレイの肖像』のヘンリー卿，バジル，ドリアンと比較して，ワイルドのダンディズムを明らかにした。ワイルドはダンディズムの定義を「自己崇拝」，「社会や道徳への反逆」，「モダニズムの追及」，「退廃の美学」，「無償の行為」であるとする。『ウィンダミア卿夫人の扇』のダーリントン卿と『なんでもない女』のイリングワース卿は退廃的で，社会への反逆を示すダンディでありヘンリー卿と共通する。『理想の夫』のゴーリング卿は自己崇拝が強いが，無償の行為によって友人を助けるダンディであり，芸術家のバジルであろう。『まじめが肝心』のジャックとアルジャノンは架空の生活による快楽の追求を行っていて，ドリアンの非現実的な要素と共通するものであり，装いの中心は，ネクタイと生花のボタンホールの飾り花であった。
(佐々井啓)

E015　男性サン＝シモン主義者の服装における色彩の象徴性

新實五穂著，服飾文化学会誌 6 巻 1 号，31-40 頁，2006 年

　1830 年代初めに定められたサン＝シモン主義の制服制度は，説教場所の閉鎖と機関紙の廃刊によって思想を伝播する方法を奪われたサン＝シモン主義者たちにとって，唯一残された思想を広める術であった。ゆえに，制服の形状や色彩には，さまざまなシンボリックな意味が込められている。とりわけ，サン＝シモン主義の色である青色には，サン＝シモン主義の支持者にその出身者が多く，強固な結束を誇る理工科学校の制服である青い軍服へと通ずるものがあったといえる。また赤色は労働や労働者の色で，能力主義に基づくサン＝シモン主義の位階制度の最高位に位置する重要な色とされ，個人を実際の労働で判断し，労働者が最も尊重されるべき社会こそが真に平等な社会であることを示しているといえる。そこには，当時の社会における階層秩序を覆そうとする彼らの試みがあったと思われる。
(新實五穂)

E016　19 世紀末イギリスの演劇 The New Woman にみる「新しい女」
　　　　―その精神とファッション―

佐々井啓著，日本家政学会誌 58 巻 1 号，23-33 頁，2007 年

　1894 年初演の The New Woman を取り上げ，登場人物の性格と衣裳について考察した。本作品にみる新しい生き方を目指した女性たちは，「仕事をする」「精神的な愛を求める」「料理をしない」「ドアの鍵を持って自由に行動する」「タバコを主義のために吸う」ことであった。「新しい女」の特徴的な衣裳は，筒状の下部の衣服とカッタウェイ・コート，厄介な帽子であった。テーラーメイドの衣服は女性の解放を表し，さらに「新しい女」は人目を引く最新流行のドレスを装う。シルヴェスター夫人の鳥の装飾のイブニングドレスは，伝統的な装いとは異なる挑戦的な態度を示している。以上のように，「新しい女」の意識が明らかになった。その行動と衣裳とによって，彼女たちは地位を確立していったのである。
(佐々井啓)

F001　文楽衣裳の研究
―心中宵庚申における町人衣裳―

清水久美子著，日本服飾学会誌16号，37-47頁，1997年

享保7（1722）年，大坂竹本座初演の本演目の衣裳について，国立文楽劇場における公演衣裳の調査結果をもとに，その芸術性，一般風俗との関係，道行衣裳としての特殊性と美意識を考察した。衣裳の着装形態は類型化が顕著で，役柄の身分や心象風景が表現され，衣裳役割は極めて具象的であった。また江戸中期以降の上方服飾が反映されていたが，丹前，昼夜帯，法被などに文楽独自の仕立てが見られ，吉野織や玉糊友禅などの伝統染織技法も今なお継承されている。特に格子縞の道行衣裳は現実感を保ちつつ，悲劇性を美の境地まで昇華させた死装束としての「晴衣裳」であった。
（清水久美子）

F002　文楽衣裳の研究
―近松世話物衣裳における類型化と写実性―

清水久美子著，日本服飾学会誌17号，50-60頁，1998年

近松作品の中でも世話物は，当時の社会的事件を題材とするものが多く，人間の心の機微を写実的に表現することを主眼としている。そこで「曽根崎心中」，「冥途の飛脚」，「心中宵庚申」をとり上げ，世話物衣裳の特性について考察した。上着類は性別，身分，職業，年令や環境にそくした数種の類型に分けられた。一方下着や小物の使い分けによって，個々の明確化が試みられるなど，衣裳に類型化と個別化という二重の構造概念が認められた。形態や意匠には，宝暦から文化・文政期の京坂の町人風俗や好尚が反映され，より写実性を重視した世話物独得の様式と意匠美が創造された。
（清水久美子）

F003　「小鍛冶」における能と文楽の扮装

清水久美子著，民族藝術15巻，136-145頁，1999年

文楽の演目には，能を原拠とする景事物があるが，能と文楽の扮装の関連性と特性を比較考察するため，「小鍛冶」における現行の扮装実態の諸相を検証した。文楽の稲荷明神の扮装は，能の小書「白頭」の特殊演出に相当し，前が尉姿の老翁，後は白頭に白装束の稲荷明神となり，衣裳もおよそ能装束に準じる。両者の衣裳形態の相違や稲荷明神の扮装の意匠表現から表出される「神体」のもつイメージの相違は，ワキ（小鍛冶宗近）やワキツレ（橘道成）の衣裳形態の相違と同様に，それぞれの芸術上の原則的態様に依拠した衣裳役割の独自性にあるといえる。
（清水久美子）

F004　琉球文化にみる服飾表現　―「諸屯（しゅどぅん）」「花風（はるふう）」をとおして―

富士栄登美子著，日本衣服学会誌42巻3号，231-237頁，1999年

亜熱帯性気候で育った素材・色・文様から沖縄独自の琉球服飾文化を生み出した。文化は，美への惜しみない追求である。琉球舞踊をとおして，服飾の表現しようとしたものは何か，文様の意味するところなど表現としての服飾を論じている。琉球舞踊の中から古典女踊りの「諸屯」を，雑踊りからは「花風」の2例を取り上げ，考察した。服飾の意味を解するためには，琉歌の意味を理解する必要がある。その意味を服飾で表現しようとするとき，文様や色彩が大きな意味をもたらす。「諸屯」は，地鼠で「松にかかりたる藤」の文様であり「花風」は，藍地に絣文様である。
（富士栄登美子）

F005　下駄の刻文について

岡田保造著，衣の民俗館・日本風俗史学会中部支部研究紀要10号，1-5頁，2000年

各地の出土下駄の表面の刻文を調査し呪符的刻文について検討する。資料は豊臣時代の大阪城三の丸遺跡，清洲城城下町遺跡，江戸時代の武家屋敷遺構その地からの出土品で，それらの刻文は十字，三角形，四角形，星型五角形・六角形，井桁，雁紋など多様である。出土下駄は片方で一本足に通じて魔よけに転化し，片足で飛ぶ姿は除災招福を祈る作法を想起させる。清洲城城下町遺跡からは下駄と祭祀土器が共伴出土しており，下駄が祭器的に用いられた気配が濃厚である。下駄は異界への通路である聖なる場の履物との見解もある。
（相川佳予子）

F006　兼城の神女・せのきみ服飾遺品の考察

片岡淳・植木ちか子・上運天綾子著，琉球大学教育学部紀要56号，181-202頁，2000年

屋号を前殿内（めーとんち）と称するある家系に伝存する神女の衣裳及び神具等の調査を当主や家族の協力のもと，3回に渡り行った。第1回は神事と神女の現状について，第2回は神衣裳櫃内の古形神衣裳の形態を中心に実測と，現神女の聞き取り，第3回は神衣裳の衣材料の調査と当主より伝来についての聞き取りを行った。この調査より，前殿内・新城家に伝承される神女の神衣裳は忌み名が「帰一心月照禅定尼」で1661年に死亡した女性の遺品であると推考した。伝存の神衣裳は古いものから明治・大正時代のものまで残されており，その染織資料からは，時代の服飾文化を反映していることが知れる。
（岡田春香）

F007　沖縄の芸能衣装

宜保栄治郎著，風俗史学13号，54-60頁，2000年

　沖縄には国の重要無形文化財に指定された「組踊」と称する演劇がある。この演劇は「御冠船踊（ウクヮシンヲゥドゥイ）」と呼ぶ琉球王府が育成した古典舞踊，音楽などを含む宮廷芸能の演目の一部である。金武町屋嘉の芸能衣装には，沖縄の伝統的な「びん型」意匠も数点あり，沖縄県立博物館の所蔵するものに見劣りしない逸品で，用途がはっきりしている点では芸能資料として価値の高いものである。また，組踊「本部大主」に使用されていた按司衣装の陣羽織や袴などは，明らかに能衣装の影響を受けた形態である。王府末期に首里で制作された芸能衣装の一部は，明治初期に芝居座に持ち込まれ，明治，大正の頃までは使用していたが，使用されている間に消耗が激しく，代替衣装が新調され，いつの間にか原型が分からなくなり，今日に至っている。
（東真美）

F008　豊橋市魚町狂言装束の意匠　―素襖・直垂・長裃の文様・被服構成・織り―

高橋春子・鈴木貴詞・小椋逸子著，衣の民俗学・日本風俗学会中部支部研究紀要10号，31-59頁，2000年

　豊橋市魚町の能・狂言は，藩主による公式のものは極めて少なく，むしろ町人との趣味的な能楽であった。明治前期では演技は狂言が主であったが，中期からは経済力をもつ旦那衆らの趣味・娯楽としてその内容も次第に高められてきた。狂言衣装については基本的には能装束の意匠で，その一部を除いては狂言装束の分野にも見られるが，狂言自体が常に控えめであり，これが装束にも表れている。すなわち，色彩・文様・材料などの意匠・用法・着装など能との変化をつける意識が常に見られる。狂言は一般庶民階級も登場するものであり，日常生活にみる芸能のありかたからも，日常着用される衣服がそのまま用いられ，時の為政者たちの将軍・大名たちが上演を賞して脱ぎ与えた直垂や素襖がそのまま舞台の装束に用いられた。
（東真美）

F009　奈良東大寺修二会に用いられる紙衣の研究

平井郁子・軍司敏博著，繊維製品消費科学会誌41巻，631-639頁，2000年

　奈良東大寺二月堂，修二会の儀式の中で，手漉き和紙の紙衣が使用されている。現在使用されている手漉き和紙の特徴を調査し，代用材料として機械漉きや不織布が使用できるのかを，実際に紙衣を試作し検討を加えた。その結果，①機械漉き紙，不織布（湿式レーヨンスパンボンド布）は強度が手漉き和紙よりも劣る。②燃焼性は防炎加工を施すことにより安全性の確保が可能である。③不織布の保温性は裏地に晒し木綿を付けて仕上げることにより，手漉き和紙と同等の保温性を得ることが出来る。以上のことが分かった。材料の強度に改良を加えることにより，手漉き和紙以外のものでも紙衣の材料として使用可能であることが分かった。
（岡田春香）

F010　御神祭に関わる人々の服装とだんじりの飾りについて　―能勢町東郷地区野間神社の秋の御神祭より―

岡林裕子著，大谷女子短期大学紀要45号，140-149頁，2001年

　大阪府豊能郡能勢町の東郷地区に伝わる野間神社の秋の御神祭を2000年10月に調査した。お祭りに関わる人々は事前の練習，準備などに加えてお祭り用の特別な衣装を着装することによって，祭り当日には自らが登場人物となる。また衣装を身に着けることによって各地区，各役割をよりわかりやすく象徴することができ，お祭りの気分を盛り上げていくことができる。
（村田裕子）

F011　ワイルドの喜劇と舞台衣裳　―『まじめが肝心』を中心に―

佐々井啓著，日本家政学会誌52巻1号，43-51頁，2001年

　当時の雑誌に掲載された『まじめが肝心』の初演時の舞台写真を手がかりとして，考察した。二人の男性の服装は当時のダンディな装いを表わしていて，ネクタイや胸に飾るボタンホールの花が注意を払う重要なポイントであったことが台詞の分析と写真により明らかとなった。また進歩的な女性であるグエンドレンは，流行の「シックでオリジナル」なドレスである，と評され，若いセシリーは田園での生活にふさわしいシンプルなドレスを着ている。これらの衣裳は，劇場専属のドレスメーカーが製作し，観客は劇のみでなくドレスにも興味を持って劇場に行ったことが明らかである。これらのドレスはファッション雑誌にも類似のデザインが掲載されており，舞台衣裳が服飾の流行に大いに関わっていたことが示された。ワイルドはこの劇に自らの洗練された趣味と美意識を表現しようとしたのである。
（佐々井啓）

F012　ワイルドの喜劇と舞台衣裳　―『理想の夫』を中心に―

佐々井啓著，国際服飾学会誌19号，14-35頁，2001年

　『理想の夫』では，ワイルドに最も似ているとされるゴーリング卿が登場し，彼の台詞にはさまざまなダンディの生き方や服装が表されている。そこには，イヴニングコートに白いウェストコート，白いボウタイで，胸のボタンホールの飾り花を何度も取り替える姿が描かれ，流行は自分が作り出すものであるという台詞が，ワイルドの姿と重なっている。また，教養のある進歩的な女性であるチルターン夫人は清楚で品格のあるドレスを，女山師であるチェヴリー夫人はツバメの装飾など奇抜で豪華なドレスを，若くて奔放なメイベルは流行の先端を行く可憐なドレスというように，それぞれの役柄にふさわしい衣裳が用いられていたことが明らかとなった。さらに，ゴーリング卿は友人の窮地を救うダンディとして描かれ，自分の生き方を貫き，流行の先端を行く装いが重要であることが明らかとなった。
（佐々井啓）

F013　フィッシャーマン・セーター
　　　　　―イギリス及びオランダを中心に―
多田洋子著，服飾文化学会誌 1 巻 1 号，15-23 頁，2001 年

　フィッシャーマン・セーターは，ガーンジセーターともいわれ，イギリス東海岸を中心に発達したが，大陸側のオランダの海岸でも多くの漁師によって愛用された。その編地はメリヤス表地に裏編みと縄編みとを入れ，伸縮性と防寒性，防風性に優れている。オランダでは首にボンボンをつけるなど，デザイン上に多少の違いは見られるが，沿岸各地の博物館の写真資料などにより，漁業と密着した存在であることがわかる。オランダでは，近隣諸国より漁業が栄え，沿岸からさらに北方に漁物を求め，シェットランド島を基地として，島の住民と良好な関係を結び，その中でセーターの編み方を学び，発達させて行った。
（飯塚弘子）

F014　祭礼にみられる婚姻の化粧
上井輝代著，衣の民俗館・日本風俗史学会中部支部研究紀要 12 号，19-32 頁，2002 年

　額と両頬に赤い丸印をつける化粧（朱の記号）のもつ意味について，4 例の祭礼行事を通して考察する。佐賀市の白髭神社の祭礼では田楽に奉仕する 6 人の少年が朱の記号をつける。鹿児島県の都萬神社の田の神面に朱の記号が残っている。高知県仁淀村谷山の御神幸行事の仮面には朱の記号の存在が推測され，三重県多度町の多度神社の上げ馬神事の神児（稚児）も朱の記号をつける。上記の祭礼行事の内容を検討するいずれも結婚式を象徴する儀礼をもっており，朱の記号は結婚認知集会の印であるといえる。
（相川佳予子）

F015　ワイルドの喜劇と舞台衣裳
　　　　　―『ウィンダミア卿夫人の扇』を中心に―
佐々井啓著，国際服飾学会誌 21 号，4-15 頁，2002 年

　登場人物は，まじめなウィンダミア卿，夫人を誘惑するダンディであるダーリントン卿，過去の過ちを種に強請る女山師であるが，誘惑された娘を救うアーリン夫人など，複雑な人間関係がある。男性は当時の盛装であるイヴニングコートであり，その胸にはボタンホールの飾り花がつけられ，一大関心事であることが彼らの台詞から窺える。アーリン夫人は豪華なドレスで登場し，退廃的なダンディであるダーリントン卿に対して，女ダンディとしての誇りを持って行動する。その結果，アーリン夫人は母親と知られずに娘に別れを告げ，記念に扇をプレゼントしてもらう。扇は持つ人の心を映す重要な小道具であった。登場人物の服装は当時の流行の先端を行くものであり，専属のドレスメーカーによって劇のためにデザインされたドレスは，多くの人々に模倣されて流行となったことが明らかとなった。
（佐々井啓）

F016　ワイルドの喜劇と舞台衣裳
　　　　　―『なんでもない女』を中心に―
佐々井啓著，服飾美学 35 号，49-64 頁，2002 年

　退廃的なダンディであるイリングワース卿はダンディについて，ネクタイが上手に結べること，人にショックを与えることであるといい，現代的である洗練された装いがダンディの条件であると述べる。一方，この劇は女性の劇であると評され，さまざまなタイプの女性の登場人物によって，華やかなドレスが着装されている。イリングワース卿の女性版であるアロンビー夫人は，人の意表をつく衣裳で鋭い言動を引き立てている。またワイルドは「新しい女」としてアメリカ女性を登場させ，シンプルであるが洗練されたドレスで率直な性格を表現している。このような女性と対照的に地味で社交界とは縁のない「なんでもない女」であるアーバスノット夫人が描かれ，結局はダンディなイリングワース卿を打ち負かしてしまう。ワイルドは彼女に飾りのない黒いドレスを装わせて，その性格をあらわしている。
（佐々井啓）

F017　聖職者用手袋の装飾
　　　　　―バース服飾博物館所蔵品を手がかりに―
有馬澄子・青木淳子著，東横学園女子短期大学紀要 37 号，1-14 頁，2003 年

　バース服飾博物館所蔵の資料から採取した 17 世紀から 18 世紀の聖職者用とみられる手袋について検証した。聖職者用手袋はシルクのニットでできており，柔軟性に富み，同時代の革製に比較して着脱が容易である。手の甲部分にはキリスト教の象徴模様である十字架，I.H.S.，火炎が組み合わされて，メダイヨン（楕円）の中にデザインされ，ゴントレット（手首）部分は草木の模様等が刺繍され，タッセルやブレードで華麗に装飾されている。これらは聖職者の権威の差別化が図られた証でもある。
（青木淳子）

F018　春日若宮おん祭における装束について
　　　　　（第 1 報）―田楽法師の水干を中心に―
岩崎雅美著，家政学研究 50 巻 1 号，62-66 頁，2003 年

　春日若宮の出現は長保 5（1003）年といわれ，若宮神社の例祭としておん祭は保延 2（1136）年に始まった。日本最古の文化芸能として国指定の重要民俗文化財に指定されている。田楽座は猿楽座と共に能と呼ばれたが，現在では猿楽のみが残り「能」と称されている。田楽はおん祭の時のみに見られ，第五番の田楽法師は水干を着装して花笠を被る。一般的に知られている水干と比較し，芸能の水干の特色として構成や着装の視点から考察した。その結果『太平記』などにみられる豪華な田楽装束を彷彿とさせる服装である。
（岩崎雅美）

F019　文楽衣裳における浴衣

清水久美子著，同志社女子大学生活科学 36 号，27-37 頁，2003 年

　文楽衣裳の浴衣について，国立文楽劇場において調査を行い，演目および役柄による浴衣の衣裳構成とデザインの特徴について考察した。文楽の浴衣には，風呂にかかわる浴衣，下着がわりの浴衣（下馬付着付），浴衣合羽，寝巻，仕事着，法衣，祭礼や盆踊り衣裳としての用途目的があった。仕立てには袷，単，シズ付きがあり，紺と白の色彩，木綿の縞模様が多用された。また歌舞伎の役者文様もあるが，江戸期の一般の浴衣や歌舞伎の浴衣のように，大胆・奇抜なデザインは見られなかった。その背景には，浴衣が夏狂言の夏季向き衣裳という季節感と人形構造上の制約が考えられる。

（清水久美子）

F020　春日若宮おん祭における装束について（第 2 報）―馬長児の服飾を中心に―

水野夏子著，家政学研究 50 巻 1 号，67-71 頁，2003 年

　春日若宮おん祭のお渡り式に登場する馬長児の狩衣は，江戸中期を境に童装束に多い萌黄の狩衣から赤地金襴のものに変わり，これが昭和初期まで続き，その後再び緑地金襴唐草文の狩衣に変更され現在に至ることが判明した。また江戸中期から明治までに一時的に水干へ変えられた可能性が考えられる。馬長児が被るひで笠に飾られた山鳥の尾羽は神の，五色の紙手は神仏の象徴性を持ち，行列の中で高い地位にあることを示す装飾である。馬長児の従者の被者が身に付けている龍笠・木履・笹は雨乞いを表現し，五穀豊穣を願うおん祭と水・農耕の神「若宮」にふさわしいものといえる。

（水野夏子）

F021　人形浄瑠璃文楽衣裳の研究―衣裳の発展と特質について―

清水久美子著，同志社女子大学総合文化研究所紀要 21 巻，107-128 頁，2004 年

　人形衣裳は寛永頃からその華美が禁じられるほど美麗で，古くは公家・武家装束や能装束を模した。元禄頃から市井風俗をとり入れ，延享頃から吉田文三郎により画期的な衣裳転換が試みられ，今日の基礎が形成された。現行衣裳には仕立てや着付けに基本原則があり，世話物に類型化と写実性，時代物に一般服飾の変容，特化と誇張化が顕著で，デザインに高い美意識と芸術性が認められる。衣裳は人形操作上の制約や限界を受容した上で，人形特性を生かし，人間を超越した存在として，独自の舞台芸術の世界を構築し具現化する働きを担っている。そこに文楽衣裳の特質と魅力がある。

（清水久美子）

F022　黒川能の能装束から　新出資料を中心に

正田夏子著，民族藝術 20 巻，151-159 頁，2004 年

　山形県鶴岡市に残る「黒川能」はおよそ 500 年間農民が伝えてきたといわれる民族芸能である。江戸時代，武家の式楽として確立した五流とは異なる古態の姿の能を残していると指摘されているが，文献には元禄時代まで登場しない。しかしながら，黒川能の装束の中には既に桃山時代の狩衣として重要文化財に指定されている染色品が数点存在し，その歴史の古さを物語っている。本論では近年著者が発見した新たな桃山時代の装束を紹介し，中世から近世における装束の着装の変遷を黒川能の演出の面から捉えるとともに，染織や服飾の歴史から黒川能の歴史をどこまで遡ることが可能か考察する。

（森田雅子）

F023　20 世紀ファッションの生成の背景としてのバレエ・リュス―ニジンスキーの「牧神」における身体性―

中西希和著，服飾文化学会誌 5 巻 1 号，41-49 頁，2005 年

　バレエ・リュスの代表作の一つ，マラルメの詩篇に基づいた『牧神の午後』を取り上げ，そこで主役を演じたニジンスキーのパフォーマンスを検討した。ニジンスキーはバレエの伝統的様式化を一切加えない身体のリアリティを，そのコスチュームとダンスによって表出し，新しい身体性を提示した。また性行為を暗示するパフォーマンスによって，人間の抱える，強烈な性の欲望をあからさまに表現した。この公演には激しい非難が浴びせられたが，その話題性の大きさにより，当時の社会の身体意識，及び身体表現に関わる心性の変化を促したであろうことが推察される。

（中西希和）

F024　鬼と装束―奥三河・花祭りの榊鬼の装束をめぐって（民俗藝術学の諸相）―

山崎一司著，民族藝術 22 巻，161-167 頁，2006 年

　日本の鬼は全国的疫病に対して，宮中で中国の儀礼を取り入れた大儺を執り行なったことから『続日本記』慶雲 3 年（706）初見］視覚化された。大儺は日本化して 12 月晦日の追儺式となったが，現在にその姿を伝えるのが京都市・吉田神社の節分祭であり，扮装については「黄金四目蒙熊皮執日戈揚楯，玄衣朱裳」と『論語疏』にもあるが，黒い衣に襦袢をはおり，白い丸ぐけ帯をしめ，また大口の上に朱裳をつけた。以降平安時代から鎌倉時代にかけて盛行した修正会の鬼が法隆寺西円堂修二会追儺式に伝承されている。仮面，赤・青・黒のシャツ，裁着，足袋，手袋などを装着している。それに対して奥三河の花祭りの榊鬼は前顔八分に修験者の頭襟をつけ，山間部に定住した修験者の子孫が編み出した杣人の芸能と猿楽能の残照，歌舞伎風の襷，朱裳に発する「赤」を基調とした扮装の善鬼となった。

（森田雅子）

F025 バレエ・リュスの作品におけるオリエンタリズムとファッション —ポール・ポワレのオリエンタリズムとの比較—

中西希和著，服飾文化学会誌7巻1号，11-20頁，2007年

　19世紀から続くオリエンタリズムの流行に乗り，大成功を収めたバレエ・リュスのオリエンタリズム作品には，オリエントを主題とした明瞭なストーリー，官能的な表現，鮮やかな色彩や装飾性という特徴が見られる。これらの特徴をもつ表現は，新しい美をも提示し，当時の観客に強烈な印象を与えただけでなく，ファッションにおいて，ポワレが打ち出していた東洋風のデザインを，流行という現象にまで高めたと考えられる。　　　　　　　　　　（山村明子）

G001　服飾を支える肢体 ―第二次世界大戦までの日本における「マネキン」について―

川井ゆう著，風俗35巻3号，51-75頁，1996年

　日本において本格的に研究されなかったマネキンについて，その受容の過程を考察した論文。現在では陳列用の人形をマネキンというが，かつては活人形や陳列人形と呼ばれ，伝統技法をもった人形師が製作していた。陳列人形は，呉服屋に飾られ，和服を効果的に見せている。マネキンという語は，マネキンガールという〈人間の女性〉を指して大正末に使われたのが最初である。いっぽう，〈人形〉をマネキンと呼ぶのは昭和に入ってからのことである。百貨店などに飾られた「マネキン」は，のちに人々の洋装化ひいてはライフスタイルの西洋化を促進する上で重要な役割を果たした。マネキンというモノと言葉の受容を跡づけることで，日本の土着文化と西洋文化とが融合する過程を読み取ることが可能である。　（川井ゆう）

G002　諺辞典にみる被服に関する研究（第1報）

山田令子著，日本服飾学会誌16号，181-186頁，1997年

　諺辞典に掲載されている被服に関する諺を抽出し，その意味や内容を整理分類した。「被服の名称」からは多い順に持ち物・履物，衣服，装い，材質，その他に5分類した。「諺の内容」からは多い順に生活，俗信，態度，たとえ，しゃれ，戒め，心情，装い，価値観，天候，性格の11項目に分類した。「分野別による内容項目」の関係については内容の多い順と似た傾向を示したが，「内容項目別による分野」の関係については，持ち物・履物分野は俗信，たとえ，価値観，戒め，しゃれ，性格に，衣服分野は天候に，装い分野は装いに，材質分野は性格に関わりのあることがわかった。
（山田令子）

G003　研究資料　原始紡績織物及び織糸に関する用語とその体系

原口陽子・成瀬信子著，国際服飾学会誌15号，121-136頁，1998年

　手機で織られた原始織物の調査研究は，基本的にその織物構成を調査する必要がある。今後，少しでも共有の統一された用語を用いることにより，理解を容易にするために，綿・麻・毛を材料とする原始紡績織物について，材料，糸，織物に関する構成要因を調べるための，調査項目，調査方法およびその名称，表示に関する原則を検討した。従来多様な表記，記述がなされている原始紡績織物とその織糸について，文献上にある名称を残しながら，用語の定義を行い，同意語の用語については代表的な呼称を決め，他の用語との関係を明らかにし，更に原始織物に関する各構成について分類し，項目ごとに体系付けを行った。　（原口陽子）

G004　21世紀の社会秩序と服装

李蘭姫著，ファッションビジネス学会論文誌5巻，83-93頁，1999年

　服装は衣服をつけた姿をさすとともに人間の行為や価値観を含む社会的状況と定義できる。社会状況における価値観と服装の変化の様相を展望し，その変化に最も敏感に反応する文化としての服装に焦点をあてる。さらに，服装が21世紀にいかに変化し，新世紀に相応しい役割を果たすかについて社会変動論と文化変容の視点から考察している。21世紀の服装は，前世紀と同様に人間の意識と社会現象の影響を敏感に受けると思われ，われわれに夢と心の豊かさを与える役割を果たすと期待できる服装を心理的，社会的，文化的側面と結びつけ，着装者が喜びと幸福を感じる服装の製作と研究が課題となるだろう。　（戸田賀志子）

G005　中学校における被服の製作内容の変遷

伊藤瑞香・永野順子著，日本服飾学会誌18号，41-46頁，1999年

　昭和22（1947）年3月，文部省は「新教育指針」に基づき「教育基本法」ならびに「学校教育法」を公布し，4月1日新学制による小学校および中学校を発足させた。昭和33（1958）年には「技術・家庭科」と改称され，教材も時代の変化と科学技術の発展の影響を受けることとなる。技術分野では「情報とコンピューター」が必修となり，家庭分野の衣生活では，その時々で多く使われている衣服のなかから基礎の技術を学ぶのに相応しい教材が選ばれており，着ることにこだわる時代から装飾品など美しさを表現する手段を学習させていることが考えられる。　（伊藤瑞香）

G006　高齢者衣服の研究

釘丸知子著，東九州女子短期大学研究紀要8号，1-11頁，1999年

　手作りの時代から色・サイズ共に豊富で，さらに安価で，入手出来る既製服の現在であるが，年齢を増すごとに体型の変化に伴い，その要望が満たされているのか，中津市在住者の60歳以上を対象に既製服の購入方法，着用意識，衣服への関心について面識聞き取り調査を行った。その結果，男女共92％〜93％が既製服を利用している。皮膚への安全性，耐久力を考慮し，洗濯性の堅牢度が高い素材を選び，動作適応性では伸縮性のある素材でゆったりしたサイズを着用している。また手，指の動きの弱さから，ファスナーの長さや金具の大きさの工夫についての必要性を感じた。色においては，流行にとらわれない，落ち着きのあるものを選んでおり，経済性について考えられている事が理解できた。　（釘丸知子）

G007　「埼玉県の紅花」の歴史と現状
塩田公子著，青葉学園短期大学紀要24号，7-16頁，1999年

　平安時代，紅花は宮中の祭服・式服の染料として使用されていた。17〜20才の男子に納税義務が課せられ，国内の指定された24カ国で広く栽培されていた。その中に武蔵国で指定されていた埼玉県の紅花の歴史は長い。江戸末期から明治初年にかけて，上尾・桶川付近で紅花は栽培され，須田家には，紅花関係の文書が400点ほど残されている。埼玉県の紅花は，他の産地より出荷が1ヵ月程早く，江戸に近く良質であったため，高値で売れた。その紅花は京都へ運ばれ，口紅や紅花染めの原料に使用された。最近は，全国生産量統計表にのるほど桶川において紅花は栽培され，食油，食品の着色料，口紅，染物のみでなく，切花で販売されている。
　　　　　　　　　　　　　　　　　　　（塩田公子）

G008　乳幼児の着衣調査
　　　　―保育園における着衣状況―
光松佐和子・近藤トシエ・堀てる代・籏美代子・佐野恂子著，日本衣服学会誌43巻1号，17-23頁，1999年

　一保育園において，男女園児86名に対し着用服種，服種組み合わせ，着衣枚数及び衣服重量について調べ，着衣実態について検討した。その結果，男児より女児の方が服種数および組み合わせ数が多く出現した。衣服重量については600g/m²以上1000g/m²未満の範囲で着用している場合が多く，乳幼児にとって負担になっている可能性があると考えられる。乳幼児の生理学的特性を考慮して衣服を着用させることにより，乳幼児独特の活発な行動に適した安全な生活が期待できる。
　　　　　　　　　　　　　　　　　　（光松佐和子）

G009　ジェンダーと衣文化
森川晴著，日本服飾学会誌18号，87-93頁，1999年

　「衣服」を「記号」の立場でとらえ，ジェンダーの視点から分析を試みた。福岡県および大阪府の女子短大生182名にアンケート調査を実施し，さらに6名の学生にインタビュー調査を行った。その結果わかったことは，子ども時代に着せられていた洋服が，現在の好みに少なからず影響をあたえること，流行に左右されながらも自己選択していること，しかし母親の意見に従うことも多いことである。パンツスタイルやグレー・黒系を好むところからは，ジェンダー意識から解放されている側面もみられる。「女らしさ」と結び付けられた行儀，手伝いなどのしつけに不満を持ちながら，多様な選択肢から自分に合った衣服を選ぼうとしている女子短大生の姿が浮かび上がる。
　　　　　　　　　　　　　　　　　　　（森川晴）

G010　家庭科「衣生活」領域の指導内容に関する研究
　　　　―大学生の縫いの技術習得について―
山田智子・小林理絵・伊藤紀子著，鳥取大学教育地域科学部紀要（教育・人文科学）1巻1号，337-350頁，1999年

　基本的な縫いの技術に関するアンケート調査と実技テストを行い，縫いの技術力の程度，技術に関する意識と実態を明らかにした。その結果，学校教育における学習経験と技術習得とは密接な関係にあり，地域や家庭での教育機会の少ない男子は衣生活において自立できておらず，技術力の男女差は顕著で，縫いの活用状況にもそれが反映されていることが明らかになった。また，技術に関する意識と実態には正の相関が認められ，技術習得には学校教育での繰り返しの学習指導が効果をもつことが明らかになった。（戸田賀志子）

G011　特別養護老人ホーム入居者の衣生活に関する研究　―介護スタッフへのヒアリングと観察を通して―
岩佐和代・高阪謙次著，椙山女学園大学研究論集（自然科学篇）31号，81-92頁，2000年

　特別養護老人ホーム入居者の衣生活の状況を解明するため，4施設の施設内観察および入居者の所持衣服や着衣，衣服整理，衣服管理，身嗜み等に対して介護スタッフの行う指導，管理，介助，介護方法について各施設長等にヒアリング調査を行った。その結果，衣生活環境には多くの問題が残されており，入居者が「衣」に携わる場面の少ないことが施設生活の可能性を狭めていることが事例的に確認できた。改善に関しては，介護スタッフの量の問題に加えて，衣生活の重要性に関する関係者の理解の深まりを待たねばならない。
　　　　　　　　　　　　　　　　　　（戸田賀志子）

G012　被服デザインイメージの表現における性格の影響
大島亜矢・加藤雪枝著，椙山女学園大学研究論集（自然科学篇）31号，111-121頁，2000年

　被服デザインイメージ（以下，イメージ）表現における性格の関与をYG性格検査法によって検討した。イメージ成立要因のうち評価性と個性の因子に着目，考察した結果，イメージ表現には両因子とも性格による差異が認められ，精神面での安定，社会面での適応，行動面での積極性の有無が影響することが明らかになった。イメージに対する自己表現は①個性の追求より周囲にある程度同調することを好ましく考えている，②どこかで自分らしさを主張・表現したいと望む，③その表現方法に性格的特徴が現われてくる傾向にあること等を考慮して行われると考えられる。
　　　　　　　　　　　　　　　　　　（戸田賀志子）

G013　異素材を用いたアール・ヌーヴォーのドレス

鈴木妃美子著，名古屋女子文化短期大学研究紀要25号，41-47頁，2000年

材質や素材の異なる5種類の材料を用い，ドレスの製作を試み，この製作過程を通して学生がアパレル業界の即戦力となるためには，どのような被服教育の必要性があるのかを考察した。ドレスのデザインは，アール・ヌーヴォーの特徴を取り入れたものにし，立体裁断からパターンを起こし縫製を行った。ドレスの材料の一つにコーティングフィルムを使用したが，この素材を用いる時の縫製時の留意点も追及している。今回取り上げた異素材を組み合わせて縫う場合や特殊な素材を用いる場合には，ミシンや針など道具の知識や扱い方の他に，技術的な完成度も要求されるのである。

（諏訪原貴子）

G014　非対称化粧の意味を探る

藤本浩一・土肥伊都子著，繊維製品消費科学会誌41巻，70-79頁，2000年

女子大学生に左右非対称の顔化粧を施して写真を撮り，それを200名の女子大学生に見せて印象評定させた。その結果，非対称化粧はあまり知的や仕事のイメージではない反面，個性的で斬新な印象を与えたことがわかった。また，化粧して実際に学内で数時間過ごすモニター体験をさせた記録では，奇抜すぎることへの抵抗と，密かに人とは違った自分を楽しみたいという願望の両価的な態度が観察された。非対称化粧の意味と流行の可能性が議論された。　（藤本浩一）

G015　パフォーマンス空間の生成
　　　　　―サン・フェルミン祭を事例として―

水谷由美子著，山口県立大学生活科学部研究報告25巻，43-51頁，2000年

スペインのパンプローナ市で毎年7月に行われるサン・フェルミン祭のパフォーマンスについて，フィールドワークを通して，その空間の意味と機能を考察した。この祭には，エンシェロ，チュピナソ，祝日の行列，ヒガンテスとカベスードスのパフォーマンスがあった。巨人人形の一団の仮装では，カーニヴァルと共通した性格ののパフォーマンス空間を生成した。また一般大衆の仮装は，変身・異装による自己解放を意味した。現代的に発展した祝祭において，参加者はパフォーマーであり，オーディエンスになりながら，歴史と現代の交錯するパフォーマンス空間を生成するのである。　（清水久美子）

G016　愛媛県における高等学校の女子制服に関する研究（第2報）
　　　　　―1999年度における夏服・合服の動向―

吉川研一・楠幸子・高木真美著，松山東雲短期大学研究論集31巻，109-116頁，2000年

愛媛県における高等学校64校を対象に，女子制服のタイプ，色，柄，靴などの実態，および制服のモデル・チェンジの有無・予定，理由などについて調査した。有効回収率67.2%。夏服ではブラウス・スカート，合服では加えてベストの組み合わせが80%を越えるが，柄模様のスカート・ニット素材のベストの採用は少ない。多くの学校でなされているモデル・チェンジが，都市部における対外的なSchool Identity戦略とは異なり，在校生の満足度の向上を目的としているのは，偏差値による学校の順列が固定されているためと考えられる。

（丸山理恵）

G017　心身障害者のための衣服作りに関する研究

加藤千穂・中保淑子著，椙山女学園大学研究論集（自然科学篇）32号，73-81頁，2001年

運動障害と強い身体変形がある重症心身障害者（以下，重症者）の衣服設計上必要な体型および身体計測項目を検討し，寝たきりの重症者が着脱する際に必要なゆとり量について実験した。その結果，臥位姿勢時の必要計測項目は，立位時の乳頭位胸囲より値が大きい上部胸囲で，立位や座位姿勢をとる重症者には，背丈と股上前後の長さを加算してゆとり量を割り出す必要性が認められた。寝たきりの重症者の衣服設計では，下衣より上衣の研究が重要であり，着脱時間が短く着脱しやすいゆとり量はバスト寸法の20%，アームホール寸法の40%程度であることがわかった。

（戸田賀志子）

G018　高校生冬用制服に関する意識について
　　　　　―快適性及びサイズ意識―

河地洋子・竹内弘子著，日本服飾学会誌20号，146-153頁，2001年

高校生の冬用制服に対する主に快適性の意識，サイズ購入に関するアンケート調査を行った。制服着用での意識では男女間，着用服種別で差が見られた。男子制服においては，動きにくさや窮屈感で問題があり，これは特に詰襟学生服着用で感じられており，ブレザーでは保温性で不満がみられた。女子ではセーラー服がブレザーより明らかに不満，不便さが多い服種であった。制服はデザインや色など視覚的な要素が重視されているが，実際には身体との係わりの深い生理的な意識が問題であった。また成長を見込んだサイズ購入に関しての適合性の調査では，大きめサイズの購入による問題は，女子の方に多くみられた。男子については卒業時に制服が小さくなっている人のほうが多いという傾向があった。

（河地洋子）

G019　装飾された藁人形の図像学的考察
徳山孝子著，ファッション環境 11 巻 2 号，40-48 頁，2001 年

　釘を打ち込まれた藁人形は，丑の刻参りに使用される呪いの道具である。一方，衣服を着た藁人形は神のように祀られている。ここでは，衣服を着た藁人形が人々の生活にどのように関わりどのように表現されていたのかを姿，形，置かれた場所に注目して考察した。藁人形は，藁細工の一つに過ぎなかったが，近世になると藁人形自体も藁とは違う意味で必要不可欠な存在となった。藁人形を作ることによって心が安定し，村の結束が強まり，藁人形を工夫することで技術と宗教観が生まれた。様々な歴史や風習が積み重なってできた藁人形には，人の生活を左右するほどの力があると考えられた。藁人形が格式あるものとして考えられたため，人々はいろいろな工夫を凝らして藁人形を着飾ったのである。
(徳山孝子)

G020　蘭奢待の贈答経路
本間洋子著，服飾文化学会誌 1 巻 1 号，25-33 頁，2001 年

　正倉院に現存する蘭奢待は，これまで足利三代（義満，義教，義政），織田信長，明治天皇によって截香されたことが知られている。この他にも中世後期以降の公卿の日記に蘭奢待の贈答記事が登場し，義政の截香の際に別当公恵僧正に分けられた後に，後土御門天皇へ進上された。後奈良天皇からは能登の守護畠山義総や山科言継へ，正親町天皇から九条稙通，毛利輝元，勧修寺晴右，山科家へ下賜された。その後山科言継から徳川家康に進上された。香道の発展と相まって蘭奢待の截香や所持は権力の象徴ともなり，贈答によって転任，勅免，お礼金がもたらされるなどの効果がみられた。
(清水久美子)

G021　近世における座法の変遷
本間玲子著，服飾文化学会誌 1 巻 1 号，35-48 頁，2001 年

　礼儀作法における座法は，服飾状況と大きく関わることから，作法書をもとに近世における座法の変遷を辿り，その機縁となる因子について検討した。武士階級では元禄・享保頃を境に膝を立てる座法が行われなくなり，おじぎの多用に伴い正座へ移行した。庶民については，泰平が続き，生活が悠長・閑雅となり，礼式が重視され，正座手前を礼儀とする茶湯が流行したことから，元禄・享保期に正座が普及したとの定説（入澤達吉）がある。しかし往来物の挿絵によると，女性の座法には身幅の広さが影響したこと，また場面に応じて男女ともに様ざまな座法が用いられたことがわかった。
(清水久美子)

G022　生活用具としての用と美 ―風呂敷―
伊藤洋子著，東北生活文化大学・三島学園女子短期大学紀要 32 号，19-21 頁，2002 年

　風呂敷は，奈良時代法華寺の蒸し風呂の床に敷物として用いたのが起源とされ，足利時代には，入浴の際の衣服包みなどに用いた平包みを風呂敷と称した。正倉院には，収納専用の包みである「迦楼羅裹」「御袈裟幞」などが現存している。平安時代には把㡨衣幞，南北朝時代には平包と呼ばれ，江戸中期に風呂敷と呼称が統一された。冠婚葬祭とも深く関わる風呂敷には，用途に応じて 9 種類のサイズがあり，一枚の布で，包む，結ぶ，抱える，解く，拡げることができる。用途の広さと物を包み立体となった時の美しさには，日本人独特の美意識と知恵が感じられる。
(丸山理恵)

G023　「ボディコンシャス」と下着に関する意識の年代による相違
―山梨県の女子短期大学在学生および卒業生を対象とした事例報告―
斎藤秀子・雨宮邦子著，服飾文化学会誌 2 巻 1 号，73-79 頁，2002 年

　「ボディコンシャス」は 1986〜1987 年のファッショントレンドとなったが，本研究ではボディコンシャスと下着に関する意識について，1999 年に山梨県の女子短期大学在学生と卒業生に調査を行った。その結果，ボディコンシャスの知識を有する者の割合は，当時 20 代前半にその流行を経験した年代が最も多く，中年群は下着でウエストを細く見せたいという意識を持っていたが，必ずしもボディコンシャスを意識した服装を好まなかった。中年群は若年群と比較して体型に対する意識，衣服や下着の着心地に対する意識，下着による整容に対する意識が高かった。
(清水久美子)

G024　化粧と礼法 ―「女中身持粧ひ鑑」を中心に―
陶智子著，富山短期大学紀要 37 巻，18-22 頁，2002 年

　江戸時代に出版されたいわゆる「往来物」は，庶民にどのような文化情報が，どれほど提供されたかといった点で，当時の文化研究の貴重な資料である。「女中身持粧ひ鑑」は，複数の女性向けの往来物に掲載された化粧関連記事で，眉，額，髪，白粉，歯黒の 5 項目について書かれている。女性が化粧をするのは「女の礼」であるという視点で説かれており，内容の要点は，①化粧をしないのは失礼だからしなくてはならない，②「薄化粧」をよしとする，③時と場所をわきまえる，という 3 点である。
(陶智子)

G025　香り着装
本間洋子著，服飾文化学会誌2巻1号，45-55頁，2002年

　香りを身につける香り着装には，香料を粉末にして香らせる，焚香，香水の三通りがあり，付加箇所により身体上に直接香りをつける，衣服を香らせる，香りの携帯に分類できる。奈良天平時代には粉末香料による炷衣香が衣服や書物に防虫・防黴効果があり，江戸時代以降も用いられた。香炉で衣服に香りを炷き込むことは平安時代以降に大きく発展した。近世には薫物ではなく香木の香りを髪にも炷きしめたり，香水を髪に着装した。明治時代にはオーデコロン，ハンガリー水が製作され，香水を携帯した。香りの着装は，香りが及ぶ範囲までを自己・他者の嗅覚により知覚される衣服である。
(清水久美子)

G026　ジェンダーを再生産させる母親像
　　　　　―「女の子願望」をめぐって―
好田由佳著，堺女子短期大学紀要38号，1-9頁，2003年

　女性が生涯に産む子どもの数を示している出生率は，1.33と少子化が加速するなか，子どもを持つなら，「女の子」という願望が増えているという。その理由に「女の子には，かわいい服を着せられるから」という思いがある。母親の思いをビジネスチャンスとみる動きがある。おしゃれな母と娘の心をつかむジュニア服ブランドが新聞でも話題となっているのである。
　過熱する母娘のファッション熱の裏側にジェンダーに縛られた母親たちを操るビジネス戦略が渦巻いている。娘の服装センスを指南する母親たちは，ファッション市場の活性化に寄与し，女の子は女らしくあるべきというジェンダー観を強化しているといえる。
(好田由佳)

G027　教材研究として，19世紀のボール・ガウンのレプリカ作成
諏訪原貴子・鷹司綸子著，服飾文化学会誌3巻1号，49-59頁，2003年

　服装文化史の教育では，実物がどのように構成されているかを知ることが重要である。資料は日々劣化し，手にとって研究指導，教育指導ができない。このような実態に対応するため，様々な資料を用いて，幅広い見方で実物資料に対する理解を得られると考える。当研究は，1980年に京都国立近代美術館で開催された「浪漫衣裳展」目録より，1866年頃の「ボール・ドレス」の制作を行ったものである。実物資料以外に様々な資料を参考にすることで，歴史的に考察でき，より実物に近づけて制作し，教育指導を行うことができる。
(諏訪原貴子)

G028　繊維製品における「時代の心理とカラー提案」
滝沢真美著，繊維学会誌59巻11号，378-384頁，2003年

　大きな流行色がなくなったとはいえ，確実にものを売るためにトレンドカラー情報が提案されている。日本カラーデザイン研究所の「イメージ情報」もその一つ。ここでは，カラートレンド情報の提案のプロセスを解説する。生活の中の色は，①風土色・環境色，②嗜好色・慣用色，③時代イメージ色，④流行色の四つに大別され，提案の際の分析は，②と③が対象となる。分析には，マンセル体系に基づいたヒュー&トーン分析と，色彩心理学的手法で開発されたイメージスケール分析が用いられる。時代動向分析，市場色分析，商品のイメージスケール分析，感性ライフスタイル分析の四つの分析で，もの，ひと，こと，それぞれの動きが把握できる。それらに共通する動きを基に，1年後のカラーイメージを設定し，衣料品をはじめ，分野別に具体的な色やデザインを提案している。
(滝沢真美)

G029　女性教師の服装に対する児童の認知
田村和子著，日本家政学会誌54巻9号，769-776頁，2003年

　公立小学校の4，5，6年生の児童を対象に，女性教師の服装に対する認知を調査した。調査は質問紙法で，服装の写真（ビジネススーツ，日常着，体操服）を貼付した。各意見項目の回答は5段階評定とした。その結果，日常着と体操服間に顕著な認知の差が認められた。また，教師の服装に対する「好き」「先生らしい」という服装認知に男女の差がみられた。さらに，重回帰分析を行ったところ，女児において回帰式が求められ，教師の服装に好意を持つ児童は「相談にのってくれる」「勉強がよくわかる」を判断し，被服が評価の手掛かりの一つとして用いられていることがわかった。
(田村和子)

G030　裸形着装像の成立
奥健夫著，MUSEUM589号，43-63頁，2004年

　裸形着装像は，平安末期における生身信仰の隆盛化を背景として，着装行為により像が生身化され，同時に着装者の願意の彼岸世界への伝達が可能となるための像形式として成立したと捉えられる。像形式の供給源としては，中国における礼拝用の着装肖像の存在も考慮されるものの，より直接的には天児・比々奈といった人形の存在が重視される。つまり人形への着装のイメージが仏像に投影されたのであり，そこには仏像を愛玩物になぞらえる院政期の貴族趣味とともに，人形の，異界との接点にあるモノで，それへの着装が異界との交流手段となるという性格が関与しているとみられる。
(奥健夫)

G031　小笠原流礼法における胞衣についての研究

陶智子著，富山短期大学紀要 39 巻，1-6 頁，2004 年

　出産儀礼において「胞衣」の取り扱いは重要事項であり，さまざまな作法が存在する。出産儀礼は小笠原流礼法においても「嘉礼」として重視された。出産儀礼に関連する礼法書に『産所道具巻』『産所諸用集』『胞衣納之巻』『産着伝記』『胞衣納伝記』『産所次第』などがある。これらの作法書においても胞衣は重要視されている。その記述を比較すると，時代が下ると記述内容も詳しくなり，実用にあわせて内容も変化していったことがうかがわれる。また安産や子の無事な生育を願う呪術的行為に当時の文化の一端をうかがい知ることができる。

（陶智子）

G032　京都服飾文化研究財団所蔵ドレスの補修・修復技法の現状分析

福澤素子・深井晃子・周防珠実・水原美咲著，日本家政学会誌 55 巻 5 号，405-412 頁，2004 年

　京都服飾文化研究財団は 1978 年の設立以来，日本では希少な西欧の服飾資料を体系的に収集・保存し，研究，公開活動を行っている。補修・修復方法について貴重な文化財を後世に伝えるべく普遍的な科学的指針を模索するため，同財団所蔵の歴史的衣服の 24 年間にわたる補修・修復記録を調査・分析した。調査対象は 18 世紀〜 1950 年代のドレス。使われた技法を，①布の裏打ち・表打ち・カバー・サンドイッチ技法，②装飾の補修・修復技法，③欠損製作・補充技法，④その他と分類し，修復率を割り出した。その結果，素材によって補修・修復率は異なること，修復に要する日数の平均は約 26 日間，81 日以上を要したものは 1890 年代から 1920 年代のドレスに多い。また表布の全体に疲労が見えるなどの結果を得た。

（周防珠実）

G033　下駄産業における型紙の存在
　　　―林家の下駄の型紙を通して―

稲葉昌代著，常葉学園短期大学紀要 36 号，59-76 頁，2005 年

　静岡下駄産業は，髹漆法が静岡漆器として定着し，その派生として塗り下駄が育ち，産業へと発展した。着物を染めるための型紙は，下駄にも用いられ，林家には 1203 枚もの型紙が伝えられている。型紙は本来のものと厚手の紙によるものがあり，モチーフは花や植物が最も多く，生活用品・小物，紋，身近な生物などであった。塗り下駄の型紙は，着物における美しさや繊細さの追求ではなく，大量生産，合理化の手段であり，大衆への浸透を目的とした。しかし，かかとに踏みつけられて見えないところにも装飾を施すなど，日常生活に潤いを持たせる粋な文化の象徴といえる。

（清水久美子）

G034　『掛袱紗』の考察と制作
　　　―無用の用に掛けられた思いが生んだ美『風呂敷』思いを包む布，包み上げる楽しさ―

奥戸一郎著，滋賀文化短期大学研究紀要 15 号，3-18 頁，2005 年

　現代生活において「祝儀不祝儀」のしきたりやつき合いは以前より手軽になったが，今もそのしきたりは世代を超えて残されている。本稿では我国独自のハレの風習について贈答品を覆う掛袱紗とそれを包むのに不可欠な風呂敷を用と美の両面から考察した。掛袱紗の原初形態は，道中の塵埃除けの機能性を重視した無装飾のものであったが，祝いの意匠や装飾が贈答の喜びの具象化となった。現代は顧客の汎用性に特化した量産品と一品モノの注文品に両極化されている。文様も普遍的な祝賀テーマが意匠化されている。掛袱紗の楽しく豊かな装飾性は，風前の灯火である。

（清水久美子）

G035　体の美しさに関する研究（その 13）
　　　―高齢者の化粧行動に関する特徴について (1)―

金田すみれ著，福山市立女子短期大学紀要 31 号，37-45 頁，2005 年

　前期・後期高齢者ともに，知名度の高かった化粧品は化粧水，乳液，ファンデーション，口紅，眉墨であった。約 7 割の高齢者は化粧が「好き」であり，約 9 割は化粧を「必要」としている。約 7 割が毎日化粧をし，化粧をすると多くは「明るくなる」「楽しい」という気持ちになるようである。また，約 9 割の高齢者が「外出時」や「ホテルでの食事時」には化粧をすることが必須であると回答した。化粧をしない時「他人がどう思うか気になる」人は 6 〜 7 割であった。化粧行動のイメージは「習慣感覚」という人が 4 割を占めている。

（水野夏子）

G036　若者のおしゃれ意識と被服関心度との関連について

喜多ヱイ子著，羽衣学園短期大学研究紀要 41 号，1-7 頁，2005 年

　若者のおしゃれが好きな理由は「少しでも美しくなりたい」であり，おしゃれとは「自分の好みの服装をすること」という回答が 8 割を占める。おしゃれ項目の採用状況では，「自分の好みの服装をすること」に続いて化粧・カラーリング等の身体に対するおしゃれ項目が目立つ。おしゃれが好きな理由と被服関心との相関分析では，おしゃれ好きの度合いが高くなるほど似合いの良さを探究する被服関心度が増す傾向が認められ，「おしゃれとは」に対する意識と被服関心次元との相関分析では「心理的安定感を高める」，「似合いの良さを探究する」の二つの次元との間に正の相関が見られる。

（水野夏子）

G037　ファッションショーにおける消費者に対するデザイナーの伝達情報の相違

徳山孝子・山村明子著，ファッション環境14巻3・4号，22-29頁，2005年

　現在のアパレル業界では，デザイナーが新作を発表する際，ファッションショーというショーを媒体として企業や小売店の買い手，消費者などに提示することが多い。このようなファッションショーは，季節ごとの新作や目玉商品を提示するだけでなく，デザイナーのコレクションの発表や，作り手の感性やイメージの表現，最先端の流行の発信という役割も担っている。デザイナーの個性を引き立たせるには，ショーの中でバックミュージックとして流す音楽も重要な表現力となっている。そこで，ファッションショーと音楽の相互作用に着目し，音のみを聞く音判定，画像のみを見る画像判定，画像と音を同時に視聴する画像と音判定を用いて，ファッションショーを通じて消費者に伝達するデザイナーの情報の相違を明らかにした。

（徳山孝子）

G038　ウエディングドレスのデザイン分析
―ネックラインと他の要因との関係―

長田美智子著，服飾文化学会誌5巻1号，89-98頁，2005年

　ウエディングドレスのデザインについて数量化II類を用いてネックラインを中心に分析を行った。資料は結婚情報誌に掲載されたドレス256着である。強い相関が認められたI軸で関連の高いものは，胸部形状，袖丈，スカート形状である。3グループに分類され，ホルターネックラインのグループは襟付き，ベル型スカート，袖なし，ネックレス無しが多い。キャミソール，ストラップレスネックラインのグループは胸部は直線形状のものが多く，ストレート型スカートが多い。フローレンティン，オフショルダーネックラインのグループは胸部はU形状で袖付きのものが多いという結果であった。

（長田美智子）

G039　ウェアラブル・コンピュータとファッションに関する一考察

林泉著，文化女子大学紀要（人文・社会科学研究）13号，89-102頁，2005年

　1990年代より感性，ファッションというジャンルが社会的に認知されるようになったが，日本全体の趨勢からは，工業や科学技術優先の社会であった。しかし，1997年にアメリカのMITメディアラボ開催の世界初「国際ウェアラブル・コンピュータ・シンポジウム」に参加し，ウェアラブル・コンピュータの可能性やデザインの重要性を認識できた。1998年には朝日新聞社共催で「着られるコンピュータが開く近未来情報社会2010シンポジウム」を総合プロデュースし，今やコンピュータの進展は目を見張るものがある。人々が洋服を着るようにコンピュータを装着し，いつでも情報交換できるといった人間の究極の贅沢が実現する日もそう遠くはない。そこでウェアラブル・コンピュータ・ファッションのデザインを多角的視点から検証した。

（林泉）

G040　ファッション商品に関する女子学生の意識

山本昌子・吉野鈴子・山田千賀子著，ファッション環境14巻2号，28-36頁，2005年

　購入行動過程において，女子学生がどのようにファッション情報源を得ているか，その情報源とファッション関心度との関係，売場の演出の見方について検討した。ファッション情報源として女子学生の90％が雑誌をあげていた。よく読む雑誌の種類によってファッションに対する関心が異なった。特にエレガント系の雑誌（たとえばJJ, ViVi, CanCam）を読む人は，有名ブランドに興味を示し，価格にとらわれず，コーディネイトしやすく，人より先に流行の衣服を着る傾向がみられた。売場の演出に多く使用されているトルソーは，衣服を立体に演出し，感性に訴え，興味を抱かせるものだと捉え，ハンガーラックは衣服を立体に陳列し，棚什器は衣服を平面で陳列し，選びやすさ，つまり販売につながるものだと捉えていた。

（吉野鈴子）

G041　体の美しさに関する研究（その12）
―顔の美と化粧の文化について―

山本百合子著，福山市立女子短期大学紀要31号，27-36頁，2005年

　美の共通の基準は同じ民俗・文化に属すると一致する。顔の魅力は「横顔が真直ぐ」「左右対称」「若い」「めりはり」等に「内面的な美」が加わるとより美しくなる。化粧の起源と効果には異性吸引説，変身願望説，通過儀礼説，元気説等の諸説がある。日本では「けしよう・けそう」「仮相」「化生」等と表現され，明治に「化粧」に統一された。明治初めまで鉛白粉と紅花製の紅が用いられた。西洋では「トアレット」「ドレッシング」「コスメティック」等と表現され，エジプトからギリシャ・ローマに伝わり西欧諸国へ広まった。

（水野夏子）

G042　修復報告　本学所蔵：日本人形着用の薄黄地剣霞四季の花模様小袖

石井美奈子・鈴木まみ著，東北生活文化大学・東北生活文化大学短期大学部紀要37号，1-9頁，2006年

　本学所蔵の日本人形が着用している小袖について調査し，修復を行った。調査によりこの小袖の製作者は，野口真造氏であることがわかった。部分的に解体したことにより布端の観察が可能となったことと，墨書により大裁用に織られた一般的な反物の裂を使用し，人形用に染色・刺繍がなされたことがわかった。小袖の表裂は退色し全体的に裂が脆弱であり，多くの箇所が欠失していたが，腰上げ部分や帯の下には退色・欠失はなかった。裏裂は袖口袘・裾袘の退色と欠失が著しかった。原因は主として光であると考えられる。

（石井美奈子）

G043 体の美しさに関する研究（その15）
―高齢者の化粧行動に関する特徴について(2)性格別分析―

金田すみれ著，福山市立女子短期大学紀要32号，55-63頁，2006年

高齢期女性で『外向』（性格が外向的とやや外向的な人）の7割，『内向』（内向的とやや内向的）の6割は化粧が「好き」で，どちらも9割が化粧を「必要」とする。『外向』『内向』ともに7割は毎日化粧をし，化粧をすると「明るくなる」「楽しい」気持ちになるという。『外向』『内向』ともに9割は「外出時」「ホテルでの食事時」の化粧は必須と回答した。無化粧の時「他人がどう思うか気になる」人は『外向』『内向』ともに6割で，化粧行動に対するイメージは「習慣感覚」という人が『外向』『内向』ともに4割を占める。 （水野夏子）

G044 紙衣・紙布の歴史と紙布の製作

北浦多榮子・吉山文子著，九州女子大学紀要43巻1号，11-24頁，2006年

日本古来より受け継がれてきた紙衣と紙布の歴史を踏まえ，牛乳パックから紙布を製作することにより，資源の再利用への可能性を検討した。紙布は粘材やこんにゃく粉を利用して柔らかさや耐水性を持たせたり，皺つけにより風合いを出すなど応用の幅が広い。紙布製作の手順は，牛乳パックから紙をとり，洗浄した後ミキサーにかけて攪拌細分化し，紙を漉く。紙を細幅に裁断し，撚りをかけて染色，糊付けして，ダンボールを使って織る。今後は，紙布を織るまでの工程を短縮し，実用化を進めることで，地球規模の資源の再利用につながることが期待される。 （清水久美子）

G045 ビーズに関する基礎研究Ⅰ
―共立女子学園所蔵ビーズワークを中心に―

野澤久美子・伊藤紀之著，共立女子大学家政学部紀要52号，57-65頁，2006年

共立女子大学所蔵のビーズワークは，昭和63年に教育・研究用資料として購入されたもので，総数は254点である。品目別に集計した結果，バッグ44点，クッション37点のほか品目は多岐にわたり，室内装飾品や服飾品をはじめ小物入れや食器などあらゆる生活用品にビーズを用いた装飾が施されている。これらには実際にそれぞれの用途で使用されていた形跡が残る。刺繍などで年代が記されている資料があること，メタル・ビーズやシード・ビーズといった生産期間が想定できる材料を使った作品が多くあること等から，古いもので19世紀初頭，新しいものは20世紀中頃に制作されたものであると考えられる。 （畑久美子）

G046 地域教材（琉球絣）を生かした中学校家庭科教育実践（1）
―4つの動機づけの視点から―

富士栄登美子著，琉球大学教育学部紀要68号，145-149頁，2006年

土地の風土や生活，そして人間の暮らしの中から文化は生まれる。亜熱帯性気候で育った素材・色・文様は，沖縄の独自の文化を生み出し，美への追究が琉球の絣文化を成立させた。琉球絣を地域教材として中学校家庭科の授業の中で取り上げた。授業を動機づけの視点から考えてみたとき，4つの動機づけから成り立っていることに気づく。エッと振り返る①初期的動機づけ，もっと知りたい②知識的動機づけ，絣文化を伝えていきたい③行動的動機づけ，沖縄に生まれて誇りに思う④意識的動機づけの4つである。

（富士栄登美子）

G047 衣類の取扱いからみた廃棄衣類の削減について

藤川尚子・板垣昌子・桑村典子著，昭和学院短期大学紀要43号，16-27頁，2006年

繊維製品に関するクレーム原因および責任の所在は多様にあるが，取扱者の責任となる取扱い上の事故に関しては，適切な処置により防止できる。事故発生衣類は，常用衣類としての活用が難しく，衣類の着用期間を短縮させる。衣類の取扱い方法を改善することで事故発生を防止し，家庭内から衣類（資源）を循環させ環境負荷軽減へ繋げたいと考えた。そこで，衣類の購入から廃棄までの現状に関するアンケート調査を実施したところ，衣類の取扱い実態が明らかになり，環境配慮を考えた衣類の取扱い方法や意識等，衣生活のあり方や被服および環境教育に向けての若干の知見が得られた。 （藤川尚子）

G048 セレモニー衣装の着用実態と貸衣装に対する意識
―椙大生と母親について―

岩佐和代・天野ゆか著，椙山女学園大学研究論集（自然科学篇）38号，125-135頁，2007年

環境保全の立場からセレモニー衣装の在り方を見直すための基礎データを得ることを目的に，本学学生とその母親を対象にセレモニー衣装の着用や貸衣装，環境問題意識等のアンケート調査を実施した。
その結果，衣装については学生における成人式の振袖，卒業式の長着・袴，結婚式の洋装・教会挙式が特徴的であった。また，貸衣装に対する抵抗感は，両者共に比較的少ないが，いずれもセレモニー衣装の消費を環境保全まで結び付けて考えている人は少ないことがわかった。

（岩佐和代・天野ゆか）

G049　西洋服飾関連コレクション構築の状況と目録作成の変遷

佐藤俊子著，情報の科学と技術 57 巻 12 号，575-580 頁，2007 年

　文化女子大学図書館では 1950 年の開館以来，「服飾」という特定主題の文献を網羅的に収集し，教育支援機関であるとともに，専門図書館の機能も果たしてきている。特に，この稿では司書の専門的書誌学の自己研鑽と稀覯本に対する的確な見識の元で収集された西洋服飾関連コレクション構築の経緯とそれらを組織化し，体系化して作成された服飾文献目録の変遷について取り上げる。併せて，西洋服飾関連資料収集に不可欠な海外の服飾関係文献目録（Colas, Hiler および Lipper-heide）と服飾索引についても解説する。

（佐藤俊子）

G050　ビーズに関する基礎研究 II
　　　―共立女子大学所蔵ビーズバッグを中心に―

野澤久美子・伊藤紀之著，共立女子大学家政学部紀要 53 号，65-77 頁，2007 年

　共立女子大学所蔵ビーズ・バッグ 44 点について，その種類，大きさ，ビーズの装飾技法，使用しているビーズの種類，文様について調査した。特徴的なのはパースと呼ばれるビーズ編みのバッグが 9 点含まれ，これは 1780 年代に流行し始めたが，1880 年代頃，徐々にこのパースは人気が無くなっていった。1862 年 9 号のゴッディズ・レディス・マガジンでは，鉤針編みのパースの作り方を特集している。ニードルワーク・マガジンでは 20 世紀の初め頃までこのパースを掲載し続けている。1912 年～14 年の Journal des Dames et des Modes にもバッグを含むプレートが 21 点みられた。バッグの形態等によってある程度の制作年代の推定ができると考える。

（畑久美子）

G051　女子大生のメンズファッションに対する意識と着用実態（第 2 報）―パンツ・スタイルのイメージとジェンダー意識の関係―

三木幹子著，広島女学院大学生活科学部紀要 14 号，1-14 頁，2007 年

　ジェンダー意識とパンツスタイル画像の評価との関係を考察した結果，自分を女性として強く意識し，女性らしい行動をとる人は，フェミニンでフォーマルなパンツスタイルを好む。また，結婚願望が強い人は，地味で家庭的な印象のパンツスタイルを好む。反対に，女性としての意識が低く，女性らしさを否定する行動をとる人の場合は，カジュアルで男っぽいパンツスタイルを好む傾向があることがわかった。

（三木幹子）

G052　女性雑誌の変遷とファッション・トレンドの相関性に関する研究

渡辺明日香・城一夫著，共立女子短期大学生活科学科紀要 48 号，77-87 頁，2007 年

　ファッションに大きな影響を及ぼすファッション雑誌に関して，1900 年代から現在までのファッション雑誌の創刊当時の流行のファッションに着目した。本論では，両者の関係を第 I 期：1970 年代以前のファッション雑誌のイニシアチブ期，第 II 期：1980 年代の雑誌の多様化，読者の分衆化期，第 III 期：1990 年代以降のストリートファッション雑誌の創刊以後の 3 期に分類して整理・考察を行った。これらの結果から，雑誌と読者の関係性は時代と共に変化し，雑誌多様化，双方向化が進んでいることを明らかにした。

（渡辺明日香）

G053　衣服に関するリサイクル意識と行動

林隆紀著，佛教大学社会学部論集 46 号，1-16 頁，2008 年

　循環型社会形成のため，効率的なリサイクルシステムを作り上げることが急務とされている。その中にあって繊維製品リサイクルは素材の多様性，商品の特殊性により，効率的なシステムが構築されているとは言い難い。本論文では消費者の意識調査をもとに，今日の繊維製品リサイクルの課題と困難性を検討し，さらに生活者の関わり方の類型化を試みた。これにより，生活者のリサイクルへの関与の全体的な希薄性が明らかになり，また理解レベルの違いが与える行動への影響が大きな要因であることがわかった。

（林隆紀）

II 文献リスト編

I 論文要旨編

H 日本
I 欧米
J 東洋
K 民族（俗）服飾・比較服飾文化
L 服飾美学
M 宗教・芸能衣裳
N その他

III ミュージアムリスト編

IV キーワード索引
V 著者名索引

H（日本）

H 001　「源氏物語」の身体観, 大塚ひかり, 化粧文化, 38号, 68-72頁, 1998年

H 002　明治期の手工芸教育, 山村明子, 一宮女子短期大学研究報告, 37巻, 275-284頁, 1998年

H 003　悲しみで深まる喪の色 ―源氏物語より―, 北村富巳子, 生活文化史, 34号, 38-38頁, 1998年

H 004　シリーズ「繊維の50年を振り返る」(8) ニット, 伊藤暁, 繊維工学, 51巻, 393-400頁, 1998年

H 005　諺にみる着物 ―女性に関する諺を中心として―, 松井馨子・中橋美智子, 日本衣服学会誌, 41巻2号, 125-136頁, 1998年

H 006　ジャフカファッションカラー　98-99年リビング"ラ・メゾン・ドゥ・ソレイユ", 流行色, 490号, 2-5頁, 1998年

H 007　定点観測　97年秋冬レディスカジュアルウェア　札幌・仙台・東京・名古屋・京都・大阪・広島・福岡, 流行色, 490号, 22-33頁, 1998年

H 008　定点観測　97年秋冬メンズカジュアルウェア　札幌・仙台・東京・名古屋・京都・大阪・広島・福岡, 流行色, 490号, 34-45頁, 1998年

H 009　ジャフカファッションカラー　98年秋冬レザー"ノーブル＆ゴージャス", 流行色, 491号, 2-3頁, 1998年

H 010　定点観測　97年秋冬婦人靴　札幌・仙台・東京・名古屋・京都・大阪・広島・福岡, 流行色, 491号, 22-33頁, 1998年

H 011　カラーボックス　「ジャパン・クリエイション98」開催, 流行色, 491号, 40-45頁, 1998年

H 012　特集1 JAPANTEX98, 大澤かほる, 流行色, 492号, 2-9頁, 1998年

H 013　定点観測　98年和装　札幌・仙台・東京・名古屋・京都・大阪・広島・福岡, 流行色, 492号, 36-45頁, 1998年

H 014　ジャフカファッションカラー　98年秋冬和装「和綺麗」, 流行色, 494号, 2-3頁, 1998年

H 015　ジャフカファッションカラー　99年春夏レディス"レイディアント・シェード", 流行色, 495号, 2-5頁, 1998年

H 016　ジャフカファッションカラー　99年春夏メンズ"オルターネーション", 流行色, 495号, 6-9頁, 1998年

H 017　定点観測　98年インテリア・ファブリックス　札幌・仙台・東京・名古屋・京都・大阪・広島・福岡, 流行色, 495号, 34-45頁, 1998年

H 018　ジャフカファッションカラー　99年春夏レザー"Ai", 流行色, 496号, 2-3頁, 1998年

H 019　カラーボックス　第46回東京プレテックス ―99年春夏展, 流行色, 496号, 24-25頁, 1998年

H 020　定点観測　98年春夏婦人靴　札幌・仙台・東京・名古屋・京都・大阪・広島・福岡, 流行色, 496号, 26-37頁, 1998年

H 021　90年代カラートレンド総括(1)　定番カラーが主導する時代 90年代のファッションと色彩動向概観, 出井文太, 流行色, 497号, 4-7頁, 1998年

H 022　90年代カラートレンド総括(2)　データで見る90年代のヒットカラー「定・点・観・測」調査　JAFCA 国産乗用車車体色調査より ウイメンズウェア ヒットカラートップ10, 流行色, 497号, 8-9頁, 1998年

H 023　90年代カラートレンド総括(2)　データで見る90年代のヒットカラー「定・点・観・測」調査　JAFCA 国産乗用車車体色調査より メンズウェア ヒットカラートップ10, 流行色, 497号, 10-11頁, 1998年

H 024　90年代カラートレンド総括(2)　データで見る90年代のヒットカラー「定・点・観・測」調査　JAFCA 国産乗用車車体色調査より インテリアファブリックス ヒットカラートップ10, 流行色, 497号, 12-13頁, 1998年

H 025　ジャフカファッションカラー　99年春メイクアップ「ダイナミクス」, 流行色, 499号, 3-5頁, 1998年

H 026　ジャフカファッションカラー　99年春夏和装「れい明」, 流行色, 499号, 6-7頁, 1998年

H 027　明治の手工芸教育（第2報）, 山村明子, 大阪女子学園短期大学紀要, 43号, 15-21頁, 1999年

H 028　総説　花洛のモード ―きものの時代―, 河上繁樹, 花洛のモード ―きものの時代―（展覧会図録）, 8-28頁, 1999年

H 029　山内家の装束, 河上繁樹, 企画展 土佐藩主の装い（展覧会図録）, 6-7頁, 1999年

H 030　特論 桃山武将の装い ―陣羽織と胴服―, 河上繁樹, 企画展 土佐藩主の装い（展覧会図録）, 46-47頁, 1999年

H 031　いまどきのオトコノコのヘア・スタイリング事情, 板倉克子, 化粧文化, 39号, 116-120頁, 1999年

H 032　江戸城大奥の花簪, 花咲一男, 化粧文化, 39巻, 128-139頁, 1999年

H 033　爾を封じて日本国王と為す —明皇帝より豊臣秀吉に頒賜された冠服—, 河上繁樹, 国際服飾学会誌, 16号, 39-46頁, 1999年

H 034　銀座街頭における女性服装色実態調査（1997秋〜1999春）, 江森敏夫・増田倫子・名取和幸, 色彩研究, 46巻1号, 14-20頁, 1999年

H 035　領巾の語源について, 鳥越憲三郎, 生活文化史, 35号, 98頁, 1999年

H 036　証言・京都染織工芸の20世紀（1）　山鹿清華と帝展美術工芸部の新設新時代への胎動, 藤慶之, 月刊染織α, 224号, 23-27頁, 1999年

H 037　阪神大震災後における女性の服装の推移, 井町晴江・岩崎錦・増田依子, 日本衣服学会誌, 43巻1号, 25-32頁, 1999年

H 038　ジャフカファッションカラー　99年秋冬レディスウェア"アーバン・ウィード・リズム", 流行色, 500号, 2-5頁, 1999年

H 039　ジャフカファッションカラー　99年秋冬メンズウェア"テラへ!", 流行色, 500号, 6-9頁, 1999年

H 040　カラーボックス　第48回東京ファッションウィーク —99年春夏コレクション—, 流行色, 500号, 44-45頁, 1999年

H 041　カラーボックス　第47回東京プレテックス —99年秋冬展—, 流行色, 501号, 18-19頁, 1999年

H 042　カラーボックス　ジャパン・クリエーション99-99年秋冬&2000年春夏展, 流行色, 501号, 20-21頁, 1999年

H 043　定点観測　98年秋冬レディスカジュアルウェア　札幌・仙台・東京・名古屋・京都・大阪・広島・福岡, 流行色, 501号, 22-33頁, 1999年

H 044　定点観測　98年秋冬メンズカジュアルウェア　札幌・仙台・東京・名古屋・京都・大阪・広島・福岡, 流行色, 501号, 34-45頁, 1999年

H 045　ジャフカファッションカラー　99-2000年リビング"ビュー・オン・ライフ", 流行色, 502号, 2-5頁, 1999年

H 046　ジャフカファッションカラー　99年秋冬レザー"4つの表現", 流行色, 502号, 6-7頁, 1999年

H 047　定点観測　98年秋冬婦人靴　札幌・仙台・東京・名古屋・京都・大阪・広島・福岡, 流行色, 502号, 32-43頁, 1999年

H 048　特集1 JAPANTEX99, 大澤かほる, 流行色, 503号, 2-8頁, 1999年

H 049　定点観測　99年和装　札幌・仙台・東京・名古屋・京都・大阪・広島・福岡, 流行色, 503号, 34-43頁, 1999年

H 050　ジャフカファッションカラー　99年秋冬和装「都市の光彩」, 流行色, 505号, 2-3頁, 1999年

H 051　ジャフカファッションカラー　2000年春夏レディスウェア"ノース&サウス・ライト", 流行色, 506号, 2-5頁, 1999年

H 052　ジャフカファッションカラー　2000年春夏メンズウェア"ノーザン・ライト", 流行色, 506号, 6-9頁, 1999年

H 053　カラーボックス　第48回東京プレテックス —2000年春夏展—, 流行色, 507号, 20-21頁, 1999年

H 054　定点観測　99年インテリアファブリックス　札幌・仙台・東京・名古屋・京都・大阪・広島・福岡, 流行色, 507号, 22-33頁, 1999年

H 055　定点観測　99年春夏婦人靴　札幌・仙台・東京・名古屋・京都・大阪・広島・福岡, 流行色, 507号, 34-41頁, 1999年

H 056　定点観測　99年春夏レディスカジュアルウェア　札幌・仙台・東京・名古屋・京都・大阪・広島・福岡, 流行色, 508号, 20-31頁, 1999年

H 057　定点観測　99年春夏メンズカジュアルウェア　札幌・仙台・東京・名古屋・京都・大阪・広島・福岡, 流行色, 508号, 32-43頁, 1999年

H 058　特集1 座談会・サードミレニウムに向けての色彩感覚　座談会（1）　時代の進化とともに色彩感覚も変わるのか, 千々岩英彰・星野克美, 流行色, 509号, 2-11頁, 1999年

H 059　特集1 座談会・サードミレニウムに向けての色彩感覚　座談会（2）　ニューミレニウムに向けてのカラーデザインの胎動, 池亀拓夫・池西美知子, 流行色, 509号, 12-21頁, 1999年

H 060　定点観測　99年家電商品　札幌・仙台・東京・名古屋・京都・大阪・広島・福岡, 流行色, 509号, 34-45頁, 1999年

H 061　ジャフカファッションカラー　2000年春メイクアップ「カレイドスコピック」, 流行色, 511号, 3-5頁, 1999年

H 062　ジャフカファッションカラー　2000年春夏

	和装「光・水・花」, 流行色, 511号, 6-7頁, 1999年
H 063	京都ふぁっしょん事情 ―寛文小袖と女院御所―, 河上繁樹, かざられたきもの ―寛文小袖展(展覧会図録), 11-15頁, 2000年
H 064	野村正治郎と小袖コレクション ―国立歴史民俗博物館蔵「野村コレクション」形成の背景〔含 英文〕―, 丸山伸彦, 国際服飾学会誌, 17号, 4-9頁, 2000年
H 065	きもの小史 ―丸紅コレクション―, 河上繁樹, 設立50周年記念 丸紅コレクション展(展覧会図録), 22-24頁, 2000年
H 066	証言・京都染織工芸の20世紀(2) 祇園祭と京都染織界 山鉾装飾にかかわった作家たち, 藤慶之, 月刊染織α, 226号, 50-54頁, 2000年
H 067	証言・京都染織工芸の20世紀(3) 小合友之助と稲垣稔次郎 美大染織、全盛期, 藤慶之, 月刊染織α, 228号, 50-54頁, 2000年
H 068	織り・縫い技法の両説が渦巻く桃山期に創製された「竹屋町」きれ, 鈴木一, 月刊染織α, 230号, 32-35頁, 2000年
H 069	証言・京都染織工芸の20世紀(4) 激動の戦後京都工芸界と佐野猛夫, 藤慶之, 月刊染織α, 230号, 50-54頁, 2000年
H 070	証言・京都染織工芸の20世紀(5) 日本伝統工芸展と京都, 藤慶之, 月刊染織α, 232号, 59-63頁, 2000年
H 071	城下町郡山にオープンした藍染め体験施設 箱本館「紺屋」, 月刊染織α, 233号, 46-47頁, 2000年
H 072	証言・京都染織工芸の20世紀(6) 新しい波ファイバーアート 髙木敏子とアバカノヴィッチ, 藤慶之, 月刊染織α, 234号, 50-54頁, 2000年
H 073	証言・京都染織工芸の20世紀(7) 染色作家たちのグループ活動 三浦景生、寺石正作、来野月乙、黒田暢を中心に, 藤慶之, 月刊染織α, 236号, 59-63頁, 2000年
H 074	残照の美・慶長裂, 河上繁樹, 淡交, 657号, 16-27頁, 2000年
H 075	江戸時代の髪「元結」(1), 河野徳吉, 東横学園女子短期大学女性文化研究所紀要, 9号, 1-43頁, 2000年
H 076	資料 日本における20世紀の服飾に関する一考察(1) 流行と社会・経済状況との関連性, 中谷真三代, 日本衣服学会誌, 44巻1号, 37-44頁, 2000年
H 077	資料 日本における20世紀の服飾に関する一考察(2) 女性の服装と社会的地位の変遷との関連性, 中谷真三代, 日本衣服学会誌, 44巻1号, 45-54頁, 2000年
H 078	ジャフカファッションカラー 2000年秋冬レディスウェア"ネイチャー・セカンド", 流行色, 512号, 2-4頁, 2000年
H 079	ジャフカファッションカラー 2000年秋冬メンズウェア"スマート", 流行色, 512号, 6-9頁, 2000年
H 080	定点観測 99年秋冬レディスカジュアルウェア 札幌・仙台・東京・名古屋・京都・大阪・広島・福岡, 流行色, 513号, 22-33頁, 2000年
H 081	定点観測 99年秋冬メンズカジュアルウェア 札幌・仙台・東京・名古屋・京都・大阪・広島・福岡, 流行色, 513号, 34-45頁, 2000年
H 082	ジャフカファッションカラー 2000-2001年リビング"ファースト・ライト―黎明", 流行色, 514号, 2-5頁, 2000年
H 083	ジャフカファッションカラー 2000年秋冬レザー"アイコニック", 流行色, 514号, 6-7頁, 2000年
H 084	定点観測 99年秋冬婦人靴 札幌・仙台・東京・名古屋・京都・大阪・広島・福岡, 流行色, 514号, 34-45頁, 2000年
H 085	特集1 JAPANTEX2000, 大澤かほる, 流行色, 515号, 4-9頁, 2000年
H 086	定点観測 2000年和装 札幌・仙台・東京・名古屋・京都・大阪・広島・福岡, 流行色, 515号, 34-43頁, 2000年
H 087	ジャフカファッションカラー 2000年秋冬和装「色麗しく」, 流行色, 517号, 2-3頁, 2000年
H 088	カラーボックス 色返りの中のピンクの流行 ―今、なぜピンクなのか―, 井出文太, 流行色, 517号, 32-35頁, 2000年
H 089	定点観測 速報版 2000年春ブルーデニム, 流行色, 517号, 36-37頁, 2000年
H 090	ジャフカファッションカラー 2001年春夏レディスウェア"センチエント・カラー", 流行色, 518号, 2-5頁, 2000年
H 091	ジャフカファッションカラー 2001年春夏メンズウェア"Iの世代", 流行色, 518号, 6-9頁, 2000年
H 092	定点観測(1) 2000年春夏レディスカジュアル, 流行色, 519号, 2-13頁, 2000年
H 093	定点観測(2) 2000年春夏婦人靴, 流行色,

	519号, 14-25頁, 2000年
H 094	定点観測（3） 2000年春夏メンズカジュアル, 流行色, 519号, 26-27頁, 2000年
H 095	定点観測（4） 2000年家電商品, 流行色, 519号, 38-49頁, 2000年
H 096	ジャフカファッションカラー 2001年春夏レザー "地図にない島", 流行色, 520号, 2-3頁, 2000年
H 097	ジャフカファッションカラー 2001年春メイクアップ「セルフ・プロデュース」, 流行色, 521号, 3-5頁, 2000年
H 098	ジャフカファッションカラー 2001年秋冬レディスウェア「インパーフェクト・ハーモニー」, 流行色, 522号, 2-5頁, 2000年
H 099	ジャフカファッションカラー 2001年秋冬メンズウェア「シティ・ノマド」, 流行色, 522号, 6-9頁, 2000年
H 100	ジャフカファッションカラー 2001年春夏和装「いきいきと、色」, 流行色, 522号, 10-11頁, 2000年
H 101	カラーボックス 定番色の中のブラウンと色返りの中のゴールドの流行, 井出文太, 流行色, 522号, 40-45頁, 2000年
H 102	伝承とモダンの友禅染・華やかな京友禅, 藤井健三, 京友禅の華 人間国宝三代田畑喜八の美（展覧会図録）, 10-15頁, 2001年
H 103	三代田畑喜八のモダンデザイン, 藤本恵子, 京友禅の華 人間国宝三代田畑喜八の美（展覧会図録）, 122-125頁, 2001年
H 104	婚礼道具のなかの「きもの」, 森理恵, 京友禅の華 人間国宝三代田畑喜八の美（展覧会図録）, 126-129頁, 2001年
H 105	女性の装い ―大正から昭和へ―, 馬場まみ, 京友禅の華 人間国宝三代田畑喜八の美（展覧会図録）, 133-135頁, 2001年
H 106	衣生活の近代化のなかで毛織物の持つ味わいが果たした役割, 横川公子, 繊維機械学会誌, 54巻18号, 224-228頁, 2001年
H 107	証言・京都染織工芸の20世紀（8） 反体制、反公募展の動き 志村光広、中野光雄、麻田修二、田島征彦を中心に, 藤慶之, 月刊染織α, 238号, 50-54頁, 2001年
H 108	証言・京都染織工芸の20世紀（9） 京の繁華街に登場した"無人ギャラリー", 藤慶之, 月刊染織α, 240号, 50-54頁, 2001年
H 109	証言・京都染織工芸の20世紀（10） 親子二代の人間国宝 喜多川平朗と喜多川俵二, 藤慶之, 月刊染織α, 242号, 50-55頁, 2001年
H 110	証言・京都染織工芸の20世紀（11） 新匠工芸会と京都 富本憲吉、稲垣稔次郎を中心に, 藤慶之, 月刊染織α, 244号, 50-55頁, 2001年
H 111	証言・京都染織工芸の20世紀（12） 京都服飾デザイン界の草分け 藤川延子さん, 藤慶之, 月刊染織α, 246号, 58-63頁, 2001年
H 112	証言・京都染織工芸の20世紀（13） 織物美術の龍村, 藤慶之, 月刊染織α, 248号, 58-63頁, 2001年
H 113	江戸時代の髪「元結」（2）, 河野徳吉, 東横学園女子短期大学女性文化研究所紀要, 10号, 25-81頁, 2001年
H 114	戦後日本の服飾 ―ディオールのニュー・ルックを中心として―, 青木英夫, 風俗史学, 15号, 2-17頁, 2001年
H 115	The Development of Karaori as a Noh Costume, 河上繁樹, MIRACLES & MISCHIEF : NOH and KYOGEN THEATER IN JAPAN（展覧会図録）, 101-122頁, 2002年
H 116	ピアスの時代「おしゃれ白書1991-2000より」（特集2 ボディデコレーション 身体装飾の時代）, 村澤博人, 化粧文化, 42号, 78-81頁, 2002年
H 117	証言・京都染織工芸の20世紀（14） 本野東一とモダンアート「生活美術」, 藤慶之, 月刊染織α, 250号, 50-55頁, 2002年
H 118	証言・京都染織工芸の20世紀（15） 唐組平緒の名工 深見重助翁, 藤慶之, 月刊染織α, 252号, 50-55頁, 2002年
H 119	証言・京都染織工芸の20世紀（16） 刺繍を芸術にまで高めた岸本景春とその系譜, 藤慶之, 月刊染織α, 254号, 50-55頁, 2002年
H 120	証言・京都染織工芸の20世紀（17） 綴錦の美を求めて 川島織物の歩み, 藤慶之, 月刊染織α, 256号, 54-59頁, 2002年
H 121	証言・京都染織工芸の20世紀（18） 幻の「辻が花」を再現した絞り染めの小倉建亮とその系譜, 藤慶之, 月刊染織α, 258号, 54-59頁, 2002年
H 122	証言・京都染織工芸の20世紀（19） 上加茂民芸協団と青田五良, 藤慶之, 月刊染織α, 260号, 54-59頁, 2002年
H 123	江戸時代の髪「元結」(3), 河野徳吉, 東横学園女子短期大学女性文化研究所紀要, 11号, 19-54頁, 2002年
H 124	現代ストリートファッションにおけるヒッピースタイルの文化的社会的役割, 黒川陽一・

	森理恵, ファッション環境, 12巻1号, 29-34頁, 2002年
H 125	雑誌『婦人世界』の記事"美容問答"から見る美容への関心, 玉置育子・横川公子, ファッションビジネス学会論文誌, 11巻3・4号, 64-73頁, 2002年
H 126	小袖のデザインを画期的に変えた友禅誕生事情, 河上繁樹, 美しいキモノ, 205号, 35-47頁, 2003年
H 127	証言・京都染織工芸の20世紀(20) 皮染作家 楠田撫泉, 藤慶之, 月刊染織α, 262号, 54-59頁, 2003年
H 128	証言・京都染織工芸の20世紀(21) 皆川家は芸術一家, 藤慶之, 月刊染織α, 264号, 54-59頁, 2003年
H 129	証言・京都染織工芸の20世紀(22) 前衛的な夫婦作家 八木一夫と高木敏子, 藤慶之, 月刊染織α, 266号, 58-63頁, 2003年
H 130	証言・京都染織工芸の20世紀(23) 現代の友禅を追求する親子作家 森口華弘・邦彦, 藤慶之, 月刊染織α, 268号, 58-63頁, 2003年
H 131	証言・京都染織工芸の20世紀(24) 福本家親子三代の血, 藤慶之, 月刊染織α, 270号, 54-59頁, 2003年
H 132	証言・京都染織工芸の20世紀(25) 天然染料にこだわり続ける「染司よしおか」の軌跡, 藤慶之, 月刊染織α, 272号, 50-55頁, 2003年
H 133	江戸・明治 ―宮廷の服制と礼節の変化―(第四十三回〔日本風俗史学会〕大会特集), 宍戸忠男, 風俗史学, 23号, 31-35頁, 2003年
H 134	鹿鳴館時代と女子の洋装化 ―宮中における女子洋装化を中心として―(第四十三回〔日本風俗史学会〕大会特集), 刑部芳則, 風俗史学, 23号, 35-40頁, 2003年
H 135	浮世絵師国貞 ―その文様史的考察 序として―, 上條耿之介, 風俗史学, 23号, 40-45頁, 2003年
H 136	銘仙と御召の誕生と普及, 藤井健三, 別冊太陽骨董をたのしむ, 48号, 64-79頁, 2003年
H 137	日本における絞りのなりたちと流れ, 河上繁樹, 美しいキモノ, 207号, 36-41頁, 2004年
H 138	銀座街頭における女性服装色実態調査(2003年度冬-2004年度秋), 江森敏夫, 色彩研究, 51巻1号, 19-31頁, 2004年
H 139	小袖の復元における人文科学の役割, 河上繁樹, 人文論究, 54巻3号, 165-176頁, 2004年
H 140	近世~近代の木綿文化をリードした大和木綿, 横山浩子, 月刊染織α, 274号, 44-49頁, 2004年
H 141	証言・京都染織工芸の20世紀(26) 京友禅師「田畑喜八」家の系譜, 藤慶之, 月刊染織α, 274号, 50-55頁, 2004年
H 142	証言・京都染織工芸の20世紀(27) 京友禅親子孫三代 ―羽田家の場合―, 藤慶之, 月刊染織α, 276号, 50-55頁, 2004年
H 143	証言・京都染織工芸の20世紀(28・最終回) 型絵染の系譜 稲垣稔次郎を中心に, 藤慶之, 月刊染織α, 278号, 50-55頁, 2004年
H 144	資料発掘 明治中期に記録された京藍の生葉による藍玉製法, 大田倭子, 月刊染織α, 280号, 20-22頁, 2004年
H 145	毛布にみる「昭和」―世相を映す毛布の変遷―, 村田文幸, 月刊染織α, 282号, 55-57頁, 2004年
H 146	染色のこれまでとこれから(特集 染色 ―その鮮やかな世界―), 高岸徹, 繊維と工業, 60巻, 513-518頁, 2004年
H 147	染色の歴史と伝統技法(特集 染色 ―その鮮やかな世界―), 木村光雄, 繊維と工業, 60巻, 519-523頁, 2004年
H 148	山水屏風の綾をめぐって, 河上繁樹, 醍醐春秋, 43号, 31-39頁, 2004年
H 149	船場二代のきもの支度, 藤井健三, 別冊太陽骨董をたのしむ, 51号, 46-81頁, 2004年
H 150	舞楽の装束, 河上繁樹, 別冊太陽スペシャル雅楽, 124-131頁, 2004年
H 151	外見のアイデンティティと化粧をめぐって(特集 民族とモード), 村澤博人, 民族藝術, 20号, 60-65頁, 2004年
H 152	海外デザイナーズコレクション 2005年春夏ニューヨークコレクション, 布矢千春, 流行色, 539号, 50-59頁, 2004年
H 153	海外デザイナーズコレクション 2005年春夏ヨーロッパ(ロンドン・ミラノ・パリ)コレクション, 時田麗子, 流行色, 539号, 60-69頁, 2004年
H 154	厳島神社の舞楽と能 ―装束を中心に―, 河上繁樹, 厳島神社国宝展(展覧会図録), 262-267頁, 2005年
H 155	今竹七郎と今竹幸子初代NDC関西支部長の思い出, 今竹翠, 関西文化研究, 4号, 6-12頁, 2005年
H 156	隆盛期の藤川学園と洋裁文化, 井上雅人, 関西文化研究, 4号, 13-27頁, 2005年

H 157	新制武庫川女子大学における裁縫教育と卒業生の思い出, 徳山孝子, 関西文化研究, 4号, 28-44頁, 2005年
H 158	洋裁文化隆盛の時代 ―関西ファッション史の試み―, コーディネーター：横川公子　パネリスト：今竹翠・井上雅人・徳山孝子, 関西文化研究, 4号, 45-61頁, 2005年
H 159	江戸時代の衣裳誂処（呉服商）小袖ファッションを楽しむ女性たち, 馬場まみ, 月刊染織α, 290号, 24-26頁, 2005年
H 160	色彩と衣服 ―戦後における日本の衣服の色彩嗜好の変化（特集 光・色と衣服）―, 出井文太, 日本衣服学会誌, 48巻2号, 92-95頁, 2005年
H 161	「そなたはもうセルを著たのか」―服飾描写から読む文学作品―, 小池三枝, 服飾美学, 40号, 37-54頁, 2005年
H 162	蜘蛛の巣文様の展開 ―中世における, 吉村佳子, 服飾美学, 41号, 37-54頁, 2005年
H 163	洋裁文化隆盛の時代 ―一九五二年～一九八三年 関西における洋裁文化資料の発掘から―, 横川公子, 服飾美学, 41号, 89-92頁, 2005年
H 164	織りと染めの精華 ―丸紅コレクション―, 河上繁樹, 別冊太陽　骨董をたのしむ55号, 5-57頁, 2005年
H 165	関西における洋裁文化 ―藤川学園の例を中心に―, 井上雅人, 関西文化研究叢書　関西文化の諸相, 1号, 129-145頁, 2006年
H 166	水着の変遷と未来（特集 繊維、これまでの30年の歩みとこれからの30年）, 永島和祥, 繊維学会誌, 62巻1号, 25-28頁, 2006年
H 167	まほろば染織の宝庫＜正倉院＞　古代文織物の発達と正倉院錦綾の工人（上）, 松本包夫, 月刊染織α, 298号, 28-31頁, 2006年
H 168	昭和初期に一世を風靡 ―足利銘仙の黄金時代―, 大森哲也, 月刊染織α, 299号, 34-37頁, 2006年
H 169	まほろば染織の宝庫＜正倉院＞　古代文織物の発達と正倉院錦綾の工人（下）, 松本包夫, 月刊染織α, 300号, 52-55頁, 2006年
H 170	日本における洋装化について ―婦人雑誌を手掛りとして―, 松井寿, ときめくファッション ―小町娘からモダンガールまで―（展覧会図録）, 120-131頁, 2006年
H 171	愛媛の染型紙 ―型紙データベースができるまで―, 松井寿, ときめくファッション ―小町娘からモダンガールまで―（展覧会図録）, 137-187頁, 2006年
H 172	史料紹介　新出の「佐土原島津家染注文書」（前）, 宍戸忠男, 風俗史学, 32号, 53-69頁, 2006年
H 173	海外デザイナーズコレクション　ニューヨークコレクション2007年春夏, 布矢千春, 流行色, 547号, 46-53頁, 2006年
H 174	海外デザイナーズコレクション　ヨーロッパコレクション2007年春夏, 時田麗子, 流行色, 547号, 54-63頁, 2006年
H 175	洋裁文化形成におけるオートクチュール・デザイナーの足跡（1）原田和枝さんの人生と仕事, 横川公子, 関西文化研究叢書　別巻　洋裁文化形成に関わった人々とその足跡 ―インタヴュー集 その1―, 1-32頁, 2007年
H 176	ブティックと既製服デザイン、そして文化教室 ―杉山きよ子先生と洋裁の関わり―, 徳山孝子, 関西文化研究叢書　別巻　洋裁文化形成に関わった人々とその足跡 ―インタヴュー集 その1―, 35-39頁, 2007年
H 177	被服教育と洋裁文化の体験, 森理恵, 関西文化研究叢書　別巻　洋裁文化形成に関わった人々とその足跡 ―インタヴュー集 その1―, 41-70頁, 2007年
H 178	洋裁学校の経営, 青木美保子, 関西文化研究叢書　別巻　洋裁文化形成に関わった人々とその足跡 ―インタヴュー集 その1―, 72-79頁, 2007年
H 179	姫路周辺の洋裁学校事情について, 山本泉, 関西文化研究叢書　別巻　洋裁文化形成に関わった人々とその足跡 ―インタヴュー集 その1―, 82-84頁, 2007年
H 180	【今竹 翠さんをたずねて】―関西ファッション事情調査の幕開け―, インタビュイー：今竹翠　インタビュアー：横川公子　山本泉, 関西文化研究叢書　別巻　洋裁文化形成に関わった人々とその足跡 ―インタヴュー集 その1―, 87-98頁, 2007年
H 181	愛媛県における洋裁について, 松井寿, 関西文化研究叢書　別巻　洋裁文化形成に関わった人々とその足跡 ―インタヴュー集 その2―, 42-53頁, 2007年
H 182	企業のアパレルデザイナーから百貨店へ, 横川公子, 関西文化研究叢書　別巻　洋裁文化形成に関わった人々とその足跡 ―インタヴュー集 その2―, 1-36頁, 2007年
H 183	大阪における洋裁学校の経営 ―北山巴先生とトモエ学園, 青木美保子, 関西文化研究叢書　別巻　洋裁文化形成に関わった人々とその足跡 ―インタヴュー集 その2―, 37-41頁, 2007年

H 184　記憶の中の衣生活 —1920～70年代のさまざまな地域から—, 森理恵・有田知令・上田早紀・往蔵有紀・齋藤友里恵・佐々井俊文・詫磨紀子・中村仁美・馬場芽生・美馬あづさ・横林結・吉田有香, 関西文化研究叢書 別巻 洋裁文化形成に関わった人々とその足跡 —インタヴュー集 その2—, 54-76頁, 2007年

H 185　正倉院のくつ（講演）, 田中陽子, 国際服飾学会誌, 32号, 4-9頁, 2007年

H 186　時代を映した可憐な布 —モスリンの夢（特集 今こそモスリンの時代）—, 公庄れい, 月刊染織α, 316号, 14-21頁, 2007年

H 187　縄文時代から民は麻を育み衣服とした —麻に神が降臨するという青森は麻の王国—, 田中忠三郎, 月刊染織α, 317号, 53-58頁, 2007年

H 188　明治期における洋装小物の受容と展開 —女性の洋傘を中心に—, 梅谷知世, 服飾美学, 44号, 19-36頁, 2007年

H 189　きものの歴史から見た丸紅コレクション, 河上繁樹, 丸紅コレクション 絵画と衣裳 美の名品展（展覧会図録）, 11-16頁, 2007年

H 190　ふしみ殿の辻が花裂, 河上繁樹, 丸紅コレクション 絵画と衣裳 美の名品展（展覧会図録）, 70-71頁, 2007年

H 191　紅型を通してみた鎌倉芳太郎の琉球工芸観（特集 沖縄の民族藝術）, 久貝典子, 民族藝術, 23号, 57-63頁, 2007年

H 192　洋装制服と洋裁化 —愛媛県の高等女学校をてがかりに—, 松井寿, 関西文化研究叢書 東アジアにおける洋装化と洋裁文化の形成, 7号, 8-21頁, 2008年

H 193　「キモノ」の洋裁化と民族衣装「キモノ」の成立, 森理恵, 関西文化研究叢書 東アジアにおける洋装化と洋裁文化の形成, 7号, 96-122頁, 2008年

H 194　洋裁化とジェンダー, 森田雅子, 関西文化研究叢書 東アジアにおける洋装化と洋裁文化の形成, 7号, 123-142頁, 2008年

H 195　「洋裁映画」にみる「デザイナー」の表象, 井上雅人, 関西文化研究叢書 東アジアにおける洋装化と洋裁文化の形成, 7号, 150-155頁, 2008年

H 196　シンガーミシン裁縫女学院の雛形, 横川公子, 関西文化研究叢書 東アジアにおける洋装化と洋裁文化の形成, 7号, 160-162頁, 2008年

H 197　ディーズファッション専門学校の資料について, 青木美保子, 関西文化研究叢書 東アジアにおける洋装化と洋裁文化の形成, 7号, 163-165頁, 2008年

H 198　大阪心斎橋洋裁サロン「原田和枝」氏の作品, 横川公子, 関西文化研究叢書 東アジアにおける洋装化と洋裁文化の形成, 7号, 166-167頁, 2008年

H 199　大学での洋裁教育 —家庭科の先生を目指して—, 徳山孝子, 関西文化研究叢書 東アジアにおける洋装化と洋裁文化の形成, 7号, 168-170頁, 2008年

H 200　原型トワルについて, 山本泉, 関西文化研究叢書 東アジアにおける洋装化と洋裁文化の形成, 7号, 171-172頁, 2008年

H 201　展覧会「関西洋裁文化玉手箱」開幕から閉幕まで, 酒野晶子・松井寿, 関西文化研究叢書 東アジアにおける洋装化と洋裁文化の形成, 7号, 173-176頁, 2008年

I（欧米）

I 001　生活のなかの手芸 —二人の女性作家の人生と作品をとおして—, 河島一恵, 共立女子大学家政学部紀要, 45巻, 83-90頁, 1998年

I 002　カナダの「国民」統合とイギリス帝国 —オンタリオ州における教育改革と帝国記念日の創始を手がかりに—, 細川道久, 史学雑誌, 107巻1号, 157-191頁, 1998年

I 003　フランス絶対王政における地方長官の昇進過程, 安成英樹, 史学雑誌, 107巻1号, 1-34頁, 1998年

I 004　文献目録 西洋史（1）, 史学雑誌, 107巻1号, 132-152頁, 1998年

I 005　フラッパーの意味を通してのイメージ研究, 朴恵媛・曹圭和, ファッションビジネス学会論文誌, 5巻, 119-126頁, 1999年

I 006　地中海の高貴な天然染料（1） —貝紫・ケルメス・ウォード—, ドミニク・カルドン, 月刊染織α, 238号, 18-22頁, 2001年

I 007　地中海の高貴な天然染料（2） —貝紫・ケルメス・ウォード 帝王紫 古代の貝紫染め—, ドミニク・カルドン, 月刊染織α, 240号, 55-58頁, 2001年

I 008　地中海の高貴な天然染料（3）―貝紫・ケルメス・ウォード　ケルメス　深紅を染める虫―, ドミニク・カルドン, 月刊染織α, 242号, 58-59頁, 2001年

I 009　地中海の高貴な天然染料（4）―貝紫・ケルメス・ウォード　ウォード　ヨーロッパの藍―, ドミニク・カルドン, 月刊染織α, 244号, 62-63頁, 2001年

I 010　中世における黒のイメージ　―メランコリーからゴシックロマンへ―, 徳井淑子, ハイファッション, 12月号, 100-101頁, 2001年

I 011　聖書の中の染と織（1）, 中島路可, 繊維学会誌, 58巻11号, 282-286頁, 2002年

I 012　〈もの〉が持つ力の解明手段　―KCIの保存補修―, 深井晃子, ドレスタディ, 41号, 8-11頁, 2002年

I 013　補修・修復技法からみたドレスのコンディション　―18世紀から1920年代のKCI収蔵ドレスを中心に―, 深澤素子, ドレスタディ, 41号, 12-19頁, 2002年

I 014　衣服の補修・修復とその技法, 京都服飾文化研究財団, ドレスタディ, 41号, 20-34頁, 2002年

I 015　ファッション・デザインと剽窃問題　―2002年NYの例に関して―, 周防珠実, ドレスタディ, 42号, 18-23頁, 2002年

I 016　ファッションにおけるオリジナリティを問う　―模倣や引用の観点から―, 石関亮, ドレスタディ, 42号, 24-30頁, 2002年

I 017　花嫁の装いで逝ったルネサンスの女王エリザベス（特集1　アンチエイジングの時代）, 石井美樹子, 化粧文化, 43号, 52-57頁, 2003年

I 018　断髪女性の表象と「女性性」の変容　―1920年代スペインにおける雑誌広告からの考察―, 磯山久美子, 生活學論叢, 8号, 51-60頁, 2003年

I 019　聖書の中の染と織（2）, 中島路可, 繊維学会誌, 59巻5号, 140-146頁, 2003年

I 020　ヨーロッパの赤について, 石関亮, ドレスタディ, 43号, 28-33頁, 2003年

I 021　ギリシャ彫刻にみる身体イメージ, 中村るい, 化粧文化, 44号, 40-45頁, 2004年

I 022　1920年代スペインにおける女性の断髪化現象　―分析概念としてのcomodo―, 磯山久美子, スペイン史研究, 18号, 1-19頁, 2004年

I 023　バクストの時代　―新しい曙光の色へ―, 深井晃子, ドレスタディ, 46号, 23-31頁, 2004年

I 024　みんぱくの逸品　―ヨーロッパ中世手写本服装関連写真コレクション―, 高橋晴子, 月刊みんぱく, 28巻12号, 15頁, 2004年

I 025　オリジナリティは引用の集積である　―ファッションの歴史は語る―, 徳井淑子, 映像メディア学会技術報告, 29巻58号, 1-4頁, 2005年

I 026　歴史を見る眼　―帽子から見た中世エジプト社会―, 木村伸子, 史観, 153号, 133-135頁, 2005年

I 027　ファッション・チェックと有名性支配の時代, 石田佐恵子, ドレスタディ, 47号, 11-17頁, 2005年

I 028　2次元の世紀　―キャラクターの流行にみる認識の平面化について―, 石関亮, ドレスタディ, 47号, 27-30頁, 2005年

I 029　1970年代のロマンティック・ファッション再考　―KCI収蔵品を中心として―, 新居理絵, ドレスタディ, 48号, 23-30頁, 2005年

I 030　禁欲と知性の黒い服, 徳井淑子, ハイファッション, 10月号, 52-53頁, 2005年

I 031　ジュエリー　その意味とデザインの変遷　―19世紀を中心に―, 金相美, デザイン理論, 48号, 80-81頁, 2006年

I 032　服飾から見た中世エジプト民衆社会　―十五・十六世紀のカイロの事例―, 木村伸子, 史観, 156号, 144-146頁, 2007年

I 033　赤の効用, 佐々木紀子, 月刊染織α, 311号, 58-60頁, 2007年

J（東洋）

J 001　古代東アジアの織機, 前田亮, 生活文化史, 30号, 17-30頁, 1996年

J 002　楽しいイラストでおくる　―布団綿から糸紡ぎ―, 関ヨシミ, 月刊染織α, 284号, 52-55頁, 2004年

J 003　輸出用中国絵画に描かれた清朝後期宮廷人の服装「チャイナ・ドリーム」の服飾世界, 吉村紅花, 月刊染織α, 285号, 44-47頁, 2004年

J 004　朝鮮学校における「チマ・チョゴリ制服」の誕生をめぐって, 韓東賢, 関西文化研究叢書　東

	アジアにおける洋装化と洋裁文化の形成, 7号, 22-40頁, 2008年
J 005	台湾における洋装の変遷と教育について, 柯雪琴, 関西文化研究叢書　東アジアにおける洋装化と洋裁文化の形成, 7号, 41-51頁, 2008年
J 006	韓国における洋裁化と洋裁文化の形成について, 李子淵, 関西文化研究叢書　東アジアにおける洋装化と洋裁文化の形成, 7号, 52-70頁, 2008年
J 007	インドネシアにおける洋裁文化とファッション・デザイナー, 松本由香, 関西文化研究叢書　東アジアにおける洋装化と洋裁文化の形成, 7号, 80-95頁, 2008年

K（民族（俗）服飾・比較服飾文化）

K 001	ロンドンと東京のストリートファッション（特集　化粧文化のキーワード）, 成美弘至, 化粧文化, 38号, 109-111頁, 1998年
K 002	ニューヨークのメイクアップアーティストの視点から, ケリークアンマッキンタイヤー・聞き手：梅本晶子, 化粧文化, 38号, 112-113頁, 1998年
K 003	古代インド人のよそおい（36）　番外〈既述分の要約と補正〉, 松山俊太郎, 化粧文化, 38号, 149-165頁, 1998年
K 004	中国・川劇にみる化粧（14）　髪形, 張中学・翻訳：細井尚子, 化粧文化, 38号, 166-181頁, 1998年
K 005	賀玉蚕のもつ美, 鳥越憲三郎, 生活文化史, 34号, 口絵カラー頁, 1998年
K 006	絞り文化の残映, 山蔭宏子, 生活文化史, 34号, 口絵カラー頁, 1998年
K 007	伝承される染色, 河野美代賀, 生活文化史, 34号, 口絵カラー頁, 1998年
K 008	ホームスパン・実際技法のABC（1）　毛織物〈ホームスパン〉の仕事, 蟻川紘直, 月刊染織α, 202号, 23-27頁, 1998年
K 009	再生を懸けて　—日本伝統織物保存研究会のめざすもの—, 龍村光峯, 月刊染織α, 202号, 32-37頁, 1998年
K 010	異文化の染織模様に目を向けた紅型宗家　—古琉球紅型模様の世界—, 片岡淳, 月刊染織α, 202号, 38-41頁, 1998年
K 011	草木染の創作模様染（3）　地白の型紙で型絵を染める, 山崎青樹, 月刊染織α, 202号, 47-49頁, 1998年
K 012	岩手県〈南部紬〉の今昔を訪ねて, 中屋洋子, 月刊染織α, 202号, 57-59頁, 1998年
K 013	川口えり子のヒマラヤの王国ブータンの染織案内（6）　旧封建制度下に栄えたイラ草布の村を探訪, 川口えり子, 月刊染織α, 202号, 72-75頁, 1998年
K 014	テキスタイル＆ミュージアム（22）　野村町シルク博物館, 月刊染織α, 202号, 76頁, 1998年
K 015	古布と古裂界隈　—街の染織博物館中村ちんぎれ店—, 月刊染織α, 203号, 37-39頁, 1998年
K 016	染織文献データBOX（1）　紅型, 高橋晴子, 月刊染織α, 203号, 45頁, 1998年
K 017	洒脱な世界に模様美を求めて　—俳句をとおしてそめ〈友禅〉を見る—, 山崎巌, 月刊染織α, 203号, 54-58頁, 1998年
K 018	西アフリカの染織探訪（5）　ガーナの染織〈祝儀礼布〉ケンテクロスの制作と織り技法, 井関和代, 月刊染織α, 203号, 62-65頁, 1998年
K 019	新萬葉考（3）　古代に渡来した紅花, 西川廉行, 月刊染織α, 203号, 69-73頁, 1998年
K 020	テキスタイル＆ミュージアム（23）　友禅美術館古代友禅苑, 月刊染織α, 203号, 76頁, 1998年
K 021	東北地方にみる木綿以前の「ノノ」岩手の麻栽培と麻布, 山本玲子, 月刊染織α, 204号, 28-31頁, 1998年
K 022	裂織りの宝庫〈佐渡島〉相川裂織り伝承活動の歩みと課題, 柳平則子, 月刊染織α, 204号, 32-35頁, 1998年
K 023	岩手県南地方の裂織「かまばだおり」の系譜を想う, 森田珪子, 月刊染織α, 204号, 36-39頁, 1998年
K 024	バリ島テンガナン村で織る　—木綿経緯絣グリンシンの文様の意味—, 宮内聡子, 月刊染織α, 204号, 42-46頁, 1998年
K 025	ホームスパン実際技法のABC（2）　解毛とカーディング技法の基本的な取り組み方, 蟻川紘直, 月刊染織α, 204号, 47-49頁, 1998年
K 026	草木染の創作模様染（4）　風景を織る・織の付下げ, 山崎青樹, 月刊染織α, 204号, 57-59

K 027　南蛮交易港として栄えた堺の祭りイベント ―南蛮行列に一六世紀当時の衣服を復元―, 松本敏子, 月刊染織α, 204号, 60-63頁, 1998年

K 028　川口えり子のヒマラヤの王国ブータンの染織案内（7・最終回）　ブータンの伝統的織技法, 川口えり子, 月刊染織α, 204号, 69-71頁, 1998年

K 029　英国繊維紀行（下）　スコットランドツィードの故郷点描, 岩村操, 月刊染織α, 204号, 74-76頁, 1998年

K 030　染織文献データBOX（2）　紬, 高橋晴子, 月刊染織α, 204号, 77頁, 1998年

K 031　テキスタイル＆ミュージアム（24）　近江上布伝統産業会館, 月刊染織α, 204号, 78頁, 1998年

K 032　沖縄の植物染料（1）　風土に培われた琉球染織文化を彩る伝統的な植物染料, 伊元幸春, 月刊染織α, 205号, 18-22頁, 1998年

K 033　昭和前期に失われた麻上布 ―近江の名産「赤苧絣」の周辺―, 渡辺守順, 月刊染織α, 205号, 46-49頁, 1998年

K 034　「沖縄発信の現代ファッション」―沖縄の伝統染織を生かして―, 仲井間文子, 月刊染織α, 205号, 50-54頁, 1998年

K 035　タイ北部の山岳地帯に住む ―カレン族の藍の煮染め―, 尾内美木, 月刊染織α, 205号, 61-63頁, 1998年

K 036　西アフリカの染織探訪（6）　西アフリカの藍染め技法, 井関和代, 月刊染織α, 205号, 64-67頁, 1998年

K 037　中国湖南省で伝承される女文字と女文字を織り込んだ花帯, 遠藤織枝, 月刊染織α, 205号, 68-71頁, 1998年

K 038　染織文献データBOX（3）　型紙, 高橋晴子, 月刊染織α, 205号, 75頁, 1998年

K 039　染色と織物Q&A　手描染めに使う青花紙の製法, 野崎邦雄, 月刊染織α, 205号, 78頁, 1998年

K 040　型彫師の型紙紀行（1）　ヨーロッパの石畳に鮫小紋のルーツ, 増井一平, 月刊染織α, 206号, 36-38頁, 1998年

K 041　華やかなシルクの裂織 ―優美を表現する「叶さき織」の手法―, 藤原可那江, 月刊染織α, 206号, 46-49頁, 1998年

K 042　草木染の創作模様染（5）　墨絵を着物に描く, 山崎青樹, 月刊染織α, 206号, 61-63頁, 1998年

K 043　染織文献データBOX（4）　紫根　紫根染, 高橋晴子, 月刊染織α, 206号, 76頁, 1998年

K 044　古都奈良で伝承される日本で唯一の技法 ―ガラス筆を駆使する井上更紗―, 月刊染織α, 207号, 18-22頁, 1998年

K 045　脚光を浴びる野蚕の繊維素材 ―ベトナム〈エリ蚕〉の養蚕地帯―, 吉田信明, 月刊染織α, 207号, 28-31頁, 1998年

K 046　縄文時代の知恵を借りる ―漆の里に誕生した漆染め―, 東敦子, 月刊染織α, 207号, 32-35頁, 1998年

K 047　小さなふとん屋さんが作ったふとん博物館, 辻貴史, 月刊染織α, 207号, 39-41頁, 1998年

K 048　染織文献データBOX（5）　茜　茜染, 高橋晴子, 月刊染織α, 207号, 45頁, 1998年

K 049　沖縄の植物染料（2）　亜熱帯植物から染料を開発, 伊元幸春, 月刊染織α, 207号, 50-54頁, 1998年

K 050　西アフリカの染織探訪（7）　ヤシ科の植物繊維を素材にするラフィア織, 井関和代, 月刊染織α, 207号, 64-67頁, 1998年

K 051　伝統の手技を今に伝える月ヶ瀬村"奈良晒伝承教室", 月刊染織α, 207号, 68-69頁, 1998年

K 052　成澤博道の本場ジャワ更紗〈バティック〉技法ABC（1）　蝋描きバティックの基礎技法, 成澤博道, 月刊染織α, 208号, 18-22頁, 1998年

K 053　柿渋染めクラフト（1）　柿渋を生かした暮らしの工芸品, 寺田昌道, 月刊染織α, 208号, 23-27頁, 1998年

K 054　日本海に浮かぶ国境の島 ―愛情をこめた対馬の仕事着―, 田中種昭, 月刊染織α, 208号, 32-35頁, 1998年

K 055　古代布と編布に使われた植物繊維（上）　現代の伝統織物にみるその系譜, 尾関清子, 月刊染織α, 208号, 36-39頁, 1998年

K 056　東西の染織に影響を及ぼした印度更紗 ―友禅染めにみる更紗との関連―, 小笠原小枝, 月刊染織α, 208号, 40-42頁, 1998年

K 057　自然環境に優しい植物繊維 ―ケナフなど非木材紙資源の活用―, 山田宏行, 月刊染織α, 208号, 43-46頁, 1998年

K 058　草木染の創作模様染（6）　型糊二回重ねの型染と型絵, 山崎青樹, 月刊染織α, 208号, 57-59頁, 1998年

K 059　暮らしに生かす染紙のインテリア —手漉和紙を草木で染める—, 梅田剛嗣, 月刊染織α, 208号, 60-63頁, 1998年

K 060　型彫師の型紙紀行（2）　各地の型紙をめぐる謎の部分, 増井一平, 月刊染織α, 208号, 72-74頁, 1998年

K 061　染織文献データBOX（6）　辻が花染, 高橋晴子, 月刊染織α, 208号, 75頁, 1998年

K 062　染色と織物Q&A　友禅染め糸目糊置の先金の作り方, 野崎邦雄, 月刊染織α, 208号, 76頁, 1998年

K 063　テキスタイル＆ミュージアム（26）　播州織資料館, 月刊染織α, 208号, 77頁, 1998年

K 064　甘藷と語らい相談しながらの制作 —藷版染めの尽きない魅力と技法—, 神戸久子, 月刊染織α, 209号, 23-26頁, 1998年

K 065　原始機の手織り入門（1）　原始機は素晴らしい, 角浦節子, 月刊染織α, 209号, 31-35頁, 1998年

K 066　古代布と編布に使われた植物繊維（下）　現在の古代繊維利用の状況と系譜, 尾関清子, 月刊染織α, 209号, 36-40頁, 1998年

K 067　荒波打ち寄せる常陸の海岸 —海牛種属のアメフラシ染め—, 加藤晴江, 月刊染織α, 209号, 47-50頁, 1998年

K 068　西アフリカの染織探訪（8）　マリ国ニジェール川大湾曲部フルベ族の織師と集団, 井関和代, 月刊染織α, 209号, 64-67頁, 1998年

K 069　21世紀のブランドシルク「鷹山絹」灰練り藍染め絣〈置賜紬〉の制作発表, 諏訪好風, 月刊染織α, 209号, 68-69頁, 1998年

K 070　染織文献データBOX（7）　紅花　紅花染, 高橋晴子, 月刊染織α, 209号, 73頁, 1998年

K 071　テキスタイル＆ミュージアム（27）　尾西市歴史民俗資料館・分館, 月刊染織α, 209号, 76頁, 1998年

K 072　伊予の伝統染織調査からのレポート —東予・中予・南予の綿織物—, 高山朋子, 月刊染織α, 210号, 35-37頁, 1998年

K 073　甘粛氍 —中国の西域に甦らせた草木染め緞通—, 楠戸謙二, 月刊染織α, 210号, 38-41頁, 1998年

K 074　沖縄の植物染料（3・最終回）　伝統染織品に使われる植物染料, 伊元幸春, 月刊染織α, 210号, 42-45頁, 1998年

K 075　成澤博道の本場ジャワ更紗〈バティック〉技法ABC（2）　バティックの産地と模様の特徴, 成澤博道, 月刊染織α, 210号, 46-49頁, 1998年

K 076　草木染の創作模様染（7）　型絵の訪問着と帯地の制作, 山崎青樹, 月刊染織α, 210号, 57-59頁, 1998年

K 077　柿渋染めクラフト（2）　柿の果実の渋を生かす方法, 寺田昌道, 月刊染織α, 210号, 61-63頁, 1998年

K 078　型彫師の型紙紀行（3）　型紙で表現する染めの世界, 増井一平, 月刊染織α, 210号, 75-77頁, 1998年

K 079　染織文献データBOX（8）　絣と技法, 高橋晴子, 月刊染織α, 210号, 78頁, 1998年

K 080　中国と日本を結ぶ苧麻の糸 —中国・湖南省の麻布づくり—, 橋本隆, 月刊染織α, 211号, 33-35頁, 1998年

K 081　西アフリカの染織探訪（9・最終回）　マリ国ニジェール川大湾曲部フルベ族の伝承する染色, 井関和代, 月刊染織α, 211号, 42-45頁, 1998年

K 082　日本の木と土と紙の文化を象徴する織物 —着心地を味わった人は紙布を手離せない—, 山口源兵衛, 月刊染織α, 211号, 60-63頁, 1998年

K 083　原始機の手織り入門（2）　誰にでも出来る道具作りと平織の織り方, 角浦節子, 月刊染織α, 211号, 67-71頁, 1998年

K 084　テキスタイル＆ミュージアム（28）　内藤記念くすり博物館附属薬用植物園, 月刊染織α, 211号, 75頁, 1998年

K 085　染織文献データBOX（9）　藍染め, 高橋晴子, 月刊染織α, 211号, 78頁, 1998年

K 086　自然界の楮で古代の木綿を織る（上）　古代人の感性を伝承する布, 高見乾司, 月刊染織α, 212号, 32-35頁, 1998年

K 087　成澤博道の本場ジャワ更紗〈バティック〉技法ABC（3）　実践的なロウ描きの手順とポイント, 成澤博道, 月刊染織α, 212号, 46-49頁, 1998年

K 088　柿渋染めクラフト（3）　染めの色材として溢れる魅力の柿渋, 寺田昌道, 月刊染織α, 212号, 57-59頁, 1998年

K 089　草木染の創作模様染（8）　創作手描き更紗の事始め, 山崎青樹, 月刊染織α, 212号, 61-63頁, 1998年

K 090　染織文献データBOX（10）　藍染め, 高橋晴子, 月刊染織α, 212号, 77頁, 1998年

K 091　テキスタイル＆ミュージアム（29）　日本はきもの博物館, 月刊染織α, 212号, 78頁, 1998

K 092	おしゃれな木材を創る —「木材の色」木材の多色染め—, 酒井温子, 月刊染織α, 213号, 32-35頁, 1998年
K 093	伊勢型紙についての基礎知識（上） 伊勢型紙の発祥と型売り商人, 都梅基治, 月刊染織α, 213号, 36-39頁, 1998年
K 094	原始機の手織り入門（3） 沖縄・石川メンサーの技法に学ぶ 経糸の浮き織りの織り方, 角浦節子, 月刊染織α, 213号, 43-45頁, 1998年
K 095	伝統の木綿から毛織物へ転身した尾西 —文明開化の新技術で日本一の毛織産地へ—, 小林弘昌, 月刊染織α, 213号, 70-71頁, 1998年
K 096	染織文献データBOX（11） 木綿, 高橋晴子, 月刊染織α, 213号, 78頁, 1998年
K 097	ヘアスタイルの政治学（特集 髪）, 成美弘至, 化粧文化, 39号, 16-25頁, 1999年
K 098	ロンドンにおけるブラック・ヘア・カルチャー（特集 髪）, 村松美賀子, 化粧文化, 39号, 37-46頁, 1999年
K 099	髪型と身体認識 —西アフリカ・ブルキナファソで花開いた髪型文化—, 板坂真季, 化粧文化, 39号, 47-64頁, 1999年
K 100	結髪の魅力（特集 髪）, 林照乃, 化粧文化, 39号, 111-115頁, 1999年
K 101	ニューヨークのヘアスタイリストの視点から（特集 髪）, 小林一也・筧明義, 化粧文化, 39号, 121-127頁, 1999年
K 102	古代インド人のよそおい（37） 番外〈既述分の要約と補正・承前〉, 松山俊太郎, 化粧文化, 39号, 146-163頁, 1999年
K 103	中国・川劇に見る化粧（15） 化粧の方法と順序, 張中学・翻訳細井尚子, 化粧文化, 39号, 164-175頁, 1999年
K 104	韓国の伝統的な布の工芸 —ポジャギの美を訪ねて—, 橋本恭子, 月刊染織α, 214号, 28-31頁, 1999年
K 105	多民族国家"パキスタン"知られざる染織の技術と機織り探訪, カノミタカコ, 月刊染織α, 214号, 36-39頁, 1999年
K 106	成澤博道の本場ジャワ更紗〈バティック〉技法ABC（4） 伝統のソガ染め更紗の染色, 成澤博道, 月刊染織α, 214号, 43-45頁, 1999年
K 107	日本では模倣生産されなかった染織品 —南蛮紅毛交易舶載の輸入毛織物—, 先川直子, 月刊染織α, 214号, 46-49頁, 1999年
K 108	柿渋染めクラフト（4） 太陽の光と爽やかな風が美しい柿渋染めをつくる, 寺田昌道, 月刊染織α, 214号, 57-59頁, 1999年
K 109	草木染の創作模様染（9） 辻ヶ花の再現から創作辻ヶ花, 山崎青樹, 月刊染織α, 214号, 61-63頁, 1999年
K 110	自然界の楮で古代の木綿を織る（中） 楮布を織る以前の繊維処理の工程, 高見乾司, 月刊染織α, 214号, 72-75頁, 1999年
K 111	染織文献データBOX（12） 縞, 高橋晴子, 月刊染織α, 214号, 79頁, 1999年
K 112	幻の織物 石田縞の復元と新しい越前布 —佐々木理恵さんの試み—, 月刊染織α, 215号, 40-42頁, 1999年
K 113	伊勢型紙についての基礎知識（下） 伊勢型紙の産地の組織と彫り技法, 都梅基治, 月刊染織α, 215号, 43-45頁, 1999年
K 114	懐かしく心和む"からむし織" —苧麻産地として伝統に生きる昭和村—, 鈴木千江美, 月刊染織α, 215号, 60-63頁, 1999年
K 115	原始機の手織り入門（4） 伊豆諸島・真田織りの技法に学ぶ 袋織（二重織）の織り方, 角浦節子, 月刊染織α, 215号, 69-72頁, 1999年
K 116	染織文献データBOX（13） 芭蕉布, 浜田裕木子, 月刊染織α, 215号, 77頁, 1999年
K 117	テキスタイル＆ミュージアム（30） 十津川村歴史民俗資料館, 月刊染織α, 215号, 78頁, 1999年
K 118	芙蓉の里は葛の里（上） 下甑島"葛布"の庶民衣, 千田百合子, 月刊染織α, 216号, 22-26頁, 1999年
K 119	画期的な「スギ材染色技術の開発」—"杉の生立木を染める"新しい素材の登場—, 月刊染織α, 216号, 29-31頁, 1999年
K 120	型染めと版染め技法の基礎知識（上） 現代の染色にみる型と版の技法, 生谷吉男, 月刊染織α, 216号, 32-35頁, 1999年
K 121	成澤博道の本場ジャワ更紗〈バティック〉技法ABC（5） バティック蝋の落とし方, 成澤博道, 月刊染織α, 216号, 42-44頁, 1999年
K 122	草木染の創作模様染（10） 草木染で絣織りを始めた思い出の記, 山崎青樹, 月刊染織α, 216号, 58-60頁, 1999年
K 123	柿渋染めクラフト（5） 柿渋による布染め各種技法のポイント, 寺田昌道, 月刊染織α, 216号, 61-63頁, 1999年
K 124	藍染めが冴える倉吉絣 —戦後の復興から三五年の伝承活動—, 月刊染織α, 216号, 69-71頁, 1999年
K 125	自然界の楮で古代の木綿を織る（下） 糸績み

	から製織までの工程, 高見乾司, 月刊染織α, 216号, 72-74頁, 1999年
K 126	染織文献データBOX (14) 更紗, 浜田裕木子, 月刊染織α, 216号, 75頁, 1999年
K 127	テキスタイル&ミュージアム (31) 群馬県立日本絹の里, 月刊染織α, 216号, 78頁, 1999年
K 128	生薬と植物染料 (1) 生薬の世界から染色を観る, 村上光太郎, 月刊染織α, 217号, 28-31頁, 1999年
K 129	黒い瓦屋根と白壁のまちに住む少数民族 白族が伝承する中国雲南省《大理の藍染め》, 大野力, 月刊染織α, 217号, 39-41頁, 1999年
K 130	日本タオル文化の中心地 ―今治産地原点の手織りタオルを復元―, 宮崎弦, 月刊染織α, 217号, 53-55頁, 1999年
K 131	技術者の技と情熱で再生した絹藍絣の美, 小野彰子, 月刊染織α, 217号, 56-59頁, 1999年
K 132	日本一の梅の里に誕生した郷土の染め ―南部川村の梅染め―, 永井俊子, 月刊染織α, 217号, 64-67頁, 1999年
K 133	福野の織物はいま ―時の会と福野縞の復活―, 月刊染織α, 217号, 68-69頁, 1999年
K 134	原始機の手織り入門 (5) 中南米の技法に学ぶ 綟り織りの織り方 (1) 紗と絽, すみ浦節子, 月刊染織α, 217号, 73-76頁, 1999年
K 135	染織文献データBOX (15) 更紗, 浜田裕木子, 月刊染織α, 217号, 77頁, 1999年
K 136	テキスタイル&ミュージアム (32) テキスタイル館, 月刊染織α, 217号, 78頁, 1999年
K 137	ボリビアの織物 (1) インディオが伝える豊かで多彩な織物文化, 野口沢, 月刊染織α, 218号, 27-31頁, 1999年
K 138	台湾における含藍植物 山藍・木藍 藍の系譜と藍産業・藍染めの研究 (上), 馬芬妹, 月刊染織α, 218号, 32-37頁, 1999年
K 139	型染めと版染め技法の基礎知識 (中) 型友禅の技法〈写し友禅と摺り友禅〉, 生谷吉男, 月刊染織α, 218号, 43-45頁, 1999年
K 140	江戸中期に花開いた"幻の型染め" ―昭和初期に絶えた姫路の高砂染め―, 山本和人, 月刊染織α, 218号, 46-49頁, 1999年
K 141	柿渋染めクラフト (6・最終回) 糸を染める・布を染める・和紙と木材を染める, 寺田昌道, 月刊染織α, 218号, 54-56頁, 1999年
K 142	草木染の創作模様染 (11・最終回) 草木画と手描きの着物と帯, 山崎青樹, 月刊染織α, 218号, 57-59頁, 1999年
K 143	芙蓉の里は葛の里 (下) 甑島列島"葛布"の衣, 千田百合子, 月刊染織α, 218号, 61-63頁, 1999年
K 144	成澤博道の本場ジャワ更紗〈バティック〉技法ABC (6・最終回) インドネシアとの異文化の融合による染色, 成澤博道, 月刊染織α, 218号, 69-69頁, 1999年
K 145	染織文献データBOX (16) 絹の歴史, 浜田裕木子, 月刊染織α, 218号, 78頁, 1999年
K 146	布染め・紙染め・糸染めに膨らむ夢 ―イカの街・函館から誕れる烏賊墨染め―, 平方亮三, 月刊染織α, 219号, 28-31頁, 1999年
K 147	原始機の手織り入門 (6・最終回) 中南米の技法に学ぶ 綟り織りの織り方 (2) 羅, 角浦節子, 月刊染織α, 219号, 42-45頁, 1999年
K 148	出雲に燦然と花開いた比類のない染色 (上) 幻となった藍板締の版刻美を探す, 野上俊子, 月刊染織α, 219号, 54-59頁, 1999年
K 149	生薬と植物染料 (2) 藍草と藍染めを生薬から観る, 村上光太郎, 月刊染織α, 219号, 60-63頁, 1999年
K 150	中国に博多織のルーツをたずねて ―浙江省シャ族の彩帯―, 金成熺・米川恒一郎, 月刊染織α, 219号, 64-67頁, 1999年
K 151	染織文献データBOX (17) 有松鳴海絞り, 浜田裕木子, 月刊染織α, 219号, 77頁, 1999年
K 152	テキスタイル&ミュージアム (33) 森下美術館, 月刊染織α, 219号, 78頁, 1999年
K 153	自然の素材と匠の技を生かす洋装織物をミユキが提案! ―伝統の鼓動を織り込む未来指向の服地―, 杉浦道弘, 月刊染織α, 220号, 23-27頁, 1999年
K 154	ニュータイプの型地紙を創る ―蝋引き型紙による新しい美の発見―, 石井よし, 月刊染織α, 220号, 28-32頁, 1999年
K 155	伝統の蝋染めバティックの動向 ―今日のインドネシア・バティック産業―, 関本照夫, 月刊染織α, 220号, 33-35頁, 1999年
K 156	白山の山麓に織り継がれる伝統 ―牛首紬のふるさとをたずねて―, 月刊染織α, 220号, 36-38頁, 1999年
K 157	出雲に燦然と花開いた比類のない染色 (下) 幻となった藍板締の藍染め布とその染法, 野上俊子, 月刊染織α, 220号, 42-45頁, 1999年
K 158	台湾における含藍植物製藍の技術 藍の系譜と藍産業・藍染めの研究 (中), 馬芬妹, 月刊

民族（俗）服飾・比較服飾文化

K 159　飛鳥以前の染色（1）　黒を染めた原生の樹木，山崎青樹，月刊染織α，220号，57-59頁，1999年

K 160　ボリビアの織物（2）　緻密な模様を織りなすタラブコの織物，野口沢，月刊染織α，220号，60-63頁，1999年

K 161　座繰りで引き出す絹本来の糸味 ―上州・赤城の節糸―，月刊染織α，220号，70-71頁，1999年

K 162　型染めと版染め技法の基礎知識（下）　続・型友禅の技法〈写し友禅と摺り友禅〉，生谷吉男，月刊染織α，220号，72-75頁，1999年

K 163　染織文献データBOX（18）　銘仙と御召，浜田裕木子，月刊染織α，220号，79頁，1999年

K 164　ファッション界もケナフ素材に熱い視線 ―ケナフの繊維を織りに生かす―，荒井進，月刊染織α，221号，23-27頁，1999年

K 165　裂織りが栄えた豊後水道に面する地域 ―愛媛県佐田岬半島の裂織りの仕事着―，今村賢司，月刊染織α，221号，28-35頁，1999年

K 166　福光麻布 ―織元・舟岡喜一郎商店富山県砺波郡福光町―，月刊染織α，221号，36-37頁，1999年

K 167　蚕糸の制度を支えた法律の改廃から一年　日本の絹は何が変わったか？　群馬県の取り組みを中心に，狩野寿作，月刊染織α，221号，38-40頁，1999年

K 168　ふるさとの失われた伝統を現代に織る「駿河の裂織」の再興に挑む，朝原智子，月刊染織α，221号，46-49頁，1999年

K 169　インド・アッサムの大自然の恵み ―ムガ蚕の黄金着物―，月刊染織α，221号，53-54頁，1999年

K 170　生薬と植物染料（3）　古代から重宝された染料植物アカネ，村上光太郎，月刊染織α，221号，70-71頁，1999年

K 171　染織文献データBOX（19）　渡来舶載の南蛮染織と服飾，浜田裕木子，月刊染織α，221号，76頁，1999年

K 172　テキスタイル＆ミュージアム（34）　グンゼ博物苑・記念館 桑の苑，月刊染織α，221号，78頁，1999年

K 173　珍糊で挑む独創的な世界の魅力　彩 珍染め作家中野幸一さんの仕事，月刊染織α，222号，23-27頁，1999年

K 174　レストアラー（保存修復士）の「身体の夢」展 ―衣装・染織展を支える保存補修の技術―，三好厚子，月刊染織α，222号，28-31頁，1999年

K 175　自作の用具で紙布制作の紙縒を作る ―和紙による紙糸づくりの新しい方法―，志賀厚太郎，月刊染織α，222号，37-39頁，1999年

K 176　中国の藍の故郷を訪ねて ―中国雲南省の藍草と藍染めを観る―，塩見敏治，月刊染織α，222号，40-42頁，1999年

K 177　台湾における含藍植物　藍染め藍建ての実際的手法 藍の系譜と藍産業・藍染めの研究（下），馬芬妹，月刊染織α，222号，46-49頁，1999年

K 178　ボリビアの織物（3）　幾何学模様に願いを託すマチャの織物，野口沢，月刊染織α，222号，54-57頁，1999年

K 179　飛鳥以前の染色（2）　橡を染めた原生の樹木，山崎青樹，月刊染織α，222号，61-63頁，1999年

K 180　日本人が創出した唯一の古代織物 ―幻の織物「倭文」の出現―，布目順郎，月刊染織α，222号，69-72頁，1999年

K 181　染織文献データBOX（20）　友禅染，浜田裕木子，月刊染織α，222号，77頁，1999年

K 182　テキスタイル＆ミュージアム（35）　羽島市歴史民俗資料館・映画資料館，月刊染織α，222号，78頁，1999年

K 183　「織物の原風景」をアジアに見る（上）　樹皮・草皮の繊維から布を織る人々，長野五郎，月刊染織α，223号，18-22頁，1999年

K 184　「紙作りに憧れ」ふるさとにUターン ―丹波黒谷で草木染紙を漉く―，眞下八十雄，月刊染織α，223号，23-27頁，1999年

K 185　古川恵永さんが復元に情熱をかけた幻の織物 ―ハスの繊維で織る藕糸織―，月刊染織α，223号，38-40頁，1999年

K 186　時代小袖・染織裂の美術的評価を決定づけた古美術界の巨星野村正治郎の軌跡，丸山伸彦，月刊染織α，223号，44-49頁，1999年

K 187　ヨルダンの染織（上）　沙漠の民ベドウィンの伝統織物，伊豫田智子，月刊染織α，223号，54-57頁，1999年

K 188　生薬と植物染料（4）　身近で有名な薬用植物・キハダとセンブリ，村上光太郎，月刊染織α，223号，70-71頁，1999年

K 189　染織文献データBOX（21）　友禅染，浜田裕木子，月刊染織α，223号，77頁，1999年

K 190　静岡県浜松市の失われた藍染縞木綿　笠井縞の復元　鈴木正一さんの仕事，月刊染織α，

	224号, 36-37頁, 1999年
K 191	伝統染織新紀行（1）　伊豆諸島の火山島"三宅島"に伝わる三宅丹後織とその織り人, 富山弘基, 月刊染織α, 224号, 38-42頁, 1999年
K 192	飛鳥以前の染色（3）　黄色を染めた原生の草木, 山崎青樹, 月刊染織α, 224号, 47-49頁, 1999年
K 193	「織物の原風景」をアジアに見る（下）　樹皮・草皮の織りと手織機に魅せられて, ひろいのぶこ, 月刊染織α, 224号, 54-57頁, 1999年
K 194	ボリビアの織物（4・最終回）　不思議な動物文様がひしめくハルカスの織物, 野口沢, 月刊染織α, 224号, 58-61頁, 1999年
K 195	日本三大綿絣、備後絣のいま　—備後絣の里の新たな取り組み—, 月刊染織α, 224号, 72-74頁, 1999年
K 196	染織文献データBOX（22）　小紋, 浜田裕木子, 月刊染織α, 224号, 75頁, 1999年
K 197	テキスタイル＆ミュージアム（36）　豪商の館田中本家博物館・須坂クラシック美術館, 月刊染織α, 224号, 76-77頁, 1999年
K 198	ホームスパン技法のすべて（1）　手紡ぎ手織りの毛織物〈ホームスパン〉を楽しむ, 森由美子, 月刊染織α, 225号, 18-22頁, 1999年
K 199	農家との共生をめざす工房　—山まゆの里染織工房の現代の布づくり—, 中川原哲治, 月刊染織α, 225号, 46-49頁, 1999年
K 200	ヨルダンの染織（下）　沙漠の民ベドウィンの伝統織物, 伊豫田智子, 月刊染織α, 225号, 54-56頁, 1999年
K 201	遠州灘の浜風がそよぐ地で丹精こめてつくる寺田徳五郎さんの棉作り, 月刊染織α, 225号, 68-69頁, 1999年
K 202	生薬と植物染料（5）　黄色を染めるクチナシは生薬に広く活用される植物, 村上光太郎, 月刊染織α, 225号, 70-71頁, 1999年
K 203	染織文献データBOX（23）　原始布, 浜田裕木子, 月刊染織α, 225号, 78頁, 1999年
K 204	白肌の多様性　文化による白肌イメージの違い　日本とインドネシアの比較研究（特集　肌色の流行をめぐって）, 齋藤美穂, 化粧文化, 40号, 60-64頁, 2000年
K 205	古代インド人のよそおい（38）　番外〈既述分の要約と補正・承前〉, 松山俊太郎, 化粧文化, 40号, 112-126頁, 2000年
K 206	中国・川劇に見る化粧（16）　ひげ, 張中学・翻訳細井尚子, 化粧文化, 40号, 127-138頁, 2000年
K 207	中国の化粧文化　—鏡台・梳妆奩について—, 津田紀代, 化粧文化, 40号, 139-145頁, 2000年
K 208	八丈島に伝わる八丈絹見本帳「永鑑帳」の復元　—二十五年の歳月を織り込んだ「平成永鑑帳」—, 山下八百子, 月刊染織α, 226号, 28-31頁, 2000年
K 209	丹後半島に息づいてきた布たちへの讃歌　—庶民の布「布はウラがおもしろい」—, 井之本泰, 月刊染織α, 226号, 36-39頁, 2000年
K 210	伝統染織新紀行（2）　大分県山国の里で伝承する古代布　自然の気をこめて織るヤマフジの藤布, 富山弘基, 月刊染織α, 226号, 42-46頁, 2000年
K 211	飛鳥以前の染色（4）　紫草と貝紫, 山崎青樹, 月刊染織α, 226号, 47-49頁, 2000年
K 212	大草原の国モンゴルで結ぶ　—カシミヤ糸が紡いだ交流—, 吉沢鏡子, 月刊染織α, 226号, 69-71頁, 2000年
K 213	インターネット染織ホームページ案内　—世界から発信するウィービングホームページ—, 斎藤義晴, 月刊染織α, 226号, 74-75頁, 2000年
K 214	染織文献データBOX（24）　原始布, 浜田裕木子, 月刊染織α, 226号, 77頁, 2000年
K 215	テキスタイル＆ミュージアム（37）　アイヌ民族資料約700点収蔵　浦河町立郷土博物館馬事資料館, 月刊染織α, 226号, 78頁, 2000年
K 216	河内木綿文様伝承者村西德子さんと伝承に懸ける人たち　—藍工房「村西」と河内木綿藍染保存会—, 月刊染織α, 227号, 36-37頁, 2000年
K 217	生薬と植物染料（6）　果実と葉から赤色染料が　御菜葉と呼ばれるアカメガシワ, 村上光太郎, 月刊染織α, 227号, 40-41頁, 2000年
K 218	ホームスパン技法のすべて（2）　まずは糸の原料選びから　—羊の種類と羊毛の特徴—, 森由美子, 月刊染織α, 227号, 64-67頁, 2000年
K 219	染織文献データBOX（25）　原始布, 浜田裕木子, 月刊染織α, 227号, 77頁, 2000年
K 220	テキスタイル＆ミュージアム（38）　湖北地方の養蚕・製糸の道具と多様な繭を展示　まゆの資料館, 月刊染織α, 227号, 78頁, 2000年
K 221	類なく優美な絹糸を生む小形繭　—原蚕種〈又昔〉の飼育日誌—, 竹重百合枝, 月刊染織α, 228号, 38-41頁, 2000年
K 222	伝統染織新紀行（3）　薩摩の風土から芽生え

	た染織 霧島温泉染・さつま紫紺染・上野原縄文染, 富山弘基, 月刊染織α, 228号, 45-49頁, 2000年
K 223	飛鳥以前の染色(5) 山藍は古代の藍色を染めた, 山崎青樹, 月刊染織α, 228号, 61-63頁, 2000年
K 224	北海道伊達市の伝統工芸施設をたずねて —「黎明観」の藍染め工房—, 月刊染織α, 228号, 72-73頁, 2000年
K 225	染織文献データBOX (26) 丹波布・河内木綿, 浜田裕木子, 月刊染織α, 228号, 77頁, 2000年
K 226	テキスタイル&ミュージアム (39) 貴重な型染めの染章資料を所蔵する 八代市立博物館・未来の森ミュージアム, 月刊染織α, 228号, 78頁, 2000年
K 227	異彩を放つ刺繍と手織物の国 —パキスタンの伝統染織案内—, 麻田美晴, 月刊染織α, 229号, 50-52頁, 2000年
K 228	失われた肥後木綿〈肥後絣〉の復活に向けて, 桑野宏介, 月刊染織α, 229号, 53-55頁, 2000年
K 229	ホームスパン技法のすべて(3) フリースのソーティングと洗毛の方法, 森由美子, 月刊染織α, 229号, 64-67頁, 2000年
K 230	染織文献データBOX (27) 羊毛の紡ぎ・ホームスパン, 浜田裕木子, 月刊染織α, 229号, 77頁, 2000年
K 231	テキスタイル&ミュージアム (40) 貴重な能装束と能楽資料を展示する 浅井能楽資料館, 月刊染織α, 229号, 78頁, 2000年
K 232	薄くて強い和紙「吉野紙」を素材に —しなやかな紙布をつくる—, 村川香代子, 月刊染織α, 230号, 18-22頁, 2000年
K 233	好評博した市制施行八〇周年の記念イベント —絹の散歩道・上田紬のひろがり—, 矢嶋千代子, 月刊染織α, 230号, 40-41頁, 2000年
K 234	北海道・平取でアイヌの文化に触れる —平取町立二風谷アイヌ文化博物館 萱野茂二風谷アイヌ資料館—, 月刊染織α, 230号, 42-43頁, 2000年
K 235	琉球古典書に見る人と琉球の染織 —「おもろさうし」と「琉球漢詩文」—, 興石豊伸, 月刊染織α, 230号, 44-46頁, 2000年
K 236	飛鳥以前の染色(6) 渡来民族が持って来た青〈臭木〉, 山崎青樹, 月刊染織α, 230号, 47-49頁, 2000年
K 237	伝統染織新紀行(4) 天然灰汁醗酵建て藍染めに革新技法の発見 鮮麗な藍の彩りを奏でる松本輝夫さん, 富山弘基, 月刊染織α, 230号, 58-63頁, 2000年
K 238	染織文献データBOX (28) 八重山の染織, 浜田裕木子, 月刊染織α, 230号, 78頁, 2000年
K 239	ホームスパン技法のすべて(4) 羊毛の染色(1)化学染料による染色の方法, 森由美子, 月刊染織α, 231号, 32-35頁, 2000年
K 240	伝統の小倉織盛衰記 —北九州の地に芽生えた小倉織—, 税田昭徳, 月刊染織α, 231号, 54-56頁, 2000年
K 241	染織文献データBOX (29) 綴り織, 浜田裕木子, 月刊染織α, 231号, 76頁, 2000年
K 242	テキスタイル&ミュージアム (42) 辻合喜代太郎のコレクションと河内木綿関連資料が見られる 八尾市立歴史民俗資料館, 月刊染織α, 231号, 78頁, 2000年
K 243	山鉾懸装品などの伝統技術を守る —龍村美術染織繍技術保存会の活動—, 白井進, 月刊染織α, 232号, 27-31頁, 2000年
K 244	藍のふるさと —西暦二千年ミレニアムの「阿波藍」産地—, 川人美洋子, 月刊染織α, 232号, 36-39頁, 2000年
K 245	飛鳥以前の染色(7) 古代原始の赤を染めた茜草, 山崎青樹, 月刊染織α, 232号, 47-49頁, 2000年
K 246	伝統染織新紀行(5) 琉球藍〈泥藍製藍〉に生涯を賭ける 伊野波盛正さんの仕事と職人魂, 富山弘基, 月刊染織α, 232号, 50-55頁, 2000年
K 247	テキスタイル&ミュージアム (43) 下関の失われた伝統織物「横野絣」を収蔵する 下関市立長府博物館, 月刊染織α, 232号, 77頁, 2000年
K 248	染織文献データBOX (30) 裂織, 浜田裕木子, 月刊染織α, 232号, 78頁, 2000年
K 249	古代夾纈の系譜を想わせる版木の染色 京紅板締め新資料の発掘, 山口通恵, 月刊染織α, 233号, 23-27頁, 2000年
K 250	信州の女の暮らしを彩る「小谷ボロ織」を織りつぐ, 山地與利子, 月刊染織α, 233号, 32-37頁, 2000年
K 251	北アルプスの麓にひらけた麻の里 —信州美麻村"麻栽培"の回想—, 中村武本, 月刊染織α, 233号, 38-41頁, 2000年
K 252	雑草と染色文化〈黒潮あらう八丈島〉黄八丈を染めるコブナグサをめぐって, 梅本信也, 月刊染織α, 233号, 54-56頁, 2000年

K 253　ホームスパン技法のすべて (5)　羊毛の染色 (2) 天然染料による染色の方法, 森由美子, 月刊染織α, 233号, 64-68頁, 2000年

K 254　染織文献データBOX (31)　絹の手引き糸と真綿, 浜田裕木子, 月刊染織α, 233号, 78頁, 2000年

K 255　小さなものたちが秘める装いの物語 —「裁縫ひながた」にみる女性の衣服教育—, 高木咲子, 月刊染織α, 234号, 36-38頁, 2000年

K 256　中国のカード織り紀行 (1)　遂に出会ったチベットのカード織り, 鳥丸知子, 月刊染織α, 234号, 39-42頁, 2000年

K 257　飛鳥以前の染色 (8)　三世紀に渡来した紅花種子と染法, 山崎青樹, 月刊染織α, 234号, 47-49頁, 2000年

K 258　伝統染織新紀行 (6)　軌道にのる"サークルふきのとう"の活動　越後に甦る白根絞の新たな歩み, 富山弘基, 月刊染織α, 234号, 58-63頁, 2000年

K 259　カンボジアに甦った黄金の繭 —クメール伝統織物研究所の養蚕プロジェクト—, 森本喜久男, 月刊染織α, 234号, 69-71頁, 2000年

K 260　北海道・伊達に見た神秘の藍 —四代目藍師篠原一寿さんのすくもづくり—, 月刊染織α, 234号, 72-73頁, 2000年

K 261　テキスタイル＆ミュージアム (44)　製糸道具, 機械の変遷を通して絹糸の現在が見える　市立岡谷蚕糸博物館, 月刊染織α, 234号, 77頁, 2000年

K 262　染織文献データBOX (32)　縮緬, 浜田裕木子, 月刊染織α, 234号, 78頁, 2000年

K 263　染織の宝庫琉球列島島々案内記 —沖縄の伝統的工芸と無形文化財を支える人々—, 川前和香子, 月刊染織α, 235号, 37-42頁, 2000年

K 264　シルクと絹織物の活性化をめざす —未来を拓く新しい蚕と絹糸—, 森肇, 月刊染織α, 235号, 57-59頁, 2000年

K 265　ホームスパン技法のすべて (6)　糸を紡ぐ前に　コーミング・カーディング, ミキシング, 森由美子, 月刊染織α, 235号, 64-67頁, 2000年

K 266　染織文献データBOX (33)　手織機 (1), 浜田裕木子, 月刊染織α, 235号, 77頁, 2000年

K 267　テキスタイル＆ミュージアム (45)　和紡績の発明者・臥雲辰致の資料を収蔵する　堀金村歴史民俗資料館, 月刊染織α, 235号, 78頁, 2000年

K 268　農耕から芽生えたやまあい工房の仕事 —残していきたい「沖縄の宝物 —琉球藍」—, 上山弘子, 月刊染織α, 236号, 27-31頁, 2000年

K 269　失われた"都の藍" —京の水藍と九条寝藍座—, 大田倭子, 月刊染織α, 236号, 36-38頁, 2000年

K 270　伝統染織新紀行 (7)　農村芸術「津軽こぎん」の栄華と辛苦を秘める　刺しこぎんの普及に努める弘前こぎん研究所, 富山弘基, 月刊染織α, 236号, 39-43頁, 2000年

K 271　飛鳥以前の染色 (9)　大陸より渡来した古代の藍草, 山崎青樹, 月刊染織α, 236号, 53-55頁, 2000年

K 272　中国のカード織り紀行 (2)　清王朝にカード織りがあった！, 鳥丸知子, 月刊染織α, 236号, 74-76頁, 2000年

K 273　染織文献データBOX (34)　手織機 (2), 浜田裕木子, 月刊染織α, 236号, 78頁, 2000年

K 274　西アフリカ・ナイジェリアの染織文化と現在 (1)　ヨルバ族のアディレ　絞りと糊防染の藍染め布, クラインロバート, 月刊染織α, 237号, 23-26頁, 2000年

K 275　江戸っ子のお洒落着ゆかた —長板中型〈埼玉版〉の美と技法の再確認—, 朱通祥男, 月刊染織α, 237号, 32-38頁, 2000年

K 276　ベトナム染織紀行 (上)　北部山岳民族の藍染と泥染, 澤田聖名子, 月刊染織α, 237号, 46-49頁, 2000年

K 277　ホームスパン技法のすべて (7)　糸紡ぎと紡毛機の扱い方, 森由美子, 月刊染織α, 237号, 64-67頁, 2000年

K 278　琉球王朝時代の栄華な彩り —型紙から見えてくる「紅型」の源流—, 與那嶺一子, 月刊染織α, 237号, 68-70頁, 2000年

K 279　染織文献データBOX (35)　綴織, 浜田裕木子, 月刊染織α, 237号, 78頁, 2000年

K 280　古代インド人のよそおい (39)　番外〈既述分の要約と補正・承前〉本論1　化粧 (7) 体粧 (再開), 松山俊太郎, 化粧文化, 41巻, 123-139頁, 2001年

K 281　中国・川劇に見る化粧 (17)　「代角」の変身など, 張中学, 化粧文化, 41巻, 140-154頁, 2001年

K 282　チュニジアの伝統的な化粧, Aziza Ben Tanfous・翻訳佐々木紀子, 化粧文化, 41巻, 155-160頁, 2001年

K 283　伝統染織新紀行 (8)　ちりめんの里は藤布の故里　丹後の古代布は熱く燃えている, 富山弘基, 月刊染織α, 238号, 42-46頁, 2001年

K 284　飛鳥以前の染色（10・最終回）　正倉院宝物にみる古代の染料, 山崎青樹, 月刊染織α, 238号, 47-49頁, 2001年

K 285　染織文献データBOX（36）　柿渋・刈安, 浜田裕木子, 月刊染織α, 238号, 77頁, 2001年

K 286　ベトナム染織紀行（中）　モン族の大麻布と中部高原の染織, 澤田聖名子, 月刊染織α, 239号, 54-57頁, 2001年

K 287　ホームスパン技法のすべて（8）　梳毛糸・紡毛糸の紡ぎ方, 森由美子, 月刊染織α, 239号, 65-68頁, 2001年

K 288　染織文献データBOX（37）　コチニール・ラックダイ, 浜田裕木子, 月刊染織α, 239号, 77頁, 2001年

K 289　伝統染織新紀行（9）　四〇歳からスタートの織り暦　紙布作家・桜井貞子さんの軌跡, 富山弘基, 月刊染織α, 240号, 59-63頁, 2001年

K 290　染織文献データBOX（38）　貝紫, 浜田裕木子, 月刊染織α, 240号, 77頁, 2001年

K 291　ベトナム染織紀行（下・最終回）　ベトナム染織地図 技法と道具, 澤田聖名子, 月刊染織α, 241号, 58-61頁, 2001年

K 292　ホームスパン技法のすべて（9）　ホームスパンに向く組織と機の種類, 森由美子, 月刊染織α, 241号, 66-70頁, 2001年

K 293　染織文献データBOX（39）　蘇芳・ログウッド, 浜田裕木子, 月刊染織α, 241号, 78頁, 2001年

K 294　伝統染織新紀行（10）　新世紀のきものを拓く俊英の作家　粋の世界を実感させる丸山正さん, 富山弘基, 月刊染織α, 242号, 60-63頁, 2001年

K 295　染織文献データBOX（40）　ハーブ染め・薬草染め, 浜田裕木子, 月刊染織α, 242号, 78頁, 2001年

K 296　ホームスパン技法のすべて（10）　設計書の作り方と綛揚げから整経まで, 森由美子, 月刊染織α, 243号, 41-45頁, 2001年

K 297　伝統染織新紀行（11）　三百有余年の伝統産地小千谷に新風　和の技を結集した麻縮の紳士ファッション, 富山弘基, 月刊染織α, 244号, 46-49頁, 2001年

K 298　染織文献データBOX（42）　紙衣・紙子、紙布（2）, 浜田裕木子, 月刊染織α, 244号, 78頁, 2001年

K 299　ホームスパン技法のすべて（11）　織の準備　経巻きから織り付けまで, 森由美子, 月刊染織α, 245号, 68-72頁, 2001年

K 300　染織文献データBOX（43）　麻織物　上布・縮, 浜田裕木子, 月刊染織α, 245号, 78頁, 2001年

K 301　伝統染織新紀行（12）　装い新たな「伊予絣」を再発信 唯一の織元〈民芸伊予かすり会館〉, 富山弘基, 月刊染織α, 246号, 45-49頁, 2001年

K 302　染織文献データBOX（44）　本場大島紬, 浜田裕木子, 月刊染織α, 246号, 78頁, 2001年

K 303　ホームスパン技法のすべて（12）　製織の方法とその留意点, 森由美子, 月刊染織α, 247号, 68-71頁, 2001年

K 304　染織文献データBOX（45）　久留米絣・琉球絣, 浜田裕木子, 月刊染織α, 247号, 78頁, 2001年

K 305　伝統染織新紀行（13）　東北地方の和みの彩りに満ちる 無形文化財「秋田八丈」の今昔, 富山弘基, 月刊染織α, 248号, 45-49頁, 2001年

K 306　染織文献データBOX（46）　刺し子（1）, 浜田裕木子, 月刊染織α, 248号, 77頁, 2001年

K 307　ホームスパン技法のすべて（13・最終回）　ホームスパンの仕上げの方法, 森由美子, 月刊染織α, 249号, 41-45頁, 2001年

K 308　染織文献データBOX（47）　刺し子（2）, 浜田裕木子, 月刊染織α, 249号, 78頁, 2001年

K 309　古代インド人のよそおい（40）　本論1 化粧（7）体粧, 松山俊太郎, 化粧文化, 42号, 93-104頁, 2002年

K 310　中国・川劇に見る化粧（18）　芸術的形象の独自性, 張中学・翻訳細井尚子, 化粧文化, 42号, 105-117頁, 2002年

K 311　伝統染織新紀行（14）　重要無形文化財「宮古上布」が伝承する　比類のない砧打ち仕上げの技, 富山弘基, 月刊染織α, 250号, 39-43頁, 2002年

K 312　染織文献データBOX（48）　中国の染織（1）, 浜田裕木子, 月刊染織α, 250号, 76頁, 2002年

K 313　染織文献データBOX（49）　中国の染織（2）, 浜田裕木子, 月刊染織α, 251号, 77頁, 2002年

K 314　伝統染織新紀行（15）　亜熱帯気候の先島諸島は染織の宝庫　女性を旗手に甦る島々の伝統織物, 富山弘基, 月刊染織α, 252号, 40-45頁, 2002年

K 315　染織文献データBOX（50）　台湾の染織・朝鮮半島の染織, 浜田裕木子, 月刊染織α, 252

	号, 78頁, 2002年
K 316	染織文献データBOX (51) ヒマラヤ諸国の染織〈ブータン・ネパール〉, 浜田裕木子, 月刊染織α, 253号, 77頁, 2002年
K 317	伝統染織新紀行 (16) 古代染織のロマンを奏でる"海の紫"(上) 貝紫の染工房を開業した伊賀上野の稲岡良彦さん, 富山弘基, 月刊染織α, 254号, 32-35頁, 2002年
K 318	染織文献データBOX (52) インドの染織, 浜田裕木子, 月刊染織α, 254号, 78頁, 2002年
K 319	染織文献データBOX (53) インドの染織 (2), 浜田裕木子, 月刊染織α, 255号, 78頁, 2002年
K 320	伝統染織新紀行 (17) 古代染織のロマンを奏でる"海の紫"(下) 幻の貝紫を現代の染織に生かす紫工房, 富山弘基, 月刊染織α, 256号, 68-71頁, 2002年
K 321	染織文献データBOX (54) タイの染織, 浜田裕木子, 月刊染織α, 256号, 78頁, 2002年
K 322	染織文献データBOX (55) インドネシアの染織, 浜田裕木子, 月刊染織α, 257号, 78頁, 2002年
K 323	インド染織・服飾の旅30年 —私の触れたインドの衣文化—, 鹿子木謙吉, 月刊染織α, 258号, 36-39頁, 2002年
K 324	伝統染織新紀行 (18) 絢爛の時代絵巻を繰り広げる春秋の高山祭 神々の国飛騨八十八社のお祭り衣裳を染める「飛騨染遊染」工房, 富山弘基, 月刊染織α, 258号, 46-49頁, 2002年
K 325	染織文献データBOX (56) インドネシアの染織 (2), 浜田裕木子, 月刊染織α, 258号, 78頁, 2002年
K 326	染織文献データBOX (57) 東南アジアの染織, 浜田裕木子, 月刊染織α, 259号, 78頁, 2002年
K 327	伝統染織新紀行 (19) みちのくの風土と民の心を布に託する 南部裂織と保存会の新たな飛翔, 富山弘基, 月刊染織α, 260号, 64-67頁, 2002年
K 328	インド染織・服飾の旅30年 (2) 十億の民と千の言語を持つ インドの多様で多彩な衣文化, 鹿子木謙吉, 月刊染織α, 260号, 68-71頁, 2002年
K 329	染織文献データBOX (58) 西アジアとその周辺の染織, 浜田裕木子, 月刊染織α, 260号, 78頁, 2002年
K 330	染織文献データBOX (59) アフリカの染織 (1), 浜田裕木子, 月刊染織α, 261号, 78頁, 2002年
K 331	インド染織・服飾の旅30年 (3) マハラジャの旧都を巡り砂漠地帯を往く ラージャスタン周遊の旅, 鹿子木謙吉, 月刊染織α, 262号, 68-71頁, 2003年
K 332	染織文献データBOX (60) アフリカの染織 (2), 浜田裕木子, 月刊染織α, 262号, 78頁, 2003年
K 333	染織文献データBOX (61) 北欧の染織, 浜田裕木子, 月刊染織α, 263号, 78頁, 2003年
K 334	インド染織・服飾の旅30年 (4) 伝統染織と刺繍の盛んな地方 グジャラトとマハラシュトラ両州周遊の旅, 鹿子木謙吉, 月刊染織α, 264号, 68-71頁, 2003年
K 335	染織文献データBOX (62) イギリスの染織 (1), 浜田裕木子, 月刊染織α, 264号, 78頁, 2003年
K 336	染織文献データBOX (63) イギリスの染織 (2), 浜田裕木子, 月刊染織α, 265号, 78頁, 2003年
K 337	インド染織・服飾の旅30年 (5) 地方色豊かな染織との出会い 南インド各州の伝統染織を求めて, 鹿子木謙吉, 月刊染織α, 266号, 68-71頁, 2003年
K 338	染織文献データBOX (64) フランスの染織, 浜田裕木子, 月刊染織α, 266号, 78頁, 2003年
K 339	染織文献データBOX (65) 南欧の染織, 浜田裕木子, 月刊染織α, 267号, 78頁, 2003年
K 340	インド染織・服飾の旅30年 (6) 信仰と伝統織物が息づく 古都ベナレスの織物産地と各地の新しい情報, 鹿子木謙吉, 月刊染織α, 268号, 43-46頁, 2003年
K 341	染織文献データBOX (66) カナダ・アメリカの染織, 浜田裕木子, 月刊染織α, 268号, 78頁, 2003年
K 342	染織文献データBOX (67) カナダ・アメリカの染織 (2), 浜田裕木子, 月刊染織α, 269号, 78頁, 2003年
K 343	インド染織・服飾の旅30年 (7) インド民芸の心を訪ねて 私の触れた衣文化 パンジャブ州及びM・P州を往く, 鹿子木謙吉, 月刊染織α, 270号, 72-75頁, 2003年
K 344	染織文献データBOX (68) メキシコの染織, 浜田裕木子, 月刊染織α, 270号, 78頁, 2003年
K 345	染織文献データBOX (69) グアテマラの染

	織, 浜田裕木子, 月刊染織α, 271号, 78頁, 2003年
K 346	インド染織・服飾の旅30年 (8) インド民芸の心を訪ねて 私の触れた衣文化 ビハール州、ベンガル州及びオリッサ州を往く, 鹿子木謙吉, 月刊染織α, 272号, 68-71頁, 2003年
K 347	染織文献データBOX (70) アンデスの染織 (1), 浜田裕木子, 月刊染織α, 272号, 78頁, 2003年
K 348	染織文献データBOX (71) アンデスの染織 (2), 浜田裕木子, 月刊染織α, 273号, 78頁, 2003年
K 349	京都洛北地域に伝わる「三幅前垂」について (第四十三回〔日本風俗史学会〕大会特集), 鳥居本幸代, 風俗史学, 23号, 26-31頁, 2003年
K 350	インド染織・服飾の旅30年 (9) インド民芸の心を訪ねて インド東北部の7州見聞記 多数の民族と32余の言語 異文化を伝承する特殊地域, 鹿子木謙吉, 月刊染織α, 274号, 68-71頁, 2004年
K 351	染織文献データBOX (72) オセアニアの染織, 浜田裕木子, 月刊染織α, 274号, 78頁, 2004年
K 352	染織文献データBOX (73) 世界の染織, 浜田裕木子, 月刊染織α, 275号, 78頁, 2004年
K 353	エルミタージュ美術館で見つけた ―現存する最古の織物パジルク・カーペット―, 朝倉美津子, 月刊染織α, 276号, 43-45頁, 2004年
K 354	インド染織・服飾の旅30年 (10) 2003年のインド再発見の旅から 中央インドのチャティスガルの染織事情, 鹿子木謙吉, 月刊染織α, 276号, 70-73頁, 2004年
K 355	琉球藍/印度藍/蓼藍の栽培と製藍 ―南島の琉球列島の藍草―, 小橋川順市, 月刊染織α, 276号, 36-39頁, 2004年
K 356	今に伝える座繰りの技 ―岡谷・宮坂製糸所を訪ねて―, 月刊染織α, 276号, 40-42頁, 2004年
K 357	染織文献データBOX (74) 日本の染織・染織史 (1), 浜田裕木子, 月刊染織α, 276号, 78頁, 2004年
K 358	染織文献データBOX (75) 日本の染織・染織史 (2), 浜田裕木子, 月刊染織α, 277号, 78頁, 2004年
K 359	インド染織・服飾の旅30年 (11) インド民芸の心を訪ねて インド染織界の全体像とインド政府染織省のかかわり, 鹿子木謙吉, 月刊染織α, 278号, 42-45頁, 2004年
K 360	染織文献データBOX (76) 日本の染織・染織史 (3), 浜田裕木子, 月刊染織α, 278号, 78頁, 2004年
K 361	染織文献データBOX (77) 世界の染織文様 (1), 浜田裕木子, 月刊染織α, 279号, 63頁, 2004年
K 362	インド染織・服飾の旅30年 (12・最終回) インド民芸の心を訪ねて インド衣文化を知るための染織関連の地名・資料リスト, 鹿子木謙吉, 月刊染織α, 280号, 52-55頁, 2004年
K 363	染織文献データBOX (78) 世界の染織文様 (2), 浜田裕木子, 月刊染織α, 280号, 64頁, 2004年
K 364	暮らしの中から生まれた裂織作りに想いを託す (特集 裂織のちから), 恒松和子, 月刊染織α, 281号, 12-15頁, 2004年
K 365	染織文献データBOX (79) 日本の染織文様 (1), 浜田裕木子, 月刊染織α, 281号, 64頁, 2004年
K 366	染織文献データBOX (80) 日本の染織文様 (2) 近世/近代・現代, 浜田裕木子, 月刊染織α, 282号, 64頁, 2004年
K 367	染織文献データBOX (81) 日本の染織文様 (3) 文様名, 浜田裕木子, 月刊染織α, 283号, 66頁, 2004年
K 368	ジャワ更紗の魅力 ―産地別デザイン図鑑 (特集 更紗の宇宙) ―, 塚本達彦・塚本幸子, 月刊染織α, 284号, 8-11頁, 2004年
K 369	チャンティンで描く 手描き更紗の技法と表現 (特集 更紗の宇宙), 豊崎由喜, 月刊染織α, 284号, 12-19頁, 2004年
K 370	染織文献データBOX (82) 日本の染織文様 (4) 概論 (1), 浜田裕木子, 月刊染織α, 284号, 64頁, 2004年
K 371	伊勢型紙の里《白子・寺家の今》―美しい渋紙と型染のために―, 大橋正芳, 月刊染織α, 285号, 19-22頁, 2004年
K 372	染織文献データBOX (83) 日本の染織文様 (5) 概論 (2), 浜田裕木子, 月刊染織α, 285号, 64頁, 2004年
K 373	琉球王国の道具?, 朝岡康二, 道具学論集, 8号, 39-41頁, 2004年
K 374	経済 生業・衣食住・環境・民具 (特集 日本民俗学の研究動向 (2000-2002)), 池田哲夫, 日本民俗学, 239号, 24-43頁, 2004年
K 375	東北にみる人間守護の服飾の形 (第四十四回〔日本風俗史学会〕総・大会特集), 徳永幾久

	風俗史学, 26号, 2-25頁, 2004年
K 376	伝統織物探訪 —多摩織, 澤井栄一郎—, 繊維学会誌, 61巻7号, 166-169頁, 2005年
K 377	伝統織物探訪 —近江上布, 川村 隆一—, 繊維学会誌, 61巻9号, 249-252頁, 2005年
K 378	特集1 華麗なるペルシャ絨緞の世界 —イラン・ミーリー工房の復元作品と古典作品—, 福井泰民, 月刊染織α, 287号, 4-11頁, 2005年
K 379	背中あての美 —庄内バンドリ—, 犬塚幹士, 月刊染織α, 287号, 44-47頁, 2005年
K 380	染織文献データBOX (85) 蝋纈染め(1)〈日本編〉, 浜田裕木子, 月刊染織α, 287号, 64頁, 2005年
K 381	韓国伝統の包み布 —ポジャギを作る—, 金恩受, 月刊染織α, 288号, 40-43頁, 2005年
K 382	染織文献データBOX (86) 蝋纈染め(2)〈日本編〉, 浜田裕木子, 月刊染織α, 288号, 64頁, 2005年
K 383	イバン族に学ぶ染織ライフ —アジアンテイストの絣(特集 絣の魅力)—, 水田涼子, 月刊染織α, 289号, 12-15頁, 2005年
K 384	染織文献データBOX (87) 京絞り, 浜田裕木子, 月刊染織α, 289号, 64頁, 2005年
K 385	染織文献データBOX (88) 板締・夾纈, 浜田裕木子, 月刊染織α, 290号, 64頁, 2005年
K 386	染織文献データBOX (89) 正倉院裂(1), 浜田裕木子, 月刊染織α, 291号, 64頁, 2005年
K 387	染織文献データBOX (90) 正倉院裂(2), 浜田裕木子, 月刊染織α, 292号, 64頁, 2005年
K 388	伝えたい思いを布に託して —幸せを見つめる麻布絵(特集 麻に生きる)—, 山口明子, 月刊染織α, 293号, 12-15頁, 2005年
K 389	染織文献データBOX (91) 法隆寺裂(3), 浜田裕木子, 月刊染織α, 293号, 64頁, 2005年
K 390	染織文献データBOX (92) 上代裂(正倉院裂 法隆寺裂), 浜田裕木子, 月刊染織α, 294号, 64頁, 2005年
K 391	染織文献データBOX (93) アイヌ・北方民族の染織と衣服(1), 浜田裕木子, 月刊染織α, 295号, 64頁, 2005年
K 392	染織文献データBOX (94) アイヌ・北方民族の染織と衣服(2), 浜田裕木子, 月刊染織α, 296号, 64頁, 2005年
K 393	藤織りの技術の伝承を支えた丹後藤織り保存会の20年, 井之本泰, 月刊染織α, 297号, 20-24頁, 2005年
K 394	染織文献データBOX (95) 東北地方の染織(1)青森県・岩手県, 浜田裕木子, 月刊染織α, 297号, 64頁, 2005年
K 395	伝統織物探訪 —阿波しじら織つれづれ—, 川人美洋子, 繊維学会誌, 62巻3号, 76-78頁, 2006年
K 396	伝統織物探訪 —八重山ミンサー—, 通事孝作, 繊維学会誌, 62巻8号, 249-252頁, 2006年
K 397	染織文献データBOX (96) 東北地方の染織(2)秋田県・宮城県, 浜田裕木子, 月刊染織α, 298号, 64頁, 2006年
K 398	染織文献データBOX (97) 東北地方の染織(3)〈山形県〉, 浜田裕木子, 月刊染織α, 299号, 64頁, 2006年
K 399	染織文献データBOX (98) 東北地方の染織(4)福島県・東北全般, 浜田裕木子, 月刊染織α, 300号, 64頁, 2006年
K 400	染織文献データBOX (99) 関東地方の染織(1)〈群馬県〉, 浜田裕木子, 月刊染織α, 301号, 64頁, 2006年
K 401	伊豆大島の被り手拭 —藍染めソーメン絞りを生かす女性習俗—, 藤井伸, 月刊染織α, 302号, 23-27頁, 2006年
K 402	染織文献データBOX (100) 関東地方の染織(2)栃木県・千葉県, 浜田裕木子, 月刊染織α, 302号, 64頁, 2006年
K 403	染織文献データBOX (101) 関東地方の染織(3)茨城県, 浜田裕木子, 月刊染織α, 303号, 64頁, 2006年
K 404	能登・七尾の町並を華やかに彩る 花嫁のれんと加賀友禅の美(特集1 花嫁のれんと嫁入り風呂敷), 月刊染織α, 304号, 2-6頁, 2006年
K 405	花嫁のれんと嫁入り風呂敷 —博多染・嫁入り風呂敷 紺重四代目 安恒重三さん—, 月刊染織α, 304号, 2-9頁, 2006年
K 406	博多染・嫁入り風呂敷 —紺重四代目 安恒重三さん(特集1 花嫁のれんと嫁入り風呂敷)—, 月刊染織α, 304号, 7-9頁, 2006年
K 407	染織文献データBOX (102) 関東地方の染織(4)東京都(1), 浜田裕木子, 月刊染織α, 304号, 64頁, 2006年
K 408	染織文献データBOX (103) 関東地方の染織(5)東京都(2)伊豆諸島 村山, 浜田裕木子, 月刊染織α, 305号, 64頁, 2006年
K 409	日本一のべんがら産地として栄えたべんがらの里 岡山県・吹屋(特集 古えの彩り・べんがら染), 月刊染織α, 306号, 2-9頁, 2006年

K 410　能登の麻織物考 ―郷土史研究の視点から―, 島田陸男, 月刊染織α, 306号, 22-24頁, 2006年

K 411　染織文献データBOX (104)　関東地方の染織 (6) 東京都 (3), 浜田裕木子, 月刊染織α, 306号, 64頁, 2006年

K 412　染織文献データBOX (105)　関東地方の染織 (7)〈埼玉県・神奈川県〉, 浜田裕木子, 月刊染織α, 307号, 64頁, 2006年

K 413　染織文献データBOX (106)　甲信越地方の染織 (1) 長野県・山梨県, 浜田裕木子, 月刊染織α, 308号, 64頁, 2006年

K 414　染織文献データBOX (107)　甲信越地方の染織 (2) 新潟県 (1), 浜田裕木子, 月刊染織α, 309号, 64頁, 2006年

K 415　西インド、ラバーリーの刺繍布 ―その変遷と社会的認識―, 上羽陽子, デザイン理論, 48号, 90-91頁, 2006年

K 416　豊田コレクションにみる木綿染織の意匠, 大久保尚子, 服飾美学, 42号, 55-58頁, 2006年

K 417　絹織物と西陣織 (特集 シルク (1)), 八田誠治, 繊維学会誌, 63巻8号, 228-232頁, 2007年

K 418　染織文献データBOX (109)　北陸地方の染織 (1)〈富山県・福井県〉, 浜田裕木子, 月刊染織α, 311号, 64頁, 2007年

K 419　染織文献データBOX (110)　北陸地方の染織 (2)〈石川県 (1)〉, 浜田裕木子, 月刊染織α, 312号, 64頁, 2007年

K 420　染織文献データBOX (114)　中部東海地方の染織 (3)〈愛知県 (2)〉, 浜田裕木子, 月刊染織α, 316号, 64頁, 2007年

K 421　染織文献データBOX (115)　中部東海地方の染織 (4)〈三重県 (1)〉伊勢型紙, 浜田裕木子, 月刊染織α, 317号, 64頁, 2007年

K 422　「石見更紗」を生み出す土壌 (地域の風土・自然・歴史に根ざした染色「石見更紗」を染める), 中崎敏昭, 月刊染織α, 310号, 35-37頁, 2007年

K 423　染織文献データBOX (108)　甲信越地方の染織 (3) 新潟県 (2), 浜田裕木子, 月刊染織α, 310号, 64頁, 2007年

K 424　久留米絣を支える「粗苧」を守る ―大分県日田市・矢幡正門さんの麻製造技術―, 小谷るみ, 月刊染織α, 312号, 24-28頁, 2007年

K 425　南インド・スリカラハスティの手描き更紗・カラムカリ, Padmini Balaram, 月刊染織α, 312号, 52-55頁, 2007年

K 426　染織文献データBOX (113)　中部東海地方の染織 (2) 愛知県 (1), 浜田裕木子, 月刊染織α, 315号, 64頁, 2007年

K 427　開村四百年前年祭　第23回有松絞りまつり (特集 絞り染の新しい風), 月刊染織α, 317号, 18-23頁, 2007年

K 428　宮崎のハレの衣服の彩色方法, 岡村好美, 民族と風俗, 17号, 83-93頁, 2007年

K 429　グアテマラ民族衣裳のゆくえ, 赤池照子, 民族と風俗, 17号, 159-166頁, 2007年

K 430　ロシアとその周辺の国々の民族衣装について, 近藤英明, 民族と風俗, 17号, 167-177頁, 2007年

L（服飾美学）

L 001　顔と仮面とヌードと (特集 化粧文化のキーワード), 鷲田清一, 化粧文化, 38号, 14-16頁, 1998年

L 002　化粧する男としない女 (特集 化粧文化のキーワード), 実川元子, 化粧文化, 38号, 17-19頁, 1998年

L 003　「自然」と「文明」の間で, スチュアートヘンリー, 化粧文化, 38号, 20-21頁, 1998年

L 004　性を選ぶ時代, 松尾寿子, 化粧文化, 38号, 22-23頁, 1998年

L 005　なぜ、「からだ」と「性器」の教育が未熟なのでしょうか。, 山本直英, 化粧文化, 38号, 24-25頁, 1998年

L 006　なりたいからだへ顔へ, 村松美賀子, 化粧文化, 38号, 26-27頁, 1998年

L 007　ブラウンメイクのいまむかし (特集 化粧文化のキーワード), 清水悌, 化粧文化, 38号, 28-30頁, 1998年

L 008　映画「北京原人」と特殊メイク素材, 江川悦子, 化粧文化, 38号, 31-32頁, 1998年

L 009　こころ・からだ・化粧, 菅千帆子, 化粧文化, 38号, 33-35頁, 1998年

L 010　美容整形のトレンド, 柴田洋一, 化粧文化, 38号, 36-37頁, 1998年

L 011　髪色観の変化は全年齢に！ (特集 化粧文化のキーワード), 村澤博人, 化粧文化, 38号,

L 012　エステ業界の内側をのぞく（特集 化粧文化のキーワード），高野令史, 化粧文化, 38号, 42-44頁, 1998年

L 013　大顔伝説と"小顔"（特集 化粧文化のキーワード），板倉克子, 化粧文化, 38号, 45-47頁, 1998年

L 014　コギレイになったオトコのコ（特集 化粧文化のキーワード），安田晴美, 化粧文化, 38号, 48-50頁, 1998年

L 015　香港トレンドに「返還」の影響ナシ（特集 化粧文化のキーワード），水田奈穂, 化粧文化, 38号, 51-53頁, 1998年

L 016　データから見た女性のおしゃれ意識の10年（特集 化粧文化のキーワード），村澤博人・高谷誠一, 化粧文化, 38号, 55-67頁, 1998年

L 017　山高帽に傘の英国紳士はもういない？のか（特集 化粧文化のキーワード），大坊郁夫, 化粧文化, 38号, 73-75頁, 1998年

L 018　ウエディングドレスの昨今, 坂井妙子, 化粧文化, 38号, 76-78頁, 1998年

L 019　モードとしての靴（特集 化粧文化のキーワード），鈴木玲子, 化粧文化, 38号, 79-81頁, 1998年

L 020　98流行のメガネ（特集 化粧文化のキーワード），上久保慧奈美, 化粧文化, 38巻, 82-84頁, 1998年

L 021　ネイルアートの流行（特集 化粧文化のキーワード），田代早苗, 化粧文化, 38号, 85-87頁, 1998年

L 022　タトゥーの流行（特集 化粧文化のキーワード），斎藤卓志, 化粧文化, 38号, 88-91頁, 1998年

L 023　耳とアイデンティティ（特集 化粧文化のキーワード），橋本正次, 化粧文化, 38号, 92-94頁, 1998年

L 024　歯は美白の時代へ（特集 化粧文化のキーワード），松尾通, 化粧文化, 38号, 95-97頁, 1998年

L 025　歯科矯正の現在, 与五沢文夫, 化粧文化, 38号, 98-99頁, 1998年

L 026　ウイッグを作ろう！, 四方田公子, 化粧文化, 38号, 100-101頁, 1998年

L 027　名香の構造, 立川一義, 化粧文化, 38号, 102-105頁, 1998年

L 028　アパレルの「かおり」, 筧明義, 化粧文化, 38号, 106-108頁, 1998年

L 029　ジェンダーと身体イメージ（特集 男を選ぶ, 女を選ぶ —ボーダーレス社会の装い），蔦森樹, 化粧文化, 38号, 128-135頁, 1998年

L 030　パネルディスカッション 男を選ぶ、女を選ぶ —ボーダーレス社会の装い（特集 男を選ぶ、女を選ぶ —ボーダーレス社会の装い），北山晴一・蔦森樹・村田仁代, 化粧文化, 38号, 136-145頁, 1998年

L 031　シンポジウムを終えて 異性装から肉体創造へ（特集 男を選ぶ、女を選ぶ —ボーダーレス社会の装い），北山晴一, 化粧文化, 38号, 146-148頁, 1998年

L 032　英国繊維紀行（上） ノッティンガムのテキスタイル教育, 岩村操, 月刊染織α, 202号, 69-71頁, 1998年

L 033　色彩感情に関する韓日比較研究（1），李相明・近江源太郎, 日本色彩学会誌, 22巻, 2-3頁, 1998年

L 034　感性型人間の図柄に対する感情評価 —男女比較—, 中谷真三代・鈴木伸子, 日本色彩学会誌, 22巻, 13-18頁, 1998年

L 035　好ましい肌色を規定する要因の解析（3） —好ましい肌色の状況認識依存性—, 鈴木恒男, 日本色彩学会誌, 22巻, 37-44頁, 1998年

L 036　ファンデーション評価における因子構造（第2報）—20題と40代における因子構造の比較—, 征矢知美・長谷川敬, 日本色彩学会誌, 22巻, 140-147頁, 1998年

L 037　ジャフカファッションカラー 98年秋冬レディスウェア "Tonal Decor", 流行色, 489号, 2-5頁, 1998年

L 038　ジャフカファッションカラー 98年秋冬メンズウェア "Concert Champetre", 流行色, 489号, 6-9頁, 1998年

L 039　特集1 98年春夏ヨーロッパコレクション 18のトレンドポイント（1） 全体トレンド, 時田麗子, 流行色, 489号, 12-15頁, 1998年

L 040　特集1 98年春夏ヨーロッパコレクション 18のトレンドポイント（2） アイテム, 時田麗子, 流行色, 489号, 16-18頁, 1998年

L 041　特集1 98年春夏ヨーロッパコレクション 18のトレンドポイント（3） シルエット, 時田麗子, 流行色, 489号, 20-21頁, 1998年

L 042　特集1 98年春夏ヨーロッパコレクション 18のトレンドポイント（4） カラー, 時田麗子, 流行色, 489号, 22-25頁, 1998年

L 043　特集1 98年春夏ヨーロッパコレクション 18のトレンドポイント（5） 柄, 時田麗子, 流行色, 489号, 26頁, 1998年

L 044	特集1 98年春夏ヨーロッパコレクション 18のトレンドポイント (6) 素材, 時田麗子, 流行色, 489号, 27頁, 1998年
L 045	特集2 第32回東京モーターショー 環境保全問題への取り組みが, カラーデザインにも色濃く反映される中で展開された「高品質エコロジーカラー」, 大関徹, 流行色, 489号, 28-39頁, 1998年
L 046	ワールド・インフォメーション 98年秋冬＆99年春夏ランジェリーの動向, 流行色, 489号, 40-43頁, 1998年
L 047	カラーボックス 第46回東京ファッションウィーク —98年春夏コレクション, 流行色, 489号, 44-45頁, 1998年
L 048	カラーボックス 第45回東京プレテックス —98年秋冬展, 流行色, 490号, 20-21頁, 1998年
L 049	特集 98年春夏NYコレクション 12のトレンドポイント (1) トピックス, 布矢千春, 流行色, 490号, 6-8頁, 1998年
L 050	特集 98年春夏NYコレクション 12のトレンドポイント (2) スタイリング, 布矢千春, 流行色, 490号, 9頁, 1998年
L 051	特集 98年春夏NYコレクション 12のトレンドポイント (3) カラー, 布矢千春, 流行色, 490号, 10-15頁, 1998年
L 052	特集 98年春夏NYコレクション 12のトレンドポイント (4) テキスタイル, 布矢千春, 流行色, 490号, 16-17頁, 1998年
L 053	特集 98年春夏NYコレクション 12のトレンドポイント (5) アイテム, 布矢千春, 流行色, 490号, 18-19頁, 1998年
L 054	特集 97年定点観測 総括 97年色彩動向総括, 流行色, 491号, 6-9頁, 1998年
L 055	特集 97年定点観測 総括 97年年鑑/97年JAFCA ファッションカラー, 流行色, 491号, 10-11頁, 1998年
L 056	特集 97年定点観測 総括 97年春夏/97年秋冬レディスカジュアルウェア, 流行色, 491号, 12-15頁, 1998年
L 057	特集 97年定点観測 総括 97年春夏/97年秋冬メンズカジュアルウェア, 流行色, 491号, 16-19頁, 1998年
L 058	特集 97年定点観測 総括 97年インテリア/97年家電商品, 流行色, 491号, 20-21頁, 1998年
L 059	ワールド・インフォメーション 99年春夏エクスポフィルに見るトレンド, 大関徹, 流行色, 491号, 34-39頁, 1998年
L 060	特集2 ヨーロッパホームテキスタイルトレンド98, 野末和志, 流行色, 492号, 10-19頁, 1998年
L 061	特集3 98年ケルン・メッセに見る8つのインテリアトレンド, 堀和子, 流行色, 492号, 20-31頁, 1998年
L 062	ワールド・インフォメーション 98年秋冬リネア・ペッレ, アサモトヤヨ, 流行色, 492号, 32-35頁, 1998年
L 063	特集1 98年春夏インターカラー ウイメンズウェア (1) 加盟各国提案と日本提案色, 流行色, 493号, 4-5頁, 1998年
L 064	特集1 99年春夏インターカラー ウイメンズウェア (2) インターカラー決定色の特徴, 流行色, 493号, 6-7頁, 1998年
L 065	特集2 99年春夏ウイメンズ海外トレンドカラー 99年ウイメンズ海外トレンドカラーの傾向, 流行色, 493号, 10-19頁, 1998年
L 066	特集2 99年春夏ウイメンズ海外トレンドカラー 99年ウイメンズ海外トレンドカラーコレクション IWS／エクスポフィル／プルミエール・ヴィジョン／プロモスティル／トレンド・ユニオン／ブロック・ノート／カルラン・インターナショナル／ICA／ファッション・ニュース／CAUS／ヒア・アンド・ゼア／コットン・インコーポレイテッド／パタンスキー／ファッション・ドシエ／デザイン・オプション／ヒューポイント, 流行色, 493号, 20-44頁, 1998年
L 067	特集1 99年春夏インターカラー メンズウェア (1) 加盟各国提案と日本提案色のポイント, 流行色, 494号, 4-5頁, 1998年
L 068	特集1 99年春夏インターカラー メンズウェア (2) インターカラー決定色の特徴, 流行色, 494号, 6-7頁, 1998年
L 069	特集2 99年春夏メンズ海外トレンドカラー 99年春夏メンズ海外トレンドカラーの傾向, 流行色, 494号, 10-17頁, 1998年
L 070	特集2 99年春夏メンズ海外トレンドカラー 99年春夏メンズ海外トレンドカラーコレクション IWS／プルミエール・ヴィジョン／トレンド・ユニオン／プロモスティル／カルラン・インターナショナル／ブロック・ノートーカジュアル／ブロック・ノートーアクティブ／ゼス／パタンスキー／CAUS／ICA／, 流行色, 494号, 18-35頁, 1998年
L 071	ワールド・インフォメーション メトロポリタン美術館のジャンニ・ヴェルサーチ展, 布矢千春, 流行色, 494号, 36-37頁, 1998年

L 072	ワールド・インフォメーション　99年春夏海外素材展示会より（1）　ピッティ・イマージネ・フィラティ, アサモトヤヨ, 流行色, 494号, 38-39頁, 1998年		ンドポイント（4）　マテリアル, 布矢千春, 流行色, 496号, 16-19頁, 1998年
L 073	ワールド・インフォメーション　99年春夏海外素材展示会より（2）　プラト・エキスポ, アサモトヤヨ, 流行色, 494号, 40-43頁, 1998年	L 088	特集1 98年秋冬NYコレクション　10のトレンドポイント（5）　アイテム, 布矢千春, 流行色, 496号, 20-23頁, 1998年
L 074	特集1 98年秋冬ヨーロッパコレクション　15のトレンドポイント（1）　各コレクションの特徴　ロンドン・ミラノ・パリ, 時田麗子, 流行色, 495号, 10-12頁, 1998年	L 089	90年代カラートレンド総括（2）　データで見る90年代のヒットカラー　「定・点・観・測」調査　JAFCA 国産乗用車車体色調査より　家電商品　ヒットカラートップ10, 流行色, 497号, 14-15頁, 1998年
L 075	特集1 98年秋冬ヨーロッパコレクション　15のトレンドポイント（2）　シルエット, 時田麗子, 流行色, 495号, 13頁, 1998年	L 090	90年代カラートレンド総括（2）　データで見る90年代のヒットカラー　「定・点・観・測」調査　JAFCA 国産乗用車車体色調査より　車体色　ヒットカラートップ10, 流行色, 497号, 16-17頁, 1998年
L 076	特集1 98年秋冬ヨーロッパコレクション　15のトレンドポイント（3）　スタイリング, 時田麗子, 流行色, 495号, 14-15頁, 1998年	L 091	90年代各年のファッションと流行色, 流行色, 497号, 19-35頁, 1998年
L 077	特集1 98年秋冬ヨーロッパコレクション　15のトレンドポイント（4）　アイテム, 時田麗子, 流行色, 495号, 16-19頁, 1998年	L 092	98年の「定・点・観・測」98年春夏レディスカジュアルウェア, 流行色, 497号, 38-49頁, 1998年
L 078	特集1 98年秋冬ヨーロッパコレクション　15のトレンドポイント（5）　素材, 時田麗子, 流行色, 495号, 20-21頁, 1998年	L 093	98年の「定・点・観・測」98年春夏メンズカジュアルウェア, 流行色, 497号, 50-61頁, 1998年
L 079	特集1 98年秋冬ヨーロッパコレクション　15のトレンドポイント（6）　カラー, 時田麗子, 流行色, 495号, 22-25頁, 1998年	L 094	98年の「定・点・観・測」98年家電商品, 流行色, 497号, 62-73頁, 1998年
L 080	特集2 カラーコーディネーター検定　試験全問題と解答3級編, 流行色, 495号, 26-30頁, 1998年	L 095	特集1 99年秋冬インターカラー　ウイメンズウェア（1）　各国提案共通項のポイント, 流行色, 498号, 2-3頁, 1998年
L 081	カラーボックス　第47回東京ファッションウィーク —98年秋冬コレクション, 流行色, 495号, 31-33頁, 1998年	L 096	特集1 99年秋冬インターカラー　ウイメンズウェア（2）　インターカラー決定色の特徴, 流行色, 498号, 4-5頁, 1998年
L 082	ワールド・インフォメーション　99年春夏リネア・ペッレ, 流行色, 496号, 4-6頁, 1998年	L 097	特集2 99年秋冬ウイメンズ海外トレンドカラー　99年秋冬ウイメンズ海外トレンドカラーの傾向, 流行色, 498号, 8-17頁, 1998年
L 083	ワールド・インフォメーション　99年秋冬エクスポフィル, 流行色, 496号, 7頁, 1998年	L 098	特集2 99年秋冬ウイメンズ海外トレンドカラー　99年秋冬ウイメンズ海外トレンドカラーコレクション　ザ・ウールマーク・カンパニー/エクスポフィル/プルミエール・ヴィジョン/プロモスティル/トレンド・ユニオン/カルラン・インターナショナル/ブロック・ノート/ICA/ファッション・ニュース/fm/カラー・プランナー/コットン・インコーポレイテッド/D3・バイ・パタンスキー/ファッション・ドシエ/CAUS/ヒア・アンド・ゼア/ヒューポイント, 流行色, 498号, 18-44頁, 1998年
L 084	特集1 98年秋冬NYコレクション　10のトレンドポイント（1）　トピックス, 布矢千春, 流行色, 496号, 8-10頁, 1998年		
L 085	特集1 98年秋冬NYコレクション　10のトレンドポイント（2）　スタイリング, 布矢千春, 流行色, 496号, 11頁, 1998年		
L 086	特集1 98年秋冬NYコレクション　10のトレンドポイント（3）　カラー, 布矢千春, 流行色, 496号, 12-15頁, 1998年		
L 087	特集1 98年秋冬NYコレクション　10のトレ	L 099	特集1 99年秋冬インターカラー　メンズウェア（1）　加盟各国提案共通項のポイント, 流行色, 499号, 8-9頁, 1998年

L 100	特集1 99年秋冬インターカラー　メンズウェア（2）　インターカラー決定色の特徴, 流行色, 499号, 10-11頁, 1998年	L 114	大色差における色差値と官能評価の相関, 吉田豊彦・下谷正夫・福島稔, 色材協会誌, 72巻, 11号, 674-679頁, 1999年
L 101	特集2 99年秋冬メンズ海外トレンドカラー　99年秋冬メンズ海外トレンドカラーの傾向, 流行色, 499号, 13-21頁, 1998年	L 115	服飾美学の基本をなすもの, 谷田閲次, 服飾美学, 28号, 107-116頁, 1999年
L 102	特集2 99年秋冬メンズ海外トレンドカラー　99年秋冬メンズ海外トレンドカラーコレクション　ザ・ウールマーク・カンパニー／プルミエール・ヴィジョン／トレンド・ユニオン／プロモスティル／カルラン・インターナショナル／ブロック・ノート―カジュアル／ブロック・ノート―アクティブ／ゼス／ICA／CAUS／D3・バイ・パタンスキー／カラー・プランナー, 流行色, 499号, 22-41頁, 1998年	L 116	特集1 99年春夏ヨーロッパコレクション　18のトレンドポイント（1）　各コレクションの特徴, 時田麗子, 流行色, 500号, 10-13頁, 1999年
		L 117	特集1 99年春夏ヨーロッパコレクション　18のトレンドポイント（2）　スタイリング, 時田麗子, 流行色, 500号, 14-15頁, 1999年
		L 118	特集1 99年春夏ヨーロッパコレクション　18のトレンドポイント（3）　シルエット, 時田麗子, 流行色, 500号, 16-17頁, 1999年
L 103	ワールド・インフォメーション　99年秋冬海外素材展示会より（1）　ピッティ・インマージネ・フィラティ, アサモトヤヨ, 流行色, 499号, 42-43頁, 1998年	L 119	特集1 99年春夏ヨーロッパコレクション　18のトレンドポイント（4）　アイテム, 時田麗子, 流行色, 500号, 18-20頁, 1999年
L 104	ワールド・インフォメーション　99年秋冬海外素材展示会より（2）　プラト・エキスポ, アサモトヤヨ, 流行色, 499号, 44頁, 1998年	L 120	特集1 99年春夏ヨーロッパコレクション　18のトレンドポイント（5）　ディテール, 時田麗子, 流行色, 500号, 21頁, 1999年
L 105	黒髪と女たち（特集 髪）, 村田孝子, 化粧文化, 39号, 1-12頁, 1999年	L 121	特集1 99年春夏ヨーロッパコレクション　18のトレンドポイント（6）　カラー, 時田麗子, 流行色, 500号, 22-23頁, 1999年
L 106	対談 髪をめぐって　ヘアスタイルはマイスタイル（特集 髪）, 金子勝昭・半田まゆみ, 化粧文化, 39号, 26-36頁, 1999年	L 122	特集1 99年春夏ヨーロッパコレクション　18のトレンドポイント（7）　マテリアル, 時田麗子, 流行色, 500号, 24頁, 1999年
L 107	銀髪のアンドロイド、緑の髪のサイボーグ　異装の髪のSF的系譜（特集 髪）, 永瀬唯, 化粧文化, 39号, 85-89頁, 1999年	L 123	特集1 99年春夏ヨーロッパコレクション　18のトレンドポイント（8）　アクセサリー, 時田麗子, 流行色, 500号, 25頁, 1999年
L 108	Hair Care Productsと「ヘアケア商品」, 筧明義, 化粧文化, 39号, 100-104頁, 1999年	L 124	特集2 99年春夏ニューヨークコレクション　16のトレンドポイント（1）　トピックス, 布矢千春, 流行色, 500号, 26-27頁, 1999年
L 109	自然と人が共生するファッション ―新世紀の新しい衣服造形―, 岡政子, 月刊染織α, 215号, 37-39頁, 1999年	L 125	特集2 99年春夏ニューヨークコレクション　16のトレンドポイント（2）　カラー, 布矢千春, 流行色, 500号, 28-33頁, 1999年
L 110	糸都・岡谷に新しい世紀の胎動「シルク岡谷」新たな振興へ, 宮坂博文, 月刊染織α, 220号, 39-41頁, 1999年	L 126	特集2 99年春夏ニューヨークコレクション　16のトレンドポイント（3）　マテリアル, 布矢千春, 流行色, 500号, 34-35頁, 1999年
L 111	対人認知に及ぼす服装色の効果（1）, 池田浩子・近江源次郎, 日本色彩学会誌, 23巻, 42-43頁, 1999年	L 127	特集2 99年春夏ニューヨークコレクション　16のトレンドポイント（4）　アイテム, 布矢千春, 流行色, 500号, 36-39頁, 1999年
L 112	色彩の消費 ―17世紀初頭ロンドンにおける金糸銀糸による地位表象―, 日高杏子, 日本色彩学会誌, 23巻, 78-79頁, 1999年	L 128	特集2 99年春夏ニューヨークコレクション　16のトレンドポイント（5）　ディテール, 布矢千春, 流行色, 500号, 40-43頁, 1999年
L 113	1994-1999年ストリートファッション出現色比較研究（2）―有彩色と無彩色の出現比率に関して―, 渡辺明日香・芳住邦雄・城一夫, 日本色彩学会誌, 23巻, 84-85頁, 1999年	L 129	特集 1998年（第1回）オートカラーアウォード発表, 流行色, 501号, 2-3頁, 1999年
		L 130	特集 1998年（第1回）オートカラーアウォー

		ド発表　グランプリ　ハリアー/トヨタ, 流行色, 501号, 4頁, 1999年		502号, 12-13頁, 1999年
L 131	特集 1998年（第1回）オートカラーアウォード発表　金賞　S-MX/ホンダ, 流行色, 501号, 5頁, 1999年		L 146	特集 98年定点観測　総括　98年 JAFCA ファッションカラーギャラリー, 流行色, 502号, 14-15頁, 1999年
L 132	特集 1998年（第1回）オートカラーアウォード発表　金賞　ボルボV70XC/ボルボ, 流行色, 501号, 6頁, 1999年		L 147	特集 98年定点観測　総括　98年春夏/98年秋冬レディスカジュアルウェア, 流行色, 502号, 16-19頁, 1999年
L 133	特集 1998年（第1回）オートカラーアウォード発表　審査員特別賞　ギャラン＆レグナム/三菱, 流行色, 501号, 7頁, 1999年		L 148	特集 98年定点観測　総括　98年春夏/98年秋冬メンズカジュアルウェア, 流行色, 502号, 20-23頁, 1999年
L 134	特集 1998年（第1回）オートカラーアウォード発表　審査員特別賞　ポール・スミス ミニ/ローバーグループ, 流行色, 501号, 8頁, 1999年		L 149	特集 98年定点観測　総括　98年インテリアファブリックス, 流行色, 502号, 24-25頁, 1999年
L 135	特集 1998年（第1回）オートカラーアウォード発表 [部門賞] 内外コーディネート賞 レガシィ・ランカスター/スバル, 流行色, 501号, 9頁, 1999年		L 150	特集 98年定点観測　総括　98年家電商品, 流行色, 502号, 26-27頁, 1999年
L 136	特集 1998年（第1回）オートカラーアウォード発表 [部門賞] カラーラインナップ賞　プログレ/トヨタ, 流行色, 501号, 10頁, 1999年		L 151	ワールド・インフォメーション　2000年春夏エクスポフィル, 大関徹, 流行色, 502号, 28-31頁, 1999年
L 137	特集 1998年（第1回）オートカラーアウォード発表 [部門賞] カラーラインナップ賞　マーチ/日産, 流行色, 501号, 11頁, 1999年		L 152	特集2 ヨーロッパホームテキスタイルトレンド99, 野末和志, 流行色, 503号, 10-21頁, 1999年
L 138	特集 1998年（第1回）オートカラーアウォード発表 [部門賞] ポピュラーカラー賞　ランドクルーザー100/トヨタ, 流行色, 501号, 12頁, 1999年		L 153	特集3 99年ケルンメッセに見る8つのインテリアトレンド, 堀和子, 流行色, 503号, 22-31頁, 1999年
L 139	特集 1998年（第1回）オートカラーアウォード発表 [部門賞] 企画賞　RAV4/トヨタ, 流行色, 501号, 13頁, 1999年		L 154	ワールド・インフォメーション　メトロポリタン美術館の衣装展より「キュービズムとファッション」, 布矢千春, 流行色, 503号, 32-33頁, 1999年
L 140	特集 1998年（第1回）オートカラーアウォード発表 [部門賞] 話題賞　プリウス/トヨタ, 流行色, 501号, 14頁, 1999年		L 155	特集1 2000年春夏インターカラー　ウイメンズウェア（1）　各国提案共通項の特徴, 流行色, 504号, 4-5頁, 1999年
L 141	特集 1998年（第1回）オートカラーアウォード発表 [部門賞] 技術賞　NSX/ホンダ, 流行色, 501号, 15頁, 1999年		L 156	特集1 2000年春夏インターカラー　ウイメンズウェア（2）　インターカラー決定色の特徴, 流行色, 504号, 6-7頁, 1999年
L 142	特集 1998年（第1回）オートカラーアウォード発表 [部門賞] ロングラン賞　マーチ/日産, 流行色, 501号, 16頁, 1999年		L 157	特集2 2000年春夏ウイメンズ海外トレンドカラー　2000年春夏ウイメンズ海外トレンドカラーの傾向, 流行色, 504号, 10-19頁, 1999年
L 143	特集 1998年（第1回）オートカラーアウォード発表 [部門賞] ファッションカラー賞　ボルボC70 クーペ/ボルボ, 流行色, 501号, 17頁, 1999年		L 158	特集2 2000年春夏ウイメンズ海外トレンドカラー　2000年春夏ウイメンズ海外トレンドカラーコレクション　ザ・ウールマーク・カンパニー/エクスポフィル/プルミエール・ヴィジョン/プロモスティル/トレンド・ユニオン/カルラン・インターナショナル/ブロック・ノート/ICA/ファッション・ニュース/fm/カラー・プランナー/コットン・インコーポレイテッド/D3 ・バイ・パタンスキー/CAUS/ヒア・アンド・ゼア/ヒューポイント, 流行色, 504号, 20-44頁, 1999年
L 144	特集 98年定点観測　総括　98年色彩動向総括, 流行色, 502号, 10-11頁, 1999年			
L 145	特集 98年定点観測　総括　98年年鑑, 流行色,			

L 159	特集1 2000年春夏インターカラー メンズウェア（1） 各国提案共通項の特徴, 流行色, 505号, 4-5頁, 1999年
L 160	特集1 2000年春夏インターカラー メンズウェア（2） インターカラー決定色の特徴, 流行色, 505号, 6-7頁, 1999年
L 161	特集2 2000年春夏メンズ海外トレンドカラー 2000年春夏メンズ海外トレンドカラーの傾向, 流行色, 505号, 10-17頁, 1999年
L 162	特集2 2000年春夏メンズ海外トレンドカラー 2000年春夏メンズ海外トレンドカラーコレクション ザ・ウールマーク・カンパニー/プロモスティル/トレンド・ユニオン/カルラン・インターナショナル/ブロック・ノート/プルミエール・ヴィジョン/ICA /fm/ゼス/カラー・プランナー/D3・バイ・パタンスキー/CAUS, 流行色, 505号, 18-38頁, 1999年
L 163	ワールド・インフォメーション 2000年春夏イタリア素材展示会より（1） ピッティ・インマージネ・フィラティ, アサモトヤヨ, 流行色, 505号, 40-41頁, 1999年
L 164	ワールド・インフォメーション 2000年春夏イタリア素材展示会より（2） プラト・エキスポ, アサモトヤヨ, 流行色, 505号, 42-44頁, 1999年
L 165	特集1 99年秋冬ニューヨークコレクション 23のトレンドポイント（1） トピックス, 布矢千春, 流行色, 506号, 10-12頁, 1999年
L 166	特集1 99年秋冬ニューヨークコレクション 23のトレンドポイント（2） スタイリング, 布矢千春, 流行色, 506号, 13頁, 1999年
L 167	特集1 99年秋冬ニューヨークコレクション 23のトレンドポイント（3） カラー, 布矢千春, 流行色, 506号, 14-17頁, 1999年
L 168	特集1 99年秋冬ニューヨークコレクション 23のトレンドポイント（4） マテリアル, 布矢千春, 流行色, 506号, 18-21頁, 1999年
L 169	特集1 99年秋冬ニューヨークコレクション 23のトレンドポイント（5） アイテム, 布矢千春, 流行色, 506号, 22-25頁, 1999年
L 170	特集1 99年秋冬ニューヨークコレクション 23のトレンドポイント（6） ディテール, 布矢千春, 流行色, 506号, 26-27頁, 1999年
L 171	特集2 99年秋冬ヨーロッパコレクション 22のトレンドポイント（1） 各コレクションの特徴 ロンドン・ミラノ・パリ, 時田麗子, 流行色, 506号, 28-31頁, 1999年
L 172	特集2 99年秋冬ヨーロッパコレクション 22のトレンドポイント（2） スタイリング, 時田麗子, 流行色, 506号, 32-34頁, 1999年
L 173	特集2 99年秋冬ヨーロッパコレクション 22のトレンドポイント（3） シルエット, 時田麗子, 流行色, 506号, 35頁, 1999年
L 174	特集2 99年秋冬ヨーロッパコレクション 22のトレンドポイント（4） アイテム, 時田麗子, 流行色, 506号, 36-38頁, 1999年
L 175	特集2 99年秋冬ヨーロッパコレクション 22のトレンドポイント（5） グッズ, 時田麗子, 流行色, 506号, 39頁, 1999年
L 176	特集2 99年秋冬ヨーロッパコレクション 22のトレンドポイント（6） ディテール, 時田麗子, 流行色, 506号, 40頁, 1999年
L 177	特集2 99年秋冬ヨーロッパコレクション 22のトレンドポイント（7） 素材, 時田麗子, 流行色, 506号, 41頁, 1999年
L 178	特集2 99年秋冬ヨーロッパコレクション 22のトレンドポイント（8） カラー, 時田麗子, 流行色, 506号, 42-43頁, 1999年
L 179	ジャフカファッションカラー 2000年春夏レザー"パレード", 流行色, 507号, 2-3頁, 1999年
L 180	ワールド・インフォメーション 2000年春夏リネア・ペッレ, 流行色, 507号, 4-6頁, 1999年
L 181	ワールド・インフォメーション 2000年秋冬エクスポフィル, 流行色, 507号, 7頁, 1999年
L 182	特集2「お客様が自分でカラーコーディネートするクルマ」—RAV4・パーソナルセレクション開発物語, 吉田豊太郎, 流行色, 509号, 22-33頁, 1999年
L 183	特集1 2000年秋冬インターカラー ウイメンズウェア（1） 各国提案共通項のポイント, 流行色, 510号, 2-3頁, 1999年
L 184	特集1 2000年秋冬インターカラー ウイメンズウェア（2） インターカラー決定色の特徴, 流行色, 510号, 4-5頁, 1999年
L 185	特集2 2000年秋冬ウイメンズ海外トレンドカラー 2000年秋冬ウイメンズ海外トレンドカラーの傾向, 流行色, 510号, 8-17頁, 1999年
L 186	特集2 2000年秋冬ウイメンズ海外トレンドカラー 2000年秋冬ウイメンズ海外トレンドカラーコレクション ザ・ウールマーク・カンパニー/エクスポフィル/プルミエール・ヴィジョン/プロモスティル/トレンド・ユニオン/カルラン・インターナショナル/ブロック・ノート/ICA /ファッション・ニュース

/fm/コットン・インコーポレイテッド/D3・バイ・パタンスキー /デザイン・オプション/CAUS/ヒア・アンド・ゼア/ヒューポイント, 流行色, 510号, 18-42頁, 1999年

L 187　特集1 2000年秋冬インターカラー　メンズウェア（1）　各国提案共通項の特徴, 流行色, 511号, 8-9頁, 1999年

L 188　特集1 2000年秋冬インターカラー　メンズウェア（2）　インターカラー決定色の特徴, 流行色, 511号, 10-11頁, 1999年

L 189　特集2 2000年秋冬メンズ海外トレンドカラー　2000年秋冬メンズ海外トレンドカラーの傾向, 流行色, 511号, 14-21頁, 1999年

L 190　特集2 2000年秋冬メンズ海外トレンドカラー　2000年秋冬メンズ海外トレンドカラーコレクション ザ・ウールマーク・カンパニー /プロモスティル/トレンド・ユニオン/カルラン・インターナショナル/ブロック・ノート/fm/ICA /CAUS/D3・バイ・パタンスキー /ゼス, 流行色, 511号, 22-39頁, 1999年

L 191　ワールド・インフォメーション　2000年秋冬素材展示会報告（1）　ピッティ・インマージネ・フィラティ, アサモトヤヨ, 流行色, 511号, 40-41頁, 1999年

L 192　ワールド・インフォメーション　2000年秋冬素材展示会報告（2）　エクスポフィル, 大関徹, 流行色, 511号, 42-44頁, 1999年

L 193　ボーダーレスの20世紀　女が男の、男が女の服を着る（特集 20世紀の若者文化）, 村田仁代, 化粧文化, 40号, 20-27頁, 2000年

L 194　フレグランスにおけるボーダーレス（特集 20世紀の若者文化）, 福井絵理子, 化粧文化, 40号, 28-34頁, 2000年

L 195　男の眉の変遷（特集 20世紀の若者文化）, 玉置育子, 化粧文化, 40号, 35-38頁, 2000年

L 196　視線平気症と若者の羞恥心　恥の文化は失われたか？（特集 20世紀の若者文化）, 菅原健介, 化粧文化, 40号, 39-41号, 2000年

L 197　母―娘を軸としたファッション消費（特集 20世紀の若者文化）, 川島蓉子, 化粧文化, 40号, 42-45頁, 2000年

L 198　20世紀末の男性化粧から（特集 20世紀の若者文化）, 村澤博人, 化粧文化, 40号, 46-52頁, 2000年

L 199　ガングロ高校生に聞く　なぜガングロをはじめたの？（特集 肌色の流行をめぐって）, ガングロギャル×編集部, 化粧文化, 40号, 54-59頁, 2000年

L 200　異質な外見を見つめるまなざし　「ゴングロ」と「スダレ頭」の共通点（特集 肌色の流行をめぐって）, 須長史生, 化粧文化, 40号, 73-76頁, 2000年

L 201　肌色のキャンパスに描かれるタトゥー、第二の肌色, 斎藤卓志, 化粧文化, 40号, 77-79頁, 2000年

L 202　女子大生にみる肌色観 白肌とガングロのはざまで根強い白い肌志向 63％が「うらやましい」と思う（特集 肌色の流行をめぐって）, 編集部, 化粧文化, 40号, 80-83頁, 2000年

L 203　ヘアスタイルからマイスタイルへ（特集 20世紀の若者文化）, 半田まゆみ, 化粧文化, 40号, 8-19頁, 2000年

L 204　「男の化粧」, はらだ玄, 化粧文化, 40号, 84-85頁, 2000年

L 205　おばさんと呼ぶには早すぎる　若いと言うのは気恥ずかしい―揺れる世代のファッション感覚―, 実川元子, 化粧文化, 40号, 86-87頁, 2000年

L 206　最近の靴のトレンド, 鈴木玲子, 化粧文化, 40号, 88-89頁, 2000年

L 207　審・美・眼 ―Optical Esthetics―, 上久保慧奈美, 化粧文化, 40号, 90-91頁, 2000年

L 208　「トップピース」の流行がもたらすもの, 宮本雅恵, 化粧文化, 40号, 92-94頁, 2000年

L 209　表紙の顔, 編集部, 化粧文化, 40号, 95-97頁, 2000年

L 210　携帯電話・PHSを使いこなす人はおしゃれ消費も大 ―女子大生ファッション＆コスメ＆ライフスタイルアンケートより―, 渡辺明日香, 化粧文化, 40号, 98-111頁, 2000年

L 211　コンピュータで開くテキスタイルデザインの可能性　デジタル創作テクニック（上）, 梅田幸男, 月刊染織α, 230号, 27-31頁, 2000年

L 212　テキスタイル＆ミュージアム（41）　日本の靴下の歴史が一目でわかる　（株）ナイガイ靴下博物館, 月刊染織α, 230号, 77頁, 2000年

L 213　コンピュータで開くテキスタイルデザインの可能性　デジタル創作テクニック（下）, 梅田幸男, 月刊染織α, 232号, 44-46頁, 2000年

L 214　ストリートファッション出現色比較研究（3）原宿・渋谷・銀座にみる服装色の地域差に関して, 渡辺明日香・城一夫, 日本色彩学会誌, 24巻, 114-115頁, 2000年

L 215　布の表面幾何学的構造と光反射特性に関する研究, 李沅貞, 日本色彩学会誌, 24巻3号, 140-145頁, 2000年

L 216	輝度コントラストの加齢変化に基づく高齢者の色視認性評価法 —計算シミュレーションと高齢者水晶体擬似フィルタ—, 岡嶋克典・吉田博・氏原彰, 日本色彩学会誌, 24巻3号, 164-170頁, 2000年
L 217	PCCSは一日にして成らず(特集 PCCS), 児玉晃, 日本色彩学会誌, 24巻4号, 244-250頁, 2000年
L 218	ブライダルブーケを持つ意味の図像学的考察, 徳山孝子, ファッション環境, 10巻1号, 36-41頁, 2000年
L 219	ブランド志向とステータス・シンボル, 申恩泳, ファッション環境, 10巻3号, 52-58頁, 2000年
L 220	服飾美学講義　白妙能衣乾有天之香来山, 杉野正, 服飾美学, 31号, 49-60頁, 2000年
L 221	特集1 2000年春夏ニューヨークコレクション23のトレンドポイント(1)　トピックス, 布矢千春, 流行色, 512号, 10-12頁, 2000年
L 222	特集1 2000年春夏ニューヨークコレクション23のトレンドポイント(2)　スタイリング, 布矢千春, 流行色, 512号, 13頁, 2000年
L 223	特集1 2000年春夏ニューヨークコレクション23のトレンドポイント(3)　カラー, 布矢千春, 流行色, 512号, 14-17頁, 2000年
L 224	特集1 2000年春夏ニューヨークコレクション23のトレンドポイント(4)　マテリアル, 布矢千春, 流行色, 512号, 18-21頁, 2000年
L 225	特集1 2000年春夏ニューヨークコレクション23のトレンドポイント(5)　アイテム, 布矢千春, 流行色, 512号, 22-24頁, 2000年
L 226	特集1 2000年春夏ニューヨークコレクション23のトレンドポイント(6)　ディテール, 布矢千春, 流行色, 512号, 25-27頁, 2000年
L 227	特集2 2000年春夏ヨーロッパコレクション19のトレンドポイント(1)　各コレクションの特徴 ロンドン・ミラノ・パリ, 時田麗子, 流行色, 512号, 28-31頁, 2000年
L 228	特集2 2000年春夏ヨーロッパコレクション19のトレンドポイント(2)　スタイリング, 時田麗子, 流行色, 512号, 32-33頁, 2000年
L 229	特集2 2000年春夏ヨーロッパコレクション19のトレンドポイント(3)　シルエット, 時田麗子, 流行色, 512号, 34頁, 2000年
L 230	特集2 2000年春夏ヨーロッパコレクション19のトレンドポイント(4)　アイテム, 時田麗子, 流行色, 512号, 35-38頁, 2000年
L 231	特集2 2000年春夏ヨーロッパコレクション19のトレンドポイント(5)　グッズ, 時田麗子, 流行色, 512号, 39頁, 2000年
L 232	特集2 2000年春夏ヨーロッパコレクション19のトレンドポイント(6)　マテリアル, 時田麗子, 流行色, 512号, 40頁, 2000年
L 233	特集2 2000年春夏ヨーロッパコレクション19のトレンドポイント(7)　カラー, 時田麗子, 流行色, 512号, 41頁, 2000年
L 234	特集 オートカラーアウォード2000発表　「オートカラーアウォード2000」総評, 有元正存, 流行色, 513号, 2-3頁, 2000年
L 235	特集 オートカラーアウォード2000発表　グランプリ＆オートデザイナーズ賞カラーデザインコンセプト部門　ヴィッツ/トヨタ, 流行色, 513号, 4-5頁, 2000年
L 236	特集 オートカラーアウォード2000発表　ファッションカラー賞　プレオ/富士重工, 流行色, 513号, 6頁, 2000年
L 237	特集 オートカラーアウォード2000発表　オートカラーデザイナーズ賞カラーコーディネイト部門　MR-S/トヨタ, 流行色, 513号, 7頁, 2000年
L 238	特集 オートカラーアウォード2000発表　オートカラーデザイナーズ賞技術部門　セリカ/トヨタ, 流行色, 513号, 8頁, 2000年
L 239	特集 オートカラーアウォード2000発表　オートカラーデザイナーズ賞　次点紹介, 流行色, 513号, 9頁, 2000年
L 240	特集 オートカラーアウォード2000発表　ノミネート車紹介(抜粋), 流行色, 513号, 10頁, 2000年
L 241	特集 第33回東京モーターショーに見るカラーデザイントレンド, 大関徹, 流行色, 513号, 12-21頁, 2000年
L 242	特集 99年定点観測　総括　99年色彩動向総括, 流行色, 514号, 10-11頁, 2000年
L 243	特集 99年定点観測　総括　99年JAFCAファッションカラーギャラリー, 流行色, 514号, 14-15頁, 2000年
L 244	特集 99年定点観測　総括　99年春夏/99年秋冬レディスカジュアルウェア, 流行色, 514号, 16-19頁, 2000年
L 245	特集 99年定点観測　総括　99年春夏/99年秋冬メンズカジュアルウェア, 流行色, 514号, 20-23頁, 2000年
L 246	特集 99年定点観測　総括　99年インテリアファブリックス, 流行色, 514号, 24-25頁, 2000年

L 247　特集 99年定点観測　総括　99年家電商品, 流行色, 514号, 26-27頁, 2000年

L 248　ワールド・インフォメーション　2001年春夏エクスポフィル, 大関徹, 流行色, 514号, 28-31頁, 2000年

L 249　カラーボックス　JAPAN CREATION2000, 流行色, 514号, 32-33頁, 2000年

L 250　ワールド・インフォメーション　ヨーロッパのインテリア展示会とインテリアショップ, 堀和子, 流行色, 515号, 2-3頁, 2000年

L 251　特集2 ヨーロッパホームテキスタイルトレンド2000, 野末和志, 流行色, 515号, 10-21頁, 2000年

L 252　特集3 ヨーロッパホームファッショントレンド2000, 堀和子, 流行色, 515号, 22-33頁, 2000年

L 253　特集1 2001年春夏インターカラー　フォーマルウェア（1）各国提案共通項の特徴, 流行色, 516号, 4-5頁, 2000年

L 254　特集1 2001年春夏インターカラー　フォーマルウェア（2）インターカラー決定色「フォーマルカラー」の特徴, 流行色, 516号, 6-7頁, 2000年

L 255　特集2 2001年春夏ウイメンズ海外トレンドカラー　2001年春夏ウイメンズ海外トレンドカラーの傾向, 流行色, 516号, 9-19頁, 2000年

L 256　特集2 2001年春夏ウイメンズ海外トレンドカラー　2001年春夏ウイメンズ海外トレンドカラーコレクション　ザ・ウールマーク・カンパニー/エクスポフィル/プルミエール・ヴィジョン/トレンド・ユニオン/カラン・インターナショナル/ブロック・ノート/ICA/ファッション・ニュース/fm/コットン・インコーポレイテッド/D3・バイ・パタンスキー/デザイン・オプション/CAUS/ヒア・アンド・ゼア/ヒューポイント, 流行色, 516号, 20-42頁, 2000年

L 257　特集1 2001年春夏インターカラー　カジュアルウェア, 流行色, 517号, 4-5頁, 2000年

L 258　特集2 2001年春夏メンズ海外トレンドカラー　2001年春夏メンズ海外トレンドカラーの傾向, 流行色, 517号, 8-15頁, 2000年

L 259　特集2 2001年春夏メンズ海外トレンドカラー　2001年春夏メンズ海外トレンドカラーコレクション ザ・ウールマーク・カンパニー/プロモスティル/トレンド・ユニオン/カラン・インターナショナル/ブロック・ノート/fm/ICA /CAUS/D3・バイ・パタンスキー, 流行色, 517号, 16-31頁, 2000年

L 260　ワールド・インフォメーション　2001年春夏イタリア素材展示会より（1）ピッティ・インマージネ・フィラティ, アサモトヤヨ, 流行色, 517号, 38-40頁, 2000年

L 261　ワールド・インフォメーション　2001年春夏イタリア素材展示会より（2）プラト・エキスポ, アサモトヤヨ, 流行色, 517号, 41-43頁, 2000年

L 262　特集1 2000年秋冬ニューヨークコレクション19のトレンドポイント（1）トピックス, 布矢千春, 流行色, 518号, 10-12頁, 2000年

L 263　特集1 2000年秋冬ニューヨークコレクション19のトレンドポイント（2）シルエット, 布矢千春, 流行色, 518号, 13頁, 2000年

L 264　特集1 2000年秋冬ニューヨークコレクション19のトレンドポイント（3）スタイリング, 布矢千春, 流行色, 518号, 14頁, 2000年

L 265　特集1 2000年秋冬ニューヨークコレクション19のトレンドポイント（4）カラー, 布矢千春, 流行色, 518号, 15-17頁, 2000年

L 266　特集1 2000年秋冬ニューヨークコレクション19のトレンドポイント（5）マテリアル, 布矢千春, 流行色, 518号, 18-21頁, 2000年

L 267　特集1 2000年秋冬ニューヨークコレクション19のトレンドポイント（6）アイテム, 布矢千春, 流行色, 518号, 22-26頁, 2000年

L 268　特集1 2000年秋冬ニューヨークコレクション19のトレンドポイント（7）ディテール, 布矢千春, 流行色, 518号, 27頁, 2000年

L 269　特集2 2000年秋冬ヨーロッパコレクション14のトレンドポイント（1）各コレクションの特徴　ロンドン・ミラノ・パリ, 時田麗子, 流行色, 518号, 28-31頁, 2000年

L 270　特集2 2000年秋冬ヨーロッパコレクション14のトレンドポイント（2）スタイリング, 時田麗子, 流行色, 518号, 32-33頁, 2000年

L 271　特集2 2000年秋冬ヨーロッパコレクション14のトレンドポイント（3）シルエット, 時田麗子, 流行色, 518号, 34頁, 2000年

L 272　特集2 2000年秋冬ヨーロッパコレクション14のトレンドポイント（4）アイテム, 時田麗子, 流行色, 518号, 35-39頁, 2000年

L 273　特集2 2000年秋冬ヨーロッパコレクション14のトレンドポイント（5）マテリアル, 時田麗子, 流行色, 518号, 40-41頁, 2000年

L 274　特集2 2000年秋冬ヨーロッパコレクション14のトレンドポイント（6）カラー, 時田麗子, 流行色, 518号, 42-43頁, 2000年

L 275　定点観測 (5)　2000年インテリアファブリックス, 流行色, 519号, 50-61頁, 2000年

L 276　ワールド・インフォメーション　2001年春夏リネア・ペッレ, 流行色, 520号, 4-5頁, 2000年

L 277　ワールド・インフォメーション　2001年秋冬エクスポフィル, 大関徹, 流行色, 520号, 41-44頁, 2000年

L 278　特集1 2001年秋冬インターカラー (1)　各国提案共通項の特徴, 流行色, 521号, 6-7頁, 2000年

L 279　特集1 2001年秋冬インターカラー (2)　インターカラー決定色の特徴, 流行色, 521号, 8-9頁, 2000年

L 280　特集2 2001年秋冬ウイメンズ海外トレンドカラー　2001年秋冬ウイメンズ海外トレンドカラーの傾向, 流行色, 521号, 12-21頁, 2000年

L 281　特集2 2001年秋冬ウイメンズ海外トレンドカラー　2001年秋冬ウイメンズ海外トレンドカラーコレクション　ザ・ウールマーク・カンパニー/エクスポフィル/プルミエール・ヴィジョン/トレンド・ユニオン/カルラン・インターナショナル/ブロック・ノート/ICA/ファッション・ニュース/fm/ザ・ミックス/コットン・インコーポレイテッド/D3・バイ・パタンスキー/デザイン・オプション/CAUS/ヒア・アンド・ゼア, 流行色, 521号, 22-45頁, 2000年

L 282　特集 2001秋冬メンズ海外トレンドカラー　2001秋冬メンズ海外トレンドカラーの傾向, 流行色, 522号, 14-21頁, 2000年

L 283　特集 2001秋冬メンズ海外トレンドカラー　2001秋冬メンズ海外トレンドカラーコレクション　ザ・ウールマーク・カンパニー/プロモスティル/トレンド・ユニオン/カルラン・インターナショナル/ブロック・ノート/fm/ザ・ミックス/ICA /CAUS/D3・バイ・パタンスキー, 流行色, 522号, 22-39頁, 2000年

L 284　服飾美学講義 (2)　服飾の藝術, 杉野正, 服飾美学, 32号, 65-86頁, 2001年

L 285　服飾美学講義 (3)　馬子にも衣裳　—服飾をめぐることわざあれこれ, 杉野正, 服飾美学, 37号, 63-78頁, 2003年

L 286　わが国独自のおしゃれ観に関する一考察, 依田素味, ファッション環境, 14巻1号, 28-34頁, 2004年

L 287　ひとつの文化としての服装　—家族集団の役割を中心に—, 朱仙, ファッション環境, 14巻1号, 35-42頁, 2004年

L 288　Japanese aesthetics in contemporary Japanese fashion-focusing on the anti-decoration aesthetics-, ChaeKeum-Soek,YoshikoMasuda, 国際服飾学会誌, 30号, 32-41頁, 2006年

L 289　服飾美学講義 (4)　神は細部に宿る　—表情・身振・衣裳のイコノロジーへ向けて—, 杉野正, 服飾美学, 43号, 53-70頁, 2006年

L 290　服飾描写を読む　—「秋袷育ちがものをいひにけり」—, 小池三枝, 服飾美学, 44号, 37-54頁, 2007年

M（宗教・芸能衣裳）

M 001　狂言装束の構成（第1報）　大名の装束, 中野愼子, 相愛女子短期大学研究論集, 46巻, 139-152頁, 1999年

M 002　狂言装束の構成（第2報）　大名（続）・小名・太郎冠者の装束, 中野愼子, 相愛女子短期大学研究論集, 47巻, 69-85頁, 2000年

M 003　狂言装束の構成（第3報）　女・山伏・出家の装束, 中野愼子, 相愛女子短期大学研究論集, 49巻, 1-14頁, 2002年

M 004　石見神楽の衣装を手がけて40年、福屋神楽衣裳店, 月刊染織α, 308号, 26-28頁, 2006年

N（その他）

N 001　腰機による織り物, 植村和代, 生活文化史, 25号, 3-12頁, 1994年

N 002　カラー浴衣ブーム　—その実態と分析—, 北村富巳子, 生活文化史, 25号, 74-84頁, 1994年

N 003　白いウエディングドレスにおける社会的普遍性と個別性, 髙橋美千子, 大手前女子短大

N 004　台湾中高年女子適合衣服のための基礎研究 —若年・中高年女子の人体計測値と目視検査による体型の比較—, 柯雪琴, 国際服飾学会誌, 15号, 89-103頁, 1998年

N 005　高橋誠一郎の染色技法アイデア講座（30）　染色廃液処理（1）錫・銅・鉄の媒染液, 高橋誠一郎, 月刊染織α, 202号, 64-68頁, 1998年

N 006　手織り上達のための徹底アドバイス（11）平織と斜子織の市松柄で組織図を描いてみよう, 吉田紘三, 月刊染織α, 203号, 66-68頁, 1998年

N 007　高橋誠一郎の染色技法アイデア講座（31）染色廃液の処理（2）チタン媒染液植物染料液, 高橋誠一郎, 月刊染織α, 204号, 64-68頁, 1998年

N 008　手織り上達のための徹底アドバイス（12）　六枚綜絖の市松織を例に組織図の理解をより深める, 吉田紘三, 月刊染織α, 205号, 72-74頁, 1998年

N 009　高橋誠一郎の染色技法アイデア講座（32）　手軽にできる捺染のハンカチ, 高橋誠一郎, 月刊染織α, 206号, 64-68頁, 1998年

N 010　手織り上達のための徹底アドバイス（13）　綜絖の多い複雑な組織ほど単純な仕掛けの工夫が必要, 吉田紘三, 月刊染織α, 207号, 42-44頁, 1998年

N 011　高橋誠一郎の染色技法アイデア講座（33）マーブルカラーを使った墨流し染, 高橋誠一郎, 月刊染織α, 208号, 64-68頁, 1998年

N 012　手織り上達のための徹底アドバイス（14）　縫わずに出来る袋物を二重織で織る, 吉田紘三, 月刊染織α, 209号, 70-72頁, 1998年

N 013　高橋誠一郎の染色技法アイデア講座（34）　フラッシュカラーを使った墨流し染, 高橋誠一郎, 月刊染織α, 210号, 64-68頁, 1998年

N 014　手織り上達のための徹底アドバイス（15）　風通織りの基本技法を完全マスターする, 吉田紘三, 月刊染織α, 211号, 72-74頁, 1998年

N 015　高橋誠一郎の染色技法アイデア講座（35）　柿渋の染色への応用（1）浸染, 高橋誠一郎, 月刊染織α, 212号, 64-68頁, 1998年

N 016　手織り上達のための徹底アドバイス（16）　風通織絣の多様な模様を織るのはむずかしくない, 吉田紘三, 月刊染織α, 213号, 75-77頁, 1998年

N 017　服飾イメージと色彩（1）　慣用色名を考える, 安部美智子, 東横学園女子短期大学女性文化研究所紀要, 7号, 101-112頁, 1998年

N 018　家庭科教育と服装史研究, 馬場まみ, 家庭科教育, 73巻10号, 65-69頁, 1999年

N 019　髪師を考える　職業としての東西比較から（特集 髪）, 村澤博人, 化粧文化, 39号, 105-110頁, 1999年

N 020　グリーンマンの身体論, 板倉克子, 化粧文化, 39号, 140-145頁, 1999年

N 021　台湾中高年女子適合衣服のための基礎研究（第2報）—中高年の既製衣料規格のシミュレーションについて—, 柯雪琴, 国際服飾学会誌, 16号, 125-142頁, 1999年

N 022　高橋誠一郎の染色技法アイデア講座（36）　柿渋のプリント　柿渋の染色への応用（2）塗料的使用法, 高橋誠一郎, 月刊染織α, 214号, 64-68頁, 1999年

N 023　手描き模様染め技法の基礎知識（上）　友禅と呼ばれる模様染めの技法, 青柳太陽, 月刊染織α, 215号, 33-36頁, 1999年

N 024　手織り上達のための徹底アドバイス（17）　表現の幅を広げる花織のテクニック, 吉田紘三, 月刊染織α, 215号, 73-75頁, 1999年

N 025　高橋誠一郎の染色技法アイデア講座（37）　浸染での防染法（1）合成染料の防染, 高橋誠一郎, 月刊染織α, 216号, 64-68頁, 1999年

N 026　家庭で楽しむ染料植物栽培のすすめ（1）　アイ・ベニバナ・ウコンの種まき, 渡辺斉, 月刊染織α, 217号, 36-38頁, 1999年

N 027　手織り上達のための徹底アドバイス（18）　透けた涼しげな織物 紗と絽の基本組織に挑戦, 吉田紘三, 月刊染織α, 217号, 42-44頁, 1999年

N 028　手描き模様染め技法の基礎知識（中）　絵画的手法の無線友禅と撒糊友禅, 青柳太陽, 月刊染織α, 217号, 70-72頁, 1999年

N 029　高橋誠一郎の染色技法アイデア講座（38）　浸染での防染法（2）植物染料の防染と同浴染色法, 高橋誠一郎, 月刊染織α, 218号, 64-68頁, 1999年

N 030　手描き模様染め技法の基礎知識（下・最終回）蝋纈・金彩・一珍・点描き多彩な友禅染めの技法, 青柳太陽, 月刊染織α, 219号, 36-38頁, 1999年

N 031　家庭で楽しむ染料植物栽培のすすめ（2）　ベニバナを育てる, 渡辺斉, 月刊染織α, 219号, 39-41頁, 1999年

N 032　高橋誠一郎の染色技法アイデア講座（39）

N 033　色物にも自由に染められる!! パーリックカラー・ミラクルカラー, 高橋誠一郎, 月刊染織α, 220号, 64-68頁, 1999年

N 033　染太郎の実験室(3)　紅花の黄水染め?, 北沢勇二, 月刊染織α, 220号, 69頁, 1999年

N 034　家庭で楽しむ染料植物栽培のすすめ(3)　アイ、ゲンノショウコを育てる, 渡辺斉, 月刊染織α, 221号, 41-43頁, 1999年

N 035　手織り上達のための徹底アドバイス(19)　多様なもじり織りに挑戦 絽の変化組織と網もじり羅を織る, 吉田紘三, 月刊染織α, 221号, 67-69頁, 1999年

N 036　染太郎の実験室(4)　琉球藍の生葉で紫を, 北澤勇二, 月刊染織α, 221号, 77頁, 1999年

N 037　高橋誠一郎の染色技法アイデア講座(40)　実に含まれるアントシアン色素, 高橋誠一郎, 月刊染織α, 222号, 64-68頁, 1999年

N 038　染太郎の実験室(5)　フラボンで青磁色, 北沢勇二, 月刊染織α, 222号, 76頁, 1999年

N 039　家庭で楽しむ染料植物栽培のすすめ(4)　ウコン、アカネ、サフランを育てる, 渡辺斉, 月刊染織α, 223号, 41-43頁, 1999年

N 040　手織り上達のための徹底アドバイス(20)　強撚糸で織る「しぼ」のある布で魅力的なテクスチュアを表現する, 吉田紘三, 月刊染織α, 223号, 72-74頁, 1999年

N 041　染太郎の実験室(6・最終回)　これからは木綿だ!, 北沢勇二, 月刊染織α, 223号, 75頁, 1999年

N 042　染め織り道具　人と技(1)　杼づくり一筋長谷川淳一さん, 菊池昌治, 月刊染織α, 225号, 36-39頁, 1999年

N 043　家庭で楽しむ染料植物栽培のすすめ(5)　ムラサキを育てる, 渡辺斉, 月刊染織α, 225号, 43-45頁, 1999年

N 044　手織り上達のための徹底アドバイス(21)　「格子二重織り」の織り方と残糸の長さチェック, 吉田紘三, 月刊染織α, 225号, 72-74頁, 1999年

N 045　テキスタイル文化にみる異文化間コミュニケーションの諸相(1)　組織を媒体とするタータンチェックの受容について(1), 岡本文子・藤木悦子, 筑紫女学園短期大学紀要, 34号, 77-92頁, 1999年

N 046　カラーコーディネーターから見た肌色(特集 肌色の流行をめぐって), 市ヶ谷かをる, 化粧文化, 40号, 65-72頁, 2000年

N 047　染め織り道具　人と技(2)　型友禅を支える駒ベラ 橋本勇蔵さん隆之さん, 菊池昌治, 月刊染織α, 227号, 42-45頁, 2000年

N 048　家庭で楽しむ染料植物栽培のすすめ(6)　セリバオウレン、クチナシを育てる, 渡辺斉, 月刊染織α, 227号, 68-70頁, 2000年

N 049　手織り上達のための徹底アドバイス(22)　経ずらし絣のつくり方, 吉田紘三, 月刊染織α, 227号, 71-73頁, 2000年

N 050　染め織り道具　人と技(3)　機は人間臭いもの　姫小機にしむら　西村種一さん, 菊池昌治, 月刊染織α, 229号, 42-45頁, 2000年

N 051　家庭で楽しむ染料植物栽培のすすめ(7)　ハーブを育てる(1)カミツレとタンポポ, 渡辺斉, 月刊染織α, 229号, 68-70頁, 2000年

N 052　手織り上達のための徹底アドバイス(23)　変わり筬を使って織る経糸や緯糸のよろけ縞, 吉田紘三, 月刊染織α, 229号, 71-73頁, 2000年

N 053　家庭で楽しむ染料植物栽培のすすめ(8)　ハーブを育てる(2)ウイキョウとコエンドロ, 渡辺斉, 月刊染織α, 231号, 36-38頁, 2000年

N 054　手織り上達のための徹底アドバイス(24)　透けた袋織の中に糸が遊ぶユニークな織物, 吉田紘三, 月刊染織α, 231号, 39-41頁, 2000年

N 055　染め織り道具　人と技(4)　筆その無駄のない美しさ　吉井又造さん, 菊池昌治, 月刊染織α, 231号, 42-45頁, 2000年

N 056　染め織り道具　人と技(5)　織の黒衣・整経丸辨製作所池田辨之助さん照子さん, 菊池昌治, 月刊染織α, 233号, 42-45頁, 2000年

N 057　手織り上達のための徹底アドバイス(25)　織っている途中で自由に組織を変えられる小型手織機, 吉田紘三, 月刊染織α, 233号, 69-71頁, 2000年

N 058　家庭で楽しむ染料植物栽培のすすめ(9)　ハーブを育てる(3)サルビアとタチアオイ, 渡辺斉, 月刊染織α, 233号, 72-74頁, 2000年

N 059　染め織り道具　人と技(6)　青花 朝露と酷暑の中から中村繁雄さん久枝さん, 菊池昌治, 月刊染織α, 235号, 43-46頁, 2000年

N 060　家庭で楽しむ染料植物栽培のすすめ(10)　シャクヤク、カワラヨモギを育てる, 渡辺斉, 月刊染織α, 235号, 68-70頁, 2000年

N 061　手織り上達のための徹底アドバイス(26)　肌触りの良い組織織りと表裏異組織の二重織りを織る, 吉田紘三, 月刊染織α, 235号, 71-73

	頁, 2000年
N 062	染め織り道具　人と技（7）　竹筬と金筬　近藤筬店近藤武さん, 菊池昌治, 月刊染織α, 237号, 42-45頁, 2000年
N 063	家庭で楽しむ染料植物栽培のすすめ（11）　ニッケイ、サンシュユを育てる, 渡辺斉, 月刊染織α, 237号, 71-73頁, 2000年
N 064	手織り上達のための徹底アドバイス（27）　変わった変化組織の織り三種　星斜子・鎧織り・網目織り, 吉田紘三, 月刊染織α, 237号, 74-76頁, 2000年
N 065	文化的環境と服飾に関する価値観, 金連姫, ファッション環境, 9巻4号, 38-43頁, 2000年
N 066	ファッション情報発信の仕組み　―パリコレからストリートまで―（特集　みんなキレイになった理由）, 深井晃子・成実弘志, 化粧文化, 41号, 28-41頁, 2001年
N 067	顔の裏と表　―外見批判からルックス学を考える―（特集「ルックス学」入門）, 村澤博人, 化粧文化, 41号, 76-82頁, 2001年
N 068	染め織り道具　人と技（8）　有松・鳴海絞りを支える人たち　加藤かねさん・本間とめ子さん・安田商店, 菊池昌治, 月刊染織α, 239号, 42-45頁, 2001年
N 069	家庭で楽しむ染料植物栽培のすすめ（12）　キハダ、エンジュを育てる, 渡辺斉, 月刊染織α, 239号, 70-72頁, 2001年
N 070	手織り上達のための徹底アドバイス（28・最終回）　網目織り（2）と刺し子織り　変化組織の練習, 吉田紘三, 月刊染織α, 239号, 73-75頁, 2001年
N 071	家庭で楽しむ染料植物栽培のすすめ（13）　ハーブを育てる（4）ハッカ類, 渡辺斉, 月刊染織α, 241号, 43-45頁, 2001年
N 072	家庭で楽しむ染料植物栽培のすすめ（14）　ハーブを育てる（5）マンネンロウ、メハジキ、メボウキ, 渡辺斉, 月刊染織α, 243号, 38-40頁, 2001年
N 073	染め織り道具　人と技（9）　京都西陣綴機　佐内機料・山口明男さん, 菊池昌治, 月刊染織α, 243号, 65-68頁, 2001年
N 074	家庭で楽しむ染料植物栽培のすすめ（15）　クララ、イタドリ、ワレモコウを育てる, 渡辺斉, 月刊染織α, 245号, 44-46頁, 2001年
N 075	染め織り道具　人と技（10）　切れ味が生命　伊勢形紙彫り師・六谷泰英さん, 菊池昌治, 月刊染織α, 245号, 73-76頁, 2001年
N 076	家庭で楽しむ染料植物栽培のすすめ（16）　ヤマモモ、シャリンバイを育てる, 渡辺斉, 月刊染織α, 247号, 42-44頁, 2001年
N 077	染め織り道具　人と技（11）　織の設計図・意匠紋紙　紋意匠・日下敞介さん／紋彫り・河村和子さん／紋編み・船岡紙業・倉中俊二さん, 菊池昌治, 月刊染織α, 247号, 72-75頁, 2001年
N 078	家庭で楽しむ染料植物栽培のすすめ（17）　本物のカリヤスを見分ける, 渡辺斉, 月刊染織α, 249号, 69-71頁, 2001年
N 079	染め織り道具　人と技（12）　刷毛ひとすじ　お客が師匠、技の相伝　新庄保さん・博さん, 菊池昌治, 月刊染織α, 249号, 72-75頁, 2001年
N 080	家庭で楽しむ染料植物栽培のすすめ（18・最終回・特別篇）　本物の刈安で黄金色を染める, 渡辺斉, 月刊染織α, 251号, 28-31頁, 2002年
N 081	染め織り道具　人と技（13）　西陣の絣織　手括り絣・梯子絣・中村利栄さん／摺り込み絣・大江嘉昭さん, 菊池昌治, 月刊染織α, 251号, 72-75頁, 2002年
N 082	染め織り道具　人と技（14）　綜絖は指先の仕事　一柳芳男さん, 菊池昌治, 月刊染織α, 253号, 72-75頁, 2002年
N 083	染め織り道具　人と技（15）　友禅流しのあとさき　夏山染色蒸工場・夏山萬春さん, 菊池昌治, 月刊染織α, 255号, 43-46頁, 2002年
N 084	染め織り道具　人と技（16）　今様染色整理　張り　川端基之さん　湯のし　上坂真一さん, 菊池昌治, 月刊染織α, 257号, 68-71頁, 2002年
N 085	染め織り道具　人と技（17）　棉から綿へ、そして木綿へ, 菊池昌治, 月刊染織α, 259号, 73-76頁, 2002年
N 086	染め織り道具　人と技（18）　"御召通り"は今, 菊池昌治, 月刊染織α, 261号, 72-75頁, 2002年
N 087	集まりの構造における服装の多様性　―服装による自己呈示の都市空間―, 張点伊, ファッション環境, 11巻3・4号, 55-63頁, 2002年
N 088	アンチエイジングの時代　―ファッションにみる若さ礼賛の系譜―, 新居理絵, 化粧文化, 43号, 12-20頁, 2003年
N 089	美しいからだはこころを癒す　身体修正の文化史（特集1　アンチエイジングの時代）, 成実弘至, 化粧文化, 43号, 26-31頁, 2003年

N 090　日本人は「かわいらしさ」の文化から脱皮できるのか（特集1 アンチエイジングの時代）,村澤博人, 化粧文化, 43号, 38-45頁, 2003年

N 091　ブランドとカリスマのおかしな関係（特集2 ブランド消費の行方）, 山田登世子, 化粧文化, 43号, 60-67頁, 2003年

N 092　雑誌『JJ』が発信したブランドの"幸せ感"（特集2 ブランド消費の行方）, 篠原恒木, 化粧文化, 43号, 86-91頁, 2003年

N 093　進化するファスナー製品, 津幡憲孝, 繊維学会誌, 59巻11号, 373-377頁, 2003年

N 094　染め織り道具　人と技（19）　樅の木から合板へ、そして, 菊池昌治, 月刊染織α, 263号, 72-75頁, 2003年

N 095　染め織り道具　人と技（20・最終回）　金箔の変幻, 菊池昌治, 月刊染織α, 265号, 72-75頁, 2003年

N 096　日本染織工芸の遠近法（1）　小宮康助・康孝と江戸小紋　昭和の技術革新, 冨田康子, 月刊染織α, 267号, 54-59頁, 2003年

N 097　日本染織工芸の遠近法（2）　中村勝馬と東京友禅　個人作家的友禅の形成, 外舘和子, 月刊染織α, 269号, 58-63頁, 2003年

N 098　アパレル産業の競争優位に関する一考察, 高橋素味, ファッション環境, 12巻4号, 38-45頁, 2003年

N 099　着装時の体型, 我妻美奈子, 和洋女子大学紀要, 43号, 53-67頁, 2003年

N 100　服装教育の新しい視点を考える —衣服の社会的機能について—, 馬場まみ, 家庭科教育, 78巻8号, 16-19頁, 2004年

N 101　日本染織工芸の遠近法（5）　中村光哉の染色 —工芸としての造形観—, 外舘和子, 月刊染織α, 275号, 54-59頁, 2004年

N 102　日本染織工芸の遠近法（6）　わたなべひろこの歩み —テキスタイルデザイン半世紀のトレンドを追って—, 冨田康子, 月刊染織α, 277号, 54-49頁, 2004年

N 103　日本染織工芸の遠近法（7）　スウェーデン留学作家の水脈 —川上玲子・水町真砂子・嶋貫昭子—, 冨田康子, 月刊染織α, 279号, 38-43頁, 2004年

N 104　日本染織工芸の遠近法（8）　草間哲雄の歩みを辿る —「ファイバーワーク」における世界の中の日本人—, 外舘和子, 月刊染織α, 281号, 42-47頁, 2004年

N 105　日本染織工芸の遠近法（9）　小宮康正と長板中形 —残された技術を次世代に—, 冨田康子, 月刊染織α, 283号, 38-43頁, 2004年

N 106　日本染織工芸の遠近法（10）　日本伝統工芸展成立をめぐって —「伝統工芸」概念の形成と昭和20年代における「工人」たちの挑戦—, 外舘和子, 月刊染織α, 285号, 38-43頁, 2004年

N 107　染織文献データBOX（84）〔染織文献データBOX〕総目次（1）〜（83）〔平成10年（1998年）2月〜平成16年（2004年）12月203号〜285号〕, 浜田裕木子, 月刊染織α, 286号, 64頁, 2005年

N 108　日本染織工芸の遠近法（11）　新たな古典の創出 —松原染織工房の長板中形と本藍染め—, 冨田康子, 月刊染織α, 287号, 38-43頁, 2005年

N 109　論談　文明開化の黎明に見る —「工藝」と「美術」の異様な軌跡—, 榊原吉郎, 月刊染織α, 287号, 51-53頁, 2005年

N 110　日本染織工芸の遠近法（12）　芹沢〔ケイ〕介と柳宗悦の工芸思考 —型絵染表現にみたユートピア—, 外舘和子, 月刊染織α, 289号, 38-43頁, 2005年

N 111　文豪・谷崎潤一郎が名づけた「愛染工房」　西陣発　天然発酵本藍染へのこだわり（特集 藍染・紺屋・藍作り）, 宇津木憲一, 月刊染織α, 291号, 4-7頁, 2005年

N 112　青梅市に開く灰汁発酵建ての藍の華　藍染工房「壷草苑」の仕事（特集 藍染・紺屋・藍作り）, 月刊染織α, 291号, 8-11頁, 2005年

N 113　兵庫県西脇の風土が育む色味を求めて 「播磨藍」作り奮闘記（特集 藍染・紺屋・藍作り）, 村井弘昌, 月刊染織α, 291号, 12-15頁, 2005年

N 114　新大陸の藍の歴史 —スペイン植民地時代の藍産業（特集 藍染・紺屋・藍作り）—, 村田真喜子, 月刊染織α, 291号, 16-19頁, 2005年

N 115　日本染織工芸の遠近法（13）　かごづくり —造形表現への展開回路　現代バスケタリーの水流, 冨田康子, 月刊染織α, 291号, 42-47頁, 2005年

N 116　本州唯一の苧麻の生産地福島県大沼郡昭和村を訪ねて（特集 麻に生きる）, 月刊染織α, 293号, 19-24頁, 2005年

N 117　湖国の伝統染織　近江の麻を巡る人々（特集 麻に生きる）, 月刊染織α, 293号, 25-27頁, 2005年

N 118　日本染織工芸の遠近法（14）　友禅教育の拡がり —大塚末子のきものと教育にかけた"粋"の美学—, 外舘和子, 月刊染織α, 293号,

N 119 日本染織工芸の遠近法（15）　手芸のユートピア　藤井達吉とその家族の女たち, 冨田康子, 月刊染織α, 295号, 42-47頁, 2005年

N 120 近代の紡績産業を支えた紡績木管と木地屋の発祥地を探る, 木村裕樹, 月刊染織α, 295号, 58-60頁, 2005年

N 121 日本染織工芸の遠近法（16）　ローザンヌ・タピスリー・ビエンナーレを検証する　ローザンヌ今ふたたび, 外舘和子, 月刊染織α, 297号, 42-47頁, 2005年

N 122 ファッション展覧会の今日的意義　―マルタン・マルジェラ展と中心に―, 前田彩子, ファッション環境, 14巻2号, 37-47頁, 2005年

N 123 日本・フィンランド間の産学共同研究　―ワークショップ 'Wrapping the Body' と Fashion Exhibition の企画・デザイン―, 水谷由美子, 山口県立大学生活科学部研究報告, 31号, 71-72, 81頁, 2005年

N 124 日本における洗濯板の導入と普及　―明治期の文献資料および戦前記の婦人雑誌資料を中心として―, 林原泰子・石村眞一, 生活學論叢, 11巻, 90-102頁, 2006年

N 125 自然染料で世界の赤を染める（特集 紅花、茜、世界の赤染め）, 髙橋裕博, 月刊染織α, 298号, 20-23頁, 2006年

N 126 日本染織工芸の遠近法（17）　モダニズムの陶芸家をとらえたもの　富本憲吉の染織, 冨田康子, 月刊染織α, 299号, 42-47頁, 2006年

N 127 海を渡った「蝉の羽」織物　―「うすはたの会」ロンドン展の記―, 加藤類子, 月刊染織α, 300号, 20-23頁, 2006年

N 128 日本染織工芸の遠近法（18）　板谷波山と染織技法 ―友禅染めの手法から発想した陶磁表現―, 外舘和子, 月刊染織α, 301号, 38-43頁, 2006年

N 129 「伊勢形紙」のさと 白子、寺家を訪ねて（特集 型染の技、型紙の美）, 月刊染織α, 302号, 19-22頁, 2006年

N 130 伯州綿とともにある日々　―水俣浮浪雲工房 金刺宏子さん（特集 和綿のすすめ）―, 月刊染織α, 303号, 6-9頁, 2006年

N 131 赤穂緞通の今　―赤穂緞通を伝承する会の活動―, 月刊染織α, 304号, 44-47頁, 2006年

N 132 西の風、東の風ゆきかうところ（1）　織られた風　モスリン, 佐々木紀子, 月刊染織α, 304号, 59-61頁, 2006年

N 133 もじり織 紗・絽・羅の基礎技法（特集 もじり織の美と技法）, 小西誠二, 月刊染織α, 305号, 14-24頁, 2006年

N 134 日本染織工芸の遠近法（19）　津田青楓 ―図案と絵画、それぞれのモダニズム―, 冨田康子, 月刊染織α, 305号, 38-43頁, 2006年

N 135 西の風、東の風ゆきかうところ（2）　野山の精　イラクサの布, 佐々木紀子, 月刊染織α, 305号, 59-61頁, 2006年

N 136 西の風、東の風ゆきかうところ（3）　女人を守る外出着　―被衣―, 佐々木紀子, 月刊染織α, 306号, 56-58頁, 2006年

N 137 西の風、東の風ゆきかうところ（4）　性差と装い　パンタロン, 佐々木紀子, 月刊染織α, 307号, 24-26頁, 2006年

N 138 日本染織工芸の遠近法（20）　構造をデザインする　テキスタイル・デザイナー須藤玲子の創造哲学, 外舘和子, 月刊染織α, 307号, 42-47頁, 2006年

N 139 西の風、東の風ゆきかうところ（5）　日常の生活を映す　洗濯の変遷, 佐々木紀子, 月刊染織α, 308号, 60-62頁, 2006年

N 140 日本染織工芸の遠近法（21）　山脇敏子の足跡　―美としての「手芸」―, 冨田康子, 月刊染織α, 309号, 42-47頁, 2006年

N 141 西の風、東の風ゆきかうところ（6）　西欧の絣（その1）絹経絣, 佐々木紀子, 月刊染織α, 309号, 58-60頁, 2006年

N 142 京都きもの玉手箱（1）　平安朝ファッション再発見, 鳥居本幸代, NHK 知るを楽しむ 歴史に好奇心, 2巻24号, 94-112頁, 2007年

N 143 京都きもの玉手箱（2）　武家奥方のモード革命, 河上繁樹, NHK 知るを楽しむ 歴史に好奇心, 2巻24号, 113-132頁, 2007年

N 144 京都きもの玉手箱（3）　江戸町人は美を競う, 長崎 巌, NHK 知るを楽しむ 歴史に好奇心, 2巻24号, 133-147頁, 2007年

N 145 京都きもの玉手箱（4）　モダンガールが街をゆく, 横川公子, NHK 知るを楽しむ 歴史に好奇心, 2巻24号, 148-166頁, 2007年

N 146 西の風、東の風ゆきかうところ（7）　西欧の絣（その2）フラメー, 佐々木紀子, 月刊染織α, 310号, 60-62頁, 2007年

N 147 アフリカ3国訪問記　―染織品制作の現場を巡る―, 吉田英, 月刊染織α, 311号, 29-31頁, 2007年

N 148 農村の女性が育んだ織物文化　―清瀬市周辺での「うちおり」衣料の収集―, 星野輝子, 月刊染織α, 311号, 34-37頁, 2007年

N 149　日本染織工芸の遠近法 (22)　東京友禅の成立と展開 ―中村勝馬「友禅報告書」を中心に―, 外舘和子, 月刊染織α, 311号, 42-47頁, 2007年

N 150　西の風、東の風ゆきかうところ(8)　赤色の効用, 佐々木紀子, 月刊染織α, 311号, 58-60頁, 2007年

N 151　西の風、東の風ゆきかうところ(9)　異国情緒を醸す ―トルコ赤―, 佐々木紀子, 月刊染織α, 312号, 60-62頁, 2007年

N 152　4代龍村平蔵を襲名し新しい時代の美に挑む ―龍村美術織物の至芸 (特集 今を拓く京の伝統技) ―, 月刊染織α, 313号, 9-13頁, 2007年

N 153　京都画壇と染織工芸界 ―都路華香を中心に―, 今井淳, 月刊染織α, 313号, 14-19頁, 2007年

N 154　日本染織工芸の遠近法 (23)　縫い目に内在する時間　秋山さやかの表現行為, 冨田康子, 月刊染織α, 313号, 42-47頁, 2007年

N 155　西の風、東の風ゆきかうところ(10)　縞々のはなし, 佐々木紀子, 月刊染織α, 313号, 58-60頁, 2007年

N 156　西の風、東の風ゆきかうところ(11)　今につなぐモロッコの空引機, 佐々木紀子, 月刊染織α, 314号, 56-58頁, 2007年

N 157　日本染織工芸の遠近法 (24)　構造を織り成すかたち　小名木陽一の織史, 外舘和子, 月刊染織α, 315号, 42-47頁, 2007年

N 158　西の風、東の風ゆきかうところ(12・最終回)　一幅の布 ―手拭―, 佐々木紀子, 月刊染織α, 315号, 58-60頁, 2007年

N 159　日本染織工芸の遠近法 (25)　カナイヒロミ「おフトンアート」の原点にあるもの, 冨田康子, 月刊染織α, 317号, 38-43頁, 2007年

III ミュージアムリスト編

I 論文要旨編

II 文献リスト編

O 日本
P 欧米，Q 東洋
R 民族（俗）服飾・比較服飾文化
S 服飾美学
T 宗教・芸能衣裳，U その他
IV キーワード索引
V 著者名索引

O（日本）

O 001　衝角付冑の系譜, 村井嵓雄, 東京国立博物館紀要9号, 67-216頁, 1974年

O 002　宝珠の造形意匠, 関忠夫, 東京国立博物館紀要10号, 229-304頁・25-50頁（図）, 1975年

O 003　現代和服の変貌 ―その設計と着装技術の方向に関して―, 大丸弘, 国立民族学博物館研究報告4(4)号, 770-797頁, 1979年

O 004　特別展 江戸のよそおい, 埼玉県立博物館だより37号, 1-2頁, 1981年

O 005　甘棠院旧蔵伝足利利政氏所用縹糸素懸威最上胴丸具足について, 加藤功, 埼玉県立博物館紀要8号, 147-163頁, 1983年

O 006　現代和服の変貌 ―着装理念の構造と変容―, 大丸弘, 国立民族学博物館研究報告10(1)号, 131-232頁, 1985年

O 007　近世前期小袖意匠の系譜 ―寛文小袖に至る二つの系統―, 丸山伸彦, 国立歴史民俗博物館研究報告11号, 195-246頁, 1986年

O 008　西欧型服装の形成 ―和服論の観点から―, 大丸弘, 国立民族学博物館研究報告別冊4号, 1-225頁, 1987年

O 009　製糸業の危機と生糸売込問屋の経営 ―1920年代～昭和恐慌期の原合名会社―, 松村敏, 国立歴史民俗博物館研究報告19号, 393-416頁, 1989年

O 010　女紋に関する調査, 近藤雅樹, （国立歴史民俗博物館）博物館資料調査報告書 民俗資料編1号, 541-567頁, 1989年

O 011　繰る技 ―上州座繰の技術史―, 小此木エツ子, たばこと塩の博物館研究紀要3号, 53-62頁, 1989年

O 012　ガラ紡績機の機構とその独創性, 石田正治, たばこと塩の博物館研究紀要3号, 105-113頁, 1989年

O 013　『手拭合』の謎の人 ―香蝶公とは―, 谷峯蔵, たばこと塩の博物館研究紀要4号, 67-75頁, 1991年

O 014　昭和戦前期の人絹機業と勝山地域, 笠松雅弘, 福井県立博物館紀要4号, 75-94頁, 1991年

O 015　三角縁対置式系神獣鏡の図紋 ―「神守」衘巨と旆節と「乳」をめぐって―, 西田守夫, 国立歴史民俗博物館研究報告55号, 85-115頁, 1993年

O 016　大和の傾斜型高機 ―当館の収蔵資料から―, 横山浩子, 奈良県立民俗博物館紀要13号, 37-44頁, 1993年

O 017　古代金工における色彩 ―古代の色は復元可能か―, 村上隆, 国立歴史民俗博物館研究報告62号, 11-42頁, 1995年 (1)

O 018　発表記録・吉野ケ里の貝紫と茜, 前田雨城, 国立歴史民俗博物館研究報告62号, 61-76頁, 1995年

O 019　上代裂に見られる色彩の系統色名 ―国立歴史民俗博物館収蔵資料上代裂帳について―, 神庭伸幸, 国立歴史民俗博物館研究報告62号, 107-180頁, 1995年

O 020　加賀紋の系譜, 花岡慎一, 国立歴史民俗博物館研究報告62号, 293-356頁, 1995年

O 021　江戸時代五十嵐様式の蒔絵 ―秋草文様を追って―, 本谷文雄, 国立歴史民俗博物館研究報告62号, 357-370頁, 1995年

O 022　日本古代の住民の武装, 吉田晶, 国立歴史民俗博物館研究報告72号, 12-15頁, 1995年

O 023　江戸時代「月次風俗図」の主題について ―江戸東京博物館蔵「月次風俗図」巻を中心に―, 我妻直美, 東京都江戸東京博物館研究報告1号, 133-156頁, 1995年

O 024　千葉県成東町駄ノ塚古墳発掘調査報告(3) 出土遺物(1)装身具, 大久保奈会, 国立歴史民俗博物館研究報告65号, 77-86頁, 1996年

O 025　石水博物館蔵の伊勢木綿縞帳について, 藤原寛, 斎宮歴史博物館紀要7号, 13-26頁, 1998年

O 026　正倉院頒布裂, 沢田むつ代, 東京国立博物館紀要33号, 1-308頁, 1998年

O 027　安永六年銘をともなう山中善次郎所用の素襖袴について, 中野朋子, 大阪市立博物館研究紀要32号, 25-34頁, 2000年

O 028　天保三年「御雛形模様帳」について ―大坂鰻谷の染織商史料の紹介―, 沢井浩一, 大阪市立博物館研究紀要32号, 41-62頁, 2000年

O 029　商人の生産的機能について, 内田星美, 大阪商業大商業史博物館紀要2号, 1-15頁, 2002年

O 030　豊田喜一郎の生涯とトヨタ鞍ケ池記念館の展示, 和田一夫, 大阪商業大商業史博物館紀要2号, 17-31頁, 2002年

O 031　唐物の流通と消費, 関周一, 国立歴史民俗博物館研究報告92号, 87-111頁, 2002年

O 032　在郷町桐生新町織屋吉田清助と株取得, 高橋敏, 国立歴史民俗博物館研究報告95号, 147-164頁, 2002年

O 033　豪農の桐生進出と呉服渡世, 杉森玲子, 国立歴史民俗博物館研究報告95号, 165-178頁,

	2002年		国立歴史民俗博物館研究報告125号, 69-99頁, 2006年
O 034	安政六年, 開港をめぐる桐生新町の動静, 松浦利隆, 国立歴史民俗博物館研究報告95号, 179-205頁, 2002年	O 049	肖像図蒔絵プラークの原図に関して, 日高薫, 国立歴史民俗博物館研究報告125号, 235-257頁, 2006年
O 035	明治期・桐生織物業における織元 —賃織関係の一考察 賃織業者の「不正」問題から—, 松村敏, 国立歴史民俗博物館研究報告95号, 207-227頁, 2002年	O 050	モノに見る生活文化とその時代に関する研究 国立民族学博物館所蔵の大村しげコレクションを通して —特徴的なモノの概要 衣類と繊維製品—, 相川佳子子, 国立民族学博物館調査報告68号, 55-60頁, 2007年
O 036	銅版画と浮世絵風景画, 大久保純一, 国立歴史民俗博物館研究報告97号, 83-108頁, 2002年	O 051	モノに見る生活文化とその時代に関する研究 国立民族学博物館所蔵の大村しげコレクションを通して —特徴的なモノの概要 収納の装置—, 横川公子, 国立民族学博物館調査報告68号, 61-67頁, 2007年
O 037	奈良晒再考 —麻織物という視点からみた奈良晒—, 横山浩子, 奈良県立民俗博物館研究紀要19号, 1-20頁, 2002年		
O 038	「茶屋染」考 —その名称の由来と豪商茶屋家をめぐって—, 遠藤貴子, 野村美術館研究紀要11号, 23-41頁, 2002年	O 052	モノに見る生活文化とその時代に関する研究 国立民族学博物館所蔵の大村しげコレクションを通して —大村しげ寄贈品における女物和装履物についての報告—, 磯映美, 国立民族学博物館調査報告68号, 197-217頁, 2007年
O 039	ポール・セザンヌ作《縞模様の服を着たセザンヌ夫人》(R.536／V.229, 横浜美術館所蔵)について, 新畑泰秀, 横浜美術館研究紀要4号, 9-31頁, 2002年	O 053	モノに見る生活文化とその時代に関する研究 国立民族学博物館所蔵の大村しげコレクションを通して —大村しげコレクションにみる"着物リフォーム"12点のワンピースから—, 国立民族学博物館調査報告68号, 219-236頁, 2007年
O 040	飯田市上郷考古博物館秋季展示「古墳人のアクセサリー —長野県における古墳時代の装身具」, (飯田市美術博物館) 美博だより63号, 2頁, 2003年		
O 041	《絵姿女房譚》と中国の類話, 千野明日香, 国立歴史民俗博物館研究報告106号, 37-50頁, 2003年		

P (欧米)

O 042	近世・近代の女性の旅について —納経帳と絵馬を中心に—, 山本光正, 国立歴史民俗博物館研究報告108号, 165-181頁, 2003年	
		P 001	色彩の象徴性・再考 —ターナーの色彩論をふりかえって—, 吉田憲司, 国立歴史民俗博物館研究報告62号, 181-195頁, 1995年
O 043	肉筆浮世絵制作の一様態 —国立歴史民俗博物館所蔵「浅草風俗図巻」から—, 大久保純一, 国立歴史民俗博物館研究報告108号, 183-201頁, 2003年	P 002	人種／国民／帝国主義 —19世紀フランスにおける人種主義人類学の展開とその批判—, 竹沢尚一郎, 国立民族学博物館研究報告30(1)号, 1-55頁, 2005年
O 044	テーマ展「井伊家歴代の肖像」より —江戸期の祖先顕彰ブーム—, 渡辺恒一, 彦根城博物館だより61号, 2頁, 2003年		

Q (東洋)

O 045	宮本君山筆『御ぐしあげ』の検討から (2) 近世大坂風俗再考のために, 中野朋子, 大阪歴史博物館研究紀要3号, 13-38頁, 2004年		
O 046	千葉市美術館「伝説の浮世絵開祖 岩佐又兵衛」展について, 松尾知子, 博物館研究440号, 10-11頁, 2005年	Q 001	複様平組織の緯錦について —大谷探検隊将来絹資料の研究—, 横張和子, 古代オリエント博物館紀要11号, 257-287頁, 1990年
O 047	日本の近代製糸業とキリスト教精神, 杉本星子, 国立民族学博物館調査報告62号, 71-91頁, 2006年	Q 002	AN ESSAY ON THE DEBUT OF THE CHINESE SAMIT BASED ON THE STUDY OF ASTANA TEXTILES, 横張和子, 古代オリエント博物館紀要12号, 42-101頁, 1991年
O 048	帷子の基礎的研究 —室町時代から江戸時代初期に於ける材質の変遷について—, 沢田和人,		

Q 003	後漢鏡の編年, 岡村秀典, 国立歴史民俗博物館研究報告55号, 39-83頁, 1993年			考察—, 小川了, 国立民族学博物館研究報告7(4)号, 689-736頁, 1982年
Q 004	三角縁対置式系神獣鏡の図紋, 西田守夫, 国立歴史民俗博物館研究報告55号, 85-115頁, 1993年		R 013	西欧人のキモノ認識, 大丸弘, 国立民族学博物館研究報告8(4)号, 707-838頁, 1983年
Q 005	盤龍鏡の諸系列, 上野祥史, 国立歴史民俗博物館研究報告100号, 1-23頁, 2003年		R 014	アステカ社会における衣裳と職務 —アステカ王権に関する一考察—, 小林致広, 国立民族学博物館研究報告9(4)号, 799-849頁, 1984年
Q 006	造花東漸 —中国から日本へ—, 稲城信子, 国立歴史民俗博物館研究報告114号, 5-19頁, 2004年		R 015	当館収蔵織具の比較研究(1) 糸車, 大宮守人, 奈良県立民俗博物館紀要8号, 12-23頁, 1984年

R（民族（俗）服飾・比較服飾文化）

			R 016	テーマ展紹介 大和のはたおり, 大宮守人, 奈良県立民俗博物館だより39号, 1-2頁, 1984年
R 001	中央アンデス地帯の染織文化 —その文化史的観点からの一考察—, 藤井龍彦, 国立民族学博物館研究報告2(3)号, 590-604頁, 1977年		R 017	仕事着について, 徳田陽子, 奈良県立民俗博物館研究紀要9号, 39-43頁, 1985年
R 002	大和絣の技術, 芳井敬郎, 奈良県立民俗博物館研究紀要2号, 49-60頁, 1978年		R 018	下駄と下駄職人について(1) 下駄の製作とその用具, 横山浩子, 奈良県立民俗博物館研究紀要10号, 1-8頁, 1986年
R 003	色彩の認知と分類 —東アフリカの牧畜民BODI族—, 福井勝義, 国立民族学博物館研究報告4(4)号, 557-665頁, 1979年		R 019	インドネシアにおける手織機の類型論的研究(1) 形式と分布, 吉本忍, 国立民族学博物館研究報告15(1)号, 1-114頁, 1990年
R 004	民間紡織技術とその用具(1) アサ・フジを中心として, 芳井敬郎, 奈良県立民俗博物館研究紀要3号, 1-11頁, 1979年		R 020	ボリビアの農民 —農民の「行動の記録」の分析(1)—, 藤井龍彦, 国立民族学博物館研究報告15(2)号, 349-391頁, 1990年
R 005	チベット語の色彩語彙, 長野泰彦, 国立民族学博物館研究報告5(2)号, 409-438頁, 1980年		R 021	裸族文化から衣服文化へ —西アフリカ内陸社会における「イスラム・衣服文化複合」の形成—, 嶋田義仁, 国立民族学博物館研究報告別冊12号, 447-530頁, 1990年
R 006	国立民族学博物館所蔵の労働衣服 —国内収集の上半衣について—, 西村綏子, 国立民族学博物館研究報告5(3)号, 729-750頁, 1980年		R 022	色のフォークロア研究における諸前提, 小林忠雄, 国立歴史民俗博物館研究報告27号, 393-415頁, 1990年
R 007	国立民族学博物館所蔵の労働衣服 —国内収集の下半衣について—, 日浅治枝子, 国立民族学博物館研究報告5(3)号, 751-777頁, 1980年		R 023	会津若松市幕内の民俗, 倉石忠彦, 国立歴史民俗博物館研究報告43号, 79-108頁, 1992年
R 008	国立民族学博物館所蔵の労働衣服 —とくに刺子の形態・染織の分析—, 山崎光子, 国立民族学博物館研究報告5(3)号, 778-800頁, 1980年		R 024	寝具と就寝習俗の変遷について, 矢萩昭二, 岩手県立博物館研究報告11号, 67-88頁, 1993年
R 009	テーマ展「住まいと衣の用具」の紹介から, 奥野義雄, 奈良県立民俗博物館だより25号, 3-5頁, 1980年		R 025	東日本における樹皮利用の文化 —加工技術の体系と伝統—, 名久井文明, 国立民族学博物館研究報告18(2)号, 221-301頁, 1993年
R 010	背中あての諸形態 —国立民族学博物館所蔵の標本資料によって—, 中村俊亀智, 国立民族学博物館研究報告6(1)号, 183-203頁, 1981年		R 026	都市の色彩表徴と民俗文化, 小林忠雄, 国立歴史民俗博物館研究報告50号, 343-370頁, 1993年
R 011	客家文化 —衣・食・住・山歌を中心に—, 周達生, 国立民族学博物館研究報告7(1)号, 58-138頁, 1982年		R 027	「カナダの染織工芸・キルトとフックドラグ」展によせて, 飯田美苗, 博物館研究28(9)号, 14-17頁, 1993年
R 012	フルベ語色彩語彙 —色彩基礎語彙に関する一		R 028	1930年前後の都市における色彩環境 —色彩感覚の近代化—, 小林忠雄, 国立歴史民俗博物館研究報告62号, 371-410頁, 1995年

R 029	収蔵品展「衣生活をめぐる民具」について, 奈良県立民俗博物館だより69号, 1-3頁, 1996年
R 030	シルク産業を訪ねて 上田紬 —故きを知り現代を生きる伝統産業—, 岡谷蚕糸博物館紀要5号, 6-7頁・106-107頁, 2000年
R 031	「房総半島の万祝及び紺屋製作道具」とその活用 —所蔵万祝資料と開館25周年記念企画展「万祝」について—, 安斎信人, 博物館研究388号, 16-21頁, 2000年
R 032	北米北方地域における先住民による諸資源の交易について —毛皮交易とその諸影響を中心に—, 岸上伸啓, 国立民族学博物館研究報告25(3)号, 293-354頁, 2001年
R 033	第16回特別展「美しき北の文様 the brilliant northern design」—講演会「美しき北の文様」—, 笹倉いる美, 北方民族博物館だより43号, 2-6頁, 2001年
R 034	技術における選択と意志決定 —ソロモン諸島における貝ビーズ工芸の事例から—, 後藤明, 国立民族学博物館研究報告27(2)号, 315-359頁, 2002年
R 035	ラブラドール・エスキモーの資源利用と毛皮交易 —ヌネンガック遺跡 Nunaingok site (JcDe-1)の動物遺体の分析を中心に—, 手塚薫, 国立民族学博物館調査報告34号, 17-37頁, 2002年
R 036	18～20世紀におけるベーリング海峡地域の先住民交易と社会構造, 岸上伸啓, 国立民族学博物館調査報告34号, 39-50頁, 2002年
R 037	20世紀前半における"トナカイチュクチ"とアメリカ人との毛皮交易 —シベリア北東部のチャウン地区の事例—, 池谷和信, 国立民族学博物館調査報告34号, 51-69頁, 2002年
R 038	階層制社会とその経済的基盤 —カムチャッカの事例から—, シュニレルマン,A.ヴィクトル, 国立民族学博物館調査報告34号, 71-93頁, 2002年
R 039	近世末期におけるアイヌの毛皮獣狩猟活動について —毛皮交易の視点から—, 出利葉浩司, 国立民族学博物館調査報告34号, 97-163頁, 2002年
R 040	ロシア極東アムール流域と東シベリアにおける先住民族の狩猟漁撈活動, 田口洋美, 国立民族学博物館調査報告34号, 165-214頁, 2002年
R 041	現代民話の日韓比較, 島村恭則, 国立歴史民俗博物館研究報告106号, 51-60頁, 2003年
R 042	幽霊のいる現代空間で生きる —中国の現代民話についての社会学的研究—, 趙丙祥, 国立歴史民俗博物館研究報告106号, 61-70頁, 2003年
R 043	特別展の紹介「大和もめん」, 横山浩子, 奈良県立民俗博物館だより90・91号, 1-4頁, 2003年
R 044	企画展「毛皮 —身をまもる技と心」, 斎藤玲子, 北方民族博物館だより49号, 2-3頁, 2003年
R 045	広場は政治に代われるか —イタリアの戸外生活再考—, 宇田川妙子, 国立民族学博物館研究報告28(3)号, 329-375頁, 2004年
R 046	民俗的古式技法の存在とその意味 —特に編組技法について—, 名久井文明, 国立歴史民俗博物館研究報告117号, 185-240頁, 2004年
R 047	針供養の変容と裁縫を教える場の終焉 —千葉県佐原の事例から—, 島立理子, 千葉県立中央博物館研究報告人文科学17号, 25-42頁, 2004年
R 048	ロビー展「ウイルタ刺繍展 講習会「ウイルタ刺繍入門」, 中田篤, 北方民族博物館だより52号, 7頁, 2004年
R 049	「手工芸」としての絞り染め布生産 —インド染織品需要変化への生産者の対応—, 金谷美和, 国立民族学博物館研究報告29(3)号, 429-466頁, 2005年
R 050	インド・ムスリムの生業における親族と姻族ネットワークの重要性 —グジャラートの染色コミュニティの事例—, 金谷美和, 国立民族学博物館研究報告29(4)号, 551-586頁, 2005年
R 051	タイ西北部山地に暮らす人々 —上智大学から移管された西北タイ歴史・文化調査団資料より(2)—, 後藤真里, 南山大人類学博物館紀要23号, 13-39頁, 2005年
R 052	クック時代のポリネシア 民族学的研究 —人の死をどのように悼むか—, 石川栄吉, 国立民族学博物館調査報告59号, 36-49頁, 2006年
R 053	クック時代のポリネシア 民族学的研究 —日本人が初めて見たポリネシア人—, 石川栄吉, 国立民族学博物館調査報告59号, 68-78頁, 2006年

S（服飾美学）

S 001	「珠光緞子」松屋肩衝茶入仕覆について, 吉岡明美, 野村美術館研究紀要8号, 14-28頁, 1999年

T（宗教・芸能衣裳）

T 001　三番叟と衣裳, 高橋春子, 半田市立博物館研究紀要8号, 82-87頁, 1985年

T 002　苗字家紋から見た口内の開拓者, 伊藤金次郎, 北上市立博物館研究報告7号, 53-59頁, 1989年

T 003　山車装飾と刺繍 ―半田市亀崎町石橋組青龍車の大幕と水引―, 高橋春子, 半田市立博物館研究紀要13号, 28-45頁, 1990年

T 004　祭礼の服装にみる裁着, 高橋春子, 半田市立博物館研究紀要14号, 22-35頁, 1992年

T 005　長絹考, 堀修, 野村美術館研究紀要3号, 29-41頁, 1994年

T 006　赤と青 ―「もどき」をともなう王の舞―, 橋本裕之, 国立歴史民俗博物館研究報告62号, 199-216頁, 1995年

T 007　江戸中期における能装束の色彩, 山口憲, 国立歴史民俗博物館研究報告62号, 241-292頁, 1995年

T 008　「つぎはぎジャケット」と「ふんどし」―ベンガルのバウルの宗教と宗教儀礼―, 村瀬智, 国立民族学博物館研究報告20(4)号, 719-751頁, 1996年

T 009　縄文土偶と女神信仰 ―民族誌的情報の考古学への体系的援用に関する研究(2)―, 渡辺仁, 国立民族学博物館研究報告23(1)号, 129-251頁, 1998年

T 010　縄文土偶と女神信仰 ―民族誌的情報の考古学への体系的援用に関する研究(3)―, 渡辺仁, 国立民族学博物館研究報告24(2)号, 291-460頁, 1999年

T 011　鈴付銅器に関する一考察, 大川磨希, 明治大博物館研究報告4号, 21-48頁, 1999年

T 012　The Sixteen Bodhisattvas in the Dharmadhatu Mandala, 立川武蔵, 国立民族学博物館研究報告25(4)号, 537-623頁, 2001年

T 013　東家所蔵「マリア十五玄義図」の調査 ―付 京都大学所蔵「マリア十五玄義図」旧蔵家屋の調査―, 神庭信幸・小島道裕, 国立歴史民俗博物館研究報告93号, 103-116頁, 2002年

T 014　兵士の「遺体」と兵士の「遺霊」, 波平恵美子, 国立歴史民俗博物館研究報告102号, 493-514頁, 2003年

T 015　息を「吹く」しぐさと「吸う」しぐさ ―ウソブキとねず鳴きの呪術性―, 常光徹, 国立歴史民俗博物館研究報告108号, 255-270頁, 2003年

T 016　江戸里神楽師前田家の衣裳について ―上着について―, 川上由美子, 埼玉県立博物館紀要28号, 77-90頁, 2003年

T 017　猿倉人形芝居, 稲雄次, 国立歴史民俗博物館研究報告109号, 321-338頁, 2004年

T 018　雨乞の灯火風流 ―幕末兵庫津の事例―, 福原敏男, 国立歴史民俗博物館研究報告117号, 251-268頁, 2004年

T 019　テーマ展「大野出目家 ―井伊家伝来能面から」より ―天下一―, 斎藤望, 彦根城博物館だより64号, 2頁, 2004年

T 020　1970年代暗黒舞踏の技法研究 ―見えない技法をめぐって―, 稲田奈緒美, (早稲田大演劇博物館)演劇研究センター紀要2号, 49-59頁, 2004年

T 021　言葉と音楽と身体 ―メロドラマ《ナクソス島のアリアドネ》について―, 長谷川悦朗, (早稲田大演劇博物館)演劇研究センター紀要2号, 157-161頁, 2004年

T 022　舞踏研究の現在 ―土方巽と暗黒舞踏の研究を中心に―, 国吉和子, (早稲田大演劇博物館)演劇研究センター紀要2号, 213-224頁, 2004年

T 023　今様能狂言 ―歌舞伎舞踊にみる「今様」―, 近藤美織, (早稲田大演劇博物館)演劇研究センター紀要3号, 89-95頁, 2004年

T 024　土方巽・暗黒舞踊創始までの再考察 ―身体のディシプリンと日本における50年代ダンス状況―, 稲田奈緒美, (早稲田大演劇博物館)演劇研究センター紀要4号, 135-144頁, 2005年

T 025　京劇臉譜の記念撮影 ―「画像資料から見る中国伝統演劇近代化のプロセス」活動報告―, 李墨, (早稲田大演劇博物館)演劇研究センター紀要4号, 169-182頁, 2005年

T 026　テーマ展「中村直彦の能面 ―没後60年」より ―面心一如―, 斎藤望, 彦根城博物館だより68号, 2頁, 2005年

T 027　テーマ展「唐様のきらめき ―井伊家伝来能装束から」より ―唐様―, 高木文恵, 彦根城博物館だより72号, 2頁, 2006年

U（その他）

U 001　衣服標本属性論 ―MCD標本シソーラス(1) 固有属性―, 大丸弘, 国立民族学博物館研究報告9(3)号, 533-570頁, 1984年

U 002	服装専門検索語辞書（MCDシソーラス）の構造, 大丸弘他, 国立民族学博物館研究報告10(3)号, 681-723頁, 1986年			北方民族博物館だより50号, 2頁, 2003年
U 003	専門図書館における非図書資料の位置づけ —服装情報サービスの基本技術—, 大丸弘他, 国立民族学博物館研究報告12(1)号, 175-197頁, 1987年		U 017	デジタル画像の利用の試み —伝承的な仕事と身体活動をめぐって—, 朝岡康二, 国立歴史民俗博物館研究報告117集, 23-55頁, 2004年
			U 018	当館のコレクション化事業と染織及びその関連用具の調査・研究, 横山浩子, 奈良県立民俗博物館研究紀要20号, 1-14頁, 2004年
U 004	手織機の構造・機能論的分析と分類, 吉本忍, 国立民族学博物館研究報告12(2)号, 315-447頁, 1987年		U 019	竹筬製作に関する資料と製作の試み, 山田和夫・金城弥生, 奈良県立民俗博物館研究紀要20号, 15-64頁, 2004年
U 005	固有属性分析による衣服標本カタログ, 大丸弘, 国立民族学博物館研究報告別冊13号, 1-486頁, 1991年		U 020	襤褸の世界 堀切辰一 —布のいのち見つめて—, 税田昭徳, 博物館研究439号, 21-22頁, 2004年
U 006	20世紀の新しい色 —合成有機顔料—, 園田直子, 国立歴史民俗博物館研究報告62集, 43-60頁, 1995年		U 021	ホーフマンスタール『エレクトラ』の日本初演をめぐる諸事情 —松居松葉のホーフマンスタール宛未発表書簡の翻訳紹介—, 関根裕子, （早稲田大演劇博物館）演劇研究センター紀要2号, 33-41頁, 2004年
U 007	色彩語彙分析のあり方, 長野泰彦, 国立歴史民俗博物館研究報告62集, 79-105頁, 1995年			
U 008	スプリンクラー事故で冠水した衣類等に施した緊急保存処置に関する報告 —阪神・淡路大震災による被災資料の例—, 園田直子, 国立民族学博物館研究報告20(3)号, 429-453頁, 1996年		U 022	D・W・グリフィス試論 —グリフィス作品におけるメロドラマ的な身振りについて—, 畠山宗明, （早稲田大演劇博物館）演劇研究センター紀要2号, 61-74頁, 2004年
			U 023	Gesture and declamation in eighteenth-century opera, 清水英夫, （早稲田大演劇博物館）演劇研究センター紀要2号, 127-139頁, 2004年
U 009	国立民族学博物館所蔵衣服標本カタログ, 大丸弘他, 国立民族学博物館研究報告別冊19号, 全684頁, 1998年			
U 010	博物館と図書館, 滝沢秀樹, 大阪商業大商業史博物館紀要1号, 61-66頁, 2001年		U 024	フロンティア・ドラマ演劇における「中国人」表象, 中垣恒太郎, （早稲田大演劇博物館）演劇研究センター紀要2号, 151-156頁, 2004年
U 011	大阪の白粉仲間, 池田治司, 大阪商業大商業史博物館紀要1号, 85-98頁, 2001年			
U 012	「着物と夜具」展ボランティアの記録 —学芸員とボランティア協力による資料整理から展示までの初の試み—, 伊藤道子・内山順子・藤井貞子他, 松戸市博物館紀要9号, 73-83頁, 2002年			
U 013	CD-ROMを保存科学に応用する可能性 —「繊維製品の保存マニュアル」を作成して—, 園田直子, 国立民族学博物館調査報告35号, 37-47頁, 2003年			
U 014	「両テンビン」世帯の人々 —とりまく資源に連関する複合性への志向—, 卯田宗平, 国立歴史民俗博物館研究報告105集, 123-158頁, 2003年			
U 015	特別展における「見て・聞いて・触れて・ためして」—展示を理解するための試み—, 横山浩子, 奈良県立民俗博物館だより90・91号, 5-8頁, 2003年			
U 016	ロビー展「ふわふわフェルト展」, 斎藤玲子,			

その他

IV キーワード索引

I 論文要旨編

II 文献リスト編

III ミュージアムリスト編

IV キーワード索引

V 著者名索引

あ

アーミン................................Bc028
アール・デコ.......Ad055, Bd012, Bd074
アール・デコ展......Bd009, Bd048
アール・ヌーヴォー.........Ad055, Bd012, Bd030, G013
藍・藍染..............................Ac036, Bb007, D016, D070, D150, D156
アイデンティティ................D046
アイヌ...........D090, D092, D151
アイヌ衣服・着物....D007, D071, D092, D159
愛の講中..............................Ad048
アイプチ..............................Ad097
アイルランド D009
アウトドアファッション.....Bd071
青........................Bb007, Bc022
青いマント Be001
葵紋 Ac007
青白橡 Aa043
赤・赤色........C020, D071, D091
赤襟.....................................Ad091
赤白橡 Aa043
アカとシロの語源..............Aa032
茜染.....................................Aa022
赤のハーモニー...................Bd010
朱裳......................................F024
秋..Ab001
アクセサリー Bd065
麻・麻織物...........Aa047, Bc006, D001, D076
浅井忠................................Ad080
麻ブーム..............................D131
アジア..................C007, D012, D124, D145
足利義満..............................Ab001
東連.....................................Ac011
アセアン D062
頭飾り C032, D065
新しい女（性）...................Bd056, E011, E016
アチェ.................D063, D081
厚板.....................................Ab017
アッシジ刺繍 D051, D052
アッシュモレアン博物館....Ad073
アットウシ..........................D092
アッパッパ.........................Ad004
吾妻コート...........Ad049, Ad111
アトシュ..............................D108
アトラス..............................D096

アトラスシルク D085
アナボロス..........................D078
アパレル..............................Bc032
アパレル産業 D116
アパレル市場 Ad007
アビ.....................................Bc025
アフガニスタン D103
アフリカ..............................D130
尼..Aa038
奄美・奄美諸島 D034, D035
編み組織..............................Aa013
アムール川 D079
アメリカ..............................Bd004, Bd044, Bd054
アメリカ植民地時代..........Bd029
アメリカ独立革命 Bd029 Bc033, Bc042
アメリカの型紙産業..........Bd053
アメリカン・ヴォーグ......Bd054
アメリカン・ボード..........Ad029
アタヤル族..........................D002
綾幡残欠（あやばんざんけつ）
　..Aa046
アヨロックシン D033
アランセーター D009
有松絞り D016, D087, D130
合わせ縫い絞り D087
アングロフォビー..............Bc042
アングロマニー Bc037, Bc042
アンケート....Be010, D094, D115
アンコール・ワット....C025, C032
アンシャン・レジーム.......Bc026, Bc030, Bc031
アンチモード Ad021
アンリ4世..........................Bc017

い

飯田藩..................................Ac025
イーニン..............................D095
イオニア式..........................Ba001
衣冠制.................................C010
活人形.................................G001
イギリス.........Bd036, Bd063, Bd066, Bd067, Bd069, E016
イギリス趣味......................Bc014
イギリス文化 Bd001, Bd020, Bd027, Bd035, Bd050, Bd051, Bd064, Bd072
育児観..................................D162
衣桁（いこう）餝り............Ac065
異国趣味.............. Ad008, Ad019

イザベッラ・デステ...........Bb002
意識 D094, G023
意匠 D130, G034
衣装・衣裳.....Bd037, D066, F021
衣裳色 C001
衣裳図案帳...........Ac049, Ac050, Ac051, Ac064, Ac087
意匠デザイン Ad061
衣裳文様.............................Ac015
イスラム D080, D136
イスラム教 D044, D061
イスラム女性 D158
衣生活 Ad047, Ad071, D054, E007, G011
衣生活領域..........................G010
異性装.................Bb015, Bb016, Bb018, Bc034, Bd011, Bd052
伊勢物語..............................Ac052
出衣.....................................Ab004
板締絣.................................D131
イタリア..............................Bc011
イタリア未来派 Bd031
苺模様.................................Bc019
一枚布.........C018, C025, D146
市女笠..................................Ab004
一平.....................................Ad048
射手.....................................Aa035
糸つむぎ部屋......................Bb004
命の樹..................................C022
井原西鶴..............Ac043, Ac060
衣服 C009, G025
衣服気候..............................G008
衣服行動..............................G009
衣服重量..............................G008
衣服設計..............................G017
衣服創作..............................D163
衣服の関心度 G006
衣服の入手方法..................Bd078
異文化..................................D048
今治藩..................................Ac027
移民.....................................D136
イメージ..............................G012
イメージスケール分析........G028
伊予・伊予地方 D027, D042, D060, D135, D152
尉犁（いり）県営盤埋葬地 C005
衣料消費..............................Ad071
入れ墨..................................G041
色........................Aa017, Aa047, Be009, D159
色上げ染め直し Ac023, Ac024

色合わせ様式 C001
色並び様式 C001
因子分析 G051
インターネット Bc013
インダストリアルデザイナー
　..................................... Ad068
インタビュー Ad097
印尽くし Ac011
インテリアデザイン E008
インド C022,
　D013, D043, D065, D149
インドネシア C018, C029,
　D019, D020, D031, D047,
　D048, D063, D081, D163
インバネス Ad028, Ad049
韻文学（和歌表現）............Aa047

う

ヴァージニア・ガゼット Bd029
ヴァージニア・クロス Bd029
ヴァチカン宮殿 Bc023
ヴァリニャーノ Ac053
ヴァルヴァーラ・スタパーノワ
　..................................... Bd021
ヴィクトリア時代 Bd005,
　Bd015, Bd041, Bd045,
　Bd047, Bd083
ウイグル族 D055, D064, D069
ヴィジェ・ル・ブラン Bc007,
　Bc013
ウィリアム・テル Bb019
ウィリアム・モリス Bd083
ウープランド Bb012
ウール Bd025
ウェアラブル・コンピュータ
　..................................... G039
ヴェール Bc008
上杉謙信 Ac029
ウェスタの巫女 Bc008
ヴェスト Bc004, Bc025
ヴェチェッリオ Bc011
ウェディングドレス Bd001,
　Be008, Be010, G038
ヴェトナム D032, D057
上村六郎 Ad084
ヴェンツェル・ホラー Bc029
ヴォーグ Bd008, Bd017,
　Bd026, Bd032, Bd039,
　Bd043
ウオラ染め D123
浮世絵 Ac038
浮世続 Ac015

御冠船踊 F007
宇治・大和 Ab001
右袵 D082
薄様 Ab010
薄和紙で裏打ち Aa004,
　Aa010, Aa025
歌合 Aa028
歌川豊国 Ac038
桂 Aa037
内着の数 Ab015
内着の地質 Ab015
打出 Ab010
宇津保物語 Aa011
うづら小紋 Ad085
采女 Aa033
産着 D084
馬長児（うまおさのちご）......F020
梅染 Ac057
売立 Ad109
ウルタースタイル D149
雲気文 C030, C034
暈繝（うんげん）...............Aa021
雲岡石窟 C016
雲谷等顔 Ac020
運動機能性 D124
雲南 D004
雲母片 D018

え

纓（えい）............................. C003
英国 Bc002
英泉 Ac012
エーポック Ad088
蝦夷錦 D079
越中八尾 D066
絵手本 Ac012
江戸 Ac010, Ac083
江戸・明治期 D042
江戸小袖 Ac063
江戸時代 Ac009, Ac010,
　Ac018, Ac020, Ac022,
　Ac023, Ac024, Ac032,
　Ac038, Ac055, Ac057,
　Ac068, Ac071, Ac072,
　Ac074, Ac077, Ac084,
　Ac090, Ad022, Ad026,
　Ad057, D088, D100,
　G007
江戸時代初期 Ac019
江戸時代前期 Ac008, Ac033,
　Ac064
江戸時代中期 Ac026, Ac042,
　Ac073
江戸の意匠 Ac045
江戸風意匠 Ad041
胞衣 G031
愛媛県 Ad089, G016
箙 Ab002
エプロン Be004, D078
絵巻 D129
衿 Bd019
エリザベス一世 Bc020
延喜式 Aa019, Aa022
演劇 E016
エンジェル イン ザ ハウス
　..................................... Bd041
エンジニアブーツ Ad105
エンド・セルヴィッジ D010

お

置賜紬（おいたまつむぎ）..... D137
欧化主義 Ad005
扇 Bc038
扇の柄 Bc009
王権 Bc020
黄金伝説 Bb015
黄金比 G041
王室衣裳 Be002
襖子重 Aa042
王世子冊封 C002
近江上布 D076, D131
近江麻布 D076
往来物 G024
大儺 F024
大島紬 D150
大洲藩 Ac039
大谷籌子 Ad056
オートクチュール .. Bd028, Bd056
大橋エレナ Ad014
大鎧 Ab003
小笠原流 G031
尾形光琳 Ac035, Ac042
岡本太郎 Ad048
沖縄 Ad087, D017,
　D117, D140, F007
御国染 Ac057
御高祖頭巾（おこそずきん）
　..................................... Ad111
筬（おさ）........................ Ab002
おしゃれ意識 G036
白粉 G041
オスマ D095, D108
織田信長 Ac003
オッド・ウーマン Bd041

音 G037	外来文化 Ab013	カパラミブ D071
男らしさ Bd084	ガヴァネス Bd015	歌舞伎衣裳 Ac054
帯地 D128	香り G025	かぶき者 Ac074
お守り D151	科学的 Ad034	カフタン D165
小忌衣 Ac054	加賀染 Ac057	鏑木清方 Ad032
お召織 D111, D134	加賀ミノ Ab007	かぶり式上衣・貫頭衣式上衣
表打ち・裏打ち技法 G032	隠す服飾 D158	.... D018
織糸 G003	学生・母世代 G048	かぶりもの Bb003, Bc018,
折烏帽子 Ab006	学童 Ad115	C017, D005, D151
オリエンタリズム F025	角帽 Ad020	鎌倉府 Ab019
オリエンタルブーム Ad019	掛袱紗 Ac076, G034	神衣裳 F006
織機 D003	かけまわし繍い Ae006	髪形 Aa006, Bc033, Bd024
織布 C018, D047	蜻蛉日記 Aa017	紙衣 F009, G044
織フェルト D077	かさね Ab010	上甑島 D040
織耳 D010	襲（重）色目 Aa011, Aa028,	神坂雪佳 Ad080
織物 Bb001, D138, D161	Aa035, Aa042, Aa048,	紙漉 Ac025
織物構成 C014	Ab001, E008	カメルーン D044, D061, D106
織物設計 C035	汗衫 Aa035	仮面 Bc036, F014
織物文化 D161	貸衣裳 G048	仮面扇 Bc038
織物文様 D026	貸衣裳業 Ad010	蚊帳 D067
織り模様 Bd033	下賜目録 D014	柄 D125
尾張藩 Ac047	カジュアルファッション Ad108	カラーイメージ D091
御中礼服 Ad011	カシュガル D085, D108	唐織 Ab017, Ac058
女教皇 Bb016	春日若宮おん祭 F018, F020	唐織物 Ab008
御ひいなかた Ac085	絣 D117	唐衣裳装束 Aa037
陰陽道 Aa032	絣織り D142	唐草模様 D052
	絣柄 Ac002	唐草文 Aa030
か	仮装 Bc005, Bd003, G015	からころも Aa008
カートゥーン Bd022	仮装舞踏会 Bd045	ガラス挟みの裂 Aa040
カーニヴァル Bc036	肩掛け D075	唐染 Ac086
ガーンジー F013	型紙 Ad015, D166, G033	唐錦 Ac026
歌意 Aa039	片側帯 Ad051	唐花文 Aa030
下衣 D153	型染め D027,	唐花文錦 Aa004
貝合わせ Ac005	D060, D135, D166	唐松 Ac084
外衣 Ac028	型染め木綿 D042	雁金屋 Ac049, Ac050,
絵画 Ac077, Bc028	帷子 Ac078	Ac051, Ac064, Ac070,
海外 G049	型友禅着尺 Ad069	Ac087
絵画的意匠 Ac012	活字本 D088	狩衣 Ab012
海軍大隊旗 Ad093	カッチ地方 D006	かりゆしウェア Ad087
改元 Aa019	甲冑 Bc003	ガルソンヌ Bd056, E011
外交儀礼 C023	割烹着 Ad024	カルティニ D163
外向性 G043	割烹前掛 Ad024	カルロ・クリヴェッリ Bb014
外国婦人宣教師 Ad016, Ad029	割礼 D095	カレリア D078
懐古趣味 Bc017	家庭科 G005	川久保玲 Ad077, Ad078
海上帝国の女帝 Bc009	家庭科教育 G010, G046	川島織物文化館 Ac007
外人向着物図案 Ad099	家庭裁縫 Bd078	閑院宮直子 Ad037
階層性 Bd055	家庭内工業製品 D052	寛永期 Ac018
解体修理 Aa010	カティン D033	環境 G011, G047
開拓期 Ad070	カトゥ D057	環境保全 G048
快適性 G018	華道 Ac067	ガングロ Ad072
外套 Ad049	家内工業 D118	観光産業 Ad087
解放 E006	かの子 Ad048	韓国 D117, D162

韓国人 D127	吉祥思想 C013	魚皮衣 D045
観察 Ad076	木頭村 D039, D041	キリシタン Ac053
汗衫 Ab014	キトラ古墳 Aa045	キリスト Be005
潅頂幡 Aa036, Aa046	キトン Ba001, Bd073	キリスト教 Bb005
関心 G040	衣 Aa012	切付け D030
感性 C018, G037	絹 Ac039, Bb001	ギリヤーク D045
簡素化 Bd073	衣・袴 Ab004	桐生織 D111
漢代 C030, C033, C034	絹織物 D134, D137	裂 Ac020
簡単服 Ad004	機能性 Bd075	儀礼 Ab019, Ac037, D024
官展日本画 Ad043	黄八丈 D132	銀 C015
貫頭衣 D020	黄表紙 Ac009	金銀刺繍糸 Ac068
関東大震災 Ad090	技法 Bc012, D043	銀座セレナーデ Ad096
カントリー・ナショナル・	技法判定法 C003	禁色 C019
コスチューム D021	黄繭 C014	欣子内親王 Ac048
広東綾幡 Aa036	きもの・着物 Ad090, Ad107,	近世 Ac056,
官能的な表現 F025	Ae004, D125, D126	G019, G021
冠服 Ac004	キモノスリーブ Ad004	近世（17世紀）........ Ac043, Ac060
寛文小袖 Ac055, Ac074	脚衣 D063	近世後期の服飾 Ac011
寛裕型 D124	キャップ Bc018	近世西欧の宮廷ドレス Bc032
	キャリコ・ボール Bd045	近代 Ad054, Ad075, Ad115
き	ギャルソンヌ Ad009, Bd048	近代化 Ad086,
黄・黄色............. Aa034, Ac083,	ギャラリー・デ・モード..... Bc014	D105, D122, D144
Bb013, C019	旧制高等学校 Ad020	近代韓国 C021
ギアン県 D057	宮廷奥向き服装 Ac048	近代刺繍 Bd077
生糸 D137	宮廷叙事詩 Bb008	金代織金錦 C031
機械 Bd065	宮廷道化師 Bd003	近代図案 Ad080
機械漉き和紙 F009	宮廷風恋愛 Bb020	近代染織 Ad052
機械捺染 Ad098	宮廷服 Ad001, Ad005,	近代デザイン Ad008, Ad019,
幾何学的形態 Bd021	Ad011, Ad025	Ad033, Ad042
幾何学文様 Aa030	宮廷文学 Bb021	近代デザイン史 Bd013
企業制服 Ad087	牛乳パック G044	銀の留金 Bc035
菊花紋様 Ad037	旧約聖書 Bd018	金襴 Ab018
着くずれ D112	キュビスム Bd048	禁令 Ac008
喜劇性 Bc005	教育 Ab016, Bd015	
記号 Bd022	教育思想 Bd034, Bd081	**く**
着心地 D112, D115	教員養成 Ae003	グアテマラ D046
きしとり　きしのもやう....Ac034	狂言装束 F008, F022	クイーン Bd063
騎射 Ab002	教材 G005	グーツムーツ Bd034
着尺図案 Ad069	教材研究 G027	公家 Ac075
貴州省 D038	行事 Aa011	公家の日記 Ab011
技術 Ad066	行事食 Ad047	区限刺繍 D051, D052
技術者養成 D128	教師の服装 G029	草木染 Ad084
技術保存会 D008	京都 Ad062	愚者の王 Bd003
徽章 Ad002	京都五山 Ab018	グジャラート州 D006, D109
喜如嘉 D114	教母 Bd076	葛・葛布 D040
魏志倭人伝 Aa002	強烈な色彩 F025	靴 Ad045, Bd065
規制 Ac027	旭日旗 Ad093	国の重要無形文化財............ D118
既製服 Bd044, Bd056	玉兎銜霊芝（ぎょくとかんれいし）	クバヌ　ユー D056
吉祥天（女）像...... Aa005, Aa009,	............................C006, C013	供奉装束 Ab005
Aa015	玉兎搗薬（ぎょくととうやく）	熊毛の冠物 Ad092
着付け Ad044	.... C006	組踊 F007
吉祥 Ae002	虚構基底 C011	クメール人 C025

久米島 F006
蜘蛛の巣文様 Ac052
グラスゴー派 Bd077
グラスゴー美術学校 Bd077
倉吉絣 D142
クリストファー・ドレッサー
　.. Ad068
クリノリンドレス G027
クル峡谷 D049
久留米絣 D139
グレーディング・システム
　.. Bd053
黒梅染 Ac057
グローバル化 C029, D120
黒川能 F022
黒川眞頼 Ad086
クロシェ帽 Ad009
グロスターの仕立て屋 Bd035
黒紅 Ac037
裙 C025
軍装 Ad092
クンバズ D165
軍服 Bc033, D037

け

桂衣 Aa005
軽快服 Ad004
芸術刺繍スモック Bd083
芸術とデザイン Bd079
形態 Aa006, Ad003,
　　Ad006, Ad015
形態的特徴 D080
慶長 Ac058, Ac074
ケイト・グリーナウェイ Bd050,
　　Bd051
芸能衣装 F007
形容詞 D155
形容動詞 D155
経路 G020
毛織物 Ac089, Bc025
毛皮 Bc028, Bd012
裓裟 Ab018, D098
化粧 C012, D133, F014,
　　G014, G024
化粧文化 Ad097, Ad112
化粧行動 G035, G043
化粧の実態 G035
下駄 F005, G033
血紅色 Bb006
結婚 Bd040
結婚観 Ad010
結婚式 D147

欠損製作・補充技法 G032
月兎 Ac079
ケミカルレース D085
ケルト人 D058
ケルト美術 D009
ケルンの謝肉祭 Bd003
権威の象徴 C020
健康 Bd025, Bd042
健康美 Ad050
原始紡績織物 G003
源氏物語 D155
原住民 D023
現存遺品小袖 Ac063
現代中国 C019
現代服飾 Ad021, D094
遣唐使 Aa001
元服 Aa043
倹約 Bb009
元禄 Ac040, Ac041, E001
元禄小袖 Ac055

こ

効果 G020
後期ヴィクトリア社会 Bd071
公共の色 C019
後継者育成 D114, D118
縑縕織（こうけちおり）.... Ad051
縑縕平絹 Aa025, Aa031
高校生 G018
考古学 C008
広告 Bd039, Bd044, Bd057,
　　Bd078
好色一代男 Ac014
香水 G025
構成 Ad017, C007,
　　C033, D063
楮 D039, D041
皇族画報 Ad055
拡大 C009
光沢 Bb002
工程 D043
皇帝冠 Bc009, Bc018
高等学校 G016
高等女学校 Ad089
購入方法 G006
香木 G025
公用語 Aa023
小売業 Ad007, Bc026
合理服協会 E002
光琳の水 Ac001
光琳模様 Ac042, Ac073
高齢期女性 G035, G043

高齢者 G006
小鍛冶 F003
五感 Ad076
コギャル Ad072
五行 Ac065
五行五色 C019
小裂 Ac020
古今和歌集 Aa034
刻文 F005
国立民族博物館 D023
ココ・シャネル Bd028
腰機 D004
腰巻布 D148
鼓社節 D074
小姓 Ac055
御神祭 F010
コスチューム Bc011
コスチュームデザイン Bd030
五節 Aa035
小袖 Ab017, Ac007, Ac013,
　　Ac018, Ac019, Ac020,
　　Ac026, Ac035, Ac037,
　　Ac038, Ac050, Ac052,
　　Ac065, Ac067, Ac070,
　　Ac071, Ac078, Ac085,
　　Ac086, Ad013, Ae002,
　　G042
小袖意匠 Ac049, E013
小袖注文 Ac051
小袖雛形本 Ac040, Ac041,
　　Ac042, Ac056, Ac071,
　　Ac073
コソンテ D030
五大 Aa032
古代オリエント C022
古代ギリシア Ba001
古代裂 D010
コチニール Ac081, D101
コッタ Bb014
言葉 D054
子ども下着 Ad110
子供服・子ども服 Ad018,
　　Ad031, Ad059, Ad074,
　　Ad110, Bb013, Bc002,
　　Bd034, Bd045, Bd050,
　　Bd051, Bd072, Bd081,
　　D162
諺辞典 G002
諺の内容 G002
胡服 C004, D082
胡服供養像 C016
呉服注文 Ac088

呉服問屋 D113	祭礼 F014	Bb007, Bb013, Bc008,
小町 Ac066	サウ島 D032	Bc021, Bc022, Bc039,
コムデギャルソン Ad077, Ad078	ザオ・ティエン D110	D164, E015
コメディ E014, F011, F012, F015, F016	佐賀市唐人町 Ac031	色彩感の変化 Aa027
	窄衣 Ae005	色彩傾向 Be007
小紋 D027	作庭記 Ac034	色彩象徴 C001
小紋雅話 Ac030	冊封使 C002	色彩表現 Ab009
小紋裁 Ac030	桜 Aa034	色彩論 Bd014
小紋新法 Ac030	桜田勝徳 D157	色相 Ac069, D091
固有属性 D025	ササク人 D020	色相と色調 Be007
固有文化 D020	ササン朝ペルシア C022	直裰（じきとつ） Ab014
コルセット Bd025	挿絵 Ac043, Ac060	自給的織物 Ac002
コレクション Ad077, Ad078	挿し繍・刺し繍 Aa021, Aa024	しぐさ Ad083
コレクション構築 G049	左衽 D082	時系列的変動 Ad030
衣 Aa012	雑誌 Bd039	時系列法 Be007
衣更え Ac062	雑誌記事 Ad079	自己意識 G014
婚儀 Ad054	サパのモン族 D070	自己展覧 Ad023
コンストラクション D028	サハリン D079	仕事着 Ad024, D059
ゴントレット・グローブ Bc010	作法 Bc036, Bc041, E012	自己表現 G012
コンバージェンス Ad104	座法 G021	時事的状況 Ac054
コンピュータ G039	作法書 G021	地芝居衣裳 D030
興福院 Ac076	左右相称型 E013	刺繍 Aa021, Ac044, Ac071, Bb010, Bb011, Bc010, Be003, Be005, D024, D038, D070, D090
コンブ染め D123	左右非相称型 E013	
コンペティション D012	更紗 Ac013, D101, D138, D143	
コンポジション D028	サラファン Bd009	
婚礼 Ac050	サリー D149	
婚礼衣装 Ab011, Ac088, Ad023, Ad039, D013	サン＝シモン主義 Bd060, Bd061, Bd076, E015	刺繍禁止令 D109
		シシル Bc021, Bc039
婚礼儀式 Ac065	サン・フェルミン祭 G015	静岡 G033
婚礼服 C027	産育 D084	視線 Ad083
婚礼様式 C027	散楽 Aa044	シダースタイル D149
	三種の壊色 Aa038	下着 Ad102, Bb021, Bc006, Bd019, G023
さ	山旦服 D079	
ザ・クィーン Bd070	山東京伝 Ac030, Ac045, Ad080	仕立て Ad015
釵 Aa015		仕立服 D148
西域 C010	三内丸山遺跡 Aa002	下穿 Ad063
西鶴 Ac082		シタン D095
細工の価値 Ad027	**し**	紙帳 D067
サイクリング Bd016	椎 D132	実技テスト G010
再現 Bc032	ジーンズ Ad108, Bd011, Bd055	躾 Ac022
材質 Ac078		実態調査 Ad101
サイズ G018	ジーンズスピリット Ad108	十返舎一九 Ac022
再生産 G026	ジェンダー Bb015, Bb018, Bd005, Bd011, Bd055, G009, G026, G051	七宝 Aa032
祭政二重主権 Aa041		七宝文様 ... Ae002, Ae004, Ae005
埼玉県 G007		シニフィアン E006
裁断 Ad006	シェンバルトロイファー Bb008	基諾族 D004
彩度 Ac069	視覚官能評価 G051	地場産業 D132, D139
斎藤佳三 Ad058	滋賀県 D076	柴田是真 Ad041
祭服 Be003, Be005	獅噛文 Aa016	紙布 G044
歳末の贈答 D100	四季 Bc029	蕊（しべ） Ae006
再利用 G044	色彩 Aa019, Bb005, Bb006,	絞り D006
		縞・縞織物 Bc023, Bc027,

縞 Bc033, D152
縞帳 Ad022, Ad026, Ad057, D068, D152
縞見本 D068
縞木綿 Ad061
縞文様 Ac049, D001, D002
シミュルタニスム Bd049
下北半島 D092
ジャーナリズム Ad077, Ad078
社会集団 D031
社会秩序 G005
社会変動 G005
錫紵 Aa014
ジャケット丈 Ad030
奢侈 Bb009, Bc026
写実性 F002
写真 Ac011
シャツ Bd019
ジャック・スプラッツの盛衰
 .... E003
シャネル Bd054
シャネル・スーツ Bd054
ジャポニスム Ad066, Ad100, Bd063, Be006
シャム大使 Bc001
シャムワズ Bc001
シャリンバイ D150
シャルトル公 Bc037
シャルワール D080, D107
ジュイ捺染 Bd010
11～13世紀 Ab011
祝儀 D067
祝儀不祝儀 G034
19世紀 Bd024, Bd036, Bd044, Bd052, Bd065, G045
19世紀イギリス Bd082
19世紀後半 Bd004, Bd007, Bd023, Bd069
19世紀初頭 Bd040
18世紀中頃 Bd013, Bd067
19世紀末 Bd006, Bd016, Bd042, Bd058, E016
19世紀末アメリカ Bd078
十五年戦争 Ad084
十字 Bb019
十字架 Be005, F017
重装騎兵 C026
絨毯 D069
シューティングドレス Bd069
修道女 Bb017
17世紀 Bc029, Bc036

18世紀 Bc040, Bc041, Bd024
18世紀ヴェネツィア Bc005
18世紀服飾 Bd035
修復 Ad037, G032, G042
繍仏 Aa016
重要無形文化財 D139
14世紀 Bb017
修理 Aa004, Aa025
祝祭 G015
手工レース Ad114
呪術 D090, D151
繻子地金襴 C035
繻子ダマスク C035
主体性 E007
10世紀 Aa023
出土品 F005
呪的招魂 Aa007
ジュニアファッション G026
朱の記号 F014
襦袢 Ac090
樹皮布 D018
呪符 F005
主婦の友 Ad063, Ad091
主婦連合会 Ad036
シュミーズ Bb021, Bc040
シュミーズ風ローブ Bc013
需要と供給 Bd038
シュライフェ Bd014
ジュルナル・デ・ダム・エ・デ・モード
 .... Bd037
シュルレアリスム Bd062
シュロ皮 D015
循環型社会 G053
上衣 D153
荘園 Ab016
障害者衣服 G017
小学生 G029
将軍家 Ab016
荘厳具 Aa026
猩々緋 Ac089
猩々緋羅紗地 Ac081
少女の友 Ad083
少女服 Bd020
少女文化 Ad083
生身 G030
祥瑞 Aa019
少数民族 D003, D025, D055, D064, D069
正倉院 Aa003, Aa021, Aa044
正倉院の刺繍 Aa024
正倉院幡 Aa029
正倉院文様 Aa003

肖像画 Ac003, Bc007, Bc008, Bc013
装束 Aa011, Aa033, Ac006, F020
象徴 D031
象徴的行動 D047
正徳ひな形 Ac021
乗馬服 Bc014, Bd036
消費者 G037
正平染 Ac086
情報 G040
縄文時代の織物 Aa002
昭和時代 Ad102
昭和初期 Ad098, Ad106
ショール Ad044, Ad111, D049
女学雑誌 Ad082, Ad113
女学生 Ad089
初期洋風画 Bc003
褥 Aa026, Aa040
殖産興業 Ad068
食生活 Ad047
植物及び染料 Ab009
植民地政府 D120
女訓書 Ac010
女子宮廷服 Ad056
女子教育思想 Ad082
女子高等教育 Ae003
女子制服 G016
女子大生 Ad040
女子大礼服 Ad001
女子短大生 G009
女子服 Bd066
女性 Aa033, Ae003, Bd015, Bd037, Bd040, E007
女性解放 Bd054
女性解放思想 Bd060
女性観 C028
女性雑誌 G052
女性像 Ad085, Bd007, Bd016, D103
女性の外出行動 Ad050
女性の筒状のスカート D075
女装 D122
所蔵服飾文献 G049
蜀江錦褥 Aa031
女風改良 Ad113
庶民 C027, D035
庶民染織 D042, D060
庶民服飾 Ac008
女流画家 Bd021
ジョルジュ・サンド Bd052, Bd076

ジョルジュ・ド・ラ・トゥール Bc024	錐体細胞 Aa032	性格 G012
ジョン・イヴリン Bc004	スウェーデン Bb017, D011	性格別分析 G043
尻からげ Ac060	数量化Ⅱ類 G038	生活衣 D105, D144
史料纂集 D088, D100	ズールー D053	生活意識 G035
シルー D063, D081	素襖 F008	生活環境 Bd040
シルクロード C008, D164	スカート・スカート丈 Ad030, Bc034, Bd018	生活技術 G010
白い下着類 Bc006	スカーフ D136	生活文化研究 D088
白いローブ Be001	梳櫛 Aa006	生活用具 G022
白線帽 Ad020	スキャナ Bc032	生活様式 Be006
白柳下襲 Aa048	スゲ製ミノ Ab007	清潔 Bc006, Bc040
新・お色直し Ad010	スコーネ D011	性差 E006
新打掛 Ad023	スコットランド D021, D037, D058, D072, D073	制作 G034
人格 G029	スコティシュ・タータン D021, D058, D072, D073	製作技術 Bd065
神格化 Bc009	スコティシュクラン D072	生産工程 Ad088
新学制 G005	スコティッシュ・タータン・キルト D037	聖獣文様 D052
シンガポール D062	筋 Ac064	聖職者 F017
進化論 Bd081	錫媒染 Ac081	聖人 Bb014
新疆ウイグル自治区 C005, D055, D064, D069, D085, D095, D096, D108, D147	裾 Ac063	精神文化 Aa039
新疆大学 D055	図像 G019	製図 C007
紳士服 Ad003, Ad006, Ad015, Ad101, Bd044	図像解釈 Ac003	盛装着 D044
心中宵庚申 F001	図像学 Bb011	青鞜 E010, E011
心象表現 C012	図像資料 Bd022	性表現 F023
心情表現 Aa017	裾文様 Ac063	聖ビルギッタ Bb017
新女性 C021	ステイタスシンボル Bd012	制服 Ad089, Ad094, Bd061, D086, E015, G018
新撰織物集宝 Ac002	ステパーノヴァ D028	性別 Ac019
心喪装束 Aa048	ストゥルーテッタ Bb003	西北インド D049
身体 Bd006, C009, E012	ストリート・ファッション Ad021, Ad072, Ad101, G052	聖母像 Be001
身体意識 Bd075	ストレッチブーツ Ad105	生命の樹 E013
身体観 Bd002	すぬい Ac071	整容 G023
身体計測項目 G017	洲浜文様 Ac049	西洋化 C017
身体作法 Bc030	スペアボディス Bd030	西洋風 Ad008
身体性 F023	スポーツ Bd004, Bd005, Bd007, Bd042, Bd071	西洋風化粧 Ad050
身体変工 Ad053	スポーツ服 Bd070	聖ヨセフ Bc024
清朝 D079	ズボン Bc015, Bd018, Bd060	セーター F013
神女 F006	スモック Bd001, Bd047	セーラー服 Bd072
陣羽織 Ac016, Ac017, Ac080, Ac081, Ac089	スリット ... Bb019, Bc015, Bc016, Bc023, Bc027	セーラーブラウス Bd070
靭皮（じんぴ）繊維 D041	摺物 Ac012	瀬上タナシ D040
新婦人協会 Ad036	ずれの美 Ac034	瀬川清子 E007
新編武蔵風土記稿 Ac059	スワジ D053	瀬川コレクション D023
新郎のお色直し Ad023	スンバ・イカット D048	赤色衣服 C015
	摺物	赤色顔料 C020
す		赤色染料 C020
図案 Ad042, Ad098, Ad106	**せ**	セセッション Ad033
水泳 Bd075	西域 Aa044	雪花絞り D130
水干 F018	西王母に仕える兎 C006	截香 G020
スイス衛兵 Bc023		セパレーテッドドレス Bd030
スイス兵 Bb019		背守り D084
		セレモニー衣装 G048
		線 Ad081
		繊維製品 G047, G053
		1920年代 Bd074

宣教師 Ac053
川劇 C012
線刻画 Aa001
先住民族 D089
染色 Ad084, Ad098, D160
染織 Ac077, D032, D043, D068, D129
染色技法 Ac083, Ae001
染色技法書 Ac023
染色堅牢度 D160
染織時報 Ad090
染織デザイン Ad013
染織品 Ac076, Bc012, C034
染織品修理 Aa031, Aa040
染織布 D019
染織文化財 Ac068
染織文様 C011
戦争絵（画・柄） Ad065, Ad093, D125
跣足カルメル会 Bc024
先端技術 D111
煎茶式 D102
宣伝 Ad096
1890年代 Bd008
1830年代 Bd061, E015
1880年代 Bd025
1860年代 G027
扇面 Ac005
染料 Bc012

そ

装苑 Ad030
造園の「松皮」 Ac034
相関関係 Be007
僧祇支 Ab014
象牙装飾板 D103
綜絖 D004
総合結婚式場 Ad010, Ad054
壮士の百年の夢 Ac066
装飾 G019
装飾装置 Ad023
装飾の技法 Be004
装飾模様の布 Bd010
装身具 Bc019, Bc038, Bd046, Bd068, D050
創造 D121
贈答 Ac076, G020
僧尼令 Aa038
即応的 Ad105
束帯 Aa023
束髪 Ad035
底至り Ac090

祖国民族主義的衣裳 D058, D072, D073
素材 Bc012
素材の価値 Ad027
卒業写真 Ad115
袖付前掛 Ad024
袖付け衣 Aa007
袖吹きかえす Aa007
袖振る Aa007, Aa020, E004
ソニア・ドローネー Bd048, Bd049, Bd062
素服 Aa014
祖母 Ad047
蘇木 C015
染物重宝記 Ac023, Ac024
染分け小袖 Ac034
削り尼（そりあま） Ab004

た

タイ D091
体育 Bd034
第一次世界大戦 Bd026
大花楼提花機 C035
戴冠式 Bc020
体系 G003
体形型衣服 C018
大航海時代 Ac013
対抗宗教改革 Bc024
代角 C012
大珠 Aa041
大正・昭和初期 Ad034, Ad063
大正時代（大正期） Ad018, Ad031, Ad033, Ad039, Ad046, Ad074, Ad102, Ad109, Ad114
タイシルク C014
対人的意味 Ad104
大青 Bb007
泰西王侯騎馬図 Bc003
体操 Bd002
第二次世界大戦 Bd032
第二次世界大戦後 Bd043
対比 D007
大名 Ac006
タイヤル族 D104
大礼服 Ad015, Ad037
台湾 D001, D002, D023, D026, D089
台湾原住民 D104
ダウラウォル D044, D061, D153
タオイ D033

高木鐸 Ad114
髙島屋 Ad052, Ad064, Ad073, Ad099, Ad100
髙島屋百選会 Ad062
誰ヶ袖図 Ac005
高松塚壁画 Aa001
焚香 G025
竹内栖鳳 Ad043, Ad052, Ad073
高市皇子 Aa045
太政官制 Ad095
たすき Aa020, E004
ダダイズム Bd062
裁ち合わせ D124, D145
太刀受け Ac080
太刀飾り Aa045
立木模様 E013
タチツケ D036
伊達 Ac033
経糸 D010
立烏帽子 Ab006
経錦 Aa016, Aa030
伊達藩 Ac017, Ac047
伊達政宗 Ac017
タナシ D040
高橋家双子織縞帳 Ad061
太布 D039, D041
ダブレット Bc034
タペストリー Bb010, Bb011
多変量解析 Ad076
玉井家縞帳 D135
多摩織 D134
タミルナードゥー州 D013
ダルマチカ Bb005
短歌 Ad012
弾弓 Aa044
丹後 D059
タンザニア連合共和国 D146
男子 D025
だんじりの飾り F010
ダンス Bc030
男性衣装変革宣言 Bd030
男性服飾 Ac082, C023
男性ミイラ C005
男装 Bc034
ダンテ Bb006
ダンディ E005, E009, E014, F011, F012, F015, F016
ダンディズム Bd046, E009, E014
断髪 Ad009, Ad034, Ad038

せん-たん 189

ち

地域差 D029, D133
チェーザレ・リーパ Bc021, Bc022, Bc039
チェティヤー・コミュニティー
.... D013
近松世話物 F002
竹生島 Ac079
知識の伝授 Ad079
ちはや Aa020, E004
チベット D050, D105, D122, D144
チベット自治区 D083
チャードル D158
チャールズ2世 Bc004
茶色 Ac023, Ac024
茶旗 D102
着衣の美 Ad081
着衣枚数 G008
茶具敷 D102
着装 Ac043, Be004, C033
着装変化 G048
着装法 D149
着用意識 G006
着用感 G018
着用実験 D112, D115
着用場面 Bd070
着袴制止（ちゃっこせいし）
.... D086
茶湯 G021
茶屋染 Ac036
中央アジア C008
中央アンデス D120
中学校 G005
中国 D025
中国貴州省 D024, D074
中国式服制 C016
中国西域 Aa015
中国西南部 D003
中世 Bb003, Bb009, Bb016
中性紙製マット Aa040
注文帳 Ac019
注文服 Bd057
紵 D154
長角苗 D024
調査 Ad087
朝鮮時代 C001, C002
朝鮮前期 C015
朝鮮通信使 C023, C024
朝鮮通信使絵巻 C024
朝廷 Ad060
町人 F001

町人服飾 Ac043, Ac060
朝服 Aa023
苧績（ちょう）み D008
蝶結びリボン Bd014
蝶文様 Ac066
苧麻 D008, D131
苧麻布 D089
頂相（ちんぞう） Ab018
陳列人形 G001

つ

ツァン地方 D083
通過儀礼 D011, G041
通称 Aa023
通常礼服 Ad025
通信販売 Bd057
ツォツィル D077
月ヶ瀬村 D008
月の兎 C011
継分裳（つぎわけのも） Aa009
漬け染 Ac036
辻が花染 Ac046
辻が花染胴服 Ac059
土 D160
土田麦僊 Ad043
慎ましさ D078
綴織 Aa016, Ad075
ツルネン Bd002
橡袍（つるばみのほう） Aa018

て

ティカール D106
帝国大学 Ad020
ディバイデッド・スカート
.... Bd025
貞明皇后 Ad025
手入れ Ad079
テーラード・スーツ Bd042
手織木綿 Ad022, Ad026, Ad057
適合 C009
テキスタイル Bd013
テキスタイル・デザイン Bd033, Bd067
テキスタイル産業 D116
テクスチャー D077
デザイナー Ad077, Bd079, D062, G037
デザイン Ac032, Ac033, Ad042, Ad088, Ad107, Ae001, Be006, D052, F019, G038

デザインの価値 Ad027
手漉き和紙 F009
手作り Be010
手作布 D154
鉄札 Ab003
鉄製甲冑 C026
鉄媒染 D150
手拭い D140, D166
手拭合 Ad067
テヌン・イカット D123
手袋 Bc010
デモレスト・パターン Bd053
デルフォス Bd073
天蓋 Aa036
田楽法師 F018, F024
伝記 Bd028
展示方法 G040
電子保存 D166
伝承活動 D039
天正遣欧使節 Ac053
伝統 D005, D116, D121
伝統工芸 D111, D132
伝統産業 D076
伝統染織 D139, D163
伝統的工芸品 D118, D128, D134, D137
伝統的服飾観 C017
天然 D160
天然染料 Ac069, Ac083
天皇 Ab016
伝法衣 Ab018
デンマーク Be002
典礼 Bb005

と

唐 C004, C010
擣衣（とうい） Aa008
統一新羅 C010
ドゥヴィーズ Bb012, Bb022
東欧 D119
動機づけ G046
東急線沿線 Ad076
同居・非同居 Ad047
同業組合 Bc026
東京国立博物館 Ac059
東京自慢名物会 Ad067
東京女子高等師範学校
　付属高等女学校 Ad002
東京美術学校 Ad094
同系色 D007
動向 Ad113, G016
童子 Ac022

同志社 Ad016	ナダージュダ・ラマノワ..... Bd009	日本服装史 D157
唐招提寺 Aa013	ナバホ族 D161	日本文様 Aa003
唐代 Aa005	鍋島更紗 D138	ニヤ古代遺跡 C005
東南アジア D032	ナマズ D147	ニュー・ウーマン Bd005,
銅版ローラー捺染 D101	波兎文様 Ac079	Bd016, Bd041, Bd042,
胴服 Ac029	涙文 Bb022	Bd071, E016
東福門院 Ac037, Ac050,	奈良・法隆寺 Aa046	乳幼児衣服 G008
Ac051, Ac070, Ac085,	奈良晒 D008	女房装束 Ab004
Ac087	奈良時代 ... Aa005, Aa013, Aa044	女房日記 Ac048
動物画 D051	奈良女高師 Ad094	丹羽圭介 Ad062
動物誌 Bb012	奈良朝 Ad094	人形浄瑠璃文楽 F021
動物文 Bb001, Bb010	奈良東大寺二月堂 F009	人形モデル D127
逃亡奴隷広告 Bd029	ナラワ D046	人間関係 D155
胴ミノ D015	南疆 D096	認識 Ad040
ドゥラー D165	南京雲錦研究所 C006	
トーヌ ユー D056	男色大鑑 Ac082	**ぬ**
戸隠裂 Ac079	南蛮交易 Ac044	繍い切り Ae006
解櫛 Aa006	南蛮美術 Bc003	縫いの技術 G010
徳川家康 Ac059	南蛮屏風 Ac031	緯錦（ぬきにしき） Aa030
徳川家 Ac006	南蛮風 C024	布 D031, D046, D048
特質 Ac072, F021	南蛮服飾 Ac016, Ac017,	布類 Ac078
徳島県 D039	Ac031, Ac053, Ac080	
特別養護老人ホーム G011		**ね**
突厥 C004	**に**	ネイティブ・アメリカンの服飾文
ドバダ D158	新谷藩 Ac039	.... D161
豊臣秀吉 Ac004, Ac058	匂い（匂ひ） Ab010,	ネクタイ Bd019, E005
虎の文様 Bb012	Ae006, E008	ネックライン G038
ドリア式 Ba001	西インド D109	年代差 G023
取扱い G047	西川祐信 Ac021, Ac073	年中行事 D100
トルコ Bc012, D116	西スンバ D019	年齢性別 Ab015
トルコ趣味 Bc043	20世紀 G045	
トルコ風衣装 Bc044	20世紀初頭 Bd017, Bd079	**の**
ドレーパリー D126	二重廻し Ad049	能 F003
トレーン Ad037	20世紀モード E006	能装束 Ab008, Ab017,
ドレス G013	ニジンスキー F023	Ac058, Ad109, F008,
トレンドカラー情報 G028	2005年 D144	F022
泥染め D150	2002年 D105, D122	農村 Ad110
トロッタン Bd058	二代川島甚兵衛 Ad075	農村部の衣装 Bd047
緞帳 D102	日常衣（着） Ac062, D035	野間神社 F010
トンビ Ad049	日蘭貿易 Ac081	ノルウェー D005, D099
	ニット F013	
な	ニット手袋 F017	**は**
羅蕙錫（ナ・ヘソク） C028	鈍色 Aa014, Aa018	パース G050
ナーサリーライムズ Bd064	日本 D012, D091,	バース服飾博物館 Bc010
ナイ D033	D119, D162	ハーダンガー D099
ナイ・ラン D033	日本刺繍 Ae006	ハーダンガー刺繍 D022
内向性 G043	日本人 D127	ハート形 Bb022
長袴 F008	日本刀 Ab003	ハードロック（ＨＲ） Ad112
長着 Ad040	日本と米国 Bd038	パーニュ D148
長野県 Ad059	日本人形 G042	ハーバート・スペンサー Bd081
名古屋 D029	日本の伝統色 Ac069	ハイカラ E001
名古屋帯 Ad051	日本の美術 Ac001	廃棄 G047

配合 Ad081	母親像 G026	非宗教性 D136
配色 Bd067, E008	パフ Bc027	翡翠 Aa041
媒染剤 Aa022	パフォーマンス G015	備前池田家 Ad109
梅素薫 Ad067	ハミ（哈密）地区 D147	飛騨 Ac047
配置 D159	林家 G033	非対称 G014
ハイランダー D021	薔薇 Ab013, Ac067	襞襟（襟飾り） Bc003
ハイランド・ドレス D021, D037, D058, D072, D073	腹合せ帯 Ad051	直垂 Ab005, Ab006, Ab019, F008
拝領 Ac007	パラソル Ad044	直垂帯剣 Ab005
ハウス・ドレス Ad004	パリ Bc035, D029	襲裳 Aa009
バウタ Bc005	バリ島 D032	左巻 Ac064
博多織 D128	バル D018	美的形式原理 Ad013
袴 Aa037, D086	バレエ・リュス F023, F025	単物 Ac078
パキスタン D107	晴衣 D034	人形 G030
履きもの D025	バレット Bb003	美と崇高の感情 Bd014
獏 Ac084	馬簾つき四天 Ac054	雛形 Ac035
白居易 Ac084	幡 Aa026, Aa040	雛形本 Ac014, Ac015, Ac021, Ae002
舶載染織品 Ac089	ハンカチーフ Bc019	日の丸 Ad093
白色 Aa019	ハンギング・スリーブ Bc002	皮膚感覚 Bc040
幕府法 Ac090	判じ物 Ac045	被服関心度 G036
幕末 Ac006, Ac062, Ac075, Ad006	幡身 Aa029	被服教育 Ae003, G013
幕末・明治前期 Ad061	幡足 Aa004, Aa029, Aa046	被服製作 G005
幕末維新期 Ad060	パンチ Bd005, Bd022	被服デザイン G012
幕末庶民 Ad071	パンチ誌 E003	被服の名称 G002
歯車 D093	パンツスタイル G051	百選会 Ad064
函館 D133	幡頭 Aa029	百徳 D084
芭蕉衣 D014, D034, D035, D114, D144	半臂 Aa009	百人一首 Ac040
馬上槍試合 Bb020	反文化 Ad053	百貨店 Ad069, Ad090, Ad096, Ad106, Bd023, G001
藕絲 D129	万暦緞子 Ac079	百貨店専属デザイナー Ad014
パターン・システム Bd053	**ひ**	ヒュー＆トーン分析 G028
機織り D003, D057	贔屓連中 Ac011	表現する衣服 Bd018
肌の露出 Bd075	美意識 Ac090, G022	表象 Bd058, D048
旗文様 Ad093	ビーズ D053, G045, G050	表情 Ad083
バタリック・パターン Bd053	ビーズ刺繍 Ad056, D022	漂白 Bc006
八王子市 D134	ビーズワーク G045	平織り D026
八代集 Aa047	ピーター・ラビット Bd027	平塚らいてう E010
八角目複合組み組織 C003	雛形 Ac032, Ac063	平包 G022
バッグ G050	雛形本 Ac076	平繍 Aa024
発掘調査 Ab003	ピエール・カルダン Bd084	領巾 Aa015, Aa020, E004
バッスル・ドレス Ad017	ピエトロ・ロンギ Bc005	天鵞絨（ビロード） Ac044, Bb002
発展 Ac072, F021	ヒエン県 D057	ビロード友禅 Ad052
ハット Bc018	変髪（ビエンファー） C012	広瀬絣 D142
パトル D050	美学 C009	品位 Ad081
花兎文様 C011, C013, C031	比較文化 D029	紅型 Ad107
花織 D017	東スンバ D031, D047	備後絣 D142
花車 Ac077	引き染 Ac036	
花の咲く樹 D143	比丘像 Ab014	**ふ**
羽扇 Bc009	ビクトリア女王 Bc020	ファシズム Bd080
羽根飾り Bc017	比丘尼御所 Ab016	
ハーバードおばさん Bd064	菱形文 C034	
	菱川師宣絵本 Ac014, Ac015	
	ビジネス G026	

ファッション Bd004, Bd007, Bd055, D012, D029, D062, D119, E012, G040	C024, F004	Bc041, Bd023, Bd052, Bd061, D136, E015
	服飾文化 D104	ブランド Ad007
	服制 Ac062, Ac075, Ad060, Ad095	ブランドイメージ Ad078
ファッション・デザイナー C029, D107, D163	服装 Ad016, Ad029, F010, G005, G029	ブリーチーズ Bc034
		プリーツスカート D156
ファッション・デザイン ... Bd079, G039	服装イメージ D127	プリント模様 Bd033
	服装観 C028	ふる Aa020, E004
ファッション・トレンド G052	服装の変化 Aa027	篩（ふるい） Bc008
ファッション・プレート Bc014, Bc029, Bd037, Bd066	服装表現 Ad043	ブルージーンズ Ad007
	覆面頭巾 Ac009	ブルーダーホーゼ Bc015
ファッション・メディア Bd059	覆輪 Ac080	ブルーノ・タウト Ad058
ファッションイベント D062	袋物 Ac038	ブルーマー・コスチューム Bd018
ファッション雑誌 Ad104, Bd008, Bd017, Bd026, Bd032, Bd043, Bd056, G052	武家 Ac019, Ac028, Ac029, Ac055, Ac075	
		ブルーマーズ E011
	武家故実 Ac088	古着 D113
	武家故実書 Ab015, Ac003	ブルキナファソ D148
ファッション写真 Ad055, Bd039	武家社会 Ac062	フルベ族 D044, D061, D153
	武家肖像画 Ab015	プレゼンテーション Ad088
ファッション商品 G040	武家女性 Ac026	ブロード Bc025
ファッション情報 Bd008, Bd017, Bd026, Bd032, Bd043	武家の服飾 Ac089	風呂敷 G022, G034
	武士 Ab002	プロパガンダ Ad065
	藤織り D059	文化化 Ad053
ファッションショー G013, G037, G039	不思議の国のアリス Bd020	文学的意匠 Ac040, Ac041
	藤柳（打）下襲 Aa042	文化女子大学図書館 G049
ファッションブランド Bd039	藤柳（張）下襲 Aa048	文化的アイデンティティ D012
ファッション論 Ad066	不織布 F009	扮装 F003
ファンシードレス Bd063	藤原文化 D056	糞掃衣（ふんぞうえ） Aa026
フィッシャーマン F013	婦人画報 Ad044, Ad055	文晁 Ac012
フィッシュワイフ Bd082	婦人既製服 Bd038	文明 Ad035
フィヨルド D099	婦人グラフ Ad044	文明開化 Ad046
諷刺 Bd003	婦人雑誌 Ad102, Bd078	文楽 F003
風俗画 Ac018, Ac028	婦人世界 Ad050, Ad063	文楽衣裳 F001, F002
風俗史研究 Ad086	武装 Ab019	文楽人形衣裳 F019
風通絣 Ac002	二藍 Aa028	
ブーナッド D099	舞台衣裳 Bd059, F011, F012, F015, F016	**へ**
ブーム D113		ベアトリクス・ポター Bd027, Bd035
プエブロ族 D161	プチ・メートル Bc014	
フェミニズム Bd061	復古趣味 E001	平安から鎌倉初期 Ab013
フェルメール Bc028	物質的構造 D047	平安時代 ... Aa008, Aa028, Aa038
ブカンベロ D019	仏伝 D101	平絹幡 Aa010
復元 Ac016, Ad017, D087	ブティック・シミュルタネ Bd048	平板 D075
帛紗 D102		平面構成 D126
服飾 Bd015, C023, D002, D103, G021	舞踏会服 Bc017	ベグラム D103
	葡萄唐草文綾幡足 Aa010	ベトナム D097
服色 D155	葡萄唐草文錦褥 Aa025	ベトナム北部 D110
服飾関係雑誌目録 G049	普遍性 D097	ヘナ D108, D147
服飾関連記事 Ad113	不変性 D110	紅 C020
服飾教育 Ad113	プライスプリット技法 C003	紅花 D164
服飾雑誌 Bd004, Bd023	ブラウス Bd038	紅花染め G007
服飾の風流 Ab013	フラッパー Ad009	ペヌラ D078
服飾表現 Ad012, Bc028,	フランス Bc036, Bc040,	HM（ヘビーメタル） Ad112

ふあ－へひ 193

部屋着 Bc041	ボディコンシャス G023	水着 Bd075
ペラック D065	ボネ Bc018	水文様 Ac001
ペルシャ C004	ホルダラン D099	御衣 D056
ベルリン刺繍 Bd083	盆 D066	見立 Ac030, Ac045, Ad067,
ヘレロ D053	翻刻 Ac010, Ac022	Ad080
偏衫 Ab014	本草 Ac083	道綱母 Aa017
変身願望 G041	ポンチ絵 Ad065	道行 F001
ヘンリー八世 Bc020	盆燈籠 Ad032	三井越後屋 Ac088
	ポンパドゥール夫人 Bc043	三葉葵紋 Ac059
ほ	翻領袍 C004	緑・緑色 Bb013, D071
袍 C033		ミドルクラス Bd020
布衣 Ab012	**ま**	ミニスカート Bd055
方円彩糸花網 Aa013	舞・躍衣裳 Ac087	美濃 Ac047
防寒衣料 Ad111	前掛 Ad018, Ad031	身幅寸法 D112
帽子 Ad038, Ad045,	馬王堆 C030, C033, C034	身分制度 Ac027
Bc030, Bc031, Bd019, C017	勾玉 Aa041	耳かくし Ad009
縫製 C007	巻き衣 D146	苗（ミャオ）族 D038, D074,
縫製技術 Ad003, Ad006	マグナエ D158	D156
宝石 D050	枕草子 Aa027, Ab009	宮城県仙台市 D086
豊年祭 D106	シニヨン（髷）....................Bd024	宮古上布 D121
法服 Ad094	髷 D024	ミャンマ D129
宝物 Aa003	雅亮装束抄 Ab010	妙法院 Ac004
法隆寺裂 Aa026	魔女の服 Be009	妙法院日次記 D088
法隆寺献納宝物 Aa004, Aa010,	マスメディア Ad040	未来派 Bd080
Aa016, Aa025, Aa031,	松坂屋 Ad106	民間婦人の洋装化 Ad014
Aa036, Aa046	末子相続 D064	明清時代 C002
法隆寺献納宝物の刺繍 Aa024	松文様 Ac056	民俗衣裳 D011
法隆寺幡 Aa029	松山藩 D152	民族衣装 Be004, C007,
法令 Ac027, Ac039	祭衣装 D074	D097, D105, D106, D122,
焙烙頭巾 Ac061	マティス Bd010	D146
ホーズ Bc002	マトロット Bc025	民族衣装論 Ad066
ホータン D085	まなざし E012	民族衣服 D090
ボール・ガウン G027	マネキン G001	民族運動 D073
ポール・ポワレ Bd073, F025	マネキンガール G001	民俗学者 D011, D157
北魏 Aa001	マフ Bd068	民俗服 Ab011, D005
牧神 F023	マリー・アントワネット....Bc007,	民族服 D037, D080,
補修 G032	Bc013, Bc017	D083, D089, D119, D124,
ボジョレ Bc036	丸帯 Ad051	D145, D156, D165
戊辰戦争 Ad092	丸ビル Ad091	明代 C013, C035
細い竹（マイラップケップ）	マルミノ Ab007, D015	明代織金錦 C031
.... D075	マレーシア D081	明服 D014
細長 Aa043	満州服 D045	
保存会（活動）.........D059, D114	マンテッロ Bb014	**む**
保存修復 D101	マントー・ド・クール........Ad001	ムーブメント Ad013
牡丹 Ac067	蟒袍（マンパオ）.................D165	村上信彦 E007
ボタンホール Bd046	万葉集 Aa007, Aa012, Aa034,	紫 Bc039
ボタンホールの飾り花........E005	Aa039, Aa041, Ab009	紫染 Aa022
北海道移住 Ad070		室町時代 Ab019, Ac028
北海道衣生活 Ad070	**み**	室町時代後期 Ac029
北疆 D096	ミ・パルティ Bb008	
ボッティチェッリ Bb014	三浦絞り D087	**め**
ボディ・イメージ Ad053	ミシン絞り D130	明治維新 Ad070

明治時代............ Ad016, Ad017, Ad022, Ad026, Ad028, Ad039, Ad046, Ad057, Ad068, Ad082, Ad095, Ad114, D086, E001
明治初期........................... Ad003
明治中期............. Ad032, Ad085
明治天皇の皇后.... Ad005, Ad011
明正天皇............................Ac087
明徳二年室町殿春日詣記... Ab001
前殿内（メートンチ）...........F006
女神（デヴァター）...............C032
女神像................................C025
メキシコ............................D077
メダイヨン（楕円形）............F017
メンズファッション.........Bd031, Bd080, Bd084

も
モード.................. Bc041, Bd028
モード商人........................Bc026
モード生態学................... Ad076
木版画..............................Bc011
木蘭..................................Aa038
捩り編み........................... D018
模造品..............................Bd012
モダニズム............Ad091, Bd074
モダン................................ D133
モダンガール...... Ad034, Ad091, E010, E011
モダン化粧...................... Ad050
モチーフ.............. D019, D123
モディスト........................Bd058
モデル・チェンジ................. G016
元結................. Ac025, Ac047
元結職人..........................Ac025
元結問屋..........................Ac025
モノグラム........................ Be005
喪服..................................Aa018
木綿............ D001, D016, D068
木綿織物......................... Ad103
木綿産業.......................... Ac027
木綿縞..... Ad022, Ad026, Ad057
桃太郎.............................. D125
桃山時代............. Ac028, F022
模様............ Ad008, Ad019, Ad033, Ad042, D009
模様染............................. D138
モリオン帽...................... Bc023
紋織................................. D017
モンゴル.......................... D082
モンゴル佛教................... D098

紋章.................................Bb020
門跡寺院......................... D100
モンペイ.......................... D036
文様（紋様）.....................Ac018, Ad107, Bb005, D007, D046, D090, D096, D135, D138, D151, D159
文様形式..........................Ac056

や
ヤオ民族.......................... D110
役者................................Ac082
役者文様........................ Ac045
八代町............................ D036
柳井縞............................ Ad103
柳色下襲.......... Aa042, Aa048
柳襲................................ Aa042
胡籙（ヤナグイ）............... Ab002
山口県............................ Ad103
山梨県............................. D054
山袴................................. D036
ヤマンバ......................... Ad072
ヤミ族............... D001, D026

ゆ
唯美主義............. E002, E003
結城紬.............................. D118
遊客...............................Ac009
優遇政策......................... D064
融合................................ G039
遊女...............................Ac085
有職故実....................... Ac006
有職文様...................... Aa003
優美.............................. Bb002
誘目性............................. D071
浴衣.................. Ac032, Ac033, Ac072, Ae001, D094, D166, F019
輸出用キモノ................... Ad100
輸出用染織品.................Ac044
ゆとり量.......................... G017
ユニセックス................... Bd011
指輪................................ Ad027
弓浜絣.............................. D142

よ
用語................................ G003
洋裁.................. Ad074, Ad110
養蚕...............................Ac039
洋式化............................ Ad070
幼児婚............................. D109
洋装................. Ad036, Ad038, Ad039, Ad045, Ad089, Ad102, Ad110, C021, E010
洋装化.............. Ad001, Ad005, Ad011, Ad012, Ad025, Ad059, Ad082, D133
洋装下着........................ Ad063
用途................. Ac072, G022
用途目的..........................F019
洋服.................. Ad038, Ad045, Ad046, Ad095, Ad115
ヨーロッパ....................... D053, G045, G050
夜着...............................Ac084
横櫛...............................Aa006
与謝野晶子..................... Ad012
装い..... Ad054, Ad071, Bd006
よだれかけ....................... D084
淀殿...............................Ac046
米沢市............................. D137
読谷山花織..................... D140
読み物の趣向..................Ac041
四系統本......................Aa027

ら
羅................................... Aa015
礼服............................... Aa005
ライフスタイル................ Ad007
ラオ................................. D017
裸形着装像..................... G030
羅紗............................... Ad028
ラダック.......................... D065
ラバリ................ D006, D109
ラファエル前派...............Bd073
ラフィア.......................... D106
蘭奢待............................ G020
ランツクネヒト.... Bb019, Bc015, Bc016, Bc027

り
陸軍............................... Ad084
リサイクル....................... G053
リサイクルきもの............. D113
リゾート用衣服................Bd070
律蔵............................... D098
立体構成........................ D126
立体裁断.......................Ac031
リバティー商会...............Bd033
琉歌................................F004
琉球................ Ad107, D014, D114, F006
琉球絣.............. D141, G046

琉球絣柄	D141
琉球国	C002
琉球の服飾文化	F004
琉球舞踊	F004
流行	Ad021, Ad029, Ad064, Ad066, Ad069, Ad071, Ad105, Ae001, Bc002, Bd038, E012, G014
流行織物	Ad061
流行色	Ad090, G028
流行予測色	Be007
粒度	D160
諒闇装束	Aa018
料理服	Ad024
リヨン	Bc035

る

類型化	F002
ルイ14世	Bc001
ルー人	D097
ループ操作技法	C003
ルネサンス絵画	Bc003
ルネッサンス	Bc011

れ

礼儀作法書	Bc031
礼節	Ad060
礼法	G024, G031
礼法書	Ad054
羚羊・花樹・月・雲文様	C031
レース	Ad114
レース編	Aa013
歴史	Ae001, G044
歴史＝物語	E006
歴史服	Bd059
レジャースポーツ	Bd069, Bd082
レプリカ	G027
レプリカ製作	Ad056

ろ

ロイヤルネイビー	Bd072
﨟纈（ろうけつ）染め	D070, D156
ローカル化	C029
ローゼンボルグ	Be002
ローブ・ア・ラ・フランセーズ	Bc032, Bc043
ローブ・シミュルタネ	Bd049
ローブ・デコルテ	Ad011
ローブ・ポエム	Bd062
ローブ・モンタント	Ad025
ローラー	D093
ローンテニス	Bd006
六二連	Ad067
ロシア	D028
ロシア構成主義	Bd009, Bd021, D028
ロシアン・スタイル	Bd009
ロマン主義	Bd059
ロマンチック・スタイル	Bd037
ロングブーツ	Ad105
ロンドン	Bd045
ロンドン万国博覧会	Bd013
ロンボク島	D020

わ

ワーキングクラス	Bd001
ワーシップフルコレクション	Bc010
ワイルド	E002, E005, E009, E014, F011, F012, F015, F016
和歌	Aa008, Ac005
若衆	Ac074, Ac082
和歌表現	Aa017
若者	Ad021, D094, G036
和裁	Ae003
和紙	D067
和装	Ad036, Ad079
棉繰り棒	D093
渡邊鼎	Ad035
和服	Ad040, Ad064, Ad098, Ad106, D112, D115
和服模様	Ad008, Ad019, Ad033, Ad042
和様化	Aa037
藁細工	G019
藁人形	G019
童	Aa035, Aa043
椀久	Ac061
ワンピース	Ad031

ん

| ンガリ地方 | D083 |

V 著者名索引

I 論文要旨編

II 文献リスト編

III ミュージアムリスト編

IV キーワード索引

V 著者名索引

あ

相澤菜津子 Ae002, Ae004, Ae005
青木昭 C014
青木淳子 Ad009, Ad036, Ad044, Ad055, Ad091, Bc010, Bc020, F017
青木美保子 Ad064, Ad098, Ad106
青木もゆる Ac009, Ac061
赤阪俊一 Bb009, Bb015, Bb016, Bb018
Aagot Noss D005
安坂友希 D094
淺川道夫 Ad092
朝倉三枝 Bd048, Bd049, Bd062
天野ゆか G048
雨宮邦子 G023
荒井三津子 Ad010, Ad023
荒井やよい D124, D145, D156, D165
有馬澄子 .. Ad076, Bc010, Bc020, F017
安城寿子 Ad077, Ad078
安蔵裕子 Aa013, Bc003

い

飯塚弘子 Bd030
李景姫 C001
池田由貴子 Ad105
池宮正治 C002, D014
池谷和信 D053
李子淵 C015
石井とめ子 Ad037
石井雅美 Ac010
石井美恵 Ac083
石井美奈子 Ae002, Ae004, Ae005, D157, G042
石松日奈子 C016
石山彰 Bc030
石山正泰 Ab007, Ac002, D015, D036, D054
李順洪 Bb005
井関和代 D106
磯映美 Ad079
板垣昌子 G047
市田ひろみ D107
伊藤(内村)理奈 Bc006
伊藤亜紀 Bb006, Bb007, Bc021, Bc022, Bc039
伊藤五子 D024, D038, D074
伊藤紀子 G010
伊藤紀之 Ac014, Ac015, Ac021, Bd013, Bd067, G045, G050
伊藤瑞香 Ac062, G005
伊藤陽子 D006, D016
伊藤洋子 G022
稲葉昌代 G033
乾淑子 Ad065, Ad093, Ad107, D125
井上雅人 Ad066
井上好 D146
今井温子 Ac016, Ac017, Ad040
李蘭姫 G004
岩佐和代 G011, G048
岩崎雅美 Aa009, Aa015, Aa044, Ad024, Ad094, D055, D064, D069, D085, D095, D096, D108, D126, D147, D158, F018
イングリッド・ロシェック Bd056

う

上井輝代 F014
植木ちか子 D056, F006
植木淑子 Ad001, Ad005, Ad011, Ad025
上田一恵 Ad079
上田陽子 Bb002
上羽陽子 D109
植村和代 D017
内田直子 D127
内村理奈 Bc025, Bc030, Bc031, Bc035, Bc036, Bc040, Bc041
内海涼子 D018, D032, D033, D057, D070, D097, D110
宇野保子 Ad108
梅谷知世 Ad038, Ad045

え

江原毅 D111
遠藤聡子 D148

お

大枝近子 Bd070
大江迪子 Ad039, Ad046, Bb003
大久保尚子 Ac011, Ac012, Ac030, Ac045, Ad067, Ad080
大久保春乃 Ad012
大澤香奈子 Bd037
大澤清二 D025
大島亜矢 G012
大島澄江 Ac031
太田茜 Bd078
太田晶子 D019, D020
大塚有里 D149
大野慈枝 Ad040

大前絵理 C019, C020
近江恵美子 D086
大森利香 Ac010
岡崎賜 D128
岡崎繁代 Ac031
小笠原小枝 Ac013, Ac018, D129
岡田敏子 Bd014
岡田保造 F005
岡林裕子 Ac056, F010
岡松恵 Aa009, Aa015, Ac020, Ac032, Ac033, Ac084
岡本文子 Ad013
岡本紀子 D034, D035
沖原茜 Bd057
奥健夫 G030
奥戸一郎 G034
小椋逸子 F008
刑部芳則 Ad095
長田美智子 G038
小澤和子 Aa001
小沢直子 Ac014, Ac015, Ac021, Bd013
小高理予 Ad109
小野崎真実子 Ad056
小野原教子 E004
小野雅美 Ac022
小山弓弦葉 Ac058

か

甲斐今日子 Ac031
笠井直美 D025
鍛島康子 Bd004, Bd038, Bd079
樫山フミエ Be001
片岡淳 F006
片岸博子 Aa009, Aa015, Ac023, Ac024, Ac057, D150
勝田啓巳 D069
桂木奈巳 Ad030
カティア・ヨハンセン Be002
加藤砂織 D024, D038, D074
加藤千穂 G017
加藤なおみ Bc011
加藤雪枝 G012
金沢百枝 Bb010, Bb011
金森美加 Bd039
金田すみれ G035, G043
上運天綾子 F006
上條耿之介 Aa045
川井ゆう G001
川井裕里江 D087, D130
川上公代 D094, D112
河上繁樹 Aa021, Ab008,

Ac004, Ac046, Ac070, Ac085, Ac086
川口高風 D098
河島一惠 Ac089, Bd015, Bd040, Bd073
河地洋子 G018
河野美代賀 D067
川畑裕美 Ad087
河原由紀子 Ab001, Ab015, Ac003
川又勝子 D166
河村まち子 Ac014, Ac015, Ac016, Ac017, Ac021, Ad040
河村瑞江 Ad022, Ad026, Ad057, D068
川村隆一 D131
管野絢子 Aa039
神部晴子 Bd031

き

木岡悦子 Bd037
菊池(小高)理予 Ab017
北浦多榮子 G044
喜多エイ子 G036
北方晴子 Bd080, Bd084
北村富巳子 Ac001, D113
木戸雅子 Bb001
木下雅子 C003
宜保栄治郎 F007
金素賢 C004
金美淑 C027
金容文 C010
木村光雄 Ac068

く

久我絵利子 Ac031
釘丸知子 G006
草野千秋 Ad027
楠幸子 G016
口井知子 Ac077
久保博子 D069
熊崎奈代 Ad014
倉盛三知代 Ac063, Ac076
黒川祐子 Bb008, Bb019, Bc015, Bc016, Bc023, Bc027
桑野聡 Bb020
桑村典子 G047
軍司敏博 F009

こ

小池三枝 Ad002
髙阪謙次 G011
好田由佳 Bd005, Bd006, Bd007, Bd016, Bd025, Bd041, Bd042, Bd071, G026
河野徳吉 Ac025, Ac047
高山朋子 D027, D042, D060, D102, D116, D135, D152
古賀令子 Bd008, Bd017, Bd026, Bd032, Bd043
小嶋真理子 Bc012
小菅充子 Ad047
後藤幸子 D133
後藤洋子 Ad058, Ad081, Bd018
小林朗子 Bc007, Bc013
小林彩子 Ad068, E013
小林理絵 G010
小町谷寿子 Bd019, Bd044
小松美和子 Ac031
小見山二郎 Aa022
米今由希子 Bd033, Bd063
伊永陽子 Aa035, Aa043
近藤四郎 D025
近藤トシエ G008
近藤智子 Ad096
近藤好和 Ab002

さ

西條吉広 D132
斎藤祥子 D007, D071, D133, D155, D159
斎藤秀子 Ab007, D015, D036, D054, G023
齊藤昌子 Ac081, Ac089, Bc012
酒井さやか Bd034
坂井妙子 Bd001, Bd020, Bd027, Bd035, Bd050, Bd051, Bd064, Bd072
酒井哲也 Ad030
坂田百合子 D021, D037, D058, D072, D073
先川直子 Ad028
佐口さやか Bd081
佐久間敏子 Ae006
桜井映子 Ae006, D022, D099
佐々井啓 E002, E005, E009, E010, E011, E014, E016, F011, F012, F015, F016
笹岡洋一 Ab010
佐々木栄一 D166
佐々木稔 Ab003
佐多芳彦 Aa023
佐藤俊子 G049
佐藤雅子 Ad059
佐藤美貴 Ac005
佐藤百合子 Ad087
佐野恂子 Be004, C007, G008
猿田佳那子 D023
澤井栄一郎 D134
沢尾絵 Ac071
澤田恵理子 Ad069
澤田和人 Ac078
澤田絹子 D008
沢田むつ代 Aa004, Aa010, Aa016, Aa024, Aa025, Aa026, Aa029, Aa030, Aa031, Aa036, Aa040, Aa046, Ab018

し

塩川浩子 Bd073
塩田公子 G007
宍戸忠男 Ac048, Ad060
篠崎文子 .. Ad003, Ad006, Ad015
篠原和子 Bd028
柴村恵子 D024, D038, D074
清水久美子 Aa011, Ac032, Ac033, Ac072, Ad016, Ad029, Ad082, Ad113, Ae001, F001, F002, F003, F019, F021
下田敦子 D025
霜鳥真意子 Bc012
嘉木揚凱朝 D098
蒋芝英 C021
城一夫 G052
正田夏子 F022

す

陶智子 G024, G031
末松麻里央 Aa022
周防珠実 G032
須川妙子 D088, D100
菅原正子 Ab016
杉野正 Aa012
杉本淳子 Ad017
杉山一弥 Ab019
鈴木暁子 Bd013
鈴木妃美子 G013
鈴木国男 Bd073
鈴木すゞ江 Ad048
鈴木貴詞 F008
鈴木まみ G042
須田勝仁 Aa032
須藤良子 D101
住田イサミ D001, D002, D026, D089
諏訪原貴子 Ad070, Bd065, D090, D151, G027

せ
瀬戸房子 D160
千田百合子 D039, D040, D041, D059, D075

そ
染木泰子 Bd073

た
平良美恵子 D114
高木真美 G016
鷹司綸子 Ab011, D090, D151, G027
髙野倉睦子 D115
高野昌司 Aa002
髙橋和雄 Bc032
高橋知子 Ad110
高橋春子 F008
田川由美子 Ad007
滝沢真美 G028
竹内弘子 G018
田島トヨ子 Ab004
多田洋子 D009, F013
田中早苗 Aa003
田中俊子 C005
田中陽子 Aa005
田辺真弓 Ad049, Ad111
谷井淑子 Aa013
玉川絵理 C022
玉置育子 Ad050, Ad097, Ad112
田村和子 G029
田村照子 D124, D145, D156, D165
田村均 Ad061, Ad071
丹沢巧 Ac034, C006, C011, C013, C031

ち
崔釉珍 Bd058
張中学 C012
曹圭和 D117
鄭銀志 C023, C024

つ
塚田耕一 D028
辻ますみ Bc001, Bc004
辻山ゆき子 D136
常見美紀子 Ad056, Bd002, Bd009, Bd021, Bd022
角田奈歩 Bc026

て
デジレ・コスリン Bb017

と
土肥伊都子 G014
道家とき Be004, C007
德井淑子 Bb012, Bb013, Bb021, Bb022, Bd059
德山孝子 Be009, G019, G037
戸田賀志子 Ad113, Bb014
豊見山和行 C002
富山貴子 Ad030
豊田かおり Bd074
豊田幸子 Ad051
鳥居本幸代 Aa033, Ac035, Ad018, Ad031

な
苗村久恵 D076
中川喜市 D137
中川尚美 D029
中込省三 Ad004
長崎巌 Ac036, Ac059, Ac089, Bd073
中嶋祐子 Ac076
仲田佐和子 Aa006
永田志津子 D030
中田尚子 Aa007, Aa041
中舘庸子 E008
永田麻里子 Ad083
中田理恵子 D069
永友理愛子 D138
中西希和 Bd075, F023, F025
中西冨美子 Be006
永野泉 Ad114
中野絵 Ac018
長野五郎 D043, D077
永野順子 G005
長弘真弓 Ae003
永淵美津子 Ac031
中村健一 D139
中村妙子 D091
中保淑子 G017
中山和子 Ad017
中山竹美 Ad059
並木誠士 Ad098
並木昌史 Ac006
成田汀 Aa042, Aa048
成田巳代子 D044, D061, D153
成瀬信子 G003
成実弘至 Ad072
難波めぐみ Aa017, Aa027, Aa034, Aa047, Ab009
南林さえ子 Ad076

に
新實五穂 Bd052, Bd060, Bd061, Bd076, E015
新垣隆 D140
西浦麻美子 Bc014, Bc017, Bc033, Bc037, Bc042
西谷美乃理 Ad084
新田恭子 D003

ね
根本由香 Ad032, Ad041, Ad085, E001

の
能澤慧子 E003
長嶺倫子 Bd045
野沢久美子 Bd067
野澤久美子 G045, G050
野村耕 D118
野母秋代 Be008

は
萩野奈都子 Ad037
橋本康子 D045
籏美代子 Be004, C007, G008
花房美紀 Ac049, Ac050, Ac051, Ac064, Ac087
羽生清 D119
濱崎千鶴 Be003, Be005
濱田雅子 Bd029, Bd053, D161
浜本隆志 Bb004
林暁子 Bc012
林泉 G039
林精子 Bc043
林隆紀 G053
林千穂 Ad059
林智子 Ac088
原口陽子 D010, G003
原田純子 Aa009, Aa015, Ad008, Ad019, Ad033, Ad042
ハンヌ・フロシグ・ダルガード D078
馬場まみ Aa009, Aa015, Ac007, Ac026, Ac037, Ac065, Ad062, Ad086

ひ
平井郁子 F009
平泉千枝 Bc024
平井昌子 Ac010
平田玲子 Ad020
平芳裕子 Bd054, E006, E012
廣瀬尚美 Ac008
廣田孝 Ad043, Ad052, Ad073, Ad099, Ad100

ふ

- 黄韻如 Ac079
- 黄貞允 C028, D162
- 深井晃子 G032
- 福岡裕子 Ac080, Ac081, Ac089
- 福澤素子 G032
- 福田博美 Ac038
- 福山和子 D030, D092
- 藤井享子 Ac052, Ac066
- 藤井龍彦 D120
- 富士栄登美子 D141, F004, G046
- 藤川尚子 G047
- 藤田和佳奈 D159
- 藤本浩一 G014
- 藤本満子 D079
- 藤原綾子 Ad087
- 藤原りえ Bc032
- 布施谷節子 Ad047
- 鮒田崎子 Ac027, Ac039
- 夫馬佳代子 Ad115
- Britta Hammar D011
- 古川寛 Bd055
- 古家愛子 Ac042, Ac073
- フロラ・ブランション C008

へ

- 別府正子 Ac010

ほ

- 許恩珠 Ac040, Ac041, C017
- 許甲遥 Ba001
- 細田七海 Bd010
- 堀田延子 D142
- 堀てる代 Be004, C007, G008
- 本田明日香 Aa019
- 本田クミ D161
- 本間洋子 G020, G025
- 本間玲子 G021
- 本谷裕子 D046

ま

- 前田亮 D004, D093
- 前田彩子 Ad088
- 前田真理子 Ad101
- 増井敦子 D154
- 増田美子 Aa014, Aa018, Aa037
- 桝屋亜由美 Ad057
- 松井寿 Ad089, Ad102
- 松尾量子 Ad103, Bc002, Bc008, Bc009, Bc018, Bc034
- 松平美和子 C025, C032, D103
- 松本卓 D062
- 松本敏子 D080
- 松本美穂子 C022
- 松本由香 C018, C029, D012, D063, D081, D121, D163
- Marilyn Revell Delong C009
- 丸山依子 D031, D047, D048
- 丸山理恵 Ac090

み

- 三木幹子 G051
- 水谷由美子 Ac053, Bc005, Bd003, G015
- 水野夏子 C030, C033, C034, D104, F020
- 水野谷悌子 D164
- 水原美咲 G032
- 三ツ井加津代 D013
- 三友晶子 Bc028
- 光松佐和子 G008
- 宮井知美 Ad063
- 三宅英文 Ad104
- 都田紀子 Bd066
- 宮坂靖子 D055, D064, D069
- 宮治珠里 D143
- 宮田絵梨子 Be010

む

- 武藤剛司 Bd073
- 村上裕子 Bd023
- 村田裕子 Ad074
- 村田仁代 Ad021, Bd011, D085, D095, D096, D108, D147
- 村松さやか Aa038

も

- 森川晴 D082, G009
- 森田登代子 Ac054, D049, D050, D065, D083
- 森田雅子 Ad053
- 森治子 Bd012
- 森理恵 Ac019, Ac028, Ac029, Ac055, Ac074, Ac082, Ad084, Ad090, Ae003, Bd039, E007

や

- 八倉巻敬子 D066
- 矢部洋子 D022, D099
- 山蔭宏子 D067
- 山岸裕美子 Ab005, Ab006, Ab012
- 山口恵子 C022
- 山崎一司 F024
- 山崎稔恵 Bc019, Bc038, Bd046, Bd068
- 山里充代 D121
- 山田千賀子 G040
- 山田智子 G010
- 山田由希代 Ad075, Ad098
- 山田令子 G002
- 山野貴子 Ac063
- 山村愛 D155
- 山村明子 Bd036, Bd069, Bd082, G037
- 山村博美 Bd024
- 山本麻子 Bd047, Bd083
- 山本昌子 G040
- 山本麻美 Ad022, Ad026, D068
- 山本百合子 G041
- 楊泓 C026

ゆ

- 劉頌玉 C002
- 百合草孝子 D084

よ

- 横川公子 Ac043, Ac056, Ac060, Ad034, Ad050, Ad054, Ad063, Ad079, D105, D122, D144
- 吉川研一 Ad105, G016
- 吉川美穂 Ac075
- 吉田加奈子 Ab013, Ac067
- 吉田規代 Ac068
- 吉田紘子 Be010
- 吉田雅子 Ac044, C035
- 吉中淑江 Ac017
- 吉野鈴子 G040
- 吉村典子 Bd077
- 吉村怜 Ab014
- 吉山文子 G044

わ

- 涌井拓子 D051, D052
- 和田早苗 Aa008, Aa020, Aa028
- 渡辺明日香 G052
- 渡邊くにえ D123
- 渡邊友希絵 Ad035
- 渡邊芳道 Be007
- 和田淑子 Ac069
- 王宇清 Ad14, Ad27, C002

収録雑誌一覧

論文要旨編

アートマネジメント研究
愛知女子短期大学研究紀要
愛知大学短期大学部研究論集
青葉学園短期大学紀要
青山学院女子短期大学総合文化研究所年報
イタリア学会誌
茨城大学教育学部紀要（人文・社会科学、芸術）
愛媛県歴史文化博物館紀要
愛媛大学教育学部紀要
大分大学教育福祉科学部研究紀要
大谷女子短期大学紀要
オスカー・ワイルド研究
お茶の水女子大学人文科学研究
お茶の水女子大学大学院国際日本学シンポジウム報告書
お茶の水女子大学21世紀COEプログラム「ジェンダー研究のフロンティア」公募研究成果報告論文集
お茶の水女子大学人間文化創成科学論叢
お茶の水女子大学人間文化論叢
学習院女子大学紀要
学叢
鹿児島県立短期大学地域研究所研究年報
鹿児島純心女子短期大学研究紀要
鹿児島大学教育学部研究紀要（自然科学編）
家政学研究
学校法人昌賢学園論集
韓国服飾
関西学院大学美学論究
関東学院大学人間環境学部教養学会紀要『室の木評論』
九州女子大学紀要
京都工芸繊維大学工芸学部研究報告．人文
「京都五山禅の文化」展図録
京都女子大学生活造形学科紀要（生活造形）
京都ノートルダム女子大学研究紀要
京都府立大学学術報告人間環境学・農学
京都文教短期大学研究紀要
共立女子大学家政学部紀要
共立女子大学国際文化学部紀要
共立女子大学総合文化研究所研究叢書
共立女子大学総合文化研究所年報
共立女子短期大学生活科学科紀要
金鯱叢書
金蘭短期大学研究誌
久留米信愛女学院大学研究紀要
群馬社会福祉短期大学研究紀要
化粧文化
「現代フランス社会と女性」研究会『Bulletin du CEFEF』
甲南家政

神戸女子大学家政学部紀要
神戸文化短期大学研究紀要
郡山女子大学紀要
国際服飾学会誌
国文目白
国立歴史民俗博物館研究報告
衣の民俗館・日本風俗史学会中部支部研究紀要
埼玉学園大学紀要（人間学部篇）
埼玉大学紀要教育学部（人文・社会科学）
佐賀女子短期大学研究紀要
堺女子短期大学紀要
滋賀女子短期大学研究紀要
実践女子大学生活科学部紀要
実践女子短期大学紀要
夙川学院短期大学研究紀要（人文・社会科学編）
正倉院紀要
情報の科学と技術
湘北紀要
昭和学院短期大学紀要
女性学年報
人文科学研究キリスト教と文化
人文論究
杉野女子大学・杉野女子大学短期大学部紀要
椙山女学園大学研究論集（自然科学篇）
成安造形短期大学紀要
生活文化史
繊維学会誌
繊維機械学会誌
繊維工学
繊維製品消費科学会誌
玉木女子短期大学研究紀要
筑紫女学園短期大学紀要
地中海学研究
中国学園紀要
デザイン理論
独逸文学（関西大学独逸文学会編）
東京家政大学研究紀要（1）人文社会科学
東京家政大学博物館紀要
東京都立短期大学研究紀要
道具学会論集
同志社女子大学生活科学
同志社女子大学総合文化研究所紀要
同志社談叢
東北生活文化大学・東北生活文化大学短期大学部紀要
東北生活文化大学・三島学園女子短期大学紀要
東横学園女子短期大学紀要
東横学園女子短期大学女性文化研究所紀要

常葉学園短期大学紀要	ファッション環境
鳥取大学教育地域科学部紀要（教育・人文科学）	ファッションビジネス学会論文誌
富山女子短期大学紀要	風俗
富山短期大学紀要	風俗史学
長野県短期大学紀要	服飾美学
名古屋経済大学・市邨学園短期大学自然科学研究会会誌	服飾文化学会誌
名古屋女子大学紀要（家政・自然編）	福山市立女子短期大学紀要
名古屋女子文化短期大学研究紀要	佛教大学社会学部論集
奈良佐保短期大学紀要	プリュム仏語仏文学研究
奈良女子大学大学院人間文化研究科年報	文化女子大学紀要（人文・社会科学研究）
日仏美術学会会報	文化女子大学紀要（服装学・造形学研究）
日本衣服学会誌	北星学園女子短期大学紀要
日本顔学会誌	北海道教育大学紀要（人文科学・社会科学編）
日本家政学会誌	北海道教育大学生涯学習教育研究センター紀要
日本ジェンダー研究	松山東雲短期大学研究論集
日本18世紀学会年報	MUSEUM
日本女子大学家政学部紀要	民族藝術
日本女子大学大学院紀要（家政学研究科・人間生活学研究科）	民俗と風俗
	武庫川女子大学紀要（人文・社会科学）
日本服飾学会誌	武庫川女子大学生活美学研究所紀要（感性研究）
日本歴史	安田女子大学紀要
ノートルダム清心女子大学紀要（生活経営学・児童学・食品・栄養学編）	山口県立大学生活科学部研究報告
	山梨県立女子短期大学紀要
ノートルダム清心女子大学生活文化研究所年報	琉球大学教育学部紀要
羽衣学園短期大学研究紀要	流行色
美学	ルネサンス研究
東九州女子短期大学研究紀要	歴史学研究
美術史	和歌山大学教育学部紀要（人文科学）
美術フォーラム21	和洋女子大学紀要
広島女学院大学生活科学部紀要	和洋女子大学紀要（家政系編）

文献リスト編

一宮女子短期大学研究報告	国際服飾学会誌
厳島神社国宝展（展覧会図録）	史学雑誌
美しいキモノ	史観
映像情報メディア学会技術報告	色材協会誌
ＮＨＫ　知るを楽しむ　歴史に好奇心	色彩研究
大阪女子学園短期大学紀要	人文論究
大手前女子短期大学・大手前栄養文化学院「研究集録」	スペイン史研究
かざられたきもの —寛文小袖展—（展覧会図録）	生活學論叢
家庭科教育	生活文化史
関西文化研究	設立50周年記念　丸紅コレクション展（展覧会図録）
関西文化研究叢書	繊維学会誌
関西文化研究叢書　別巻	繊維機械学会誌
企画展　土佐藩主の装い（展覧会図録）	繊維工学
京友禅の華　人間国宝三代田畑喜八の美（展覧会図録）	繊維と工業
共立女子大学家政学部紀要	相愛女子短期大学研究論集
化粧文化	醍醐春秋
月刊染織α	淡交
月刊みんぱく	筑紫女学園短期大学紀要

デザイン理論
道具学論集
東横学園女子短期大学女性文化研究所紀要
ときめくファッション ―小町娘からモダンガールまで― (展覧会図録)
ドレスタディ
日本衣服学会誌
日本民俗学
ハイファッション
ファッション環境
ファッションビジネス学会論文誌
風俗史学
服飾美学

別冊太陽
別冊太陽スペシャル
丸紅コレクション 絵画と衣裳 美の名品展 (展覧会図録)
花洛のモード ―きものの時代― (展覧会図録)
MIRACLES & MISCHIEF : NOH and KYOGEN THEATER IN JAPAN (展覧会図録)
民族藝術
民俗と風俗
山口県立大学生活科学部研究報告
流行色
和洋女子大学紀要

ミュージアムリスト編

(飯田市美術博物館)美博だより
岩手県立博物館研究報告
大阪商業大商業史博物館紀要
大阪市立博物館研究紀要
大阪歴史博物館研究紀要
岡谷蚕糸博物館紀要
北上市立博物館研究報告
国立民族学博物館研究報告
国立民族学博物館研究報告別冊
国立歴史民俗博物館研究報告
(国立歴史民俗博物館)博物館資料調査報告書 民俗資料編
古代オリエント博物館紀要
斎宮歴史博物館紀要
埼玉県立博物館紀要
埼玉県立博物館だより
たばこと塩の博物館研究紀要

千葉県立中央博物館研究報告 人文科学
東京国立博物館紀要
東京都江戸東京博物館研究報告
奈良県立民俗博物館紀要
奈良県立民俗博物館だより
南山大人類学博物館紀要
野村美術館研究紀要
博物館研究
半田市立博物館研究紀要
彦根城博物館だより
福井県立博物館紀要
北方民族博物館だより
松戸市博物館紀要
明治大博物館研究報告
横浜美術館研究紀要
(早稲田大演劇博物館)演劇研究センター紀要

あとがき

　『服飾史・服飾美学関連論文要旨集1998-2008』の編集を終え，同刊行委員会の委員一同，同じくする想いがあるように思う。それは，ＩＴ時代の中での情報索引の在りかたに関する戸惑いといってよかろうか。研究・教育機関に所属する者にかぎらず，個人でも必要な情報は，インターネットや公共図書館を有効に活用すれば大抵入手できる。多くの検索エンジンが整えられた所定の機関に所属していればなおのこと，たちまちのうちに元資料の見通しが得られるようになった。こういう状況下では，印刷本の二次資料を繰って，改めて必要な資料や刊行物に辿りつくという方法は，着実ではあるが敬遠される傾向にあるのではないか。極論すれば，本書の有用性に関する疑念にもつながってくる。但し，冊子としての確実性や利便性もまだまだ必要なようにも思える。現在は，そういった意味で，アナログからデジタルの活用への転換の過渡期にある。というより，デジタル化の進展には目を見張るものがある。そこで，少なくとも情報のデジタル化に対応して，コンピュータ操作による検索を可能にするため，本書収録の論文要旨に前著(建帛社，2001)掲載の論文要旨を一括して搭載したCD-ROMを作成した。

　本著の編集の過程は，多くの困難とそれを解決するうえでの目くるめくような多大な労力に彩られている。刊行までこぎつけることができたことは，本当に多くの方々のご協力，ご支援の賜物である。以下には関係者の方々の関連事跡を可能な限り記し，貴重なご意志・ご厚志への感謝の意に替えさせていただく。

　本書刊行の計画は，2007年3月，新しい役員の体制が整い，前著の刊行から10年を経過したことをふまえて，第2集の刊行が役員会で提案された。前部会長 増田美子氏は，前著の編集に機動的な役割を果たされて刊行までこぎつけられたのは周知のことであるが，その想いをついで本著の刊行を提案されたのである。ご提案を受けて，直裁に部会員一同が本著の刊行を決意し，それを受けて同会において協力体制が組まれた。部会員の方々には，前回の困難の記憶をものともせず，想いを新たにして賛同し，事業の推進に協力を惜しまれなかったことは，刊行委員会にとって何よりの励みとなった。

　さらに編集の過程では，さまざまな方のご支援をいただいた。各領域・各分野責任者の方々には，原著執筆者や要旨執筆者と根気強く連絡を取っていただき，校了までこぎつけることができた。また編集業務を担当したブックポケットの小山茂樹さんには，論文要旨と文献リストのみならず，すべての原稿に行き届いたチェックをいただき，昨今の多忙な大学業務の錯綜しがちな状況の中で，着実に編集作業を進めることができた。ここに記して感謝申し上げたい。

　最後に刊行委員一同，煩雑な作業を徹底するよう努めてまいりましたが，まだまだ不備な点もあろうかと存じます。次の刊行での改善に活かしていただければ幸いです。

(横川 公子)

刊行委員会：相川佳予子　岩崎雅美　奥村萬亀子　清水久美子　森田雅子　横川公子

服飾史・服飾美学関連論文要旨集 1998〜2008
定価（本体 9,524 円＋税）

2010 年（平成 22 年）3 月 31 日　初 版 発 行

編著者　日本家政学会
　　　　服飾史・服飾美学部会

発行者　筑　紫　恒　男

発行所　株式会社 建 帛 社
　　　　　　　 KENPAKUSHA

〒112-0011 東京都文京区千石 4 丁目 2 番15号
　　　　　電　話　(03) 3 9 4 4 － 2 6 1 1
　　　　　FAX　 (03) 3 9 4 6 － 4 3 7 7
　　　　　http://www.kenpakusha.co.jp/

ISBN 978-4-7679-6517-8 C3077　　　　　　あづま堂印刷／常川製本
©日本家政学会服飾史・服飾美学部会，2010.　　　Printed in Japan.

本書の複製権・翻訳権・上映権・公衆送信権等は株式会社建帛社が保有します。

JCOPY〈(社)出版者著作権管理機構　委託出版物〉
本書の無断複写は著作権法上での例外を除き禁じられています。複写される場合は，そのつど事前に，(社)出版者著作権管理機構 (TEL 03-3513-6969, FAX 03-3513-6979, e-mail: info@jcopy.or.jp) の許諾を得て下さい。